Johannes Ippen

WEB FATALE

Wie Du Webseiten gestaltest, denen niemand widerstehen kann

Rheinwerk
Design

Liebe Leserin, lieber Leser,

was hat die Duftkerzen-Abteilung von IKEA mit gutem Webdesign zu tun? Warum sollte deine Website auch nach 3–4 Bier gut bedienbar sein? Und was ist eigentlich von Klickködern zu halten? (Nicht viel.)

Bei einem reizvollen Flirt mit Design, Marketing und Psychologie lernst du in diesem Buch, warum wir von Facebook, Amazon, Instagram & Co. nicht die Finger lassen können – und wie du das bei deiner Website oder Web-App auch schaffst! Denn wenn du aus der Flut der Online-Angebote herausstechen willst, musst du deine Nutzer verführen. Du brauchst das gewisse Etwas, das aus einem »schönen« Webprodukt eines zum Verlieben macht.

Gewitzt und originell zeigt dir dieses Buch, wie deine User ticken und wie du den Besuch deiner Website in ein fesselndes Erlebnis verwandelst. Im Kapitel »Doppelte Agenda: Nutzer (ver)führen« begleitest du Johannes Ippen zum Beispiel bei einem Rundgang durch das bekannte schwedische Möbelhaus und lernst nebenbei, wie du die Nutzerführung deiner Webprodukte optimierst. Denn nur allzu gern lassen wir uns beeinflussen, sei es bei einem Einkaufsbummel oder auf Websites...

Bevor du dich nun vollkommen der Lektüre hingibst, noch ein Hinweis in eigener Sache: Web Fatale wurde mit viel Herzblut geschrieben und mit großer Sorgfalt geprüft und produziert. Solltest du dennoch einmal einen Fehler finden, freue ich mich über deine Nachricht.

Ariane Podacker
Lektorat Rheinwerk Design

ariane.podacker@rheinwerk-verlag.de
www.rheinwerk-verlag.de
Rheinwerk Verlag • Rheinwerkallee 4 • 53227 Bonn

Wir hoffen, dass Sie Freude an diesem Buch haben und sich Ihre Erwartungen erfüllen. Bitte teilen Sie uns doch Ihre Meinung mit. Eine E-Mail mit Ihrem Lob oder Tadel senden Sie direkt an den Lektor des Buches: *ariane.podacker@rheinwerk-verlag.de*. Im Falle einer Reklamation steht Ihnen gerne unser Leserservice zur Verfügung: *service@rheinwerk-verlag.de*. Informationen über Rezensions- und Schulungsexemplare erhalten Sie von: *ralf.kaulisch@rheinwerk-verlag.de*.

Informationen zum Verlag und weitere Kontaktmöglichkeiten finden Sie auf unserer Verlagswebsite *www.rheinwerk-verlag.de*. Dort können Sie sich auch umfassend und aus erster Hand über unser aktuelles Verlagsprogramm informieren und alle unsere Bücher versandkostenfrei bestellen.

An diesem Buch haben viele mitgewirkt, insbesondere:

Lektorat Ariane Podacker
Korrektorat Petra Biedermann, Reken
Herstellung Maxi Beithe
Layout Vera Brauner
Einbandgestaltung Mai Loan Nguyen Duy
Satz Hanno Elbert, rheinsatz, Köln
Druck Firmengruppe Appl, Wemding

Dieses Buch wurde gesetzt aus der TheAntiquaB (9,25 pt/13,75 pt) in Adobe InDesign CS6. Gedruckt wurde es auf matt gestrichenem Bilderdruckpapier (115 g/m^2).

Bibliografische Information der Deutschen Nationalbibliothek:
Die Deutsche Nationalbibliothek verzeichnet diese Publikation in der Deutschen Nationalbibliografie; detaillierte bibliografische Daten sind im Internet über http://dnb.d-nb.de abrufbar.

ISBN 978-3-8362-3898-4

1. Auflage 2016

Inhalt

Einleitung

Ein Auftritt mit Klasse: Usability

Das Spiel mit den Reizen: User Experience

Doppelte Agenda: Nutzer (ver)führen

Um Kopf und Kragen: Nutzerbindung

Hinreißende Absätze: Marktstrategien

Lass uns Freunde bleiben: Social Media

Bitte keine Stereotypen: Nutzertests

Fazit

Für Momo und Ben.

Einleitung

Einleitung

»Nein, es gefiel mir. Und es gefällt mir noch immer.« Angela zieht genüsslich an ihrer Zigarette und schaut ihrer Freundin in die Augen. Es ist ein kühler, berechnender Blick, ein Blick, der keine Unsicherheit zeigt. Jane ist sichtbar irritiert. »Ich meine, wenn völlig fremde Menschen mich anstarren (...), dann heißt das, dass ich eine echte Chance habe, Model zu werden. Das ist toll. Es gibt nichts Schlimmeres, als gewöhnlich zu sein.«

»Es gibt nichts Schlimmeres, als gewöhnlich zu sein.« Nicht aus der Masse herausstechen. Was für Angela Hayes im Film »American Beauty« Antrieb und Motivation ihrer Verführungskünste ist, ist für Websites heute entscheidend über Erfolg oder Misserfolg.

Glaubt man der Site Internet Live Stats (*internetlivestats.com*), so wird es im April 2016 erstmals eine Milliarde Websites geben – eine schier unvorstellbare Menge an Blogs, Shops, Web-Apps, Landing Pages, Firmenwebsites und Start-ups. Wer nicht in diesem immer weiter wachsenden Angebot versinken will, der muss sich etwas einfallen lassen, um seine Nutzer an Bord zu holen.

Auf Websites verführen

Dieses Buch wird dir dabei helfen, außergewöhnliche Websites zu planen, zu gestalten und zu entwickeln; Websites, die aus der Masse herausstechen. Du wirst die hohe Kunst der Verführung lernen, du wirst erfahren, was es heißt, mit Nutzern zu flirten, und ich werde dir zeigen, wie du aus einfachen Besuchern loyale Nutzer machst, die regelmäßig und gerne wiederkommen. Du lernst, welche Ziele du mit welcher Art von Website verfolgst – ob du nun neue Blogleser oder zufriedene Käufer haben willst. Wir beleuchten die Unterschiede und Gemeinsamkeiten von Websites und Web-Apps und wie diese doch irgendwie immer miteinander verschmelzen.

Wir tauchen tief in die Verhaltenspsychologie ein und schauen uns konkrete Beispiele an, die heute schon erfolgreich sind. Checklisten und Anleitungen helfen dir dabei, das Gelernte auf deine eigenen Projekte zu übertragen. Kurzum: Wir gestalten Websites, denen niemand widerstehen kann!

Aber wie sieht sie aus, die perfekte Verführung? Haben die veralteten Methoden aus Casanovas Zeiten noch Bestand? Sind Pick-up-Artists ein gutes Vorbild, oder eignen sich ihre wenig subtilen und eher fragwürdigen Methoden überhaupt für mehr als einen unverbindlichen Flirt?

In den 1980er Jahren stellte sich die französische Dessousmarke Aubade genau dieselbe Frage – und sammelte ihre Erkenntnisse im Regelwerk »Leçons de Séduction«, die Regeln der Verführung. Diese Regeln werden uns durch das gesamte Buch begleiten und inspirieren.

Warum eigentlich Web Fatale?

Inspirationsgeber für dieses Buch war die Chiffre der »Femme Fatale«. Das Rollenbild einer starken, selbstbewussten, aber gleichsam manipulativen Frau fasziniert Autoren, Filmemacher und Künstler seit jeher. Ob nun Marlene Dietrich als Christine Vole in »Zeugin der Anklage«, Sharon Stone als Catherine Tramell in »Basic Instinct« oder Mena Suvari als Angela Hayes in »American Beauty«: Alle bekommen am Ende, was sie wollen – und genau darum geht es in diesem Buch, darum geht es in »Web Fatale«.

Danke

Dieses Buch hätte ich niemals alleine schreiben können. An dieser Stelle möchte ich meiner Lektorin Ariane und dem gesamten Team beim Rheinwerk Verlag für die harte Arbeit und das Aushalten meiner Rechtschreibung danken. Meiner geliebten Momo für ihre Unterstützung. Meiner Mutter, die mir das Lesen beibrachte. Meinem Vater, der mir das Schreiben beibrachte. Nico und Paul, ohne die die meisten vorgestellten Projekte in diesem Buch nicht existieren würden. Florian und Sara, die als Zielgruppenvertreter herhalten mussten. Meinem Team bei Wooga, die mich immer wieder inspirieren. Dem Dessoushersteller Aubade und meinem Französischlehrer, ohne die es die Lektionen der Verführung in diesem Buch nicht gäbe, und natürlich: Sam Mendes für American Beauty.

Ein Auftritt mit Klasse: Usability

Ein Auftritt mit Klasse: Usability

»Biete ihm dein Herz an« – Aubade-Lektion № 45. Verführung beginnt immer damit, sich dem Nutzer zu öffnen und sich zugänglich zu machen. Im Webdesign heißt das konkret: Verführung beginnt mit benutzbaren Interfaces.

Drücken, drehen, schieben: die Oberfläche als Tor zum Anwender

Design ≠ Schönheit

»Design ist die Schnittstelle zwischen Mensch und Maschine«, sagte einmal Patrick le Quément, ehemaliger Chefdesigner der französischen Automarke Renault. Design soll nicht nur hübsch anzusehen sein und den Preis eines Autos steigern, sondern das Produkt dem Menschen zugänglich machen.

Was für Autos gilt, ist für Apps und Websites unabdingbar. Die Benutzeroberfläche ist die Art und Weise, mit der Nutzer auf die Funktionen der Maschine zugreifen. Wenn wir von Benutzeroberflächen sprechen, dann meinen wir damit hochauflösende grafische Interfaces – das war nicht immer so.

Lange vor Bildschirmen dienten Lochkarten als Eingabegerät, Speichermedium und manchmal sogar als menschenlesbare Statusanzeige. Webstühle, Wahlautomaten, Zeiterfassungsmechanismen und sogar die Abrechnung in Großraumdisktheken fanden per Lochkarte statt – teilweise ist das noch heute so, zum Beispiel im berühmt-berüchtigten »Oberbayern« in S'Arenal auf Mallorca.

v Hollerith-Lochkarte

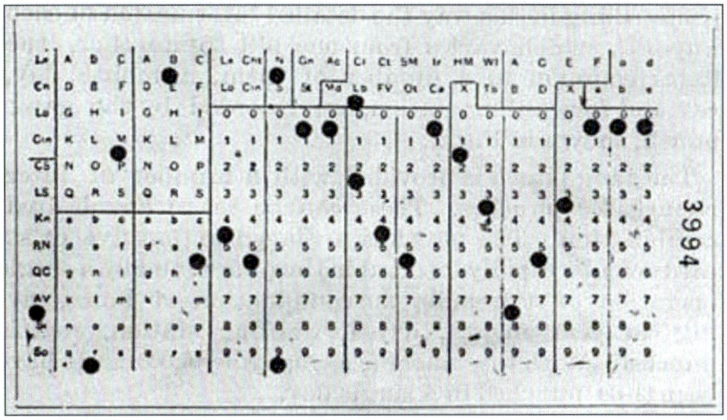

Am Eingang bekommt der Besucher eine leere Lochkarte in die Hand gedrückt, die von den Barkräften bei jedem Bier ein neues Loch gestempelt bekommt. Am Ausgang liest ein Computer die Karte aus und bittet den ordentlich abgefüllten Urlauber zur Kasse – wer seine Karte im Getümmel verliert, zahlt den Maximalwert von 35 Euro.

In der Datenverarbeitung wurden Lochkarten in den 1960ern durch Texteingabe und -ausgabe ersetzt, in 80er Jahren mit MS-DOS auch für Heimcomputer erhältlich. Das erhöhte zwar den Spielraum, aber immer noch war Computerarbeit etwas extrem Nerdiges, was eine Menge Vorwissen erforderte. Wirklich zugänglich gemacht haben Computer erst die grafischen Benutzeroberflächen von Windows und Co. – und damit eine komplett neue Herausforderung geschaffen: Auf einmal ist die Erstellung von Userinterfaces (UI) keine Aufgabe für Programmierer mehr, sondern eine eigene Designdisziplin.

Genau diese Designdisziplin hilft uns heute dabei, aus komplexen Problemstellungen zugängliche Websites zu machen. Stell dir einen Onlineshop wie Amazon in der Kommandozeile vor – wenn der Nutzer wüsste, wie es geht, kann er sehr effizient sein, Einsteiger würde das aber abschrecken. Die Benutzbarkeit ist heute das A und O bei jedem Computerinterface, Websites und Apps allen anderen voran – nur wenn die Website benutzt werden kann, kann verführt werden. Der wichtigste Faktor: die Lesbarkeit.

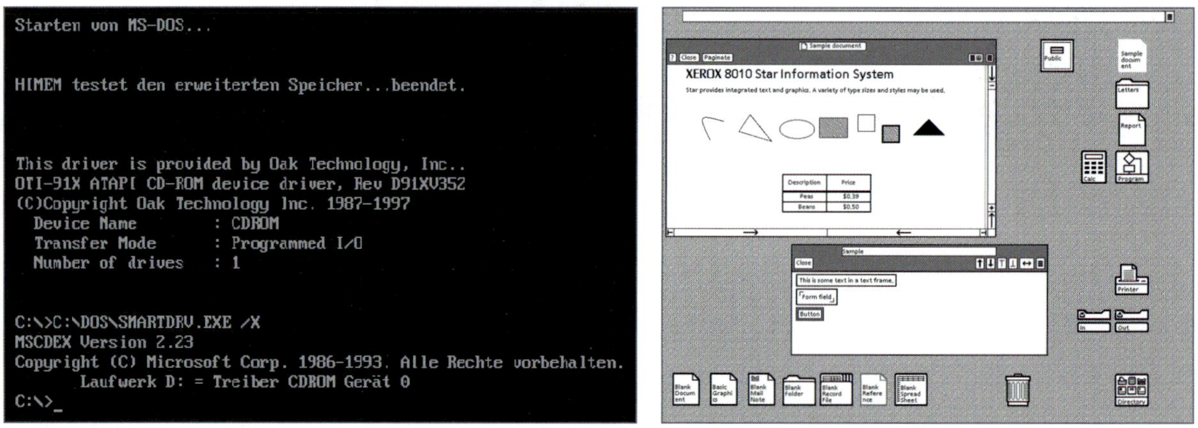

∧ *Von Microsoft DOS zum ersten grafischen Betriebssystem Xerox PARC*

Lesen und lesen lassen – heute wichtiger denn je

Lesbarkeit bedeutet Benutzbarkeit.

Bilder und Symbole erleichtern die Navigation zwar, trotzdem ist Text immer noch die wichtigste Interfacekomponente. Umso wichtiger ist es, in Benutzeroberflächen die Grundregeln der Typografie zu beachten:

Hierarchie über Größe Groß ist wichtiger als klein – das gilt auch für das geschriebene Wort. Ein üblicher Fließtext auf Webseiten sollte etwa 16 Pixel groß sein – Überschriften größer, Hinweistexte und Einschübe kleiner. Besonders harmonisch wirken Texte, wenn sie in Proportion der Fibonacci-Reihe vergrößert werden, also dem goldenen Schnitt folgen. Dafür muss jede Schriftgröße 1,618-mal größer sein als ihr Vorgänger. Die Website *type-scale.com* hilft bei der richtigen Aufteilung.

Die richtige Schriftwahl Aus den Zeiten der niedrigen Bildschirmauflösung hält sich hartnäckig die Überzeugung, dass serifenlose Schriften besser lesbar seien als **Serifen**schriften wie etwa Georgia oder Times New Roman.

Tatsächlich spielt es eine Rolle, ob und wie gut eine Schriftart für den Bildschirm optimiert ist, zum Beispiel durch Hinting oder spezielle Subsets für bestimmte Bildschirmgrößen. Serifenlose Schriften wie die Roboto zum Beispiel sind speziell für Scanbarkeit und Erkennbarkeit auf mobilen Android-Displays gestaltet.

Serifen
Die kleinen Füßchen an den Enden der Buchstaben. Ursprünglich aus drucktechnischen Gründen eingeführt, helfen sie heute dem Auge dabei, einzelne Buchstaben besser zu unterscheiden.

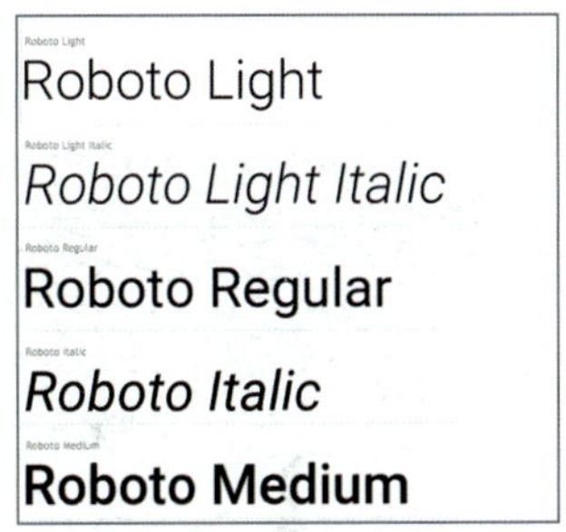

∧ *Die Schriftart Roboto wirkt nüchtern, ist aber vor allem auf kleinen Displays extrem gut lesbar.*

< *Auf cathrine.co spielt Cathrine Understrup gekonnt mit der Schrift.*

Auf der anderen Seite kommunizieren bestimmte Schriftarten bestimmte Emotionen – eine geschwungene oder elegante Schriftart kann oft die Tonalität einer Seite besser ausdrücken. Und Serifenschriften? Die eignen sich durch ihre starken Kontraste und Betonungen besonders gut für längere Fließtexte – dank hochauflösender Displays und Subpixelrendering ist die Erkennbarkeit heutzutage kein Problem mehr.

Auf die Länge kommt es an Besonders im responsiven Webdesign neigt man schnell dazu, den Text über die komplette verfügbare Breite laufen zu lassen – was ein flüssiges Leseerlebnis erschwert. Idealerweise sollte eine Zeile nicht länger als 50–60 Buchstaben sein, damit der Leser nicht die Verbindung zur Vorgängerzeile verliert. Bei 16 Pixeln Textgröße sind das etwa 500–600 Pixel Spaltenbreite.

Ähnliches gilt für den Zeilenabstand: Etwa das 1,5-Fache der Schriftgröße gibt dem Text genug »Luft«, zu viel Abstand lässt den Leser den Zusammenhang verlieren, zu wenig Abstand sorgt für eine graue Bleiwüste. Bei 16 Pixeln sind also 24 Pixel Zeilenabstand ideal.

Weniger ist mehr Gerade in Interfaces lesen wir eher ungern – wer die Information schnell und knackig auf den Punkt bringt, tut dem Nutzer einen Gefallen. Kurze Texte sollten scanbar sein, also bestimmte Schlagwörter wie »OK«, »Speichern« oder »Fehler« enthalten. Je knapper und eindeutiger ein Interfacetext, desto weniger Verwirrung erzeugt er.

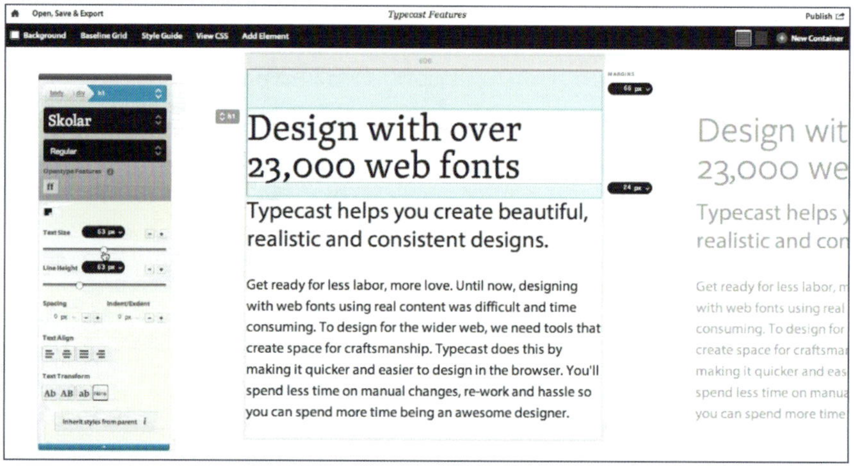

> *Schriften kannst du auf typecast.com ausprobieren – nicht nur verschiedene Schriftarten, sondern auch typografische Stile lassen sich auf Lesbarkeit optimieren.*

Die Basics – das kleine Design-Einmaleins

Wer die Grundregeln der Gestaltung beherrscht, der macht im Interface Design vieles richtig. Im ersten Semester müssen Designstudenten Aufgaben bewältigen wie »Treffen sich zwei Dreiecke, sagt das eine …« – was wie der Anfang eines blöden Witzes klingt, ist eine sehr gute Übung in Formsprache und Relation. Hier die wichtigsten Regeln:

Größer ist wichtiger Was für Text gilt, gilt für Layouts erst recht: Je größer ein Element, desto wichtiger ist es. Nutzer schauen zuerst zu großen Buttons und Eingabefeldern, danach zu kleinen.

Nah beieinander gehört zusammen Weißraum ist eines der am häufigsten unterschätzten Gestaltungsmittel: Die Freifläche um ein Element betont dieses und kann seine Wirkung verstärken – der einzige Button in der Mitte einer weißen Seite ist natürlich der, der als Erstes gesehen wird.

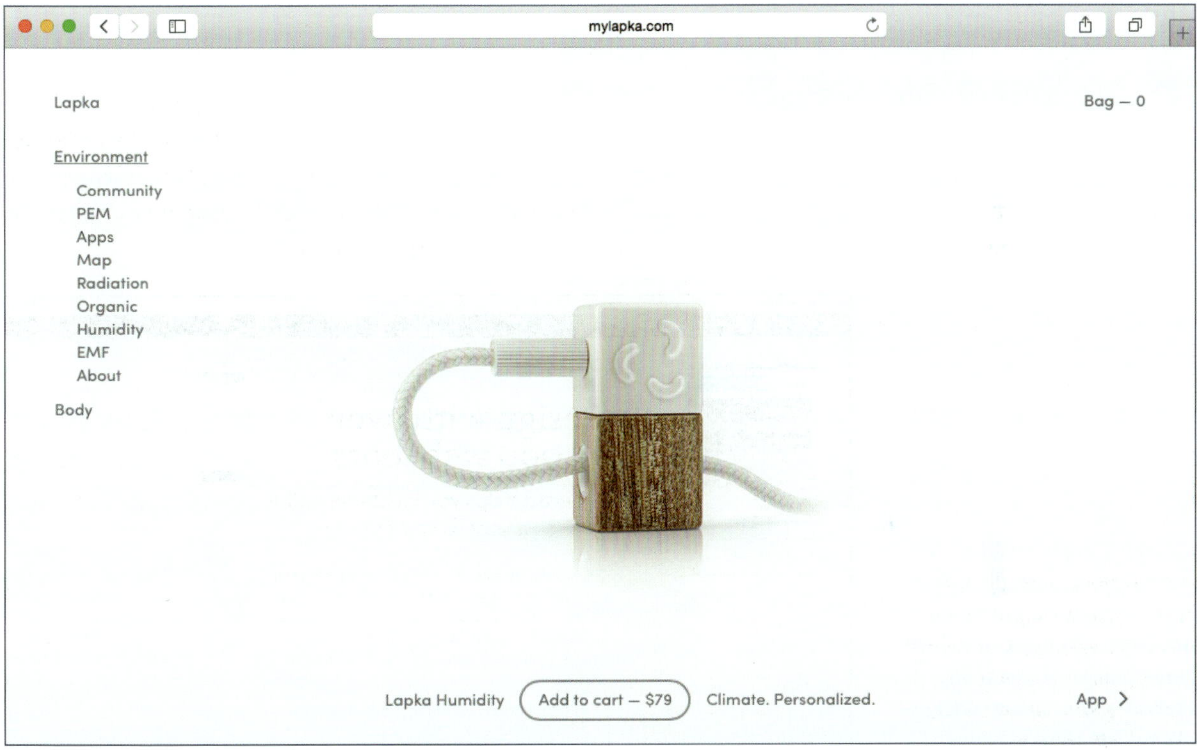

Weißraum sorgt für Betonung (mylapka.com).

Das gilt auch für den Abstand von Elementen untereinander – zusammengehörende Elemente sollten dichter beieinander stehen als Elemente, die Nachbargruppen bilden. In der untenstehenden Abbildung siehst du einen Original-Screenshot von meinem DSL-Modem; was denkst du: Ist die DHCP-Funktion aktiviert oder nicht?

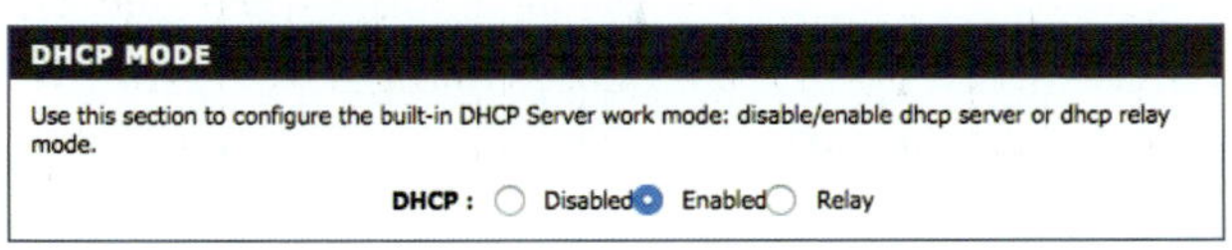

Das Interface meines DSL-Modems animiert zum Rätselraten.

Gleich und gleich gesellt sich gern Gleiche Formen, Farben, Größen oder Schriften bilden in unserem Gehirn Gruppen, auch wenn sie nicht unbedingt direkt nebeneinander stehen. Nach diesem Prinzip funktionieren Puzzlespiele wie *Diamond Dash*, aber auch komplexe Interfaces: Alle Checkboxen mit Text daneben sind Optionen, die ich als Nutzer an- oder abwählen kann – das muss nicht separat erklärt werden, sondern ist durch die Gleichförmigkeit sofort klar.

∧ Beim Spiel Diamond Dash müssen gleiche Farbgruppen gefunden werden.

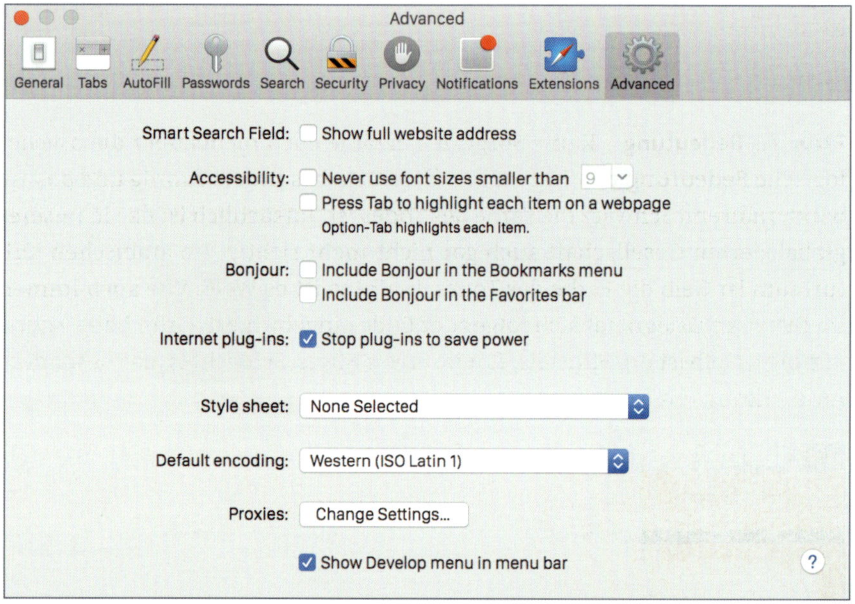

> Einstellungen in Safari – auch ohne zu verstehen, was die einzelnen Punkte bedeuten, ist zu erkennen, dass hier Smart Search, Accessibility und Bonjour aktiviert oder deaktiviert werden können.

Position und Richtung Nutzer erwarten bestimmte Elemente an bestimmten Stellen in Interfaces. Erfülle diese Erwartungen. Dazu ein kleines Rätsel: Wo befindet sich in einem Dialogfeld der »OK«-Button – rechts oder links? Wenn du links gesagt hast, bist du wahrscheinlich ein Windows-, wenn du auf rechts getippt hast, ein Mac-Nutzer. Microsofts Designer haben festgelegt: Wir lesen Interfaces von links nach rechts; die gewünschte, positive Option sollte zuerst, also links stehen.

Bei Apple sagt man: Wir lesen von links nach rechts, also bewegen wir uns von links nach rechts durch ein Interface. Die gewünschte, positive Aktion

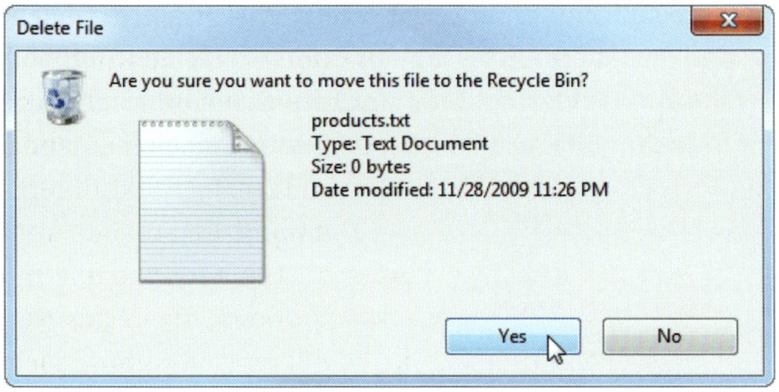

Dialogfeld unter Windows: Der Primärbutton ist links.

Dialogfeld unter Mac OS X: Der primäre Button ist rechts.

sollte also rechts stehen, während die negative Aktion, der Rückschritt, links steht. Beide Ansätze sind nachvollziehbar – entscheidend ist, dass du dem Nutzer die Option anbietest, die er erwartet.

Farbe als Bedeutung Keine Sorge, ich erzähle euch nichts über die psychologische Bedeutung von Farben und dass Gelb besonders sonnig und positiv wirkt, während Schwarz die Farbe des Todes ist. Tatsächlich ist das in unserer globalisierten Gesellschaft auch gar nicht mehr richtig: Im arabischen Kulturraum ist Gelb die Farbe des Todes, in China ist es Weiß. Wie auch immer, im Interface Design hat sich folgender Code eingebürgert: Grün heißt »gut«, »Erfolg«; Gelb ist ein Hinweis; Rot ist etwas Böses, Schlechtes, das besondere Aufmerksamkeit erfordert.

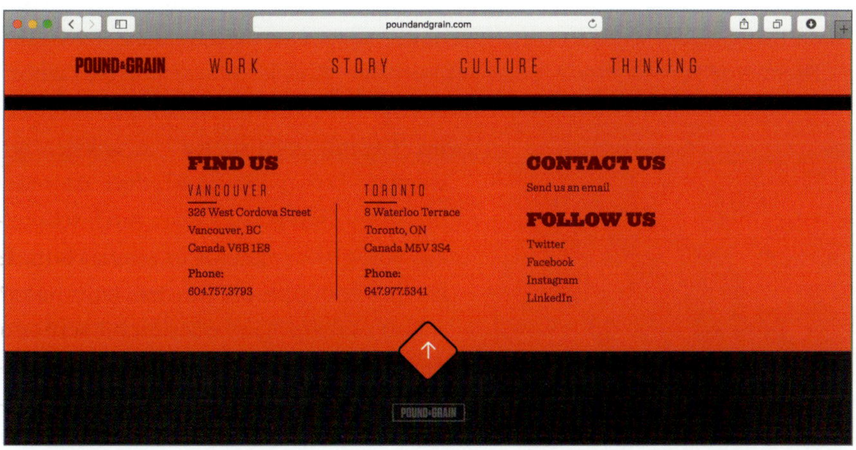

Viel Rot, aber wenig Kontrast in sich – die Website von Pound and Grain (poundandgrain.com) wirkt dennoch eher subtil.

Kontraste Starke Kontraste erhöhen die Lesbarkeit und Aufmerksamkeit, schwache Kontraste und Pastellfarben lassen ein Interface ruhiger und harmonischer wirken. Eine rote Fehlermeldung auf rotem Seitenhintergrund jedoch erzeugt nicht unbedingt die gewünschte Aufmerksamkeit.

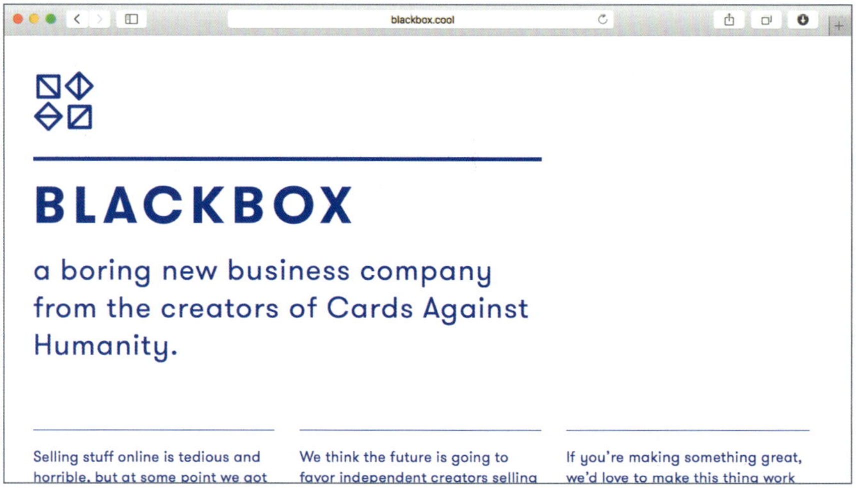

> *Viel Weißraum, aber klare Hierarchien und Farben: Die Blackbox-Website (blackbox.cool) ist gut lesbar und erregt Aufmerksamkeit.*

Design für alle – universelles Design

Apropos Kontraste: Roter Text auf grünem Untergrund ist schön bunt, laut und tut richtig schön in den Augen weh. Für jeden zehnten Deutschen ist er aber vor allem eines: unsichtbar. Etwa 9 % der männlichen Bevölkerung leiden an einer angeborenen Rot-Grün-Schwäche, bei Frauen sind es immerhin noch 0,8 %. In der Gestaltung gilt es daher, diese Menschen einzubeziehen.

Nicht nur Farbenblinde, auch Fehlsichtige, Blinde, Schwerhörige, Gehörlose, Menschen mit motorischen oder kognitiven Einschränkungen müssen im Gestaltungsprozess berücksichtigt werden. Dabei gilt: Behindert ist man nicht, behindert wird man. Auch scheinbar völlig »normale« Menschen können temporär behindert werden. Jeder, dem schon mal ein Baby oder eine Katze auf dem Mausarm eingeschlafen ist, weiß, wie kompliziert das Surfen auf einmal ist. Die grelle Sonne auf dem Handydisplay lässt mich temporär fehlsichtig werden, die fünf Bier vorhin machen die

> *Ishihara-Farbtafel: 17 oder auch 47? Rot-Grün-Sehschwache sehen hier ausschließlich eine 17, Normalsichtige erkennen auch eine 47.*

Taxibestellung auf meinem winzig kleinen Smartphonedisplay fast unmöglich.

In Deutschland regelt die Barrierefreie-Informationstechnik-Verordnung (BITV) die Integration von zugänglichen Webinhalten, international gibt es den Empfehlungskatalog der Web Content Accessibility Guidelines (WCAG) des W3C. Beide sind mehr oder weniger identisch und können online nachgelesen werden. Für öffentliche Einrichtungen wie Behörden, Schulen und Universitäten ist die Umsetzung der BITV Pflicht, für kommerzielle oder private Websites auf jeden Fall empfehlenswert.

- **BITV**: *www.gesetze-im-internet.de/bitv_2_0/BJNR184300011.html*
- **WCAG**: *www.w3.org/TR/2008/REC-WCAG20-20081211*

Die 7 Prinzipien des universellen Designs Idealerweise folgen Websites immer den Prinzipien des universellen Designs – ein Designkonzept, das Produkte und Interfaces für so viele Menschen wie möglich nutzbar macht.

1. Breite Nutzbarkeit: Websites sind für alle Menschen gleich wahrnehmbar, auch wenn Komponenten wie Farben oder Töne fehlen.
2. Flexible Nutzbarkeit: Websites unterstützen eine breite Palette an Vorlieben – jeder kann eine Website individuell erleben.
3. Intuitive Nutzbarkeit: Websites sind leicht verständlich, egal wie viel Vorwissen existiert, wie intelligent, betrunken oder abgelenkt der Nutzer gerade ist.
4. Sensorisch wahrnehmbare Informationen: Websites verfügen über Feedbackmechanismen, die eine effektive und verständliche Nutzung ermöglichen – im Idealfall auf unterschiedlichen Ebenen, visuell und sprachlich.
5. Fehlertoleranz: Die Risiken falscher Benutzung und deren negative Konsequenzen werden minimiert – auch nach fünf Bier.
6. Niedriger körperlicher Aufwand: Websites können effizient bedient werden, Umwege werden eliminiert. Siehe dazu auch: Fitts' Law.
7. Größe und Platz für Benutzung: Websites lassen sich von Menschen mit dicken Daumen oder langsamen Mauszeigern genauso bedienen wie von allen anderen.

Im Klartext bedeutet das: Unterschiedliche Menschen bedienen Websites unterschiedlich, haben unterschiedliche Fähigkeiten und Bedürfnisse – Universelles Design versucht, so viele davon wie möglich zu berücksichtigen.

So viel zu den Grundregeln der Gestaltung und visuellen Komposition, der Basis unserer modernen grafischen Userinterfaces. Wenn aber wir verstehen wollen, warum Interfaces so funktionieren, wie sie funktionieren, müssen wir zurückgehen ins Jahr 1968 – zu Telefunken in Konstanz.

Es hat Klick gemacht – von Mäusen und Fenstern

Der Name, den Telefunken-Ingenieur Rainer Mallebrein sich für sein Gerät ausgedacht hatte, hätte deutscher nicht sein können: die Rollkugel. Entwickelt für Radarterminals der Bundesanstalt für Flugsicherung, gilt die Rollkugel als Vorläufer der Computermaus, die kurze Zeit später in ihrer heutigen Form von Douglas Engelbert vorgestellt wurde. Anstatt nur simple Befehle in den PC zu hacken, konnten wir nun mit etwas Hand-Augen-Koordination jeden beliebigen Punkt in einem zweidimensionalen Koordinatensystem auswählen.

^ *Da ist sie: die erste Maus von Douglas Engelbert!*

Mit einem Trick wurde eine dritte Dimension hinzugefügt: Die Einführung von frei beweglichen Fenstern erlaubte es, Informationen übereinanderzustapeln und so mehrere Programme und Dateien zur gleichen Zeit zu bearbeiten. Das moderne Multitasking war geboren – und damit eine Menge Herausforderungen an die Bedienbarkeit.

Von Fenstern und Layouts

Vor dem Multitasking waren Informationen auf dem Bildschirm nach Aktualität sortiert: Neue Informationen wurden am unteren Bildschirmrand eingegeben und verschwanden nach und nach am oberen Rand aus dem Bildschirm heraus. Eine Befehlskette konnte unendlich lang werden, länger als der Bildschirm selbst – kommt dir bekannt vor? Ähnlich funktionieren HTML-Seiten; sie können im Browser unendlich lang werden.

Mit Einführung der Programmfenster wurde der Platz, der den Informationen zur Verfügung stand, begrenzt. Sicher, auch zuvor konnte man nur so viel anzeigen, wie auf den Bildschirm passte, aber im grafischen Interface musste die Auswahl der Informationen sorgfältig kuratiert und angeordnet werden.

Das große Ganze verstehen Schön und gut, aber wie helfen uns diese historischen Informationen dabei, bessere Websites zu gestalten? Noch immer sind Desktop-Apps und Websitegestaltung eng miteinander verwoben –

Websites kopieren Desktopanwendungen und umgekehrt. Ein umfassendes Verständnis für beide Seiten hilft uns dabei beim Verständnis des großen Ganzen.

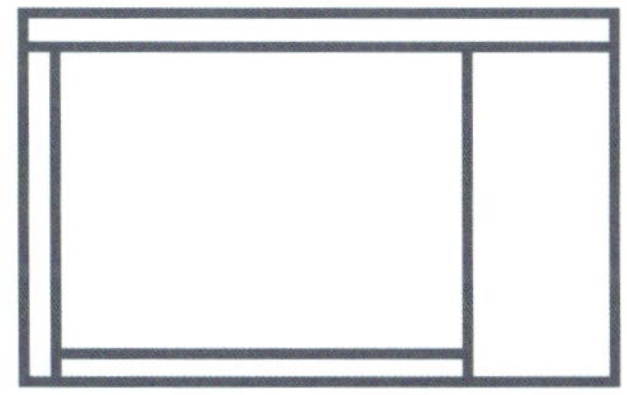

Tatsächlich folgen die meisten Desktopanwendungen einer klaren visuellen Hierarchie, die einem Raster aus verschachtelten Zeilen und Spalten folgt. Komplexe Office- oder Creative Suiten sind meist nach dem Border-Layout ausgerichtet – der Hauptinhalt befindet sich in der Bildschirmmitte, die funktionalen Elemente und Attribute sortieren sich am Fensterrand darum.

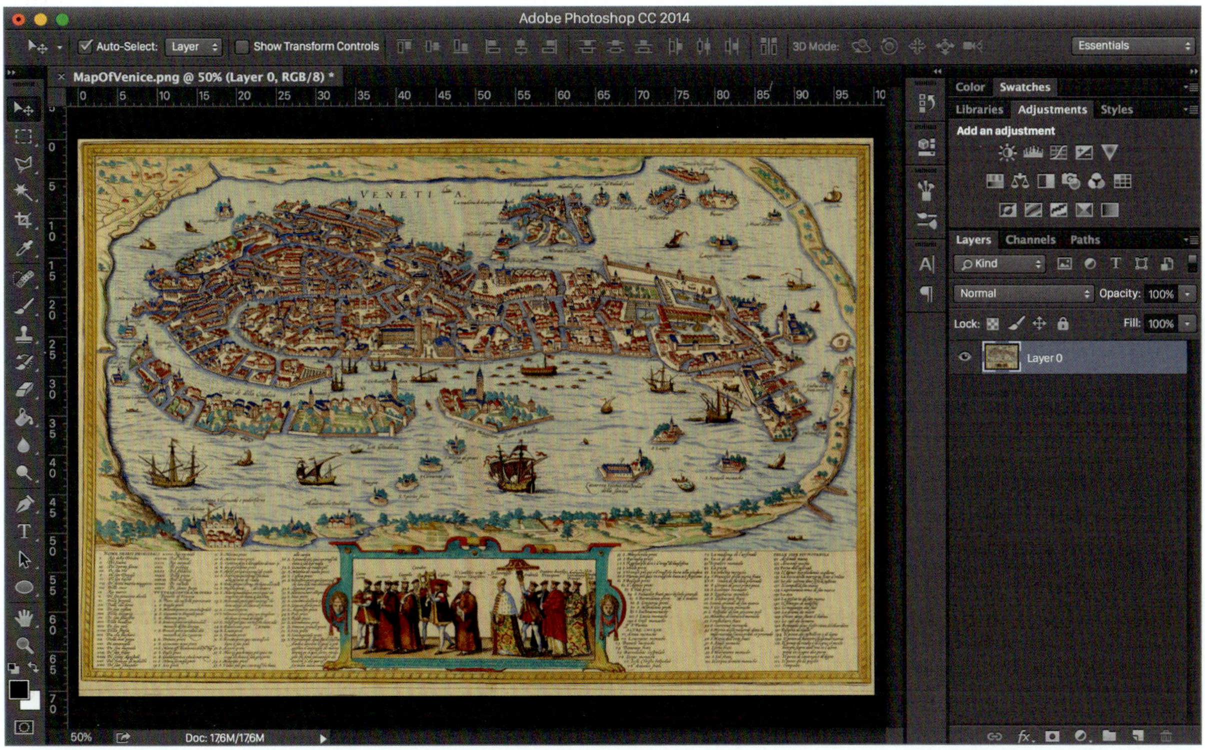

^ *Typisches Border-Layout: Adobe Photoshop Creative Cloud*

Workflow-orientierte Programme bestehen aus einer Kombination aus Spalten und Zeilen – ein gutes Beispiel ist die *GitHub*-App für den Mac: Horizontale Elemente und vertikale Listen schachteln sich immer tiefer in die Bedienhierarchie hinein.

Ein Trend, der vor Websites und Web-Apps nicht haltgemacht hat. Nur selten finden wir heutzutage noch eine Seite, die aus linearem Text besteht und so groß ist, wie sie eben sein muss. Symbolleisten, Kontextmenüs und Scrollbars helfen dabei, Teile des Inhalts zu verstecken.

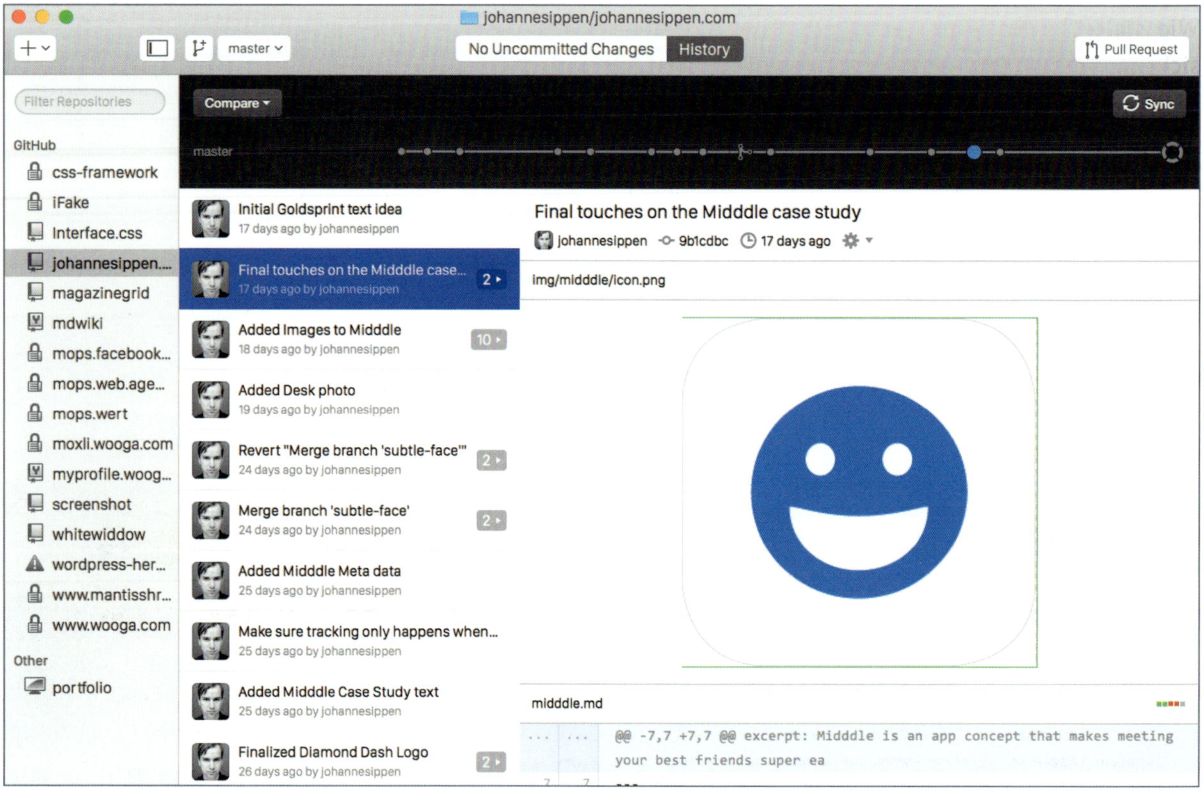

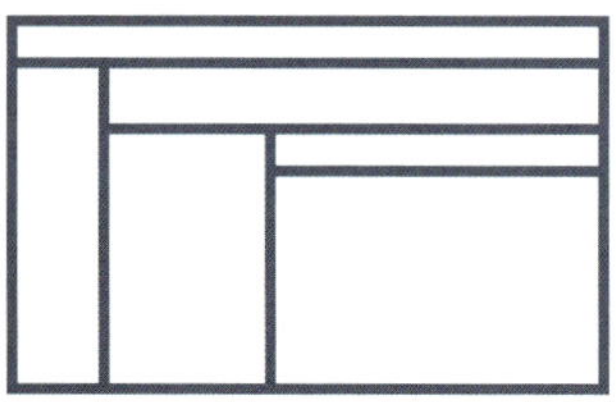

Hierarchisches Layout: GitHub-App

Von Websites, die auf Desktopprogramme starren Kritisch wird es vor allem dann, wenn Web-Apps versuchen, die Funktion von Desktopprogrammen zu imitieren, ohne deren Limitationen und Konventionen einzuhalten oder sich der Vorteile von Websites zu bedienen.

Ein solches Beispiel ist die Werbeplattform Epom (*manage.epom.com*). Hier werden die Funktionen sehr stark hierarchisch unterteilt, ohne Rücksicht auf die eigentliche Größe des Bildschirmfensters zu nehmen. Eine Ansicht ist üblicherweise in vier Spalten eingeteilt, die auf Biegen und Brechen in die zur Verfügung stehende Breite eingepasst werden – egal, ob nur ein Teil des Bildschirms genutzt wird und der Rest leer bleibt oder ob alles so voll ist, dass wichtige Bedienelemente schon im Raster verschwinden.

Aubade-Lektion № 28
Zeig dich von deiner besten Seite.

An dieser Stelle müssen wir uns fragen: Ist es sinnvoll, die Interfaceparadigmen von Desktop-Apps als Webseite nachzubauen? Wie viele Elemente müssen gleichzeitig sichtbar sein?

GitHub (*github.com*) macht es vor: Sowohl in der Mac-App als auch im Webportal spielt der Dienst die jeweiligen Stärken des Mediums aus, kombiniert geschickt Webinterface und Desktopinterface.

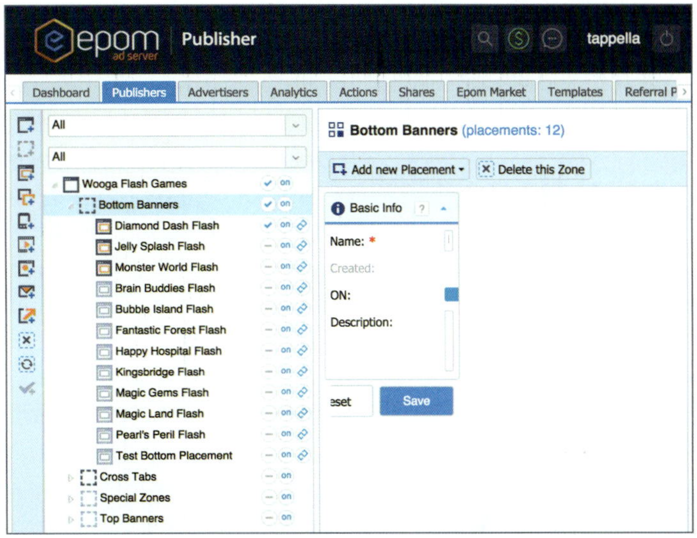

> *Schlechtes Beispiel: Epom passt sich nicht an die Bildschirmgröße an, die eigentlichen Eingabefelder schrumpfen in kleinen Fenstern auf eine Größe von 10 Pixeln zusammen.*

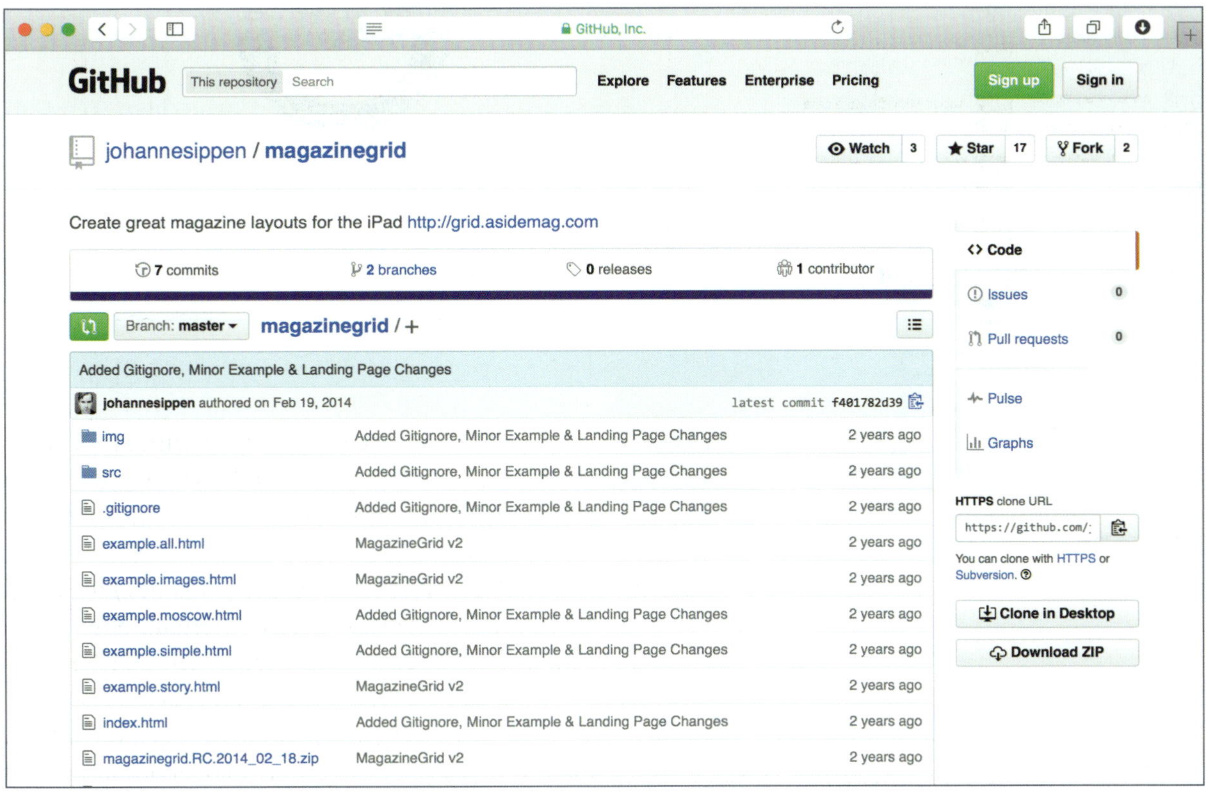

Gut angepasst: github.com kombiniert das Beste aus Website und App.

Fenster und noch mehr Fenster

Was passiert, wenn mal was passiert? In Windowed Interfaces besondere Ereignisse anzuzeigen, ohne dass diese im regulären Interface untergehen, ist eine Herausforderung. Daher haben sich die Macher von Windows und Co. etwas einfallen lassen: noch mehr Fenster!

Eine Dialogbox ist ein temporäres Fenster, das angezeigt wird, wenn ein irreguläres Ereignis eintritt, zum Beispiel wenn der Nutzer eine Datei speichern möchte oder wenn ein Fehler auftritt. Diese Fenster werden über dem Hauptfenster aufgerufen und bieten meist nur sehr wenige Interaktionsmöglichkeiten.

In einem Speichern-Dialog kann man in der Regel nur Dateiname und -verzeichnis wählen, Fehlermeldungen bieten nur ein »OK« zum Schließen an. Diese Fenster sind dafür ausgelegt, so schnell wie möglich wieder geschlossen zu werden, und selten gut in das Gesamtkonzept des Interface integriert. Sie blockieren darunterliegende Fenster und verdecken Informationen. Welches Bild wollte ich jetzt eigentlich speichern? Das Motiv wird vom Dialogfeld verdeckt, na toll.

Gut gemacht: Die Lightbox bei Apple (apple.com) stellt Inhalte heraus und verdeckt alles Unnötige komplett.

Von guten und schlechten Fenstern Im Webdesign nennt man diese Fenster *Modals*. Ein Modal ist kein echtes Dialogfenster, das vom Betriebssystem generiert wird, sondern ein Layer, der über den eigentlichen Inhalt der Webseite gelegt wird. Stilecht mit Verdunkelung des Hauptinhalts und Schließen-Button erinnern Modals bewusst an Dialogfelder aus dem Betriebssystem.

Gut geeignet sind Modals zum Beispiel dann, wenn ein Inhalt besonders hervorgehoben werden soll. Bilder oder Videos können in einer **Lightbox** über den restlichen Inhalt der Webseite gelegt werden, um dem Nutzer ein ungestörtes visuelles Erlebnis zu bescheren. Besonders toll ist das auf der Website von Apple umgesetzt: Nichts stört das Videoerlebnis, ein subtiles X lässt den Nutzer wieder zur eigentlichen Website zurückkehren.

Lightbox
In einer Lightbox werden nach einem Klick auf ein Vorschaubild Fotos, Bilder, Videos und Co. auf einer abgedunkelten Seite präsentiert und großformatig darüber schwebend angezeigt.

Ein eher nicht so gelungenes Beispiel zeigt der Konkurrent Microsoft: Auf der Produktwebsite der Office-Suite öffnet sich unmittelbar nach dem

Ladevorgang ein kleines Fenster, das einen Support-Chat anbietet. Eigentlich eine tolle Sache, würde dieses Modal nicht haargenau die Produktbeschreibung überdecken. Ich schwöre hoch und heilig, der Screenshot ist nicht manipuliert!

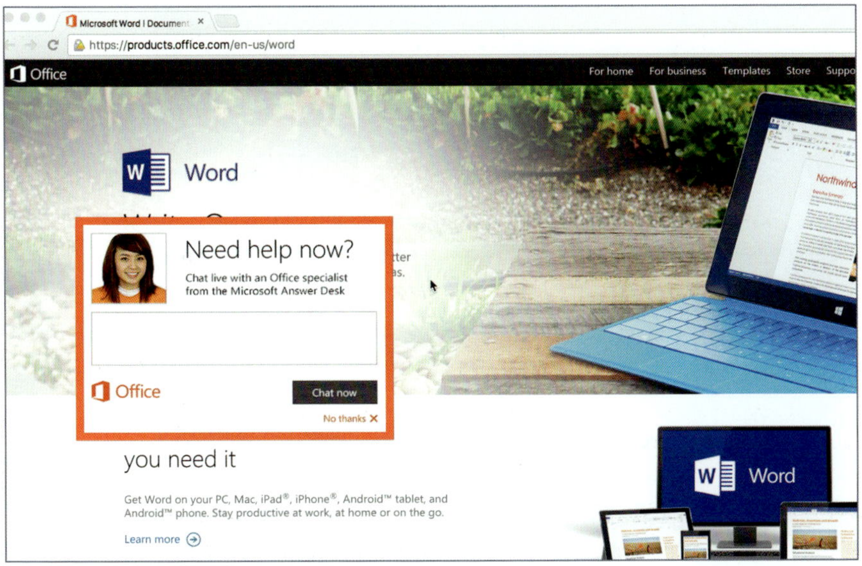

< *Echt jetzt, Microsoft? Support ist zwar nett, aber wäre nicht nötig, wenn nicht der Hauptinhalt verdeckt würde.*

»Death to Bullshit« Designer und Autor Brad Frost nennt diese Art von Ablenkung schlicht und ergreifend »Bullshit«. Auf seiner minimalistischen Seite *deathtobullshit.com* sammelt er Beispiele und bietet einen »Turn on Bullshit«-Button an – Drücken auf eigene Gefahr!

Im Webdesign gilt generell: Müssen Inhalte verdeckt werden? Entstehen im Nutzungserlebnis dadurch Vorteile, oder kann das eventuell auch anders gelöst werden?

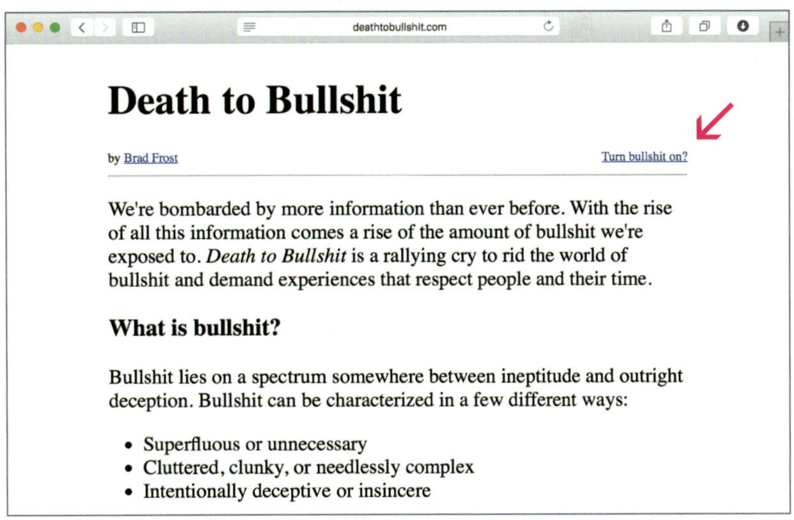

> *Minimalistisch: Die Website von Brad Frost zeigt nur, was wirklich wichtig ist.*

Eine Möglichkeit sind *Notification Bars*, also besonders gelayoutete Leisten am oberen Rand der Webseite, die bei Bedarf eingeblendet werden und den Inhalt der Webseite nach unten schieben – genug Platz ist ja vorhanden.

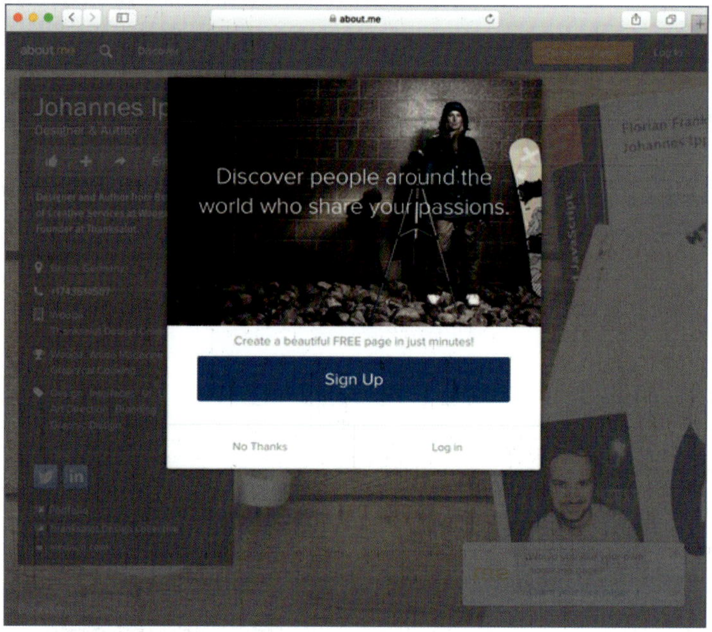

> *Doppeltes Modalchen: Auf about.me fordern mich gleich zwei Pop-ups auf, mir einen Account zuzulegen. Nicht nachmachen.*

Checkliste: Wann solltest du eine Dialogbox einsetzen?

- ✓ Ist die Nachricht oder der Inhalt temporär, zum Beispiel bei einem Hinweis oder einer Fehlermeldung?
- ✓ Muss während des Betrachtens kein anderer Teil der Webseite zu sehen sein, wie etwa bei einem Video?
- ✓ Tritt das Modal häufiger auf? Dann wähle lieber eine andere Lösung, zum Beispiel ein Pop-up am unteren Bildschirmrand.
- ✓ Steuert der Nutzer, wann die Dialogbox auftaucht?
- ✓ Kann er sie einfach wieder schließen?
- ✓ Sind die Informationen wichtig und stehen nicht dem eigentlichen Benutzungserlebnis im Weg?

Das Denken in Pfeilen und Bildschirmseiten

Wo wir schon beim Platz sind: Ein Phänomen der fensterbasierten Designs ist außerdem, dass mehr Inhalt als Fenster da ist. Also muss dieser in mehrere Bildschirmseiten aufgeteilt werden, am besten in handliche Einheiten von 50 oder 100 Datensätzen. Besonders gut kannst du das im Mac App Store beobachten: Hier hören die Suchergebnisse nach 100 Resultaten auf und werden nach Klick auf »Nächste Seite« fortgesetzt.

Das Denken in Pfeilen und Bildschirmseiten hat seinen Ursprung noch in der Zeit vor Scrollrad und Touchpad. Weil es einfacher war, mit der Maus einen Pfeil anzuklicken, als einen Scrollbalken nach unten zu schieben, setzte sich die Paginierung von Informationen schnell durch und ist bis heute erhalten geblieben – auch auf Websites.

Aubade-Lektion № 49
Verlängere die Magie der ersten Begegnung.

Load more Witzigerweise muss der Nutzer auch im Mac App Store innerhalb des Fensters scrollen – die Aufteilung erfüllt hier den Zweck, die Ladezeit der Ergebnisliste zu minimieren. Eleganter gelöst hat das die Desktopvariante von Instagram (*instagram.com*): Sobald hier das Ende der Ergebnisliste erreicht ist, klickt der Nutzer auf einen riesigen »Load More«-Button, der weitere 12 Bilder vom Server lädt.

< *»Load more« auf Instagram – großer Button, klare Funktion*

Scroll more Keine zusätzliche Nutzeraktion mehr erforderlich machen Twitter, Tumblr und Pinterest: Sobald der Nutzer in die Nähe des Seitenendes scrollt, werden weitere Beiträge geladen. Diese geschickte Art der Interaktion nennt man *Endless Scrolling* – der Nutzer merkt nicht mehr, wie lange er schon über die Website surft, und wird so zu weiterer Benutzung verführt.

Eine experimentelle Spielart des vertikalen und horizontalen Scrollings hat der Designer Joni Korpi gefunden: Sein Frameless Grid ermöglicht Scrollen sowohl in vertikaler wie in horizontaler Richtung. Obwohl das cool anzusehen ist und eine Menge Möglichkeiten und Spielarten bietet, ist diese Art des endlosen Bildschirmplatzes für die meisten Nutzer nur schwer zu greifen – und damit in der Praxis nicht wirklich benutzbar.

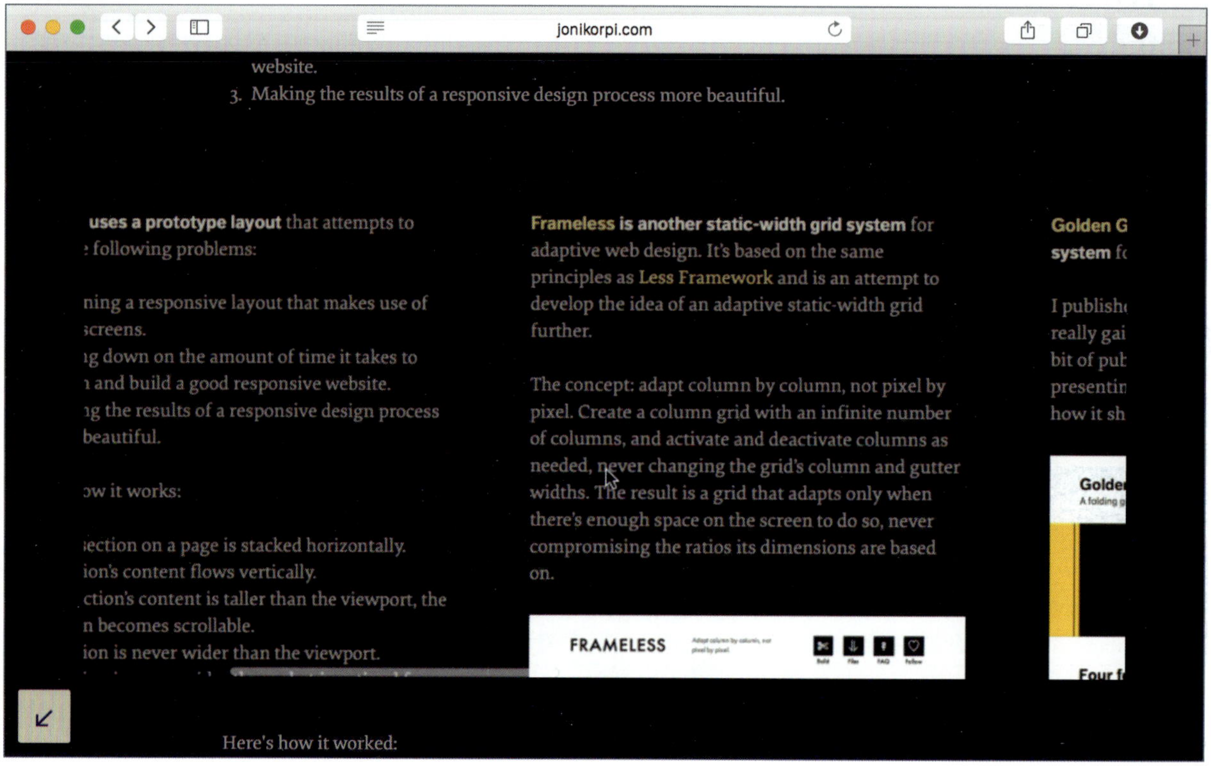

Das Frameless Grid von Joni Korpi

Der Weg des geringsten Widerstands – Fitts' Law

Im Jahr 2004 bekam ich ein besonders interessantes Projekt: Ich sollte die Website der Fachhochschule für Technik und Wirtschaft in Berlin auf Barrierefreiheit und Zugänglichkeit überprüfen. Die FH hatte gerade ein frisches Redesign spendiert bekommen, inklusive Farbleitsystem und fünf Navigationsebenen.

Um den Nutzern Klicks zu ersparen, öffnete sich die dritte Ebene bei Mouse-over horizontal unter der zweiten Ebene – so war bereits zu sehen, was einen erwartete, und der Nutzer musste sich nicht wild durch die Seite klicken.

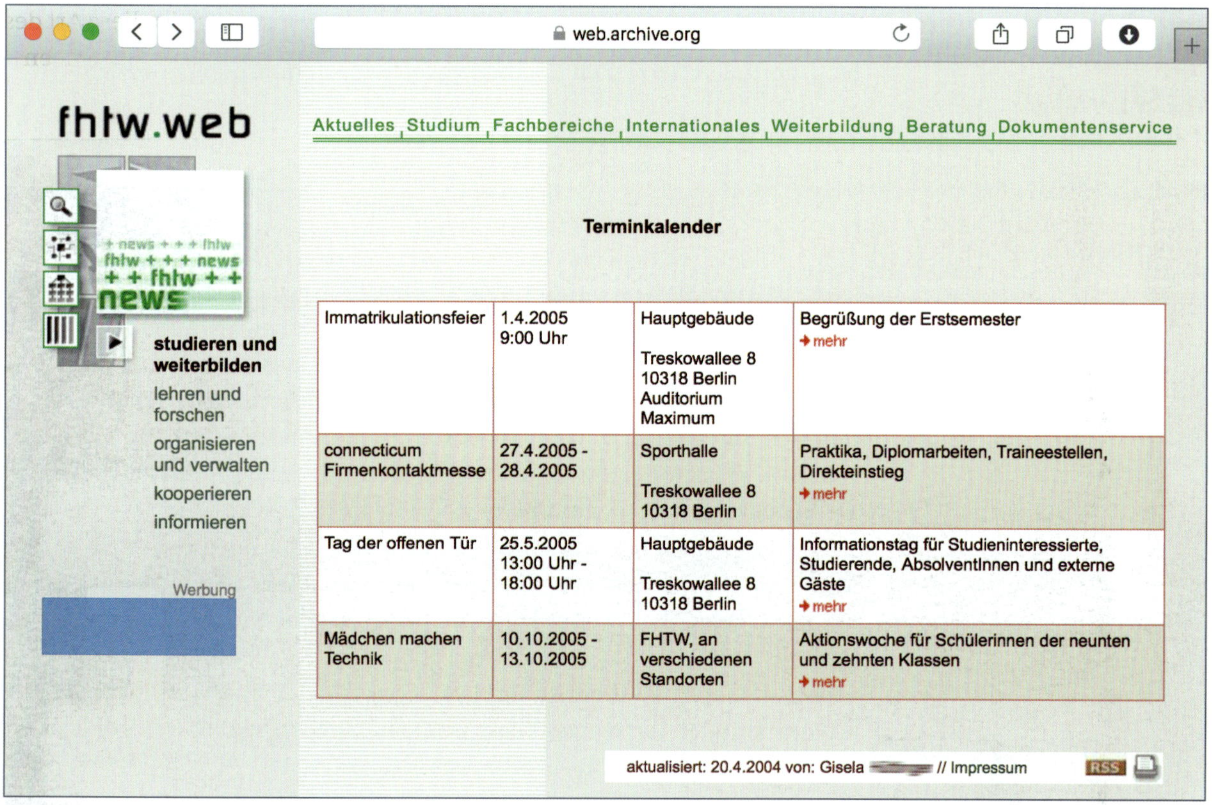

Die Website der FHTW 2004: Die obere Navigationsleiste öffnet sich per Mouse-over.

Genau dieses Feature aber wurde bereits kurz nach dem Launch von den Nutzern am häufigsten kritisiert: Die Meinungen reichten von »herausfordernd« bis »unbedienbar«. Ganz klar war hier eine gutgemeinte Hilfestellung zu einer Stolperfalle geworden – in der Konsequenz mussten wir das Mouse-over-Feature zunächst wieder deaktivieren.

Bevor du eine innovative Navigation auf die Welt loslässt, teste sie mit ein paar Nutzern – siehe Kapitel »Bitte keine Stereotypen: Nutzertests«.

Experimente am Zeichentablett

Warum lassen sich manche Websites und Apps scheinbar besser und leichter bedienen, während man bei anderen häufiger danebenklickt und mehr Fehler macht? Ist das nur Einbildung, oder gibt es dafür eine wissenschaftliche Grundlage? Gehen wir ins Jahr 1954 zurück, an die Ohio State University.

Der Psychologe Paul Fitts experimentiert mit einer Art frühem Zeichentablet: Probanden sollen mit einem elektrischen Stift nacheinander zwei entfernte Kontakte antippen, gemessen werden die Zeit und Fehlerquote. Aus diesen Experimenten entwickelt Fitts eine Formel, die eigentlich die Arbeit am Fließband optimieren soll: Zeit = Schwierigkeit = $\log_2$ (Entfernung / Größe).

Vorsicht, Mathe!

$$MT = a + b \times \log_2 (2D \div W)$$

Durchschnittliche Zeit – Modellparameter – Entfernung von Mauszeiger zum Zielpunkt – Größe des Zielobjekts

Ohne es zu wissen, schuf der amerikanische Psychologe so die Grundlage der Bildschirmusability. Die komplexe Formel besagt, dass die Zeit, die ein Nutzer braucht, um einen Stift oder eben einen Mauscursor von A nach B zu bewegen, von zwei Faktoren abhängig ist: die Entfernung der beiden Punkte und deren Größe. Je näher sich zwei Punkte zueinander befinden beziehungsweise je größer diese Punkte sind, desto einfacher ist es für den Benutzer, sie miteinander zu verbinden.

Das können wir uns wie bei einem Dartspiel in der Kneipe vorstellen: Den Mittelpunkt zu treffen, wird einfacher, wenn du näher an die Zielscheibe herangehst. Oder eben wenn der Mittelpunkt größer wird. Für die Interfaceusability bedeutet das: Ein Button oder ein Eingabefeld ist einfacher zu treffen, wenn das Element größer ist oder sich näher am Ursprung des Mauszeigers befindet. Der Nutzer klickt weniger daneben, macht weniger Fehler.

Gruppieren und zusammenstellen

Gruppiere gemeinsam verwendete Elemente.

Buttons, die häufig geklickt werden sollen oder in Kombination verwendet werden, stehen daher am besten zusammen und sind entsprechend groß. Im Umkehrschluss können Bildschirmelemente, die nicht so häufig geklickt werden sollen, auch kleiner sein. Besonders zunutze macht sich Fitts' Law das Kontextmenü beziehungsweise Rechtsklickmenü. Klickt der Nutzer mit der rechten Maustaste auf ein Bildschirmelement, öffnet sich eine Liste mit Funktionen, die sich direkt auf das entsprechende Element beziehen – die Entfernung von A und B wird auf ein Minimum reduziert, der Mauszeiger ist ja schon da. Clever, oder?

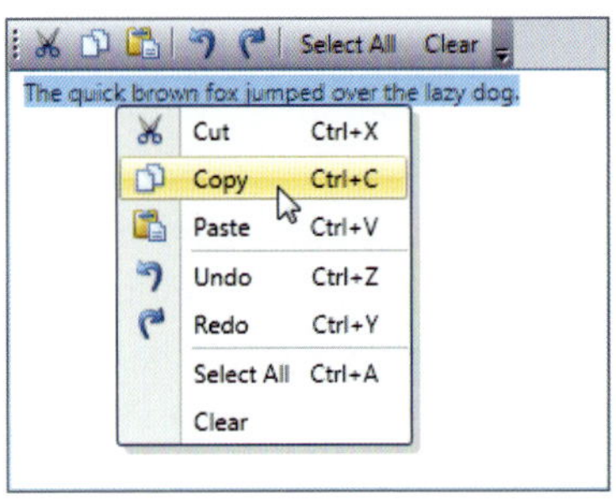

> *Der kürzeste Weg ist oft der beste: Kontextmenüs sitzen dort, wo sie gebraucht werden.*

Einen Sonderfall stellen Bildschirmelemente dar, die sich am Bildschirmrand oder in den Ecken befinden. Da der Cursor sich nicht über die Monitorkante hinausbewegen lässt, lassen sich diese Elemente so gut wie gar nicht verfehlen – sie sind quasi unendlich groß, zumindest in einer Dimension. Das ist übrigens auch der Grund, weshalb sich das Apple-Dock am unteren Bildschirmrand befindet oder das Windows-Startmenü in der Bildschirmecke – hier sind sie besonders leicht zu erreichen.

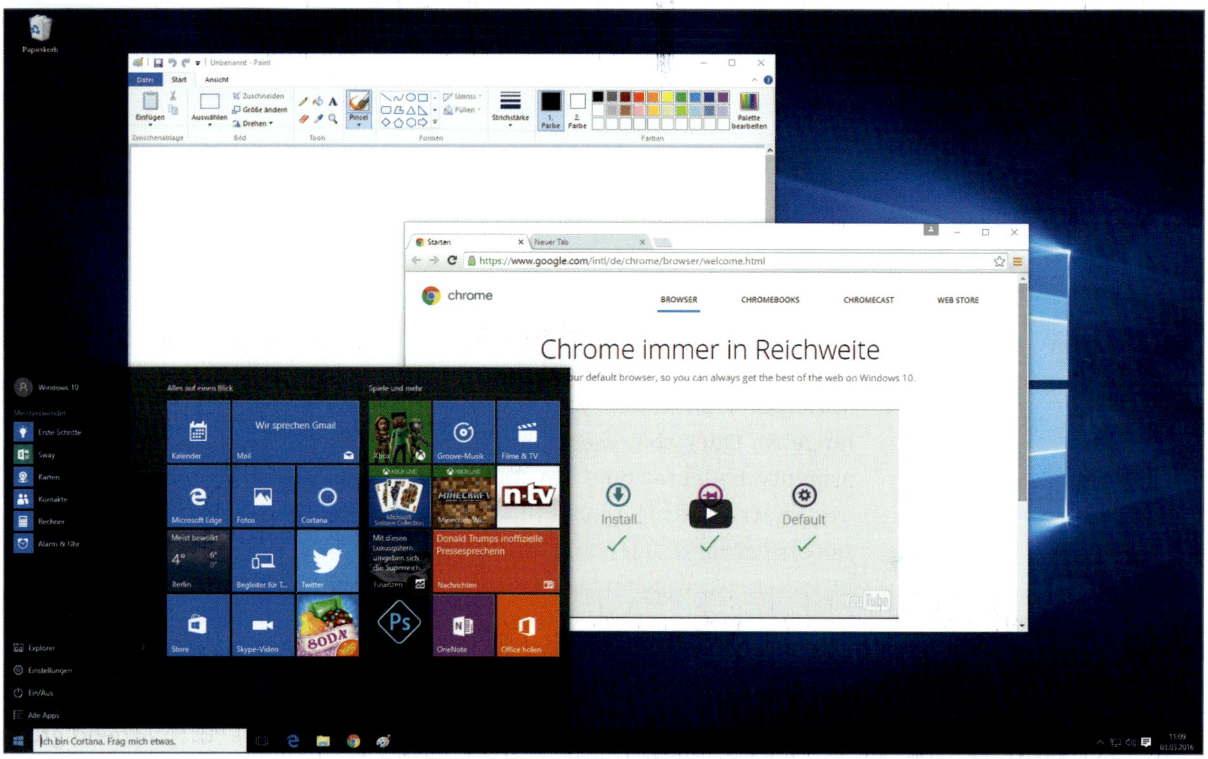

Besonders gut zu erreichen: Das Windows-Startmenü sitzt in der Ecke und damit im unendlichen Raum.

Sonderfall: Mobil und Websites

Auf Websites funktioniert die Randregel leider nicht so gut, da sich das Browserfenster nicht zwingend bis an die Bildschirmränder erstreckt – zumindest können wir als Designer nicht davon ausgehen.

Auch auf Mobilgeräten gelten andere Spielregeln: Hier kann der Finger zwar von der Bildschirmmitte über den Rand hinausgehen, aber im Umkehrschluss auch zuverlässig vom Rand in die Mitte gezogen werden.

Bis zur Erfindung von **Force Touch** war der Rand auf Tablets und Smartphones auch die einzige haptische Komponente – das machen sich die Ent-

Force Touch
Das Display erkennt, wie stark der Nutzer den Finger aufs Display drückt, und bietet entsprechende Funktionen an.

wickler von iOS natürlich zunutze. Hier werden Notificationpanel und Kontrollmenü aus dem Bildschirmrand »hinausgezogen«. Warum? Durch die fühlbare Kante lässt sich die Geste ohne hinzuschauen ausführen und ist daher besonders einfach.

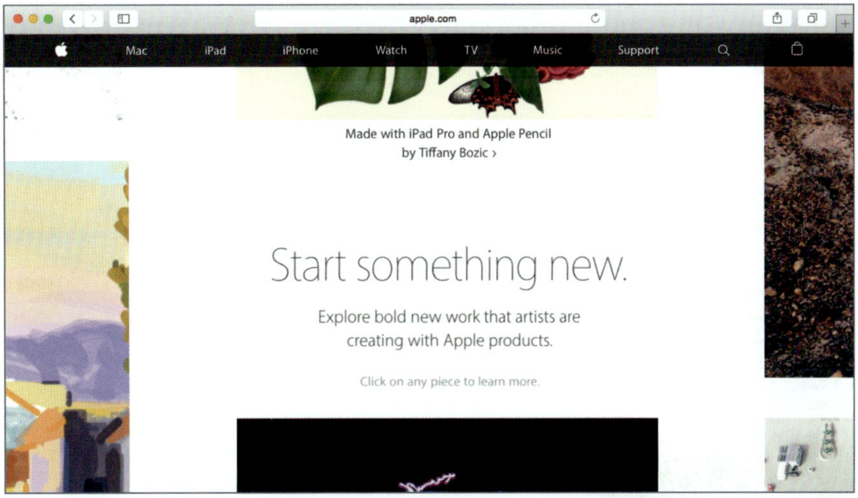

> *Die australische Apple-Kampagne »Start Something New« zeigt, wie's nicht geht: Per Mausbewegung navigiert der Nutzer durch eine Bildergalerie, doch wehe, der Cursor kommt zu dicht an den Browserrand – dann springt die Ansicht auf den Anfang zurück; Fitts' Law lässt grüßen: www.apple.com/au/start-something-new.*

Für Designer von Websites gilt grundsätzlich: Benutzbare Websites sollten sich fehlerfrei bedienen lassen. Zugegeben, das ist jetzt noch keine bahnbrechende Erkenntnis. Aber: Es lässt sich ganz einfach erreichen durch große und nah beieinanderstehende Elemente. Es hilft, wenn wir uns selbst beobachten: An welcher Stelle mache ich Fehler? Habe ich den Button gerade nicht getroffen? Eventuell muss ich dort schon nachbessern.

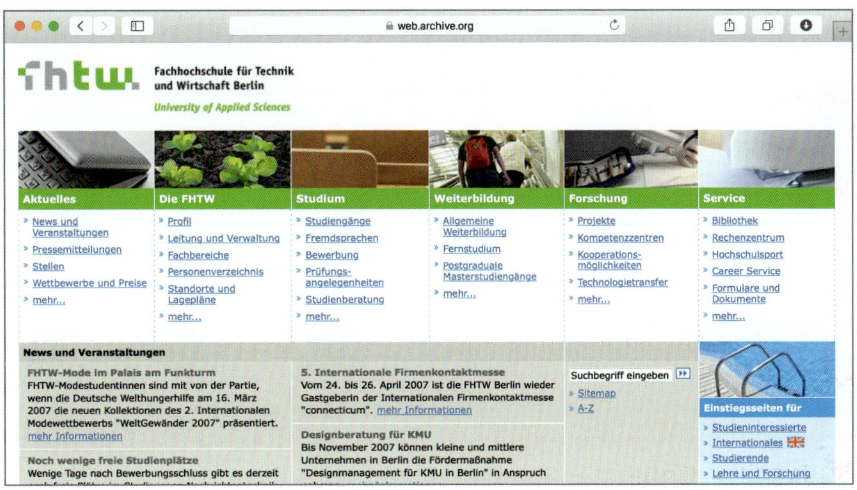

> *Die Website der FHTW nach dem Redesign*

Auf der Website der FHTW haben wir beim darauffolgenden Redesign die fünfstufige Navigation durch eine vertikale Navigation mit drei Hierarchieebenen ersetzt und so den Weg zwischen den Links erheblich verkürzt. Dieses Menü findet sich übrigens noch heute, zwei Redesigns später, auf der Website der mittlerweile in HTW umbenannten Hochschule wieder.

Die Navigationsstruktur wurde verbessert und visuell stärker hierarchisiert.

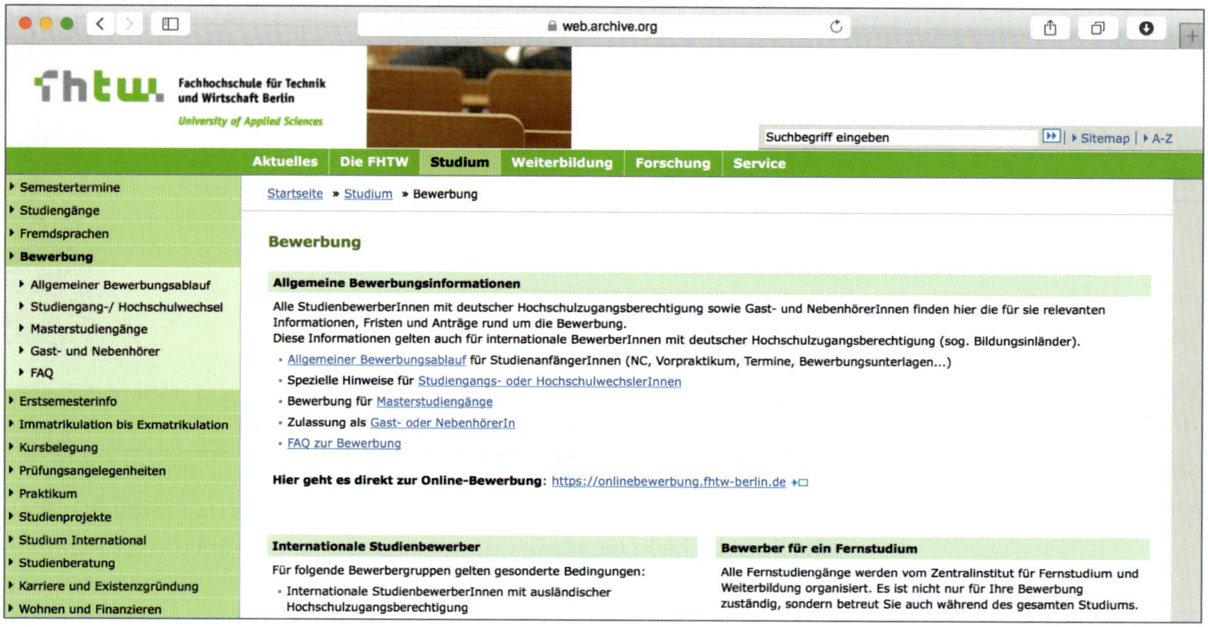

Checkliste: optimale Mauswege

- ✔ Optimiere den Weg der Maus – wer den Mauszeiger weniger bewegen muss, ist effektiver!
- ✔ Gleiches zu Gleichem – gruppiere zusammengehörige Elemente.
- ✔ Kontext ist alles – biete Funktionen da an, wo sich der Mauszeiger ohnehin schon befindet.
- ✔ Unendliche Weiten – Elemente am Bildschirmrand sind einfacher zu klicken.
- ✔ Vorsicht Falle – Elemente am Webseitenrand sind entsprechend schwieriger zu klicken.
- ✔ Je größer, desto einfacher – vergrößere Elemente, die oft geklickt werden sollen.

Keep it simple

In einer Zeit, in der immer mehr Apps und Services auf unsere Geräte drängen, gibt es einen klaren Trend hin zu klaren, einfachen Interfaces. Dabei ist Einfachheit nicht einfach nur Flat Design und große Typografie, es steckt mehr dahinter. Der Telegraph zitiert Apple-Chefdesigner Jony Ive im May 2012:

> *»Simplicity is not the absence of clutter, that's a consequence of simplicity. Simplicity is somehow essentially describing the purpose and place of an object and product. The absence of clutter is just a clutter-free product. That's not simple.«*

Kurz gesagt: Einfachheit ist nicht die Abwesenheit von Durcheinander, das ist vielmehr die Konsequenz davon. Ein einfaches Interface beschreibt den Sinn und Zweck seines Daseins ganz genau. Einfachheit ist ein Prozess – und der ist ironischerweise nicht ganz einfach.

KISS – Keep it simple, stupid!

Make it simple!

Statt »Keep it simple« müsste es also eigentlich »Make it simple« heißen – aber wo fängt man an? Schauen wir uns das an einem Beispiel an. Die Berliner S-Bahn ist nicht gerade berühmt dafür, besonders pünktlich, zuverlässig oder überhaupt in Bewegung zu sein. Eines kann sie jedoch besser als die Moskauer U-Bahn, die London Underground, New Yorker Metro und Deutsche Bahn zusammen: ihre Fahrkartenautomaten.

Unabhängig davon, welches Fahrtziel im Bereich der Berliner S-Bahn du ansteuerst, welches Ticket du benötigst oder wie du dieses bezahlst, selten brauchst du dazu mehr als drei Taps. Tarifbereich auswählen, Art des Tickets auswählen, bezahlen. Ganz bewusst lassen die UI-Designer hier einen Check-out-Button weg. Sobald du Geld einwirfst oder eine EC-Karte einsteckst, beginnt der Bezahlvorgang.

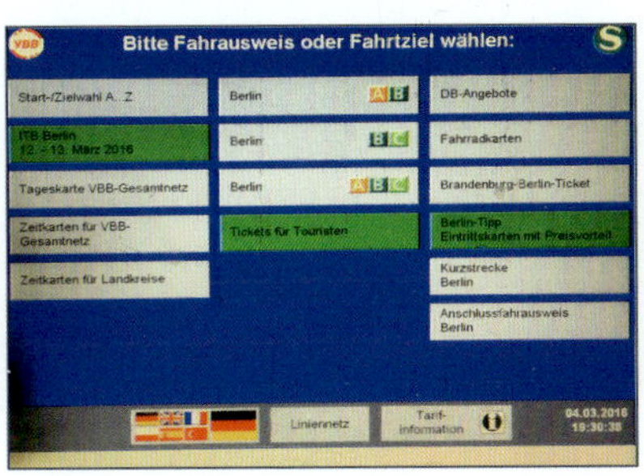

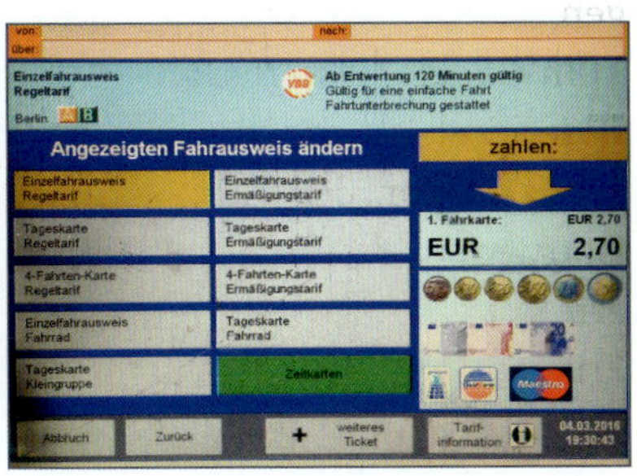

Fahrkartenkauf mit drei Taps oder weniger – wenn man weiß, was man will

Diese drei Schritte sind keine Selbstverständlichkeit – als inklusives Interface sollte ein Ticketautomat eigentlich alle erdenklichen Usecases und Nutzer abdecken, also so allgemein zugänglich wie möglich sein.

Im Berliner Fall dient der Automat aber vor allem Menschen, die den Automaten regelmäßig benutzen. Die Bahn kommt in zwei Minuten, und du brauchst noch schnell ein Ticket? Der schnelle Kaufprozess verführt dazu, doch noch eine Fahrkarte zu ziehen, anstatt schwarz zu fahren. Ein cleverer Schachzug – sind es doch vor allem die lokalen Gelegenheitsfahrer, die den Automaten hier benutzen.

Touristen werden natürlich nicht ausgeschlossen, gehen aber in der Regel direkt zum Schalter. Hier macht es sich bezahlt, wenn der Gestalter seine Zielgruppe gut kennt.

Optimiere für den Hauptnutzen

Marissa Mayer legte in ihrer Zeit als Google Vizepräsidentin eine besondere Regel fest: Eine App sollte für ihren Hauptanwendungsfall gestaltet sein. Mayer glaubt, dass Produkte in 98 % der Fälle auf die gleiche Art und Weise verwendet werden. Ein Beispiel ist ein moderner Kopierer: Obwohl man mit ihm faxen, scannen, drucken und sogar heften kann, wird er in 98 % der Fälle zum einfachen Kopieren eingesetzt. Vorlage auf die Glasplatte, den grünen Knopf gedrückt, fertig.

Achtung, Linkshänder! Biete eine Möglichkeit an, den Primärbutton auch mit der linken Hand zu erreichen.

Laut Mayer sollten alle Apps einen solchen grünen Knopf besitzen – ein einfach erreichbares Element, das die Hauptfunktion der App auslöst. Auch wenn du kein Fan von grünen Knöpfen bist, ist es durchaus sinnvoll, den Hauptverwendungszweck deiner App zu kennen und zu betonen. Das macht es nicht nur Einsteigern einfacher, sondern verhindert auch Unübersichtlichkeit. Das gilt natürlich nicht nur für Apps, sondern auch für Web-Apps und Websites. Auf Shoppingseiten soll ein großer »Jetzt kaufen«-Button prangen, im Webmailer ein »Email verfassen«-Knopf zur Benutzung anregen.

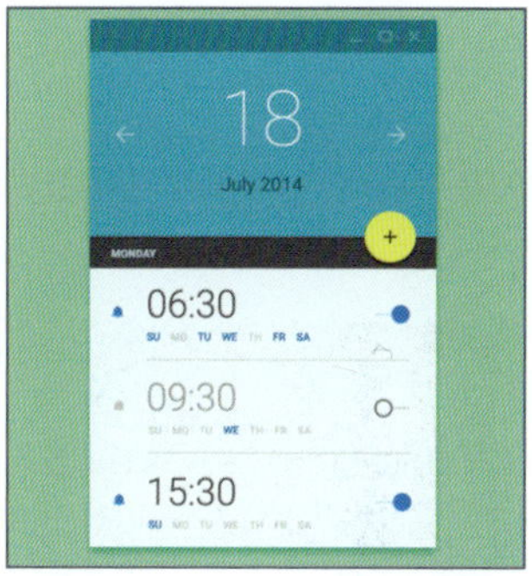

^ *Primärbutton im Material Design*

In Googles Designsprache Material Design wird dieses Prinzip geradezu pedantisch durchgezogen – jede Material-Design-App verfügt über einen Primärbutton, der die Hauptaktion der App auslösen soll. Auf Mobilgeräten ist er immer im rechten Bereich zu finden, also leicht mit dem Daumen zu erreichen. In Googles Web-Apps wie *Calendar* oder *Gmail* befindet sich der Primärbutton links unter dem Google-Logo.

Verkleinern, verstecken, verbinden

Designlegende John Maeda ist Experte, wenn es um Vereinfachung geht. In seinem Buch »The Laws of Simplicity« formuliert er das VVV-Prinzip: Verkleinern, Verstecken, Verbinden.

- **Verkleinern**: Im ersten Schritt wird die Auswahl an Möglichkeiten reduziert. Welche Funktionen sind entbehrlich, welche doppelt vorhanden, welche benutzt der Anwender überhaupt nie? Weg damit!
- **Verstecken**: Im zweiten Schritt werden die Funktionen versteckt, die nur sehr selten oder von besonderen Anwendern verwendet werden. Dropdown-Menüs, Auswahlboxen, Einstellungsfenster und ein erweiterter Modus helfen dabei – oder auch ein Button »Tickets für Touristen«.
- **Verbinden**: Im dritten Schritt werden gemeinsame Elemente gruppiert und so miteinander verbunden.

»Hide complexity behind a simple door« – verberge Komplexität hinter einer einfachen Oberfläche. In einem idealen Interface merkt der Nutzer nicht, welch komplexe Technologie und welch komplizierte Algorithmen sich darin befinden.

Der Klassiker schlechthin: die Google-Suche. Die Suchmaschine liefert längst nicht mehr nur reine Suchergebnisse aus seinem Webindex zurück, sondern analysiert die Benutzereingabe und gibt passend zu Suchhistorie, Aufenthaltsort, Sprache, Bookmarks, Nutzereinstellungen und Art der Eingabe ein jeweils auf den Nutzer zugeschnittenes Ergebnis aus.

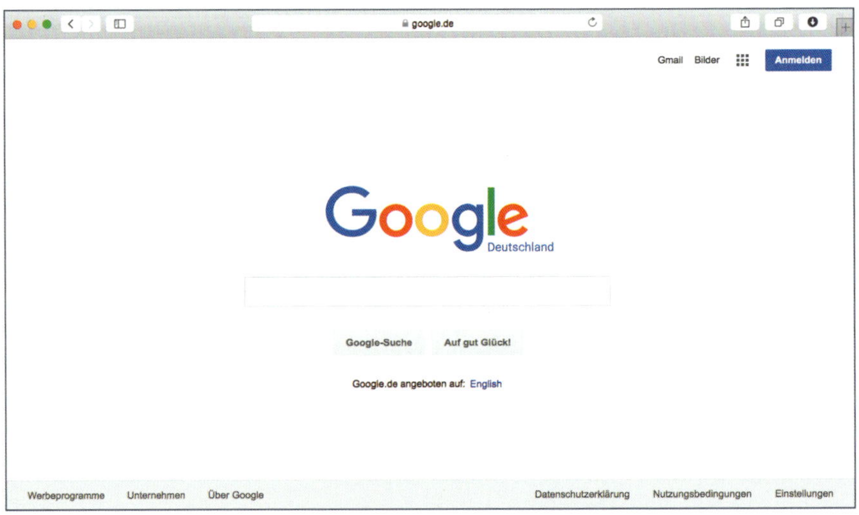

> *Immer noch simpel: die Google-Startseite*

Die Suchmaschine lernt, was der Nutzer erwartet, und passt sich an seine Bedürfnisse an. Mehr noch: Die Knowledge-Graph-Funktion entscheidet eigenständig, ob statt reiner Suchergebnisse auch noch ein Wikipedia-Eintrag, Flugverbindungen oder Wettervorhersagen angezeigt werden. Der Nutzer merkt davon erst einmal nichts. Er muss nichts konfigurieren, keine Vorauswahl treffen – das Userinterface besteht immer noch aus einem Suchfeld und einem »Los«-Button.

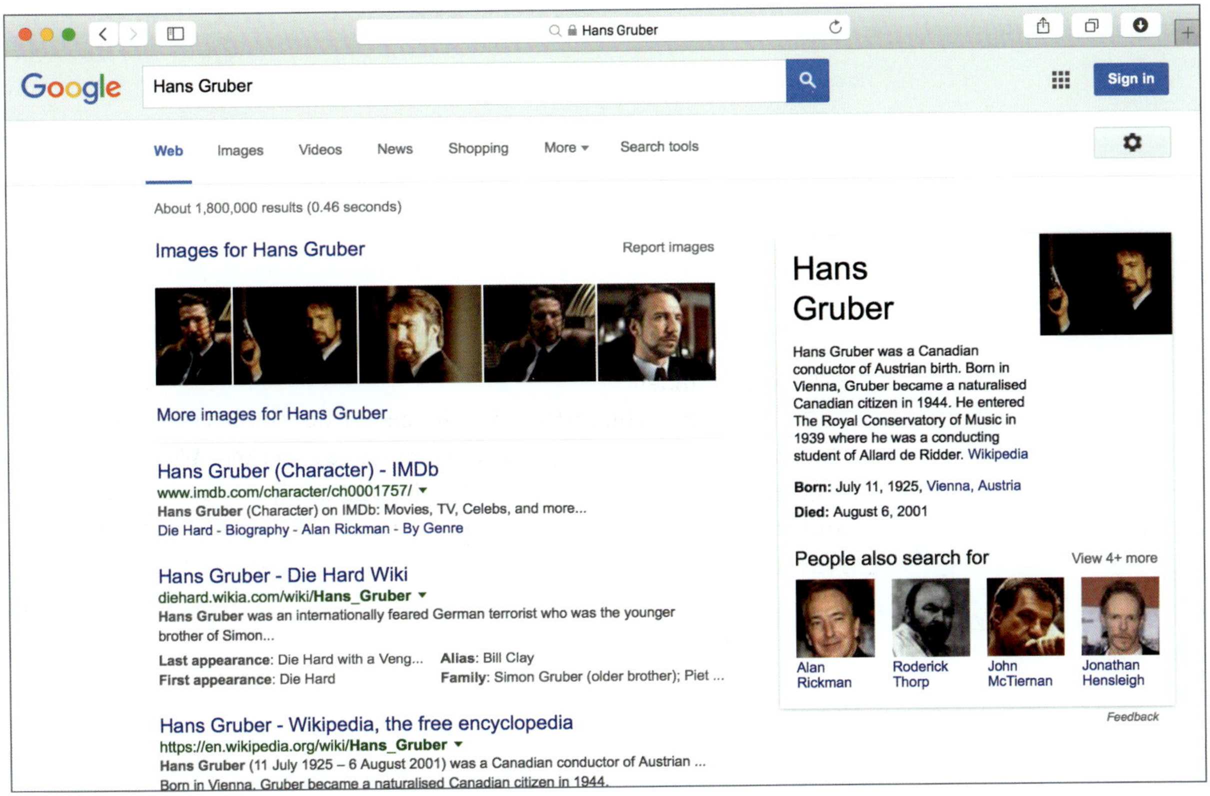

^ *Der Google Knowledge Graph zeigt genau an, was ich wissen will.*

Diese Technologie steckt freilich noch in den Kinderschuhen. Probier doch zum Beispiel mal, nach »Hans Gruber« zu suchen: Was wird Google wohl ausgeben – Informationen über den österreichischen Dirigenten Hans Gruber oder seinen gleichnamigen Bösewicht aus »Stirb Langsam«, gespielt von Alan Rickman? Das Ergebnis ist verblüffend.

Ein gutes Beispiel für komplexe Funktionen hinter einer einfachen Oberfläche ist die Mobilitäts-App *Uber*. In den meisten Ländern mittlerweile gefürchtet, streng reglementiert oder verboten, ist dies nicht nur Travis Kendricks Arroganz oder dem knallharten Preisdumping geschuldet – sondern vor allem der genialen und einfachen Interface.

Surge Pricing
Der Preis wird der aktuellen Verkehrslage und Nachfrage angepasst. Siehe auch: Dynamic Pricing im Abschnitt »Den richtigen Preis finden« ab Seite 204.

Der Nutzer wird nicht gefragt, wann er von wo nach wo fahren will, sondern bekommt lediglich eine Karte mit einer Stecknadel darauf angezeigt, die er an die gewünschte Position schieben muss. Eine kleine Uhr zeigt an, wie lange eine *Uber*-Limousine bis zur Stecknadel benötigt. Klingt der Nutzer auf »Jetzt buchen«, fragt die App den nächstgelegenen Fahrer an, berechnet die genaue Anfahrtszeit, informiert den Kunden per E-Mail und SMS (teilweise sogar mit Porträt und Bewertung des Fahrers), sortiert dabei Fahrer aus, mit denen der Kunde bereits schlechte Erfahrungen gemacht hat, und berechnet in einigen Ländern mittels **Surge Pricing** sogar den aktuellen Tagessatz.

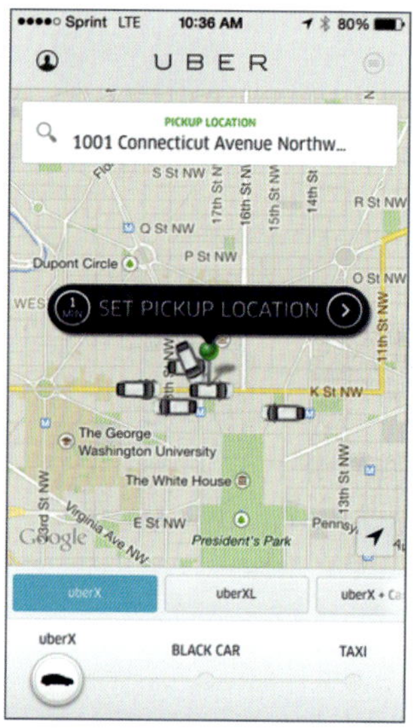

∧ *Einfaches Interface in der Uber-App*

Der Prozess der Vereinfachung So ganz einfach ist es mit der Einfachheit also nicht. Viele Überlegungen stecken dahinter. Die folgenden Fragen können im Prozess der Vereinfachung helfen:

- **Identifizieren** – welches ist der primäre Verwendungszweck meiner Site beziehungsweise meiner App? Ist dieser gut zu erkennen und wird klar kommuniziert? Ist er für den Nutzer zweifelsfrei und jederzeit zu erreichen? Lenken andere Funktionen, Nebenfunktionen, vom Hauptzweck ab? Mehr dazu im Kapitel »Das Spiel mit den Reizen: User Experience«.
- **Reduzieren** – im Zweifelsfalle, weg damit. Gibt es Elemente, die den Nutzer verwirren? Elemente, die wirklich niemals verwendet werden? Elemente, die nur eingebaut wurden, weil hätte könnte ja? Entstehen Schritte im Nutzerflow, die unnötig sind und getrost ignoriert werden können? Im Kapitel »Bitte keine Stereotypen: Nutzertests« erfährst du, was deine Nutzer tatsächlich brauchen und was nicht.
- **Priorisieren** – jedes Interface hat Elemente, die nur ab und zu mal benötigt werden. Diese dürfen ruhig eine Navigationsebene oder ein Einstellungsfenster tiefer in der Hierarchie stehen als die Hauptelemente. Auch hier gilt: Alles, was nicht dem primären Verwendungszweck dient, hat im primären Interface nichts zu suchen.
- **Kombinieren** – gibt es Elemente, die zusammengehören? Gruppierte Elemente treten als Einheit auf und lassen die Oberfläche klarer und einfacher erscheinen.

Vereinfachung ist ein Prozess. Versuche nicht, alle Probleme auf einmal zu lösen oder allzu radikal alles auf einmal hinauszuwerfen. Taste dich vielmehr an die perfekte, simplistische Oberfläche herantasten.

Von Metaphern und Missverständnissen

Neue Ideen und Konzepte verwirren die Menschen. Besonders dann, wenn es um digitale Datenverarbeitung geht, sind die zugrundeliegenden Prozesse eigentlich immer viel zu abstrakt, um sie dem normalen Nutzer verständlich zu machen. Abhilfe schaffen hier Parallelen zur echten Welt – eine Metapher erleichtert das Verständnis für ein Produkt. Die sicherlich bekannteste Metapher ist die E-Mail, die »elektronische Post«.

Please, Mr Postman

Technisch gesehen wird hier ein Textdokument über ein Internet Standard Protocol von einem Client über einen SMTP-Server an einen IMAP- oder POP-Server übertragen, wo der Text von einem anderen Nutzer auf dessen Client heruntergeladen werden kann. Weil das jetzt echt nerdig und kompliziert klingt, haben sich die Väter des Internets die Analogie zum Brief erdacht. Inklusive Adresse, Empfänger, Absender und Posteingang.

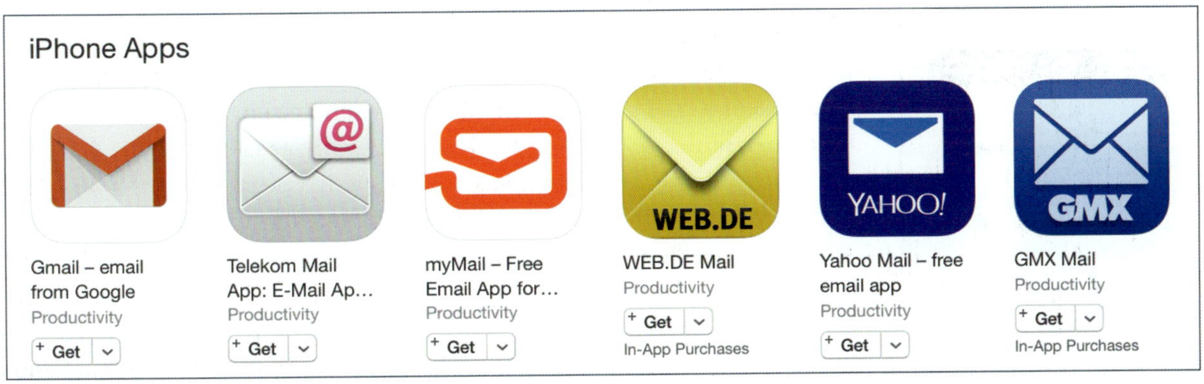

^ *E-Mail-Icons im AppStore – Gemeinsamkeiten erkennbar?*

Noch heute verwendet jedes größere Mailprogramm diese Metapher: Apple Mail, Outlook und Google Mail nutzen Briefumschläge oder Briefmarken in ihren Symbolen, die frühere Dropbox-Firma Mailbox eine Symbiose aus Inbox und Umschlag, selbst Express-Mailer Sparrow (mittlerweile von Google gekauft) bleibt mit seinem Papierflieger-Icon in der Papiermetapher.

Der Newsletter-Marketingservice MailChimp wird durch einen knuddeligen Briefträgerschimpansen repräsentiert – und erklärt über das Maskottchen die Funktion direkt: ein dressierter Affe, der deine E-Mails austrägt.

^ *Bei MailChimp kümmert sich Briefträger Freddie um deine Post.*

Diese dezente Art des metaphorischen Brandings bestimmt die Erwartungshaltung an die Funktionalität eines Produkts – das muss aber nicht immer gutgehen.

Notepad+ – weil »einfach« nicht immer genug ist Notepad ist der Notizblock auf dem Computer – simpel, ohne spezielle Formatierungsoptionen wie in Word können einfache Nachrichten und Einkaufszettel abgespeichert werden. So zumindest dachte sich Microsoft das zumindest, als sie das Programm zusammen mit den ersten Windows-Versionen verteilten. Bis heute wird es fast unverändert mit dem Betriebsystem ausgeliefert. Die Monospaceschrift und die Integration als Internet-Explorer-Quellcode-Editor machten das Programm jedoch schnell zum HTML-Editor für Hobbyprogrammierer – der ironischerweise als Notepad+ mit genau dieser Funktion als Shareware weiterentwickelt wurde.

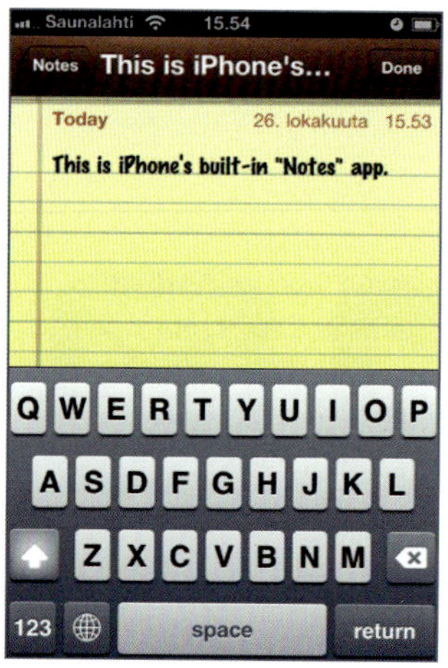

∧ *Quellcodeunfreundliche Schrift bei Apple*

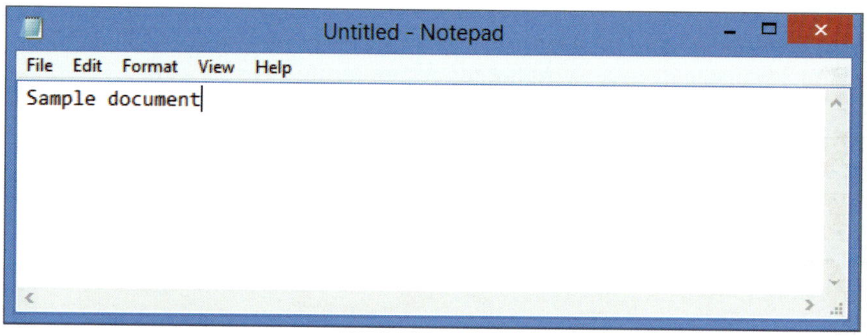

∧ *Notepad – der bekannteste HTML-Editor der Welt*

Genau diese Abwandlung wollte Apple verhindern, als sie die *Notizen*-App auf dem iPhone mit einer Schriftart ausstatteten, die zwar sehr handgeschrieben aussieht, aber extrem quellcodeunfreundlich ist. Die Papieroptik, inklusive abgerissener Seiten, tut ihr Übriges – »ich bin für Notizen, nicht Code«, scheint die App einem entgegenschreien zu wollen.

Skeuomorphismus ist heilbar

Überhaupt erinnern viele iPhone-Apps der ersten Stunde an ihre analogen Gegenparts: Der Voicerecorder besteht eigentlich nur aus einem 3D-Rendering eines 20er-Jahre-Mikrofons, die Publikationen in *iBooks* werden in einem virtuellen Bücherregal aufgereiht, das Game Center kommt in edler Roulettetisch-Optik daher.

Dieses Imitieren von bekannten Konzepten und Gegenständen nennt man *Skeuomorphismus* – es erleichtert dem Nutzer, die Funktion eines vertrauten Gegenstands auf die neue App zu übertragen. Im Falle des virtuellen Mikrofons erklärt es sogar noch den Aufbau des Geräts: Es verrät dem Nutzer, wie er das Smartphone halten muss, um das stecknadelgroße Loch auf der Geräteoberseite, das das eigentliche physische Mikrofon ist, nicht zu verdecken.

In iOS6 setzte Find My Friends auf Stoff und Leder, genauso wie seine Entsprechung im echten Leben, der … oh, Moment.

Dass man es mit Skeuomorphismus aber auch kräftig übertreiben kann, zeigt die genähte und geprägte Lederoberfläche der App *Find My Friends* zu iOS6-Zeiten: Zu dem App-Konzept gibt es keine Entsprechung in der echten Welt, die vermeintliche Metapher ist nur noch bloße Dekoration. Die digitale Welt hat die physische längst eingeholt: Der Nutzer ist mit den einzelnen Funktionen der Karte und Freundesliste bereits so weit vertraut, dass er die Metapher nicht mehr bedarf.

Fake it 'til you make it

Kurzum: Eine Metapher hilft nur so lange, bis der Nutzer die neuen Paradigmen gelernt hat und Bedienmuster in den Alltag übergegangen sind. Das hat auch Apple lernen müssen und mit iOS 7 den Skeuomorphismus komplett aus seinem Betriebssystem entfernt.

Einige Metaphern jedoch bleiben uns erhalten und entwickeln sich zu eigenständigen Kategorien weiter; Buttons zum Beispiel wurden aus der physischen Welt übernommen: Wenn man auf diesen Knopf drückt, passiert etwas.

Während je nach Mode und Geschmack der Bildschirmknopf mal mehr und mal weniger nach seinem analogen Vorfahren aussah, ist die Grundform bis heute erhalten geblieben: eine rechteckige, meist abgerundete Schaltfläche mit Text oder Symbol und mindestens zwei Zuständen. In Interfacesystemen wurde der Knopf schnell weiterentwickelt zu Drop-down-Boxen, Auswahlknöpfen oder Buttongruppen – nichts davon gibt es in der echten Welt, aus der Metapher ist eine eigene Sprache geworden.

> *iOS wird erwachsen – der Skeuomorphismus verschwindet!*

^ *Einkaufswagen, Einkaufskorb, Einkaufstasche – obwohl wir häufig »Warenkorb« lesen, dominiert der Wagen. Taschensymbole wie bei H&M oder Otto sind die Ausnahme.*

Unvermeidliche Metaphern Andere Metaphern sind einfach so gut, dass es schwer ist, sie komplett loszuwerden. Eine solche ist der Warenkorb in Onlineshops: Obwohl es sich technisch gesehen nur um einen Sessioncookie und Zwischenspeicher handelt, liegt die Analogie zum Einkaufskorb bzw. Einkaufswagen auf der Hand.

Bisher hat es noch kein Shopbetreiber erfolgreich geschafft, ohne dieses Konzept auszukommen. Der Grund dafür liegt aber nicht im Workflow begründet: Amazons 1-Click Checkout zeigt, wie man Shop-Usability auf einen schnellen Einkauf optimieren kann. Vielmehr zeigen sich hier wirtschaftliche Interessen – ein sicherer Zwischenspeicher verführt dazu, mehrere Produkte einzupacken, besonders dann, wenn man versucht, einen bestimmten Mindestbestellwert zu erreichen, um sich die Versandkosten zu sparen.

Flüchtige Metaphern Manche Metaphern kommen und gehen wieder: Ende der 90er Jahre war Kai's Power Soap der heißeste Scheiß für angehende Bildbearbeiter. Nicht so sehr wegen der innovativen Funktionalität, sondern vor allem wegen der Bedienmetaphern: Die Bearbeitungsfunktionen wurden durch tatsächliche Malwerkzeuge abgebildet, die der Nutzer auswählen konnte.

Die 90er lassen grüßen: Kai's Power Tools

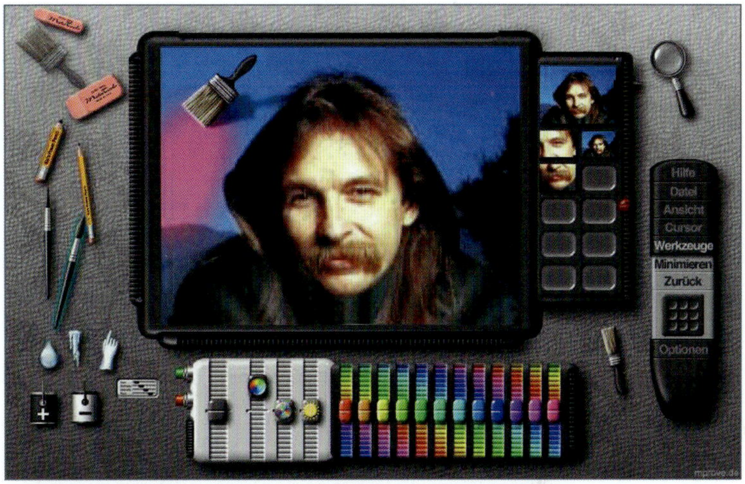

In den letzten 15 Jahren verschwand diese Art der Metapher in Zeichenwerkzeugen wieder und wurde durch das eher minimalistische Photoshop und Co. abgelöst: flache Oberflächen, abstrakte Icons.

Erst 2013 griff das Studio 53 wieder tief in die Metaphernkiste: Für die Zeichen-App *Paper* wurden die Werkzeuge gerendert und am Bildschirmrand aufgereiht, aus weißen Zeichenflächen wurden leere Moleskine-Notizbücher. Hier wurde die Metapher vor allem genutzt, um sich von der Konkurrenz abzuheben – und Geld zu verdienen: Die virtuellen Notizbücher lassen sich direkt aus der App drucken und binden und als physisches Produkt bestellen.

Es lohnt sich jedoch immer, Bedienweisen und Metaphern zu überprüfen und in Frage zu stellen.

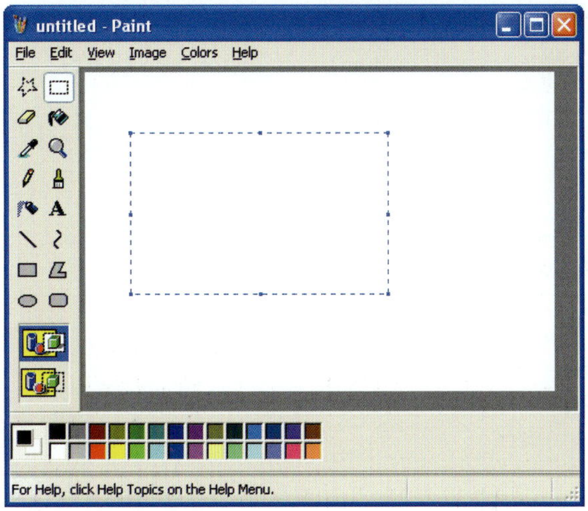

Wirkt gegen Kai's Power Tools richtig minimalistisch: MS Paint.

> *Die iPad-App Paper greift die Schreibtischmetapher von Kai's Power Tools auf und interpretiert sie auf moderne Weise.*

»Welchen Klingelton sollen wir für unsere neue Videofunktion wählen?«, hieß es sicherlich im UI-Team von Snapchat. Die richtige Antwort: Gar keinen. Anstatt wie das Bell'sche Telefon mit Hilfe eines Geräuschs den Nutzer so lange zu nerven, bis er dem Anrufer Aufmerksamkeit schenkt, dreht Snapchat den Spieß einfach um: Eine Videokonferenz kann nur dann begonnen werden, wenn man zunächst eine Chatnachricht ausgetauscht hat – dann weiß der Gegenpart genau, dass der andere tatsächlich auch am Gerät ist.

Dos und Don'ts: Metaphern – ja oder nein?

- ✔ Das Interface ist einem echten Gegenstand nachempfunden.
- ✔ Wenn das Interface neu oder ohne Metapher zu schwer kommunizieren ist.
- ✔ Die Metapher ist universell und zeitlos oder ausreichend abstrahiert (Einkaufswagen).
- ✔ Metaphern, die ein gewisses Gefühl beim Nutzer erzeugen sollen.

- ✘ Metaphern aus dekorativen Gründen
- ✘ komplexe Abläufe oder Umfelder als Metaphern
- ✘ Metaphern einfach nur kopieren

Drücken, wischen, tippen

Die Regeln des Spiels haben sich mit der Erfindung des iPhones komplett geändert. Zwar gab es vor dem Apple-Smartphone bereits touchfähige Geräte, jedoch wurden diese behandelt und bedient wie winzige Desktopsysteme – Mausersatz in Stiftform inklusive.

Den wirklichen Unterschied machte die Technik des Displays: Anstelle eines druckempfindlichen resistiven Touchscreens werden Smartphones seit 2007 mit einem kapazitiven, also berührungsempfindlichen Bildschirmen ausgestattet. Das Resultat: Interfaces, die auch auf zartes Streichen reagieren und das Zusammenspiel mehrerer Finger erlauben.

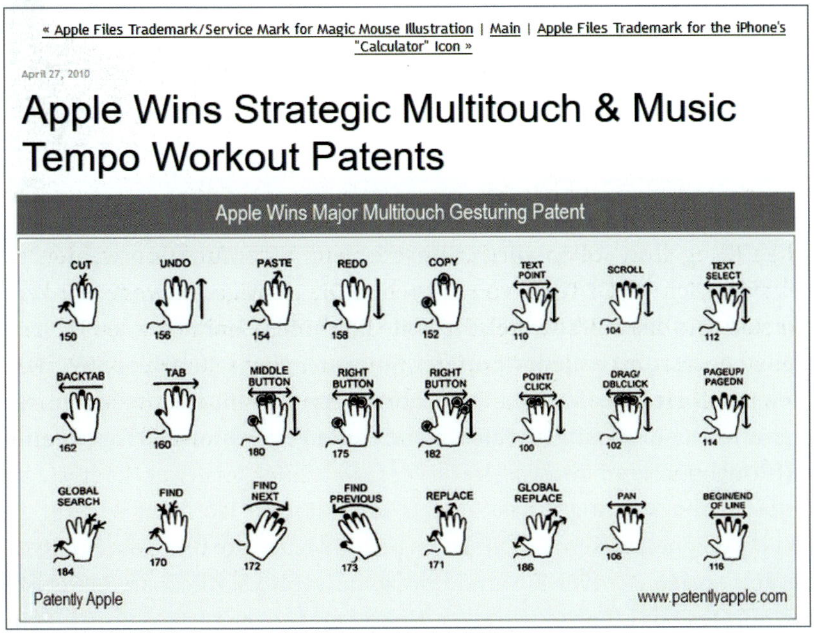

< *Künftige Touchgesten, aktuelles Patent von Apple*

Ein Smartphone findet sich heute in der Hosentasche von über 60 % aller Deutschen und ist mittlerweile das meistbenutzte Internetgerät. Dicht dahinter kommen Tablets: Sie gibt es heutzutage in Ausführungen von 5 bis 13 Zoll, sie werden meist auf dem heimischen Sofa oder im professionellen Kontext verwendet.

Gastronomen, Architekten, Professoren, Studenten und vor allem Jugendliche nutzen Tablets oder Phablets als Hauptgeräte – sowohl für Entertainment als auch zum Surfen. Grund genug, sich die Usability auf diesen Geräten etwas näher anzuschauen.

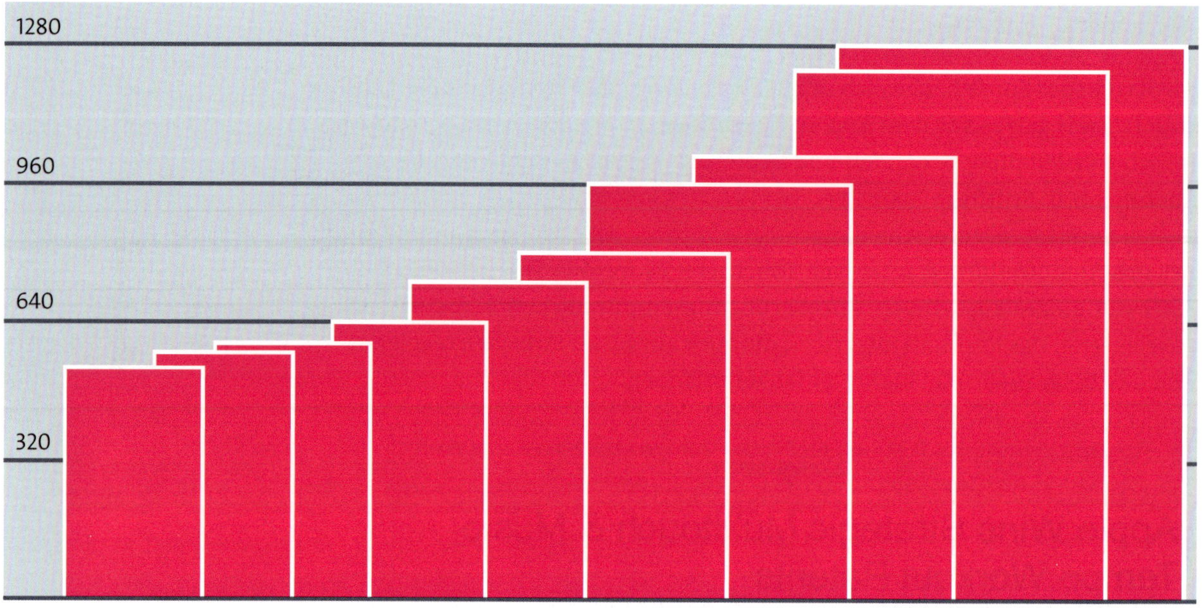

Unterschiedliche Auflösungen von Android-Bildschirmen – »das« Smartphone gibt es nicht, dafür eine ganze Reihe unterschiedlicher Hardwarekonfigurationen.

Berühren und anfassen

Bereits vor dem iPad versuchten sich alle großen PC-Hersteller an Tablets, die meisten scheiterten jedoch an der Software. Nicht so sehr die Performance und Fehlerfreiheit waren das Problem, sondern die Benutzbarkeit der Programme. Der eindeutigste Fehler dabei: Man versuchte, Desktopsysteme 1 : 1 auf Touchgeräte zu übertragen.

Heute wissen wir längst, dass Tablets und Phones sich nicht wie mit einer Maus bedienen lassen: Es gibt keine rechte Maustaste und kein Kontextmenü, keinen Mouse-over-Zustand und keine Tooltips. Klickbare Elemente sollten mindestens einen Quadratzentimeter groß sein, Apple empfiehlt ein Minimum von 44 × 44 Pixeln. Ausklappbare Menüs und kleinteilige Symbolleisten sind der Horror – und natürlich würde niemand mehr auf die Idee kommen, so etwas anzubieten.

2010 sah das noch ganz anders aus: Damals dachte die Neofonie GmbH, es wäre eine gute Idee, Open Office auf dem ersten deutschen Tablet »WeTab« als 1 : 1-Kopie anzubieten. Die Demo fand mit angeschlossener Maus statt, da der Touchscreen noch nicht so weit war.

Multitouch hat vor allem aber Gesten möglich gemacht: Statt Dinge auf dem Bildschirm nur anzutippen, können wir sie ziehen, schieben, scrollen, pinchen und zoomen. Was heute so selbstverständlich ist, dass sich selbst

Kleinkinder wundern, wieso sich das Bilderbuch nicht mit zwei Fingern vergrößern lässt, war in Apples ersten Keynotes noch eine kleine Sensation. Noch heute fällt es uns schwer, die Bedienung unserer Apps und Websites zu 100 Prozent auf eine Gestensteuerung auszurichten.

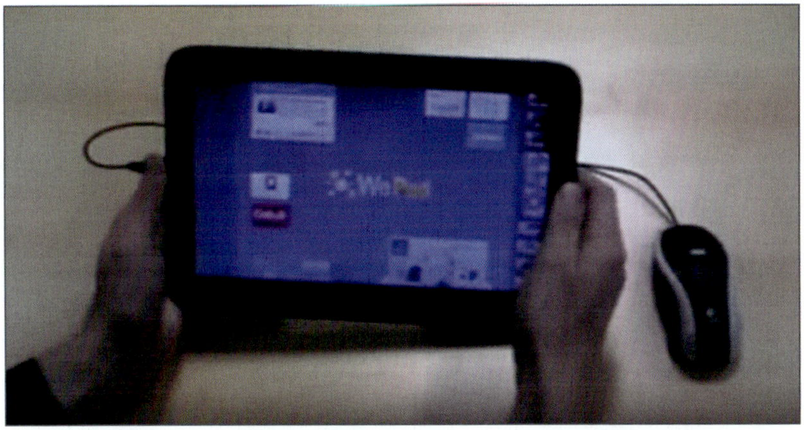

Eine Sternstunde deutscher Ingenieurskunst: das WeTab mit Maus

Multitouch auf Websites Auch auf Websites sind Gesten dank JavaScript-Frameworks längst möglich. Entscheidend dabei: Wurde die richtige Geste für den richtigen Anwendungsfall gewählt? Lässt sich die Geste im Zweifelsfall auch einhändig ausführen?

Google Maps ermöglicht es dem Nutzer, Karten mit zwei Fingern ein- und auszuzoomen. Dafür benötigt der Nutzer allerdings zwei Hände: Eine hält das Telefon, die andere bedient die App. Wer sich in der überfüllten U-Bahn festhalten muss, der nutzt die alternative Einfingermethode: Doppelt tippen und dann ziehen aktiviert den Zoommodus, beim Loslassen verlässt der Nutzer den Zoommodus wieder.

Ikonische Gesten

Eine Gestensteuerung kann ein komplett anderes Bedienerlebnis als ein einfacher Tap erzeugen. Die *Slide to Unlock*-Geste auf dem Sperrscreen von Android und iPhone gibt die nötige Sicherheit, das Telefon nicht aus Versehen in der Hosentasche zu aktivieren.

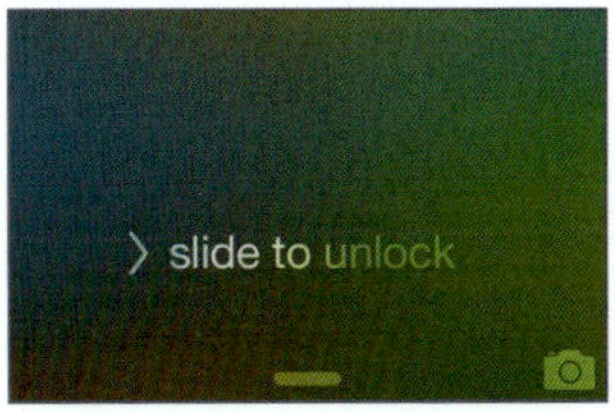

Ikonische Geste: Slide to Unlock

In der Dating-App *Tinder* entscheidet ein Rechts- oder Links-Swipe über ein potentielles Date oder Nimmerwiedersehen. In diesem Fall sprechen wir von *Iconic Gestures* – Kultgesten.

Obwohl man auch über einen roten und einen grünen Button zwischen »Match« und »Next« wählen kann, befriedigt der Wisch mit dem Daumen ungemein mehr – fast so, als könnte man unpassende Kandidaten aus einem virtuellen Kartendeck herausschubsen.

Wie man es nicht macht, zeigte 2013 Facebook: Im Rahmen seiner »Home«-Oberfläche führte das soziale Netzwerk einen Chatmodus ein, in dem die Gesichter aktiver Freunde als kleine Bubbles über der App angezeigt schwebten. Um eine Konversation zu schließen, musste man seinen Freund mit dem Finger und etwas Schwung vom Gerät wischen. Das klingt zwar auf den ersten Blick einleuchtend, hat sich in der Praxis aber nicht bewährt.

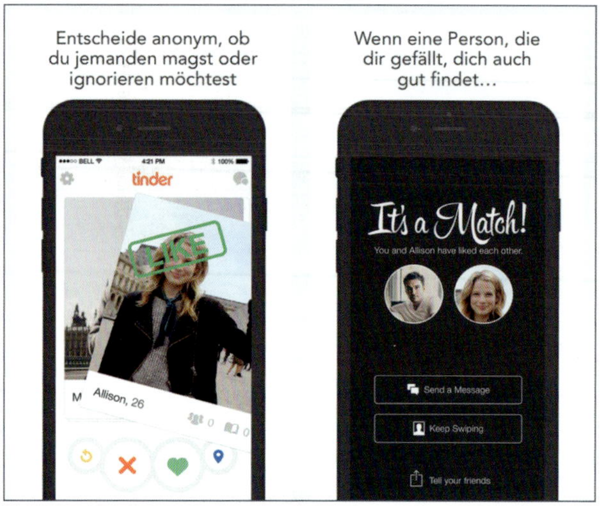

^ *Ikonische Geste: Swipe to Match in Tinder*

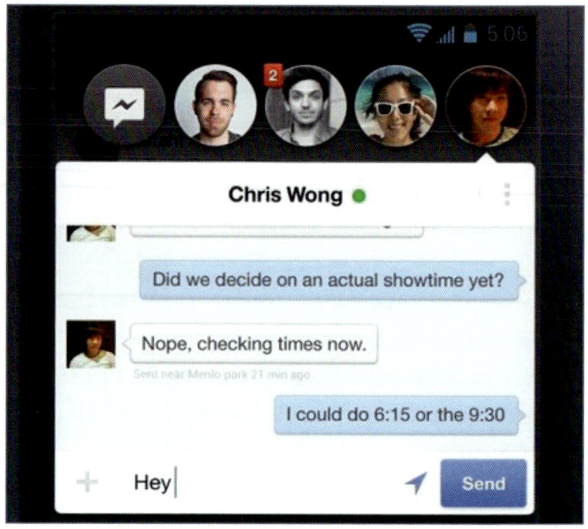

^ *Keine ikonische Geste: Facebooks Chatbubbles*

Niemand schubst gerne Freunde herum.

Zum einen musste mit relativ viel Schwung gewischt werden, was nicht immer auf Anhieb gelang – zum anderen schubst niemand gern seine Freunde herum. Vor allem aber ist eine Iconic Gesture nur dann sinnvoll, wenn tatsächlich eine Kernfunktion des Interface ausgelöst wird – und das Schließen von Chats gehört sicher nicht dazu.

Biiing – wenn's in der Tasche vibriert

Ein entscheidender Unterschied zwischen Touchinterfaces und Desktopsystemen ist vor allem ihr Verwendungsort und -kontext. Konnte man Anfang des Jahrtausends noch getrost davon ausgehen, dass Internetnutzer im dunklen Kämmerlein hinter einem flimmernden Bildschirm hocken, so ist der Bedienkontext heute universell. In der Bahn, an der Supermarktkasse, auf der Couch, auf dem stillen Örtchen, am Strand, auf dem Skilift, kurzum: Überall, wo etwas Zeit ist, wird gesurft.

Das führt zwangsläufig dazu, dass nicht mehr stundenlang am Stück gesurft wird, sondern die Nutzer kürzer und öfter im Netz sind. Smartphone-Games haben sich darauf bereits eingestellt: Mit klaren, direkten Interfaces und eingebauten Limitationen wie Leben oder Energie werden die Sessions bewusst kurz gehalten, der Nutzer wird animiert, öfter mal wiederzukommen. Content- und Produktivitäts-Apps, die es ähnlich halten, sind auf dem Vormarsch.

Die Newsreader-App *kmpkt* zeigt nur die Headlines der Top-10-Nachrichten an – dafür brandaktuell zweimal am Tag. Motivations-Apps wie *Focus List* ermutigen den Nutzer, jeden Tag einen Fortschritt einzutragen und so persönliche Ziele nicht aus den Augen zu verlieren. Diese Apps sind so gestaltet, dass sie weniger, aber öfter benutzt werden.

Die App Kompakt zeigt nur an, was wirklich wichtig ist.

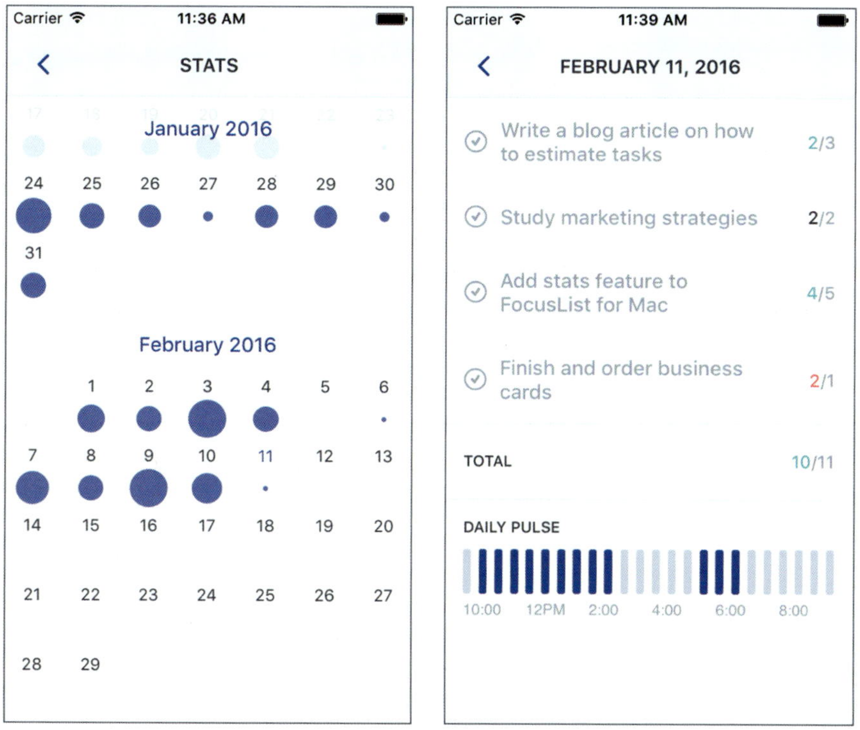

Die App Focus List verführt mit Statistiken dazu, jeden Tag geöffnet zu werden.

Notifications, die Sinn machen Eine nützliche Technik, Nutzer zurück in eine App zu holen, sind Notifications – ein Hinweis auf eine neue Mail, eine neue Chatnachricht oder einen neuen Artikel sorgt dafür, dass man die App gerne noch mal öffnet. Hier ist es vor allem wichtig, relevant zu bleiben. Ein einfaches »Hey, du hast die App aber lange nicht mehr benutzt, öffne sie doch mal wieder« kommt in der Regel nicht so besonders gut an. Besonders dann, wenn der Nutzer ein paar Dutzend Apps installiert hat, die alle naselang Notifications senden.

Aubade-Lektion № 54
Lerne mit Stress umzugehen.

Auf Smartwatches wie der Apple Watch oder Android Wear findet die App-Benutzung fast ausschließlich über Glances, Complications und Notifications statt – hier geht das Bedienverhalten dahin, die richtigen Informationen im richtigen Kontext anzuzeigen, möglichst ohne dass der Nutzer überhaupt noch eine Interaktion tätigen muss. Perfekt für minimale Interaktionen oder ultrakleine Spiele wie das virtuelle Haustier Toby.

> *Das Spiel Toby auf der Apple Watch*

Dein Flug geht in einer halben Stunde? Hier ist dein Ticket als QR-Code. Dein Fußball-Team hat gerade ein Tor geschossen? Deine Watch sagt's dir per Notification. Bis dieser Idealfall aus dem Android-Wear-Spot von 2014 (*https://youtu.be/QrqZl2QIzOc*) wirklich Realität wird und sich die klugen Uhren nahtlos in unseren Lifestyle integrieren, werden sicher noch ein paar Tage vergehen.

v *Android Wear im Alltag*

Für Websites bedeuten häufigere und kürzere Sessions vor allem, dass alle relevanten Informationen immer auf einen Blick, möglichst auf der Startseite, verfügbar sind.

Nimm dem Nutzer lästige Navigationsarbeit ab. Vor allem wichtig: Ladezeiten müssen kurz gehalten werden.

Laut Jakob Nielsen verliert eine Website pro Sekunde Ladezeit 50 % ihrer Nutzer. Gerade im immer noch langsamen 3G- bzw. EDGE-Netz ist es wichtig, das Websitegewicht schon in der Planungsphase im Auge zu behalten.

Zurück zur Berührung – Touch auf Desktopgeräten

Die besten Features von mobilen Geräten halten mittlerweile auch auf Desktopsystemen wieder Einzug. Das Microsoft Surface ist ein Tablet, das sowohl mit dem Finger als auch mit einem Stylus bedient werden kann. Die magnetisch anklippbare Tastatur mit Touchpad ermöglicht aber eine Bedienung wie bei einem klassischen Notebook.

Das dazugehörige Windows 10 verfügt über zwei Gesichter: Eine klassische Desktop-Maus-Umgebung und das touchfähige Modern UI – der Nutzer entscheidet selbst, ob er gerade eine längere E-Mail schreiben möchte, am Schreibtisch eine Excel-Tabelle austüfteln oder doch nur auf der Couch surfen will.

Apple bietet seit Ende 2015 das 3D-Touch-Feature an – ursprünglich sollte es auf der Watch ein besseres und vielschichtigeres Berührungserlebnis schaffen, jetzt hält diese Art der User Experience auch auf Telefonen, Tablets und Laptops Einzug. Die Bedienung von Touchinterfaces wird einladender, das haptische Feedback ermöglicht völlig neue Arten der Nutzerinteraktion – und damit der Verführung.

Checkliste: Merkmale für gelungenes Touch Design

- ✔ Relevanz: Sind alle wichtigen Informationen auf einen Blick vorhanden?
- ✔ Kontext: Passen die angebotenen Informationen zur Nutzungssituation?
- ✔ Interaktion: Sind alle interaktiven Elemente mindestens 1 cm^2 groß?
- ✔ Notifications: Sind sie hilfreich und nicht aufdringlich?
- ✔ Größe: Funktioniert das Layout auf Smartphone und Tablet? Sind unterschiedliche Layouts notwendig?
- ✔ Mouse-over: Lassen sich alle Funktionen auch ohne Maus und Tastatur bedienen?
- ✔ Geschwindigkeit: Lädt die Website oder Web-App auch bei langsamer Verbindung angenehm schnell?

Das Spiel mit den Reizen: User Experience

Das Spiel mit den Reizen: User Experience

Erlebnisse schaffen, Erlebnisse gestalten. User Experience Design ist zu einer eigenen Disziplin geworden, UX-Designer sollen Nutzer verstehen und verführen können. Doch was steckt dahinter? Wie funktionieren Erlebnisse?

Die Anatomie von Erlebnissen

Colossos. Schon seit einer halben Stunde stehen wir in der Schlange, gleich ist es so weit. Noch etwa 30 Menschen stehen zwischen uns und der schnellsten Holzachterbahn Europas. 110 Stundenkilometer, 52 Meter hoch, 61 Grad geht es abwärts. Alle zweieinhalb Minuten ist das Kreischen zu hören, wenn es wieder steil bergab geht.

Meine Knie werden langsam weich. Ich bin mir unsicher, ob ich überhaupt noch mitfahren will, eine leichte Panik überkommt mich. Jetzt ist es zu spät – wir werden in den Zug gewunken, nehmen auf den harten Plastikbänken Platz, die Stahlbügel senken sich. Ein Ruck geht durch den Zug – es gibt kein Zurück mehr. Die Bahn fährt langsam an, um die Kurve und dann Stück für Stück den Berg hoch. Ich lächele, tue cool, aber eigentlich will ich mir nur in die Hose machen.

Was hat eine Achterbahnfahrt eigentlich mit Webdesign zu tun?

Zwei Minuten und dreiundzwanzig Sekunden später fährt der Zug wieder in der Station ein, die Angst ist Euphorie gewichen. Wow! Noch einmal! Ich weiß gar nicht, wovor ich gerade Angst hatte. Mein Körper schüttet Endorphine aus, Glückshormone. Ob ich ein Foto kaufen möchte, werde ich gefragt. Mein Gott, sehe ich blöd aus, wenn ich schreie – auf gar keinen Fall! Dieses Erlebnis werde ich im Kopf behalten und erzählen – auch ohne ein teures Andenken – und so bald wie möglich wiederholen!

Das ultimative Erlebnis

Eine Achterbahnfahrt ist das ultimative Erlebnis und illustriert ganz genau das, was wir im User Experience Design auf Websites erreichen wollen: Aus Unsicherheit wird in wenigen Minuten Zufriedenheit und Glückseligkeit.

Um zu verstehen, wie Erlebnisse funktionieren, müssen wir einen kleinen Ausflug in die Psychologie machen. Das menschliche Gehirn ist in jeder Sekunde Millionen von Reizen ausgesetzt – Gerüche, Geräusche, Farben, Lichter. In diesem Moment fliegt eine winzige Fruchtfliege um meine Schreibtischlampe, die das dunkle Zimmer erhellt, durch das geöffnete Fenster höre ich einen Zug vorbeirauschen, auf dem Balkon hüstelt meine Nachbarin. Es riecht nach frisch gewaschener Wäsche und dem Zigarettenqualm von Nebenan. Ich sitze auf meinem Bein, dass langsam taub wird und zu kribbeln beginnt. Mein Mund ist trocken, mein Körper verspürt das Verlangen, einen Schluck Wasser zu trinken.

All diese Dinge werde ich Sekunden, nachdem sie passiert sind, vergessen haben, sie werden von unserem Bewusstsein als irrelevant verworfen. Reize und Situationen, die als ausreichend relevant eingestuft werden, um gespeichert zu werden, nennen wir *Erfahrungen*.

Aubade-Lektion № 34
Spiel mit seinen Nerven.

So wach warst du noch nie Generell unterscheiden wir zwischen spontanen und geplanten Erfahrungen. Eine spontane Erfahrung kann durch eine besonders überraschende Stimulation hervorgerufen werden, die in der Regel mehrere Sinne anspricht. Eine Explosion zum Beispiel kommt für die meisten Menschen völlig unerwartet, sie lässt sich sehen, hören, riechen und über die Druckwelle auch spüren. Auch Fahrradunfälle, Überraschungspartys oder die K-fee-Werbung von 2004 fallen in diese Kategorie.

Vielleicht erinnerst du dich noch an diese Werbung, denn gehypt wurde sie enorm: In den Werbespots wurde eine besonders ruhige, harmonische Situation gezeigt. Ein Auto fährt über eine kurvige Landstraße, die Sonne strahlt über die Bäume. Plötzlich taucht mit einem grellen Schrei im Vordergrund ein grün geschminkter Dämon auf, gefolgt vom Claim »So wach warst du noch nie«. Nicht nur das, außerdem speichert unser Hirn diese Art der Erfahrung dauerhaft ab – in der Verhaltenspsychologie spricht man von *traumatischen Erfahrungen*.

> *So wach warst du noch nie. Die Screenshots aus einer K-fee-Werbung zeigen, wie ein Erlebnis funktioniert.*

So wach warst du noch nie.

Merke: Verführen, nicht traumatisieren.

Da wir unsere Nutzer *verführen* und *nicht traumatisieren* wollen, ist für uns die zweite Kategorie interessanter. Geplante Erfahrungen hingegen bestehen aus drei Phasen: *Vorbereitung*, *Erlebnis* und *Reflexion*.

- In der **Vorbereitung** wird das Gehirn auf das bevorstehende Ereignis konditioniert. Eine Erwartungshaltung wird generiert, je nach Art des Erlebnisses wird sie auch gern Vorfreude oder Lampenfieber genannt. Im Falle unserer Achterbahnfahrt ist das Schlangestehen ein extrem wichtiger Bestandteil des Erlebnisses: Nur wenn wir warten müssen, haben wir genug Zeit, ordentlich Herzrasen zu entwickeln, welches das Erlebnis zu etwas Besonderem macht.
- Beim **Erlebnis** findet die eigentliche Aktion statt – also der Teil, in dem wir in der Achterbahn festgegurtet sind. Wichtig ist, dass ein Erlebnis nur eine bestimmte, kognitiv erfassbare Zeitspanne umfassen darf – sonst wird es vom Gehirn nicht mehr als Einheit wahrgenommen.
  Aus diesem Grund finden wir auch Achterbahnfahrten spannend, eine ICE-Fahrt von Berlin nach Frankfurt aber weniger – obwohl die Geschwindigkeiten in etwa die gleichen sein dürften. In der Regel ist das Erlebnis durch einen klaren Anfangs- und Endreiz geprägt, den der Nutzer untrennbar mit dem Erlebnis verbindet. Das kann das Klacken der Anschnallbügel in der Achterbahn sein oder der Applaus vor und nach einem aufregenden Vortrag. Wichtig ist, dass das Gehirn spürt: Hier beginnt das Erlebnis – und hier endet es.
- Die **Reflexionsphase** benötigt das Gehirn, um das Erlebte zu verarbeiten und abzuspeichern. In der Reflexion wird das Ereignis im Gehirn immer und immer wieder wiederholt, durch Erinnerungen, Erzählungen oder Nachstellen beziehungsweise Beobachten. Darum sind die Fotos nach der Achterbahnfahrt auch so wichtig: Selbst wenn man kein Andenken erwirbt, so hat man zumindest eine externe Beobachtung auf das Erlebte – das hilft beim Verarbeiten.

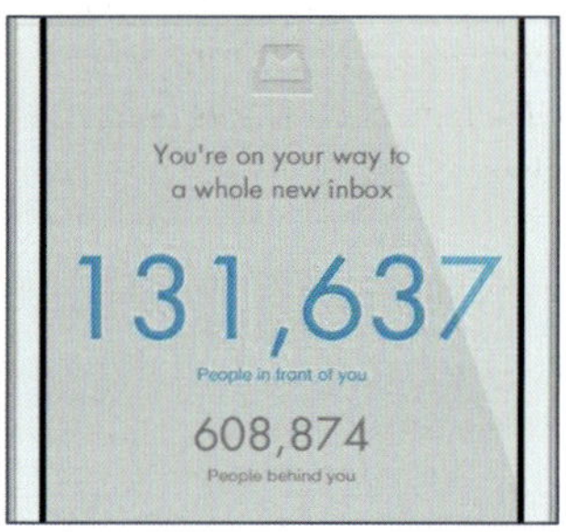

^ *Darauf warten, an der Reihe zu sein – bei Mailbox wichtiger Teil des Erlebnisses.*

Die Erlebnisphasen im Webdesign

Lässt sich diese Methodik auf unsere Weberlebnisse übertragen? Absolut! Ein typisches Beispiel sind News-Artikel: Wir entdecken einen Teaser auf Facebook, lesen den Anreißer, öffnen den Artikel, lesen ihn und teilen oder liken oder kommentieren ihn anschließend. Auch hier die drei Phasen: Vorbereitung, Erlebnis und Reflexion. Nach diesem Prinzip funktionieren heute die meisten Onlineshops: Ich sehe eine Werbung, klicke und shoppe, und anschließend erhalte ich eine Bestätigungsmail.

Die Visitenkarten-Bestellung als Erlebnis Ein gutes Beispiel dafür ist der Bestellprozess für Visitenkarten. Wer schon einmal Visitenkarten im Internet bestellt hat, der weiß, dass das wahrlich kein Spaß ist. Man kämpft sich durch einen endlos langen Bestellprozess, klickt sich durch Unterseiten und Zwischenschritte, auf einmal werden die Kosten höher als noch auf der Startseite beworben, aus Versehen hat man eine Kaffeetasse mit dazugekauft, und dann heißt es erst einmal warten.

Ganz anders beim britischen Anbieter MOO (*moo.com*): Wer hier Karten der Luxe-Edition bestellen möchte, kommt zunächst auf eine Übersichtsseite, auf der das Produkt näher erläutert wird.

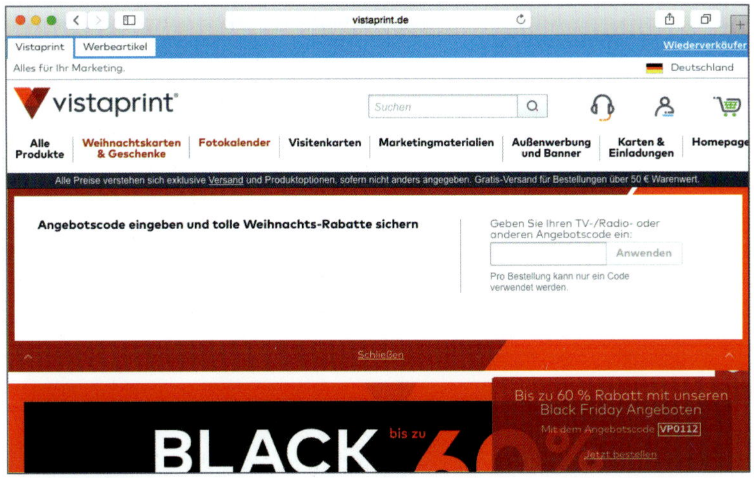

^ *Was wird auf dieser Website verkauft? Visitenkarten? Gleich zwei Overlays verdecken die Sicht.*

Die Vorbereitungsphase bei MOO Offensichtlich handelt es sich nicht um normale Karten, das preisgekrönte Mohawk-Superfine-Papier ist offensichtlich das Beste und Feinste, was der Visitenkartenmarkt zu bieten hat. Detaillierte Informationen über verfügbare Templates und Größen bereiten den potentiellen Käufer auf das eigentliche Erlebnis vor – das Kaufen.

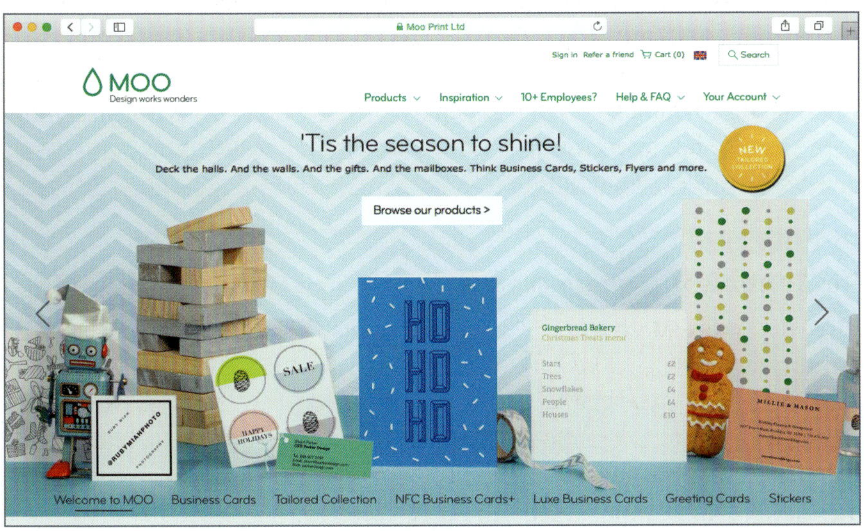

< *Das Erlebnis bei MOO beginnt auf der Startseite.*

> *Premium Papierqualität so schwer wie drei Cookies!*

Die Erlebnisphase bei MOO Der Bestellvorgang ist bewusst kurz gehalten: Die Gestaltung der Visitenkarte findet grafisch statt, Vorschau von Vorder- und Rückseite sind gleich nach Eingabe der Daten ohne Seitenwechsel möglich. Eingabe von Liefer- und Zahlungsdaten finden ebenfalls auf einer Seite statt, nach nur wenigen Minuten ist der Vorgang abgeschlossen.

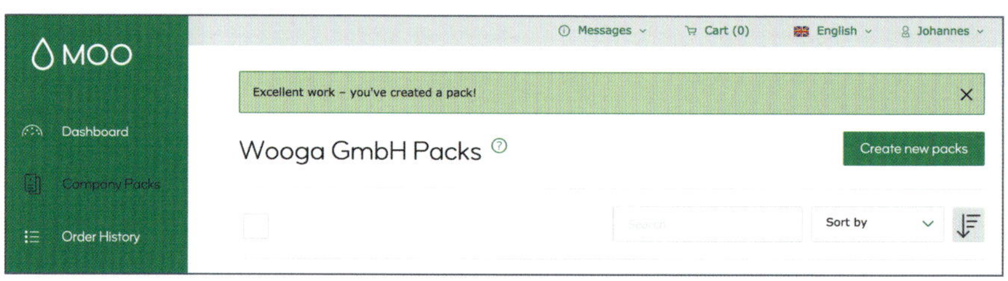

> *Das fühlt sich gut an: MOO lobt den Nutzer.*

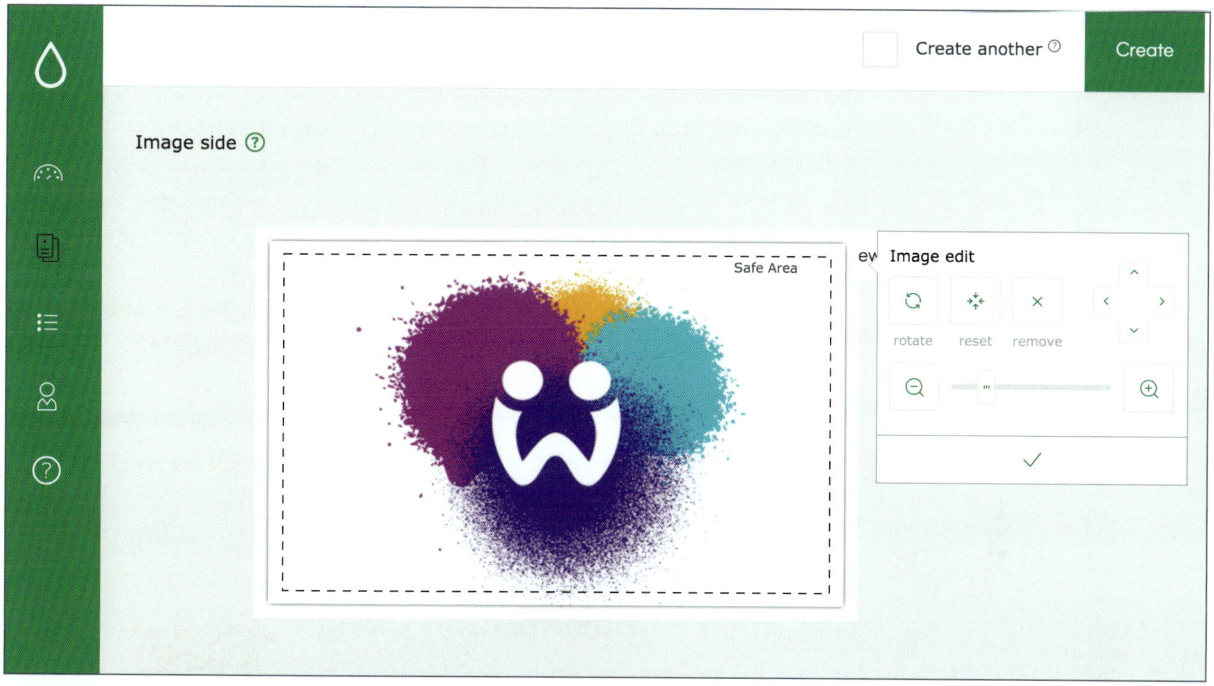

^ *Einfach und übersichtlich – der MOO-Visitenkarten-Editor*

Die Reflexionsphase bei MOO Jetzt beginnt die Reflexionsphase: Dem Käufer wird angeboten, den erfolgreichen Visitenkartenkauf per Knopfdruck direkt bei Facebook oder Twitter zu teilen. Obwohl ich niemanden kenne, der diese Funktion schon mal genutzt hätte, wird hier suggeriert: Ich habe soeben etwas erfolgreich bestellt – etwas, was anscheinend großartig und mitteilungswürdig ist. Allein die Möglichkeit des Sharens kommuniziert dem Nutzer, was er gerade Tolles erlebt hat.

Ähnlich funktioniert es mit dem Foto der Achterbahnfahrt: Nüchtern betrachtet werden wir einfach nur in einem offenen Stahlkasten eine Schiene entlang geschubst, so wie Tausende andere Menschen täglich. Das Foto aber macht es zu etwas Besonderem: Jemand hat sich die Mühe gemacht, diesen Moment festzuhalten – dieser Moment ist etwas ganz Besonderes.

Was dann folgt, ist ein Meisterstück der E-Mail-Kommunikation. MOO verschickt nicht einfach nur eine Bestätigungsmail, nein, es meldet sich »Little MOO«, der freundliche kleine Druckroboter, der uns mitteilt, dass unser Druck bald an »Big MOO«, die große vertrauenswürdige Druckmaschine, geschickt wird.

Gelungene Erlebnisse werden geteilt – biete deinem Nutzer die Möglichkeit dazu!

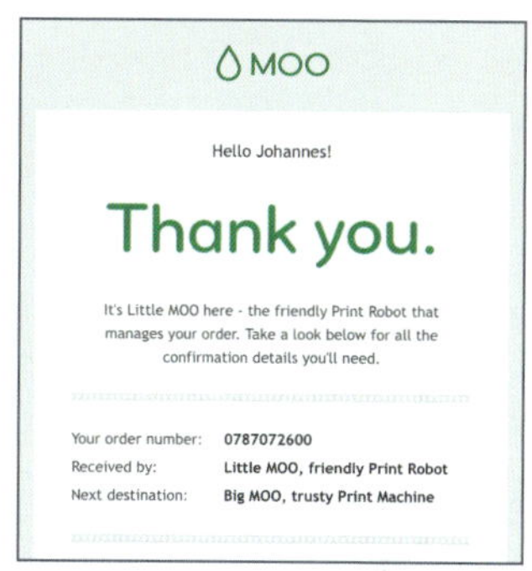

^ *Die Dankes-E-Mail von Little MOO. Weiter geht's zu Big MOO, der Druckmaschine.*

Kurze Zeit später dann noch eine Mail: Little MOO berichtet uns, dass der Druck erfolgreich war und sich unsere Visitenkarten auf dem Weg befinden. Die Geschichte mit den kleinen Robotern ist nicht nur witzig, vor allem erinnert sie uns ständig an das schöne Bestellerlebnis und begleitet uns in der Reflexionsphase.

Und was bedeutet das jetzt? Die Phasen von Erlebnissen lassen sich in jedem Feld nachvollziehen – nicht nur im User Experience Design. Auch wenn jede Website ein wenig anders ist und die Arten dieser Phasen unterschiedlich ausgeprägt sind, so folgen sie doch immer diesen Prinzipien.

Bei genauerer Betrachtung stellen wir fest: So viele verschiedene Arten von User Experiences gibt es eigentlich gar nicht. Im Großen und Ganzen unterscheiden wir drei Kategorien von User Experiences: Konsum, Konversion und Komplexität. Schauen wir uns diese Kategorien einmal genauer an.

Lies mich – Consumption Design

Als Tim Berners-Lee das WWW konzipierte, hatte er vor allem den regen Informationsaustausch zwischen Wissenschaftlern im Sinn. Auch heute noch ist der Hauptzweck der meisten Websites die Vermittlung von Inhalten – Videos, Streams, Bildergalerien und vor allem: Texte!

Im Gegensatz zu dem, was unsere Großeltern behaupten, lesen und schreiben wir im Internet heute mehr denn je. Ein durchschnittlicher 16-Jähriger

> *Meistgelesenes Medium der Welt: Wikipedia*

hat höchstwahrscheinlich auf seinem Smartphone bereits mehr Wörter und Texte produziert als Goethe in seiner gesamten Schaffenszeit.

Genau darum geht es beim *Consumption Design*: Gestalten, um gelesen zu werden. Newsseiten, Newsfeeds, Foren, Webblogs oder ganze Blogplattformen werden darauf optimiert, vom Nutzer vollständig und angenehm konsumiert zu werden. Dabei kommt es stets auf die Art des Inhalts und die Leseart an.

Verschiedene Lesearten

Die unendliche Flut an Texten, Blog-Posts und Editorials übertrifft schon heute die legendären Bibliotheken von Alexandria und des US-Kongresses zusammen. Jeden Tag frisch informiert über Newsreader, Twitter und Facebook-Feed. Was uns vor eine schwierige Aufgabe stellt: Wie bringen wir Nutzer dazu, im schieren Informationsüberangebot ausgerechnet unsere Inhalte zu konsumieren?

Dabei kommt es zunächst einmal auf die Art des Inhalts und die Haltung des Nutzers an. Unterschiedliche Leseformen erwarten unterschiedliche Aufbereitungen eines Inhalts:

Unterschiedliche Leseformen erwarten unterschiedliche Aufbereitungen: andere Texte, andere Layouts.

- Beim *konsultierenden Lesen* ist der Nutzer auf eine bestimmte Information aus, die er versucht aus dem Text herauszulesen – eine Zahl, einen Fakt oder einen Sachverhalt. Ein gutes Beispiel sind tatsächlich Wikipedia-Artikel: Informationen sind klar gegliedert, mit ausreichend Zwischenüberschriften versehen, am Anfang eines längeren Artikels befindet sich immer eine kurze Zusammenfassung mit den wichtigsten Informationen.
- Beim *informierenden Lesen* »überfliegen« wir Texte – man könnte auch sagen, wir scannen sie. Ziel ist, den generellen Informationsgehalt aus einem Text zu ziehen, bestimmte Schlagwörter und Satzgruppen aufzunehmen. Nachrichtenseiten wie Spiegel Online werden in der Regel informierend gelesen. Kurze, klare Sätze dominieren, Nebensätze und kunstvolle Ausschmückungen werden auf das Nötigste reduziert.
- *Lineares Lesen* ist am ehesten das, was wir als klassisches Lesen bezeichnen können: Wir beginnen oben und lesen Wort für Wort bis zum Ende. Nach diesem Prinzip werden Romane oder Kurzgeschichten gelesen, immer mit dem Ziel, von dem Text möglichst gut unterhalten zu werden, und der Angst, etwas Wichtiges zu verpassen.

Ein Blog-Post wäre eine Mischung aus mehreren Leseformen: Im Idealfall ist er so unterhaltsam geschrieben und gestaltet, dass der Nutzer ihn linear liest, also von Anfang bis Ende.

Wahrscheinlicher ist es, dass der Leser den Inhalt zunächst überfliegt und sich dann einliest – oder später beim nochmaligen Lesen eher konsultierend nach einer bestimmten Information sucht. Genauso funktionieren auch Fachtexte wie dieses Buch – ich wette, du hast bereits Teile übersprungen und nur die Überschriften und Bildunterschriften gelesen; das nehme ich nicht persönlich, denn tatsächlich ist das auch so gedacht.

In 100 Zeichen Lust auf den Inhalt machen

tl;dr
»Too long; didn't read« ist eigentlich eine freche Antwort auf ellenlange E-Mails von Kunden und Vorgesetzten – heute wird das Kürzel gerne vor Zusammenfassungen gesetzt.

Auf Websites kannst du das Leseverhalten deiner Nutzer steuern. Dabei sind die Überschrift und der Anfang des Textes entscheidend – »der erste Satz eines Werkes muss den Leser in das Buch ziehen, er muss nicht zwangsläufig etwas mit dessen Inhalt zu tun haben, sagt Schopenhauer«. Zumindest behauptet das Harald Schmidt, dessen Buch »Tränen im Aquarium« mit den Worten beginnt.

Heute ist der erste Satz nicht mehr nur der obere Teil der Seite, sondern auch der Teaser, der auf Facebook oder Google geteilt wird. Hier muss in 100 Zeichen oder weniger Lust auf den Inhalt gemacht werden – eine Herausforderung für jeden Informationsarchitekt. Mit ein paar Tricks lassen sich Texte so optimieren, dass sie für den Nutzer besonders attraktiv erscheinen.

Der Publikationsdienst Medium (*medium.com*) hat festgestellt, dass Texte besonders häufig vollständig gelesen werden, wenn sie in 7 Minuten aufgenommen werden können. Das ist für den Bildschirm eine vertretbare Länge, und noch lang genug, um mehr als einen Grundgedanken zu kommunizieren.

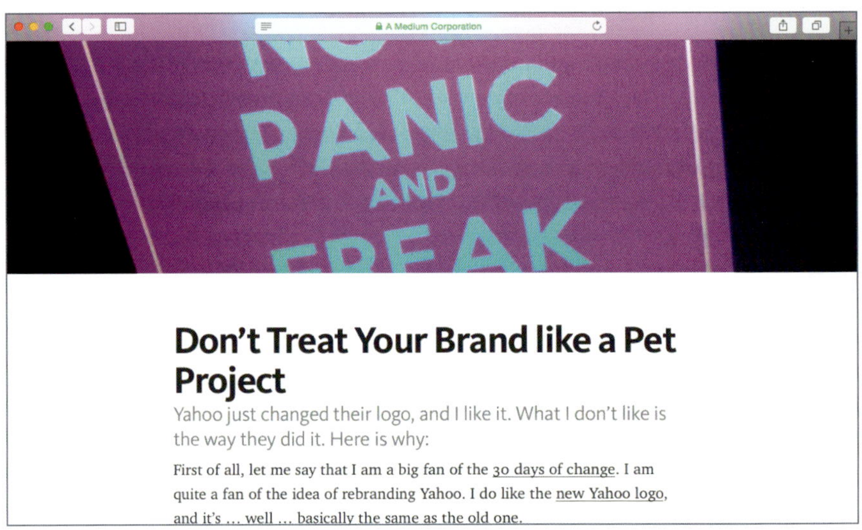

Medium-Artikel sind aufs Lesen optimiert. Der linke Artikel lässt sich in 4 Minuten lesen.

Bei Medium bekommt der Nutzer sogar direkt angezeigt, wie lang ein Text ist – und ob es sich lohnt, diesen noch schnell vor dem nächsten Meeting zu lesen. Auch die Angabe von Autoren und eine Zusammenfassung am Anfang des Textes helfen dabei, Leser zu gewinnen.

Lesen muss einfach sein Im Endeffekt geht es darum, das Lesen so einfach wie möglich zu machen – auch die Wahl der richtigen Schriftart, Größe und Abstände spielt dabei eine Rolle. Web**fonts** machen es uns dabei einfach, aus einer Vielzahl von **Typefaces** auszuwählen, auch wenn diese nicht auf dem System des Nutzers installiert sind.

Serifenschriften wie Georgia oder Freight Text erhöhen durch wohlgesetzte Kontraste und Akzente den Lesefluss und sind besonders für längere Texte ideal. Serifenlose Schriften wie Roboto, San Francisco oder Lucida Grande sind speziell für hochauflösende Displays optimiert und erlauben eine optimale Scanbarkeit – gut für Fakten, Interfaceelemente oder kurze Texte.

Was ist eigentlich mit Helvetica und Times New Roman? Beide Schriften sind als Systemfonts wahrscheinlich die populärsten, machen allerdings auf dem Screen keine allzu gute Figur. Die serifenlose Helvetica wurde 2015 als Interfacefont aus Apples Betriebssystemen gekickt, die Serifenschrift Times New Roman ist aus irgendeinem Grund immer noch die Standardschrift in den meisten Webbrowsern.

Eine besondere Rolle spielen Editorials, also Texte, die besonders aufbereitet sind. Ihren Ursprung haben sie im Magazindesign; da Editorials besonders aufwendig zu gestalten sind, sind sie verhältnismäßig selten anzutreffen – aber großartig für den Konsum.

Font oder Typeface?
Eine *Typeface* ist die Schriftart, also die Summe aus Formen und Buchstaben. Ein *Font* ist lediglich die Software, die die Schriftart einbettet.

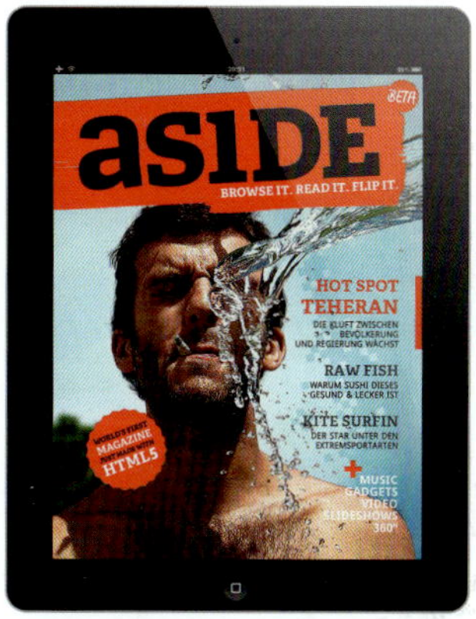

^ *Das Editorial Design beim Aside Magazine*

Checkliste: Gelungenes Leseerlebnis kreieren

- ✔ Arbeite mit Teasern. Eine Zusammenfassung am Anfang des Textes hilft, Leser zu gewinnen.
- ✔ Halte dich kurz: Texte werden besonders häufig dann vollständig gelesen werden, wenn sie in 7 Minuten aufgenommen werden können.
- ✔ Wähle die richtige Schrift aus, um den Leser das Lesen so einfach wie möglich zu machen.
- ✔ Integriere gegebenenfalls eine Anzeige, die signalisiert, wie lang der Text ist.

5 Schritte, um Nutzer zum Lesen zu bringen

Am Anfang steht der Text. Und die Frage: Wie bringe ich Menschen dazu, diesen Text zu lesen? Der Weg dahin umfasst 5 Schritte, die aus einer langweiligen Bleiwüste einen interessanten Artikel machen:

> *Wie bringe ich Menschen dazu, diesen Text zu lesen?*

1. **Bilder:** Die meisten Texte können bebildert werden. Handelt der Text von einem bestimmten Ort, von bestimmten Menschen, von einem bestimmten Ereignis? Es ist immer einfacher, eine Beziehung zu einem Text herzustellen, wenn man ein visuelles Pendant zur Verfügung hat. Existieren keine Fotos, sind Illustrationen hilfreich.
2. **Struktur:** Lange Inhalte lassen sich gut in kleinere Einheiten unterteilen und markieren. Zwischenüberschriften, Trenner und Einschübe erleichtern die Scanbarkeit und damit den Einstieg in den Lesefluss.

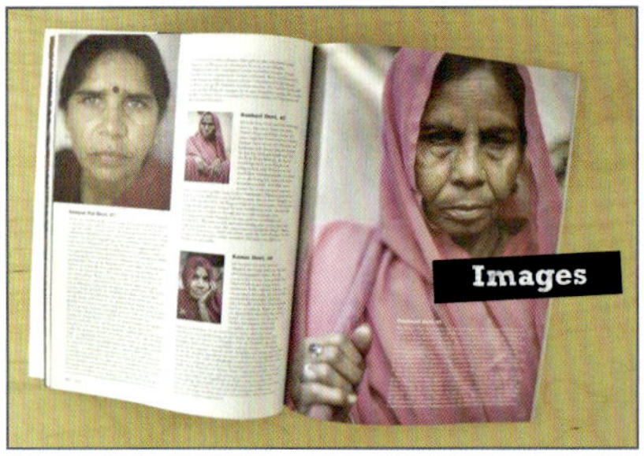

^ *Bilder lockern Texte auf.*

^ *Strukturierte Texte lassen sich besser erfassen.*

3. **Reduktion:** An dieser Stelle lohnt es sich, zu überprüfen, ob die Teile des Inhalts noch genauso Sinn ergeben. Sätze, die zu Überschriften werden, kannst du getrost kürzen. Doppelte oder überflüssig gewordene Textteile darfst du entfernen.
4. **Visualisierung:** Gibt es Informationen, die in Form einer Infografik, eines Diagramms oder Plans vielleicht sinnvoller sind? Eine Liste von Adressen zum Beispiel ist visualisiert als Karte eventuell besser aufgehoben. Die Beschreibung über den Zuwachs von Quartalsumsätzen wird vielleicht in einem Diagramm klarer.

Reduktion und Betonung macht Texte erfassbar.

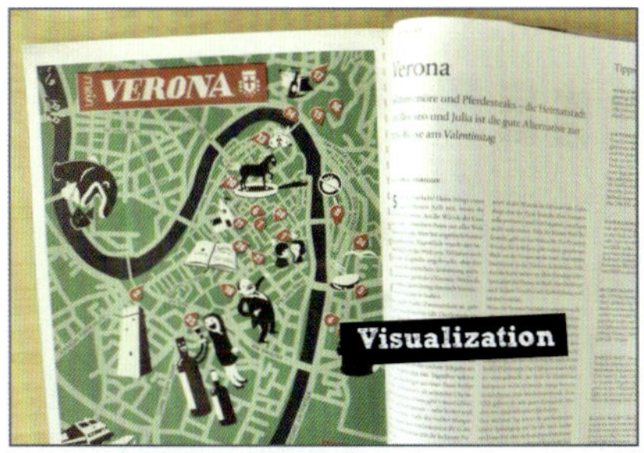

Es muss nicht immer Text sein: Beschreibende Inhalte lassen sich oft gut illustrieren.

5. **Emotion:** Inhalt und Struktur stehen, aber was genau soll eigentlich gesagt werden? Der bisher nüchterne Text wird nun emotional aufgeladen. Das geschieht durch die Wahl von Farben, Schriftarten und zusätzlichen Gestaltungselementen. Der Leser erkennt sofort, worum es in dem Text geht, und wird unmittelbar in die richtige Stimmung versetzt.

Emotionale Aufbereitung verleiht Texten die richtige Stimmung.

Lesen oder nicht lesen, das ist die Frage

Die auf Seite 70–71 beschriebene Stimmung ist es, die darüber entscheidet, ob ein Leser im Text bleibt oder schnell wieder aufgibt.

Der Designer Gregory Wood (*journal.gregorywood.co.uk*) wusste das bereits 2008 – und hat jeden einzelnen seiner persönlichen Blog-Posts liebevoll wie Magazinartikel gestaltet. So wird aus einem langweiligen Tauchurlaub oder der Nachricht, dass sich Gregory ein Bein gebrochen hat, auf einmal ein Leseerlebnis, das auch Fremde in ihren Bann zieht.

Ähnlich sieht es bei den Designern Dustin Curtis (*dcurt.is*) und Jason Santa Maria (*jasonsantamaria.com*) aus – hier gibt es eine Menge Inspiration für wunderbar emotional gestaltete Blog-Posts.

^ *Da fühlt man den Artikel: Blogazine-Artikel von Gregory Wood.*

> *Leckere Infografik von Jason Santa Maria*

Der Corporate Blog der designlastigen Softwareschmiede Panic (*panic.com/blog*) aus Portland geht einen ähnlichen, aber weniger aufwendigen Weg: Je nach Art des Inhalts stehen Blog-Posts hier auf weißem »Newsletter«-Papier, technischen Blaupausen oder elfenbeinfarbenem CEO-Briefpapier. Der Leser weiß sofort, welche Art von Post ihn erwartet – ausschließlich über die Gestaltung des Umfeldes.

Wie man Consumption Design spielerisch gestalten kann, zeigt die App *Primer* von Google: Kurze Tutorials und Kurse werden in Form von interaktiven Karten aufbereitet, bei denen der Nutzer zwar linear konsumiert, aber keinen schnöden Text liest – ein sehr inspirierendes Beispiel!

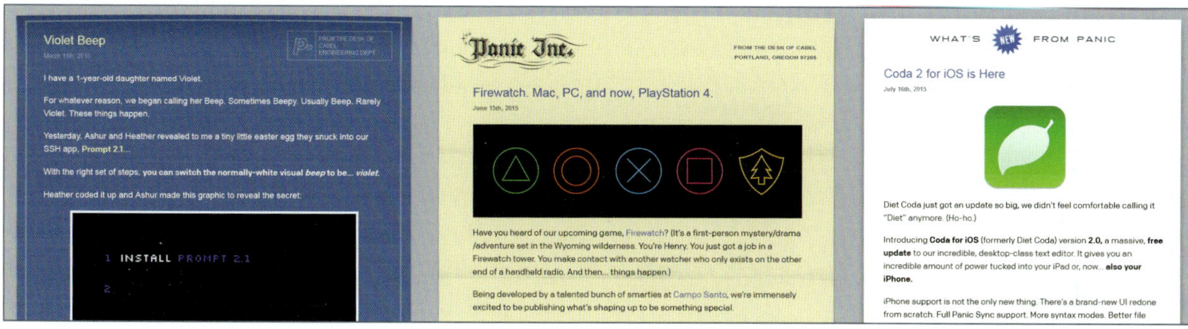

^ *Der Panic!-Blog präsentiert seine Inhalte auf passender Hintergrundgestaltung.*

Moment mal, geht es bei Blogs nicht noch um mehr als nur das reine Lesen eines Artikels? Wollen wir nicht unsere Nutzer dazu ermutigen, Inhalte zu kommentieren und zu teilen? Absolut – und damit sind wir auch schon bei der zweiten Kategorie von UX-Designs, dem Conversion Design.

^ *Spielerisch das eigene Marketingwissen erweitern – mit der Primer-App von Google ist das kein Problem.*

Kauf mich – Conversion Design

Conversion Design bedeutet, ein Erlebnis zu schaffen, an dessen Ende der Nutzer eine Aktion vollführt, also zum Beispiel etwas kauft, sich anmeldet oder auch einfach nur auf »Like« klickt. Ein Nutzer »konvertiert« also, wenn er vom Besucher zum Käufer wird. Der klassischste Anwendungsfall für Conversion Design ist E-Commerce, also jede Art von Geld gegen Leistung im Internet. Das können Onlineshops sein, aber auch bezahlte oder kostenlose Services, bei denen per Freemium-Modell später Leistungen zugekauft werden können. Im Folgenden schauen wir uns zwei typische Szenarien für Conversion Design an: Onlineshops und Landing Pages.

Onlineshops

Was macht einen guten Onlineshop aus? Schauen wir uns den offiziell besten an: Keller Sports (*keller-sports.de*) wurde 2015 beim Shop Usability Award zum besten Onlineshop Deutschlands gewählt.

< *Wenn das nicht Vertrauen weckt: der Shop Usability Award.*

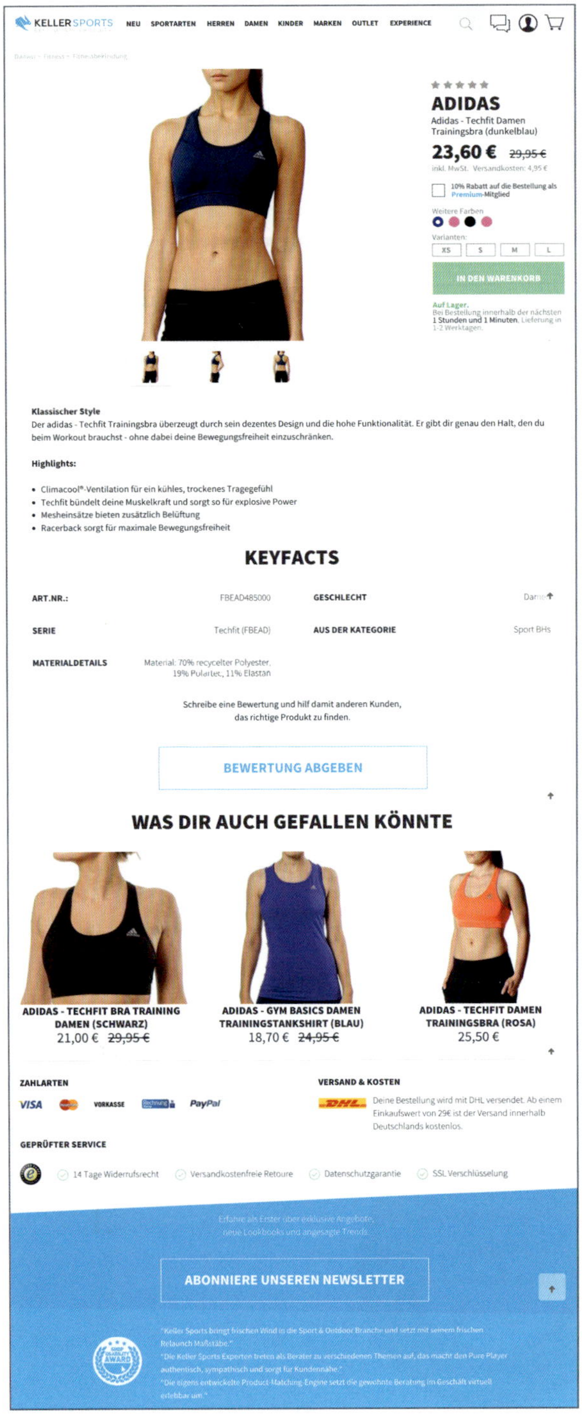

Auf den ersten Blick erscheint die Website recht unspektakulär: viel Weißraum, hochauflösende Bilder, große Schriften, eine einfache horizontale Navigation. Dennoch wirkt die Seite nicht stylish minimalistisch, sondern irgendwie – normal. Auf den Produktseiten wird genau das zur Stärke des Shops: Jedes einzelne Element offenbart eine wichtige Funktion und trägt zur Kaufentscheidung bei.

Im Conversion Design ist es unablässig, offene Fragen zu antizipieren und eventuelle Unklarheiten so schnell wie möglich zu eliminieren. Jede ausbleibende Antwort ist ein potentieller Konversionskiller. Im Falle eines Sportschuhkaufs sind mögliche Fragen:

1. Wie sieht der Schuh aus?
2. Ist das echtes Leder?
3. Kann der etwas Besonderes?
4. Gibt's den auch in einer anderen Farbe?
5. Gibt's den auch in meiner Größe?
6. Wie fällt die Größe aus?
7. Ist er in meiner Größe überhaupt vorhanden?
8. Gibt's den billiger?
9. Was kostet der Versand?
10. Wie lange dauert der Versand?
11. Wie kann ich bezahlen?
12. Kann ich ihn wieder zurückgeben?
13. Ist der Shop überhaupt seriös?

Die Produktseite auf Keller Sports beantwortet jede dieser Fragen auf den ersten Blick, unaufdringlich, gut lesbar und unkompliziert. In der Abbildung sind die Antworten auf die gestellten Fragen markiert. Mit Ausnahme des leicht angeschrägten Footers gibt es auf der Seite kein einziges dekoratives Element, das den Nutzer ablenken oder verwirren könnte. Es gibt keine widersprüchlichen Informationen. Kurzum: Die Seite wirkt vertrauenswürdig.

< Für schönes Einkaufen – die Website von Keller Sports

Vertrauen schaffen Vertrauen ist die wichtigste Währung in der Verführung: Nur wenn der Nutzer uns vertraut, können wir ihn davon überzeugen, uns sein Geld, seine Daten und seine Lifestyleentscheidungen anzuvertrauen.

Wie erzeugst du im Onlineshopping Vertrauen? Zunächst einmal ist eine sichere HTTPS-Verbindung für die Übermittelung von persönlichen Informationen und Zahlungsdaten heute längst Pflicht. Nutzer erkennen gültige SSL-Zertifikate an dem kleinen Schlosssymbol in der Adressleiste des Browsers – hier lohnt sich die Investition in ein Zertifikat.

^ *SSL-Zertifikate in der Adressleiste schaffen Vertrauen.*

Der wichtigste Vertrauensbonus aber ist eine bekannte Marke – etablierte Händler wie Amazon oder Media Markt haben nun mal den Vorteil, dass Kunden ihnen bereits vertrauen, vor allem auf Basis vergangener Erfahrungen. Verbindet ein Nutzer mit deinem Shop erst einmal eine positive Erfahrung, ist der Bann gebrochen und ein Vertrauensverhältnis geschaffen.

Bilder – je mehr, desto besser Im Mittelpunkt sollte immer das Produkt stehen: Viele und hochauflösende Fotos sind der Schlüssel zu einer erfolgreichen Konversion.

Beim Designshop Wayfair (*wayfair.de*) weiß man: Jedes zusätzliche Produktbild erhöht die Wahrscheinlichkeit eines Kaufs um 50 %. Besser noch sind Produktvideos – kann der Nutzer das Produkt vorher in Aktion sehen, kann er sich bereits ein viel besseres Bild machen.

Detaillierte Texte beantworten alle offenen Fragen: Ist das Gerät mit meinem Betriebssystem kompatibel? Kann ich das Shirt in der Maschine waschen? Ist der Kuchen für Allergiker geeignet? Kann ich die Größe des Möbelstücks an meine Bedürfnisse anpassen? Auch *saturn.de* bietet viele Produktbilder und -videos an.

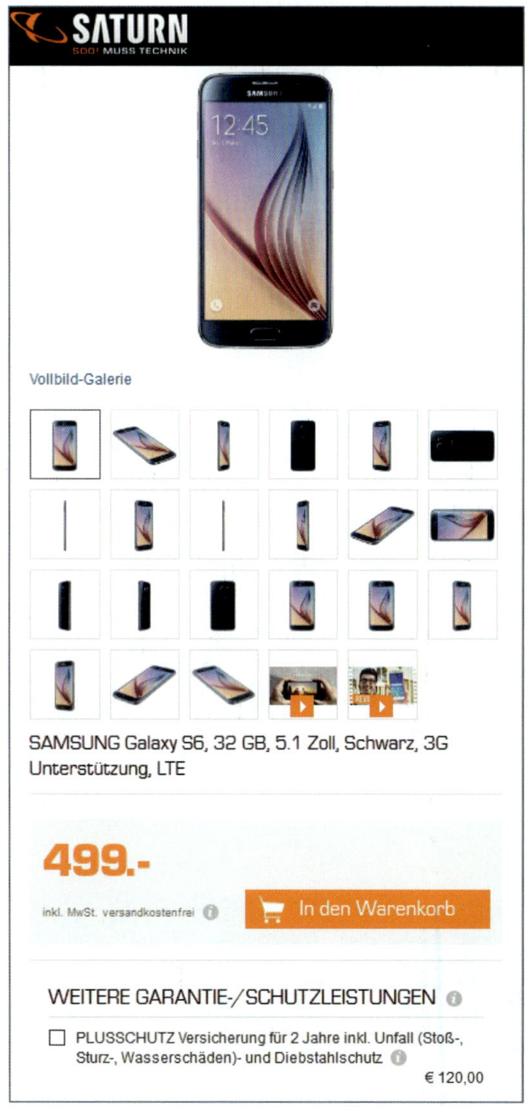

> *Viel hilft viel: Saturn-Kunden können das ausgesuchte Smartphone aus allen Winkeln betrachten – fast so, als könnte man das Smartphone in die Hand nehmen.*

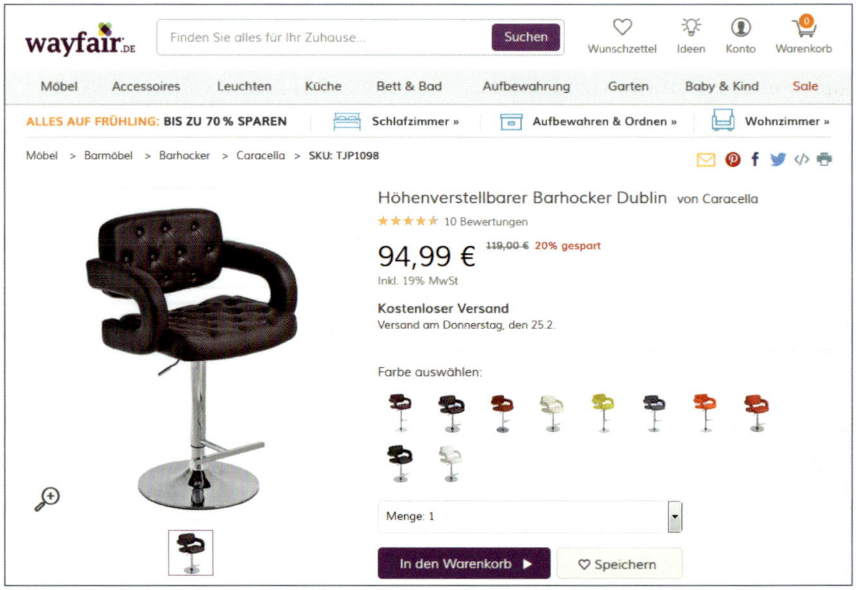

Wayfair zeigt verschiedene Varianten desselben Hockers direkt als Bild an, um unentschlossene Nutzer abzuholen.

Mit dem Call to Action von Airbnb bucht man nicht einfach, man bucht »instant«!

Um eine Konversion abzuschließen, ist ein auffälliger »Kaufen«-Button mit klarer Beschriftung entscheidend. Im Marketing-Jargon spricht man gerne vom *Call to Action*, einem Aufruf zum Handeln. Der Button muss daher auch wie ein Aufruf beschriftet sein. »Jetzt kaufen«, »In den Warenkorb legen« oder »Instant Book« funktioniert besser als »Wenn Sie möchten, dann können Sie vielleicht das Produkt erwerben«.

Checkliste: Conversion Design

- Weniger Deko, mehr Inhalt – konzentrier dich auf das Produkt!
- Zeig das Produkt – Bilder, Bilder, Bilder.
- Noch einmal Bilder: Je mehr und größer, desto besser.
- Beantworte mögliche offene Fragen – was könnte den Nutzer vom Kauf abhalten?
- Transparenz: Zeige mögliche Versandkosten, Nebenkosten und Rabatte unaufgefordert.
- Beschreibe das Produkt: Größe, Gewicht, Farbe, Funktion – alles ist wichtig!
- Call to Action: Mach es dem Nutzer so leicht wie möglich, zum Käufer zu konvertieren.

Herzlich willkommen – Landing Pages

Landing Pages, auch *Marketing Pages* genannt, sind noch ein bisschen mehr als eine bloße Produktseite. Hier werden nicht nur Produktfeatures und Versandmodalitäten geklärt, hier soll der Nutzer das Produkt erleben. In der Regel werden Landing Pages für Nutzer verwendet, die über Facebook-Links oder Werbebanner auf dem Produkt landen – daher auch der Name.

Microsites?
Zu Flash-Zeiten hießen Landing Pages Microsites – Websites, die sich mit 5–6 Unterseiten außerhalb der Corporate Website bewegten.

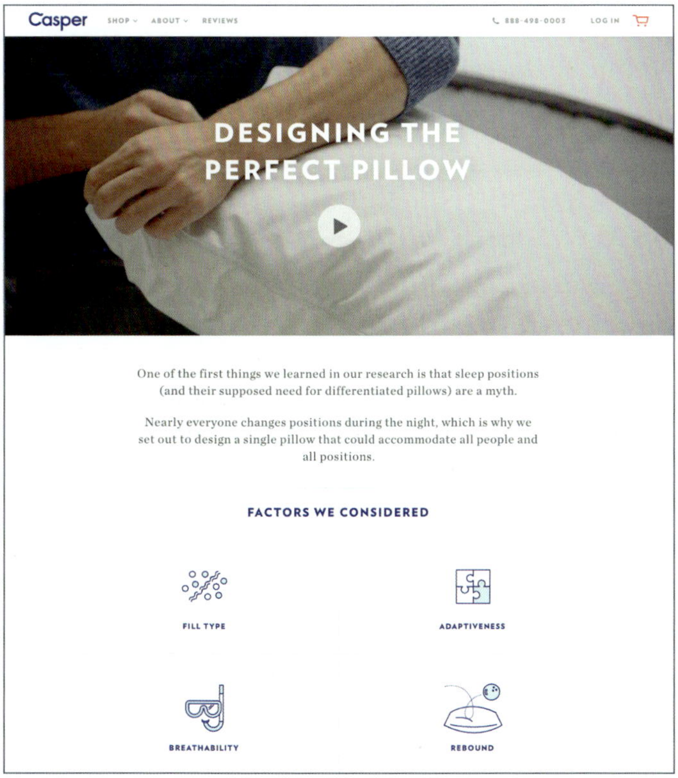

∧ *Die Landing Page von Caspar ist illustriert und ansprechend.*

∧ *Die Landing Page von Nest ist in warmen Tönen gehalten und zeigt heimelige Situationen.*

Gute Landing Pages Landing Pages sind in der Regel grafisch ansprechend aufbereitet; große Fotos, große Videos und kurze, typografisch schön gelayoutete Texte schaffen ein individuelles Erlebnis. Auf das Produkt abgestimmte Farben und Animationen versetzen den Nutzer in die richtige Stimmung – hier treffen Conversion Design und Editorial Design aufeinander.

Eine gute Landing Page funktioniert wie eine Elon-Musk-Präsentation. Der charismatische Tesla-Gründer schafft es, bewährte Produkte verpackt in ein cleveres *Storytelling* neu zu verkaufen:

Erzähl mir eine Geschichte!
Storytelling macht ein Produkt greifbar und beschreibt es im Kontext.

1. Er identifiziert ein Problem.
2. Der zeigt den Idealzustand auf.
3. Er erklärt, wie das Produkt dabei hilft, das Problem zu lösen.

Schauen wir uns das am Beispiel der Nest Cam (*nest.com*) von Google an: Eine einfache HD-Webcam in bewährter 90er-Jahre-Logitech-Optik, die sich über die Cloud in einer App auf dem Smartphone aufrufen lässt. An sich heutzutage kein spektakuläres Produkt mehr, es sei denn ... was, wenn jemand bei mir einbricht? Ist das Baby aufgewacht? Geht es dem Hund gut?

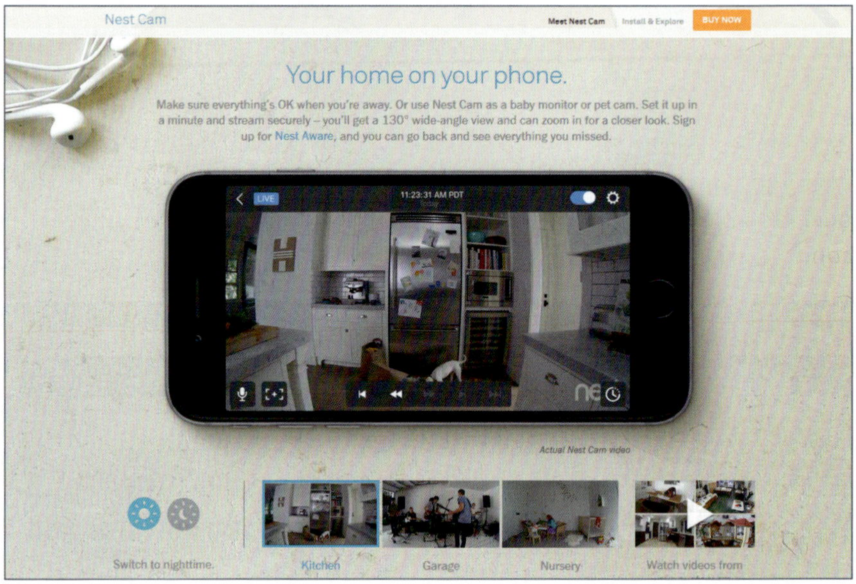

> *So lässt du dein Zuhause nie mehr aus den Augen! Anwendungsbeispiele auf der Nest-Cam-Website zeigen: Diese Kamera gehört zu deinem Leben dazu.*

Die Macher stellen zunächst mögliche Szenarien heraus, die problematisch sein können. Nur um gleich darauf die Antwort zu liefern: »Your home on your phone« – du kannst dein Heim in der Hosentasche bei dir haben. Anschließend erklären sie, wie die Nest Cam dein Zuhause auf dein Smartphone beamt. Sie stellen Features vor – aber nicht als nackte Fakten, sondern emotional; statt zu sagen: »Die Kamera hat einen Lautsprecher«, heißt es: »Sag dem Hund, dass er von der Couch gehen soll.«

Verkaufe keine Dinge, sondern einen Lifestyle.

Warme Farbtöne, freundliche Menschen und Fotos von bodenständig eingerichteten Häusern nehmen der Kamera das Technische, Kühle – und verkaufen sie als ein *Lifestyleprodukt*.

Auch hier: Scrollen statt Klicken Landing Pages dürfen lang sein. Für den Nutzer ist es einfacher, durch die Inhalte zu scrollen, als sich durch einen cleveren Navigationspfad zu klicken, ganz besonders dann, wenn er sich auf einem Touchdevice befindet.

Wichtig hier: Biete dem Nutzer immer wieder eine Möglichkeit zur Konversion an. In MailChimp (*mailchimp.com*) ist auf Landing Pages der »Anmelden«-Button am oberen Bildschirmrand fixiert. Der Nutzer hat ihn so immer vor Augen. Auf der Landing Page von Graphical Cooking (*graphicalcooking.co*) wird die Möglichkeit, Rezepte zu kaufen oder herunterzuladen, immer wieder angeboten – je nachdem, an welchem Punkt im Lesefluss der Nutzer vom Kauf überzeugt ist. Auch hier gilt: Eindeutiges **Wording** hilft – mehr dazu im Kapitel »Um Kopf und Kragen: Nutzerbindung«.

Wording
Wording ist eine Sprachregelung, wie bestimmte Dinge zu bezeichnen sind.

Drücken, wo's wehtut Ein ganz besonders dreckiges Beispiel sind Pop-under-Landing-Pages, die für unseriöse Finanzprodukte, Schneeballsysteme oder Abnehmmittel werben. Hier wird nicht nur ein Problem aufgezeigt, sondern ganz bewusst dort gedrückt, wo's wehtut.

< *Ja, ähh ... nein, danke! Typische Pop-under-Landing-Page für dubiose Kredite oder Seitensprungdienste*

Ein Video mit einer persönlichen Geschichte wirkt besonders überzeugend, in der Regel sehen diese Seiten auch etwas hilflos-handgemacht aus, um noch ein Stück authentischer rüberzukommen. Solltest du mal auf eine solche Seite stoßen, schaue etwas genauer hin – du kannst hier viel lernen, auch wenn die Methoden nicht unbedingt die ethischsten sind.

Bedien mich – Complex Design

Fassen wir zusammen: Im Consumption Design geht es darum, den Nutzer dazu zu bringen, Inhalte zu lesen beziehungsweise anzuschauen. Im Conversion Design soll er überzeugt werden, etwas zu kaufen oder sich irgendwo anzumelden. Welche Art wäre dann eine Website wie zum Beispiel Facebook? Dort wird ja schon irgendwie konsumiert, aber es werden auch Inhalte erstellt, egal, ob Newsfeed-Beiträge oder Kommentare – ist das dann eher Konversion?

Hier kommt die dritte Kategorie ins Spiel: Complex Design. Komplexe User Experiences enden in der Regel nicht am Ende der Seite, sondern sind auf wiederholte Bedienung ausgelegt. Sie unterscheiden sich auch optisch von den beiden vorangegangenen Erlebnisarten. Landläufig nennen wir komplexe Nutzungserlebnisse auch *Apps* oder *Web-Apps*.

Wo hört die Website auf, und wo beginnt die App?

Was genau eine App ist, muss ich an dieser Stelle wahrscheinlich nicht erklären; interessanter ist die Differenzierung zur Web-App oder Website. Ganz klar, wirst du jetzt sagen: Eine Web-App ist eine App im Browser – gebaut mit HTML, CSS und JavaScript. Aber wo hört die Website auf, und wo beginnt die App? Um das zu verstehen, sollten wir uns die Typen von Apps anschauen:

Typische Content-Apps: Newsreader

- **Content Apps** sind eigentlich gar keine richtigen Apps, sondern Websites, die es in den App Store geschafft haben. Hast du auch die Spiegel-Online- oder Tagesschau-App installiert? In der Regel haben diese Apps wenig Mehrwert zur eigentlichen Website; im genannten Fall können uns die beiden Programme Notifications schicken, wenn in der Welt etwas Neues passiert ist. Content Apps sind daher besonders bei Nachrichtenseiten, Magazinen oder Blogs beliebt – und dürfen getrost dem Conversion Design zugeordnet werden.

- **Eingabe – Ausgabe** klingt erst mal etwas stupide, fasst aber die meisten Produktivitäts-Apps zusammen. Der Nutzer gibt in die App eine Information ein und bekommt sie zu gegebener Zeit zurück, idealerweise sogar verarbeitet oder aufbereitet. Typisches Beispiel sind To-do-Listen: Ich schreibe heute Morgen auf, dass ich Milch brauche, und rufe die Liste heute Abend im Supermarkt ab. In der Zwischenzeit speichert die App diese Information für mich, ansonsten passiert nicht viel damit. Auch Kalender, Scrum-Tools und Motivationsplanner à la *Streaks* geben eigentlich nur bereits eingegebene Informationen wieder – wenn auch passend aufbereitet.

- **Eingabe – Verarbeitung – Ausgabe**, so haben wir's im informationstechnischen Grundkurs in der Oberstufe gelernt: Ein Computer funktioniert nach dem EVA-Prinzip. In diesem Fall benutzen wir die EVA-Abkürzung für eine sehr klassische Art der Anwendung: Der Nutzer gibt eine Information ein, diese wird entweder auf dem Gerät verarbeitet oder an einen Server geschickt und dort verarbeitet, anschließend werden verarbeitete Daten ausgegeben. Reise-Apps wie *Hipmunk* funktionieren so: Der Nutzer gibt Abflughafen, Reiseziel und Reisezeit ein und bekommt die preiswertesten und besten Flüge ausgegeben. Auch simple Wetter-Apps sind EVA-Erlebnisse: Der Nutzer gibt (über GPS-Sensor auf seinem Telefon) seinen Ort an und bekommt das aktuelle Wetter ausgegeben. Ein Taschenrechner ist eine klassische EVA-App: Zahlen und Operationen werden eingegeben, heraus kommt ein Ergebnis. Ende der User Experience.

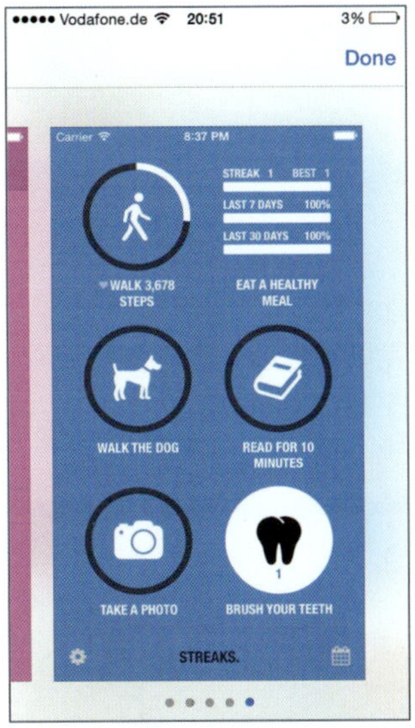

Motivationsplaner Streaks

Jup, es regnet. Die Wetter-App von Yahoo

Das Nutzererlebnis

Aber funktionieren nicht eigentlich alle Apps und Websites nach dem EVA-Prinzip? Technisch gesehen schon, denn unmittelbar nach der Eingabe wird eine Information schon verarbeitet, und selbst wenn sie nur im Speicher abgelegt wird. Worum es mir hier aber geht, ist die Art des Nutzungserlebnisses – und da unterscheiden sich EVA- und EVA-Erlebnisse merklich.

- **Social-Interaction**-Apps ermöglichen nicht nur die Eingabe für den Computer, sondern eine Kommunikation mit anderen Menschen. Wenn ich in Facebook eine Nachricht auf meinen Newsfeed schreibe, dann nicht nur, um sie selbst zu lesen oder von der App verarbeiten zu lassen, sondern vor allem, damit meine Freunde ihn sehen. Das Gleiche gilt für Twitter, Webmail oder Chatdienste wie WhatsApp.

- **Entertaining Interaction** ist wahrscheinlich die komplexeste aller User Experiences. Hierbei werden die Nutzereingaben zur persönlichen Unterhaltung getätigt. Häufigstes Beispiel: Spiele. In der Regel wird dabei die gleiche Tätigkeit so lange wiederholt, wie sie Spaß macht. Bunte Jellys kombinieren in *Jelly Splash*, Terroristen abknallen in *Counterstrike*, Zahlen herumschieben in *2048*. Ein typischer **Core Game Loop** wird in Abwandlungen stets wiederholt, so lange, bis er gelernt ist. Auch Apps zur Bilderverwaltung sind eine typische Entertaining Interaction – man könnte die Fotos auch einfach alle da lassen, wo sie sind, aber das Gefühl, eine geordnete Fotosammlung zu besitzen, ist eine Form von Unterhaltung. Ziemlich masochistisch, aber hey.

Core Game Loop
Core Game Loop ist die Grundmechanik eines jeden Spiels, sie legt fest, was pro Spielrunde passiert.

∧ Spiele-App: Dumb Ways to Die 2

Web-Apps begegnen uns oft: Onlinebanking, der Checkoutprozess im Onlineshop, die Sucheinstellungen bei Google – alles komplexe Nutzererfahrungen. Die Grenze zwischen Website und App verläuft meist fließend.

Für Nutzer und Entwickler hat das gleichermaßen Vorteile: Mit der Browserversion können mehrere Plattformen bedient und ständig auf dem neuesten Stand gehalten werden. Native Apps, die für jedes Betriebssystem neu programmiert und getestet werden müssen, sind nicht nötig. Trotzdem hat der Nutzer eine gewohnte App Experience, wird mit bereits gewohnten Bedienparadigmen abgeholt. Hier lohnt es sich, die Interface-Styleguides der Zielplattformen anzuschauen und ins App-Design einzubinden.

Checkliste: App oder Web-App?

- ✔ Dient die App hauptsächlich zum Contentkonsum? Klarer Fall für eine Web-App!
- ✔ Soll die App auf mehreren Plattformen laufen? Dann eher Web-App
- ✔ Steht nicht viel Entwicklungsbudget zur Verfügung? Web-Apps lassen sich in der Regel schneller und preiswerter entwickeln.
- ✔ Ist die App nur ein Prototyp? Meist bist du dann mit einer Web-App zu Beginn besser beraten.
- ✔ Sollen In-App-Käufe möglich sein? Besser eine native App
- ✔ Ist die App grafik- und hardwarehungrig? Dann lieber eine native App
- ✔ Soll auf Gerätefunktionen wie Kamera oder Mikrofon zugegriffen werden? Das können native Apps besser.

Grundsätze für App Experiences

Eine App Experience sollte immer für ihren primären Nutzen gestaltet sein. Hier lässt sich 98 %-Regel anwenden: Komplexe Systeme werden in 98 % aller Fälle für ein und denselben Zweck verwendet; dieser sollte klar erkennbar und einfach zugänglich sein.

Gestalte Apps möglichst so, dass sie für 98 % der Anwendungsfälle funktionieren.

In Apples Kamera-App können wir heute zwischen Panoramen, Videos, Slow Motion, Live Photos, Quadraten, HDR-Bildern, Selbstauslösern und neun verschiedenen Filtern wählen. Die wichtigste Funktion aber ist immer noch der Auslöser – die App muss schnell ein Foto machen können. Apple hat das clever gelöst, indem die App nicht nur den Auslöser in fast jedem Szenario anzeigt, sondern über die Lautstärkentaste auch einen physischen Auslöseknopf anbietet. Dieser ist auch zum Beispiel in der Filterauswahl erreichbar.

Gleichzeitig dürfen mögliche Sekundärnutzen nicht vernachlässigt werden. In der Foto-App *Instagram* kann der Nutzer nicht nur Fotos hochladen und mit Filtern belegen – auch der eigene Newsfeed, Kommentare, Likes und die Suche nach Nutzern und Hashtags sind wichtig. In der *Instagram*-App sind diese gleichberechtigt mit der Hauptfunktion über das Menü zu erreichen.

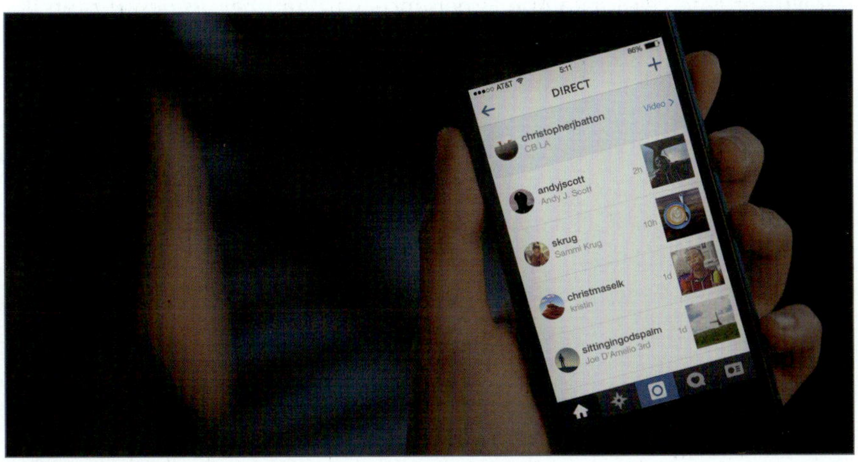

In Instagram werden Bilder nicht nur durchgefiltert und hochgeladen, sondern geliket, mit Kommentaren versehen etc.

Auf in die nächste Session App-Nutzung findet in Sessions statt. Jedes Mal, wenn der Nutzer eine App öffnet, beginnt er eine neue Session. Je nach Art der App können Sessions sehr kurz sein oder auch mal länger dauern.

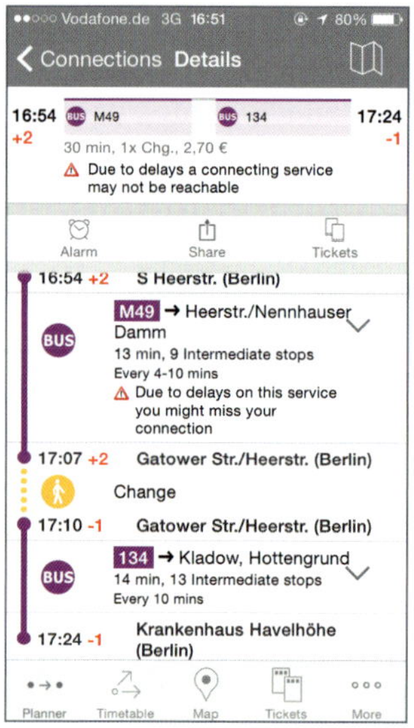

^ *Kurze Sessions: Die Verkehrs-App sollte schnell zu Ergebnissen führen.*

Eine Content-App zum Beispiel gilt dann als erfolgreich, wenn die Sessionlänge mindestens mehrere Minuten beträgt. Der Routenplaner für die öffentlichen Verkehrsmittel hingegen sollte schnell Ergebnisse liefern – wird die App länger als eine Minute benutzt, ist wahrscheinlich etwas schiefgelaufen. Genauso wichtig wie die Länge der Sessions ist deren Anzahl und Regelmäßigkeit – erfolgreiche Apps sind so angelegt, dass der Nutzer sie täglich benutzt.

Besonders bei Freemium-Games wird darauf geachtet, dass sich Länge und Anzahl der Sessions in Balance halten. Spielt ein Nutzer besonders lange Sessions, heizt er nur so durch das Spiel und ist nach wenigen Tagen fertig. Durch die künstliche Verkürzung von Sessions über Energiesysteme oder Lebenspunkte wird der Nutzer angeregt, kürzer, aber öfter zu spielen. Mehr dazu lernst du im Kapitel »Um Kopf und Kragen: Nutzerbindung«.

Die Guten ins Töpfchen, die Schlechten ...

Was unterscheidet eine gute App von einer schlechten? Hier die ultimative App-Checkliste – Fragen, die du dir bei jeder neuen App stellen solltest:

- Ist der primäre Nutzen deutlich erkennbar?
- Ist die Primärfunktion auch über Alternativwege erreichbar?
- Erzeugt die App ein persönliches Erlebnis?
- Kann ich die App kurz verlassen, ohne von vorn zu beginnen?
- Ist die Sessionlänge angemessen?
- Ist ein Fehlerhandling vorhanden?

Aubade-Lektion № 19
Setz dich mit seinen Problemen auseinander.

Wenn du diese Fragen mit »ja« beantworten kannst, dann kann eigentlich nichts mehr schiefgehen.

Im weiteren Verlauf dieses Buches spreche ich häufiger von »Blogs«, »Shops« oder »Apps« – gemeint sind natürlich Consumption Design, Conversion Design und Complex Design. In der echten Welt verschmelzen diese drei Designprinzipien zunehmend, eine Musik-App wie *Spotify* folgt zugleich auch Consumption Design, ist in weiten Teilen aber aufgebaut wie ein Conversion-Design-Produkt, schließlich versucht man, zahlende Abonnenten zu generieren.

Alle weiteren Prinzipien von Nutzungserlebnis, Nutzerführung und Nutzerbindung lassen sich auf diese drei Kategorien anwenden – manche ein bisschen mehr, manche etwas weniger.

Interfaces, die Spaß machen

Verführung sollte immer Spaß machen. Sowohl dem Verführer als auch dem oder der Verführten. Das gilt ebenso für Interfaces, die verführen.

Wir verwechseln häufig Spaß mit Witzigkeit – oder im Englischen: »fun« mit »funny«. Der entscheidende Unterschied: »Funny«-Produkte sollen aussehen, als hätte es Spaß gemacht, sie zu erstellen: Comedy-Shows, Witzseiten, Furzkissen. »Fun«-Produkte hingegen sollen dem Benutzer Spaß machen. Aber wie funktioniert Spaß?

Nobody buys from a clown – Websites sollten Fun-, aber keine Witzprodukte sein.

Die Antwort kennt der Gamedesigner und Autor Raph Koster. In seinem Buch »A Theory of Fun« beschreibt er Spaß als das Resultat einer Lernerfahrung – eine ständige Wiederholung einer Tätigkeit mit dem Ziel, diese zu meistern, führt zu Erfolgserlebnissen und somit zu – Spaß. Allerdings nur so lange, wie die Tätigkeit unterschiedliche und neue Ergebnisse liefert. Wird die Ausübung zur Routine, gilt sie als gemeistert und ist somit langweilig.

UX-Experte Stephen P. Anderson hat in »Seductive Interaction Design« (ISBN 978-0-3217-2552-3) eine etwas präzisere Antwort: Interfaces, die Spaß machen sollen, müssen effizient und ästhetisch ansprechend sein. Nur dann benutzen wir sie gerne und oft, nur dann können wir ihnen vertrauen.

Beide Autoren liefern sehr schlüssige und ausreichend abstrahierte Erklärungen für das Phänomen Spaß ab. Allerdings ist da noch mehr. Schauen wir uns anhand von konkreteren Beispielen die fünf Kernelemente von Spaß an: Interaktion, Feedback, Neugier, Überraschung und Persönlichkeit.

Interaktion

Weißt du noch, wie langweilig es früher war, wenn die Eltern dich ins Museum schleppten? Nicht nur war dort alles alt, vor allem durftest du nichts anfassen. Menschen erfahren ihre Umwelt nicht nur über die Optik und Akustik, sondern auch über Geschmack und Haptik. Letztere kann im Interface Design einen entscheidenden Unterschied machen: Ist eine Interaktion eher kompliziert und präzise, oder fühlt sie sich »natürlich« an?

Im klassischen Museum darf man nichts anfassen – und das ist öde. Interaktive Museen hingegen produzieren Erlebnisse!

Erinnert sich noch jemand an *CoverFlow*? Lange vor Spotify und SoundCloud kaufte man seine Musik bei iTunes – für 99 Cent pro Musikstück. Das war für ein virtuelles Gut sehr teuer, also überlegte man sich bei Apple etwas Cleveres: Statt den erworbenen Song nur in einer Liste darzustellen, erschien das Cover in einem endlosen Regal, das man per Mausrad durchstöbern konnte. Die Metapher vom Durchblättern der Musiksammlung wertete die gekauften MP3s auf und machte gleichzeitig richtig viel Spaß.

> *Ein endloses Regal, das nur darauf wartet, durchstöbert zu werden: CoverFlow.*

Push it! Gesten und Bewegung Dinge auf dem Bildschirm anzufassen und herumzuschieben macht einfach mehr Spaß, als sie nur anzutippen. Erinnerst du dich an die Kultgesten von *Tinder* und dem Smartphone-Lockscreen aus dem Kapitel »Ein Auftritt mit Klasse: Usability«? Genau dasselbe.

Auf der Site von *Hipmunk* (*hipmunk.com*) können Nutzer nach dem besten Flug über viele verschiedene Fluggesellschaften suchen. Sie können nach Preis, Bequemlichkeit und nach Abflugzeit sortieren. Statt einen genauen

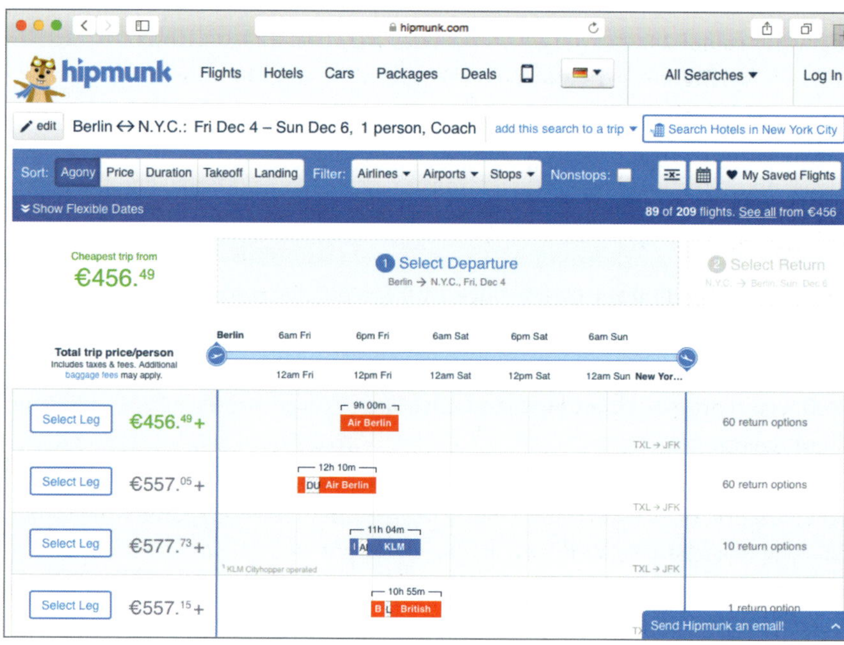

> *Flüge buchen mit Hipmunk*

Zeitpunkt in ein Texteingabefeld zu tippen, bietet *Hipmunk* dem Nutzer einen Schieberegler an, mit dem er die Abflugzeit einschränken kann. Der Schieberegler hat einen entscheidenden Nachteil, was die Auswahl von Uhrzeiten angeht: Du kannst damit keine genaue Zeit festlegen. Auf der anderen Seite will auch niemand genau um 8:34 losfliegen – eine Einschränkung in natürlicher Sprache wäre eher so etwas wie »gegen halb neun, aber vor dem Mittag«. Der Schieberegler löst dieses Problem elegant – die unscharfe Einstellung schränkt die Präzision ein, sorgt aber auch dafür, dass Flüge um 12:01 Uhr nicht automatisch von der Ergebnisliste verschwinden.

Schieberegler machen die Eingabe einfacher und bieten Orientierung.

Ganz ähnlich gelöst ist die Preisspanne bei *Airbnb*: Hier kann der Nutzer per Schieberegler auswählen, wie viel er bereit ist zu zahlen – und bekommt per Diagramm gleich eine grobe Preisübersicht angezeigt.

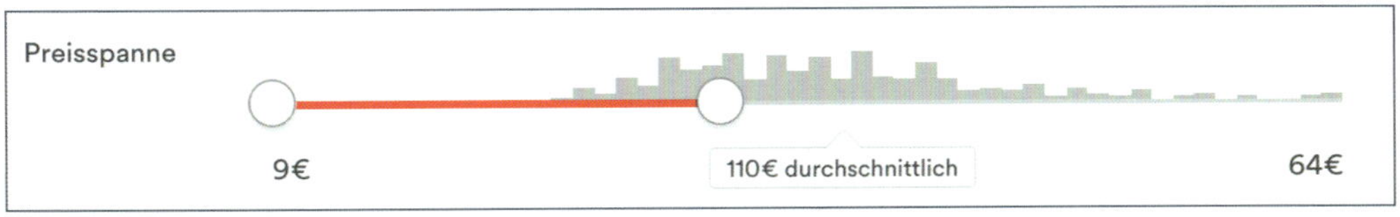

Preisschieberegler bei Airbnb

Gleichzeitig macht die Art der Interaktion die Verwendung aber auch effizienter. Aus »Eingabefeld selektieren – Preis eingeben – Button drücken« wird eine einzige Interaktion. Das Gleiche gilt für den Dateiupload per Drag & Drop im *Slack Messenger* oder im Listenmanager *Trello*. Und gilt natürlich auch die verfügbaren Tastaturkürzel. Interaktionen, die uns in unserer täglichen Arbeit schneller machen, geben uns bei der wiederholten Bedienung eine größere Befriedigung.

Feedback

Wir kennen Feedback auf eine unmittelbare Reaktion unserer Handlungen: »Das hast du gut gemacht«, oder »Das war ne blöde Aktion!«. Aber auch ein einfaches Augenzwinkern, eine Berührung und ein Lächeln sind als subtiles Feedback wertvoll. Beim Flirten heißt das: Du hast etwas richtig gemacht, mehr davon.

Gut gemacht! Zeige dem Nutzer, dass er auf dem richtigen Weg ist.

Das Gleiche gilt für das Interfacedesign. Gute Interfaces geben dem Nutzer Hinweise, ob die Aktion gerade richtig oder gut war. Generell unterscheiden wir zwischen Mikrofeedback und Makrofeedback. Als Mikrofeedback bezeichnen wir die kleinen, subtilen Reaktionen des Interface: Die kleine

Farbänderung beim Mouse-over, die simple Animation, wenn ein Bild gewechselt wird, das kleine Laderädchen, während man wartet.

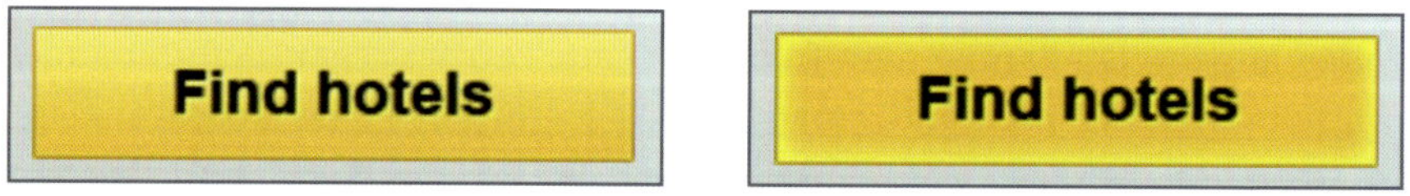

> *Kleine Veränderung mit großer Wirkung: Mouse-over*

Googles Material Design sieht ein Mikrofeedback für jede Aktion vor: So sollen Klicks oder Taps z. B. mit einer kreisrunden Wellenanimation, ausgehend vom Ursprung des Klicks, bestätigt werden.

Aubade-Lektion № 44
Amüsier dich über Kleinigkeiten.

Das neue Google-Logo macht vor, wie Mikrofeedback richtig geht: Das bunte »G« verwandelt sich nach Nutzereingabe in 4 Punkte, welche die Reaktion animiert darstellen –, so bekommt das Logo im Interface gleich noch eine zusätzliche Bedeutung.

> *Mikrofeedback*

Makrofeedback sagt uns, ob eine Aktion erfolgreich ausgeführt wurde. Die Notification, dass eine Nachricht abgesendet wurde, oder eine Bestätigungsseite nach erfolgreichem Kauf oder Transaktion sind solche Arten von Feedback. Wenn es richtig implementiert wird, kann *Feedback als eine Form der Belohnung* dienen. Dazu aber mehr im Bereich Gamification.

Dos & Don'ts: Mouse-over

- ✔ Leichte Farbwechsel bei Mouse-over oder Statusänderung implizieren: Hier passiert etwas.
- ✔ Subtiles Hineinzoomen von bis zu 10 % bei Mouse-over
- ✔ Kurze Animationen bis zu 0,3 Sekunden erleichtern das Verständnis.

- ✘ Flackernde Farben oder Kontrastwechsel verwirren.
- ✘ Positionsänderungen – im schlimmsten Fall ist das Element dann nicht mehr unter dem Cursor.
- ✘ Komplexe Abfolgen oder Animationen, die länger als 1 Sekunde dauern, nerven schnell.

Neugier und Überraschung

Menschen lieben es, überrascht zu werden. Die Überraschung ist die ideale Konsequenz von Neugier: Man erkundet etwas Neues und wird dafür mit etwas Unerwartetem belohnt.

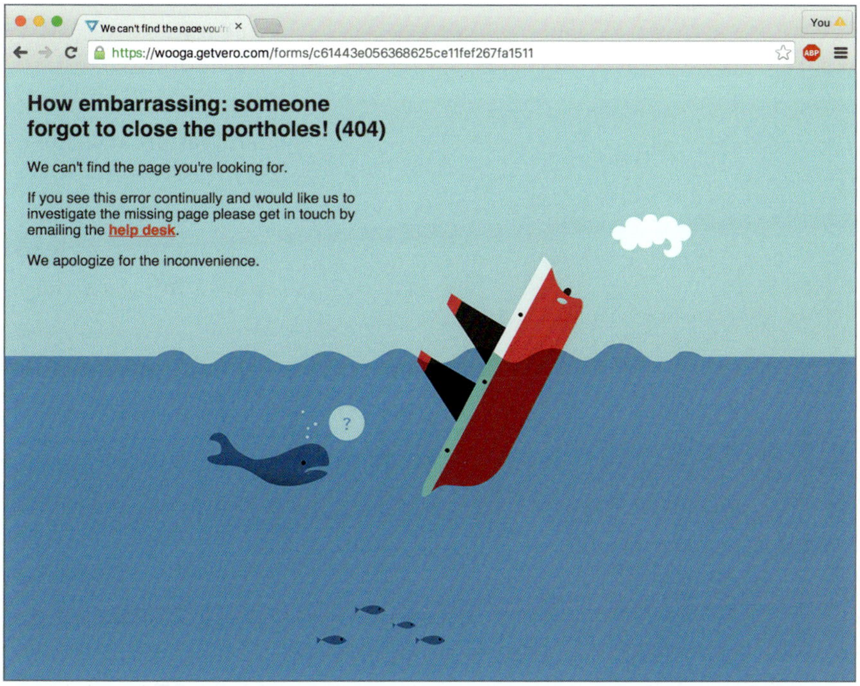

< *Überraschend: Vor allem 404-Fehlerseiten eignen sich für kleine, aber witzige Überraschungen.*

Dabei meine ich nicht Fehlermeldungen, Abstürze und Werbe-Pop-ups – auf diese Art von Überraschungen können wir gerne verzichten. Eine Überraschung im Interface Design sollte immer entweder einen zusätzlichen Nutzen haben oder ein Produkt beziehungsweise einen Zustand aufwerten.

Die *Mailbox*-App belohnt ihre Nutzer beim Erreichen von »Inbox zero« mit einem individuellen, täglich neuen Foto. Die *GitHub*-App verziert Pull-Requests mit wechselnden Emoticon-Kombinationen, in der To-do-Liste *Clear* wird nach Erledigung aller Aufgaben ein zufälliges Zitat zum Thema Produktivität angezeigt. All diese Dinge stehen der eigentlichen Benutzung der App nicht im Weg, kommen für den Nutzer überraschend und haben das Ziel, eine positive Emotion zu erzeugen.

Der Footer der Crowdfunding-Plattform Kickstarter ist mit einer gestrichelten Linie vom Rest der Website getrennt. Am Anfang dieser Linie befindet sich ein winziges Symbol einer Schere – fast so, wie wir es aus Bastelbögen oder Couponheften kennen. Klickt man auf die Schere, schnippelt sie

^ *GitHub-Pull-Request mit Emoticon*

sich etwa 300 Pixel weit über den Bildschirm und bleibt kurz vor der Bildschirmmitte stehen. Klickt man sie noch einmal an, bewegt sie sich weiter, bis sie – ach was, lass dich überraschen.

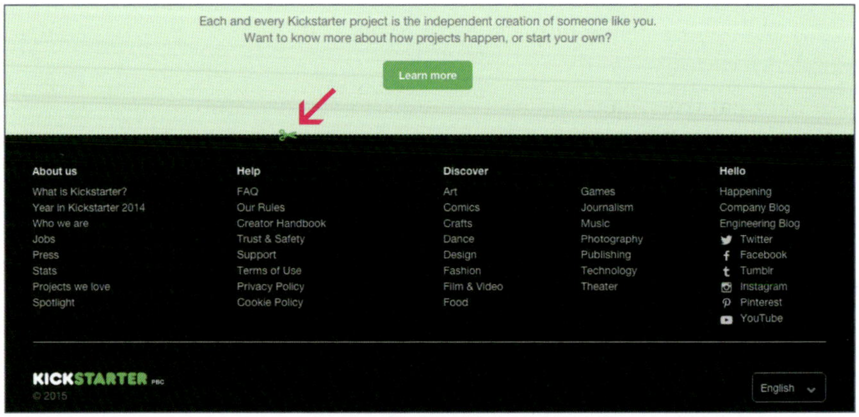

> *Schnipp, schnapp: die Schere auf kickstarter.com*

Persönlichkeit

Aubade-Lektion № 48
Helle seine Stimmung auf.

»It's fucking raining now« – die Wetter-App von Tobias van Schneider nimmt kein Blatt vor den Mund, wird als die »wahrscheinlich ehrlichste Wetter-App« beworben.

Trotz ihres minimalistischen Designs bringt sie etwas mit, was wir mit dem Abgang des Wetteransagers verloren glaubten – Persönlichkeit. Die App

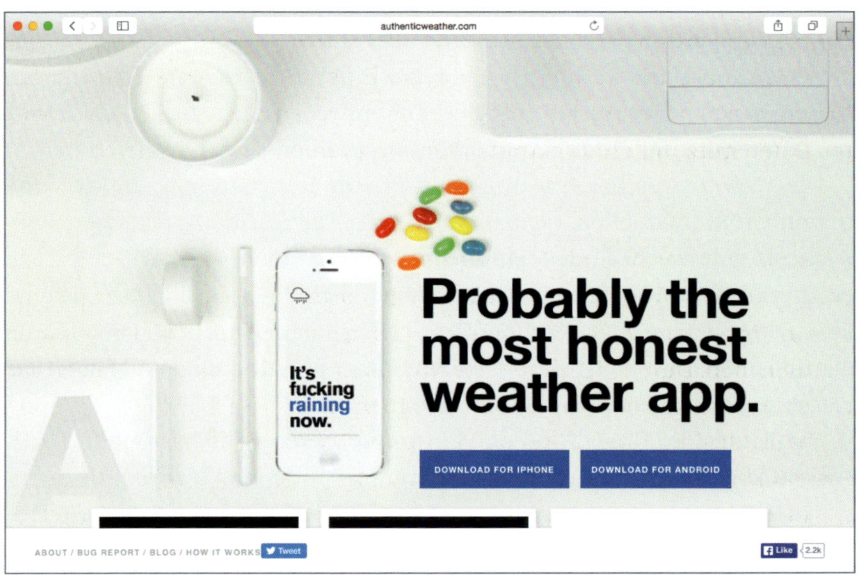

> *Fluchen erlaubt: It's fucking raining now.*

gibt nicht nur die reinen Wetterdaten wieder, sondern erlaubt sich eine Meinung dazu. Was zunächst wie ein Spaß erscheint, hilft Nutzern dabei, eine Beziehung zum Produkt aufzubauen. Das Interface als guter Freund – oder in diesem Fall als übellauniger Wetterfrosch.

Die Persönlichkeit einer App schlägt sich in vielen Aspekten nieder: Farbwahl, Schriftwahl, Bildsprache und Tonalität. Eine App mit Persönlichkeit hat Charaktereigenschaften wie ein Mensch, sie kann fröhlich, traurig, schlechtgelaunt, frech, vergesslich, verführerisch sein.

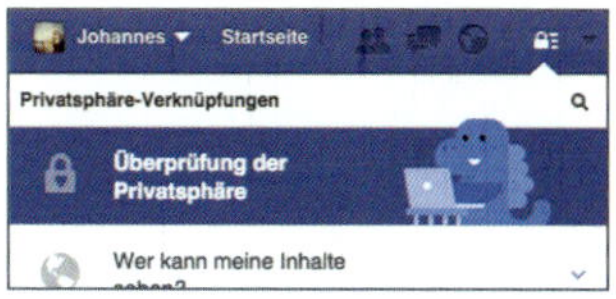

Statt wertvoller Informationen gibt es bei Facebook blaue Dinos in den Privatsphäre-Einstellungen.

Nicht zu verwechseln ist Persönlichkeit mit Maskottchen – was Anfang der 2000er Jahre noch en vogue war, ist spätestens seit Clippy, der furchtbar nervigen Office-Büroklammer, eher peinlich und hinderlich. In der Regel funktionieren Maskottchen vor allem bei zwei Zielgruppen: Kindern und Betrunkenen. Wenn deine Website also kein Shop für Teletubbies-Schnaps ist, solltest du von der Verwendung eines Maskottchens eher absehen.

Chancen und Grenzen der Gamification

Dennis Crowley weiß, wo ich gerade bin. Dennis Crowley kennt mein Lieblingscafé, sieht, wann ich morgens im Büro aufschlage, kennt all meine Lieblingsorte. Das Verrückte daran: Ich bin Dennis Crowley nie begegnet – und auch beobachtet er mich nicht, ich teile meinen Aufenthaltsort völlig freiwillig mit ihm.

Was klingt wie ein orwellsches Horrorszenario, ist in Wirklichkeit eine der erfolgreichsten Start-up-Geschichten der letzten Jahre. Dennis Crowley ist der Gründer und CEO von Foursquare, einem der populärsten Geosocial Networks. Wie aber bringt Crowley uns dazu, ihm freiwillig unsere privatesten Daten mitzuteilen? Die Antwort lautet: Gamification.

Die Kunst Nutzer zu motivieren

Die Grundidee hinter Gamification besteht darin, Elemente aus der Spieltheorie in Prozesse einzubinden, die eigentlich nicht besonders viel mit Spielen zu tun haben. Durch die veränderte Nutzungserfahrung werden Nutzer motiviert, komplexe oder langweilige Aufgaben zu erfüllen, bei denen sie unter normalen Bedingungen längst ausgestiegen wären.

Herzlichen Glückwunsch! Du bist jetzt Foursquare-Mayor.

Zum Beispiel Foursquare: Damit das Social Network funktionieren kann, müssen die Nutzer jedes Mal, wenn sie irgendwo einen Kaffee trinken gehen, ihr Smartphone herausholen, die App öffnen, die Location auswählen und einchecken. Was beim ersten Mal bestimmt lustig ist, wird irgendwann zur lästigen Pflicht. Dessen war sich auch Crowley bewusst – und erklärt kurzerhand denjenigen, der am häufigsten in einem Laden eincheckt, zum »Mayor«, also Bürgermeister einer Location. Das Prinzip zeigt Wirkung: Das 2009 gegründete Start-up hat heute über 20 Millionen Mitglieder, eine umfassende Locationdatenbank und zahlreiche Nachahmer.

Gamification ist definitiv eines der effektivsten Mittel zur Motivation und Verführung von Nutzern – und damit zur Schaffung nachhaltiger Nutzungserlebnisse. Um deine eigene Website oder App zu gamifizieren, musst du zunächst die Grundelemente des Spiels verstehen.

Die Grundelemente von Games

Der Nutzer muss, egal, was genau er macht, den Fortschritt seiner Tätigkeiten sehen und nachvollziehen können – dies definiert den Status eines Nutzers. Der Status kann unterschiedlich dargestellt werden, über eine Fortschrittsanzeige, über Auszeichnungen oder eine Levelanzeige.

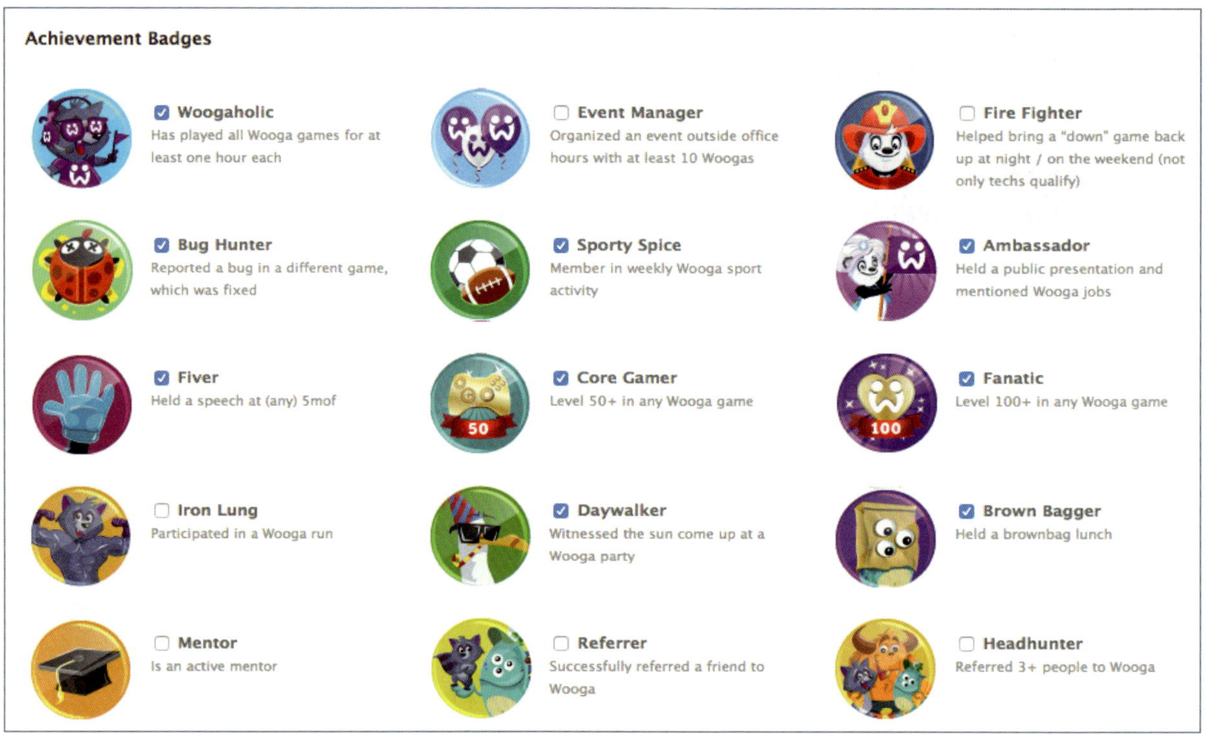

Badges für Wooga-Mitarbeiter

Bei Wooga werden neue Angestellte für besondere Tätigkeiten mit Badges ausgezeichnet: Für das Entdecken und Beseitigen eines Software-Bugs, für das Vollenden von 100 Leveln in einem Wooga-Spiel, aber auch das Erblicken der aufgehenden Sonne bei der legendären Wooga-Party. Die Wooga Badges werden in der internen Personendatenbank angezeigt und helfen dabei, seinen Status in der Firma festzustellen.

Ersteller von Facebook-Seiten bekommen eine besondere Nachricht, wenn die ersten 100 Likes erreicht sind. Auch so lässt sich der Status anzeigen: Die Anzahl der Likes gibt den Fortschritt innerhalb der Facebook-Plattform an.

Highscores und Ranglisten Der Status hilft aber nur dann wirklich, wenn er sich mit etwas vergleichen lässt. Hierbei hilft eine Highscore- oder Rangliste, in der der Nutzer sich mit Freunden, Fremden oder eigenen Ergebnissen vergleichen kann.

Die Analysefunktion von Twitter zum Beispiel stellt die Anzahl der Tweet-Anzeigen in den letzten vier Wochen immer in Relation zum gleichen Zeitraum davor – und motiviert Nutzer so dazu, noch mehr zu twittern, um den alten »Highscore« zu schlagen. Bei Wooga wird in der Badge-Übersicht auch angezeigt, wer zurzeit die meisten Badges besitzt – und wie viele Plätze einen von der Nummer 1 trennen.

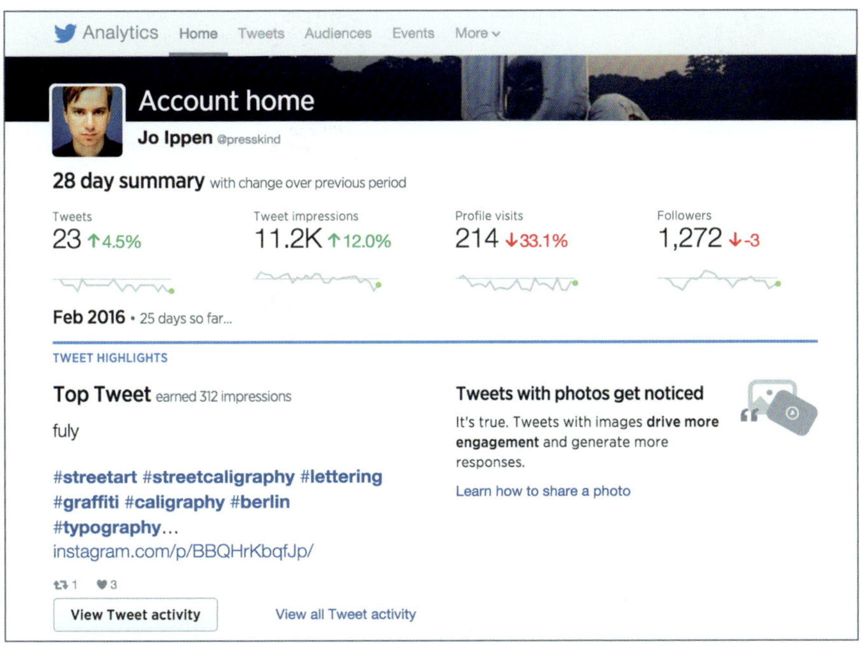

< Motivation: Die Analysefunktion von Twitter vergleicht die letzten vier Wochen immer in Relation zum gleichen Zeitraum davor.

Quests und Missionen Quests oder Missionen sind ein übliches Mittel, Nutzern die Funktionen eines Tools näherzubringen. Eine Mission lässt Nutzer dabei immer mit den echten Features des Produkts interagieren und ist damit mehr ein bloßes Beispieltutorial. Je realistischer die Anwendung, desto höher der Lerneffekt und die Befriedigung bei Erfüllung.

Neue Twitter-Nutzer werden immer aufgefordert, aus einer Auswahl von zehn Menschen mindestens drei zu folgen. Dabei werden gleich mehrere Sachen erklärt: wie Followers funktionieren, dass man auswählen kann und sollte, wem man folgt, und wer überhaupt alles so auf Twitter ist. Der Clou: Der persönliche Twitter-Feed besteht anschließend aus Tweets der ausgewählten Accounts – der Nutzer spürt sofort die Konsequenzen seines Handelns.

Lass den Nutzer spüren, dass er was verändert – jede Aktion bringt eine Rückmeldung.

Die Handlung führt unmittelbar zu einem positiven Feedback – der Nutzer hat soeben seinen Feed kuratiert – und damit zu einem weiteren wichtigen Faktor der Gamifizierung: Jede Aktion muss eine Rückmeldung bringen, wobei negative Feedbacks zu vermeiden sind.

Das zu erwartende Feedback sollte transparent kommuniziert werden: Wie viele Punkte bekomme ich für diese Aktion? Was passiert, wenn ihr hier klicke? Wie weit bin ich im der Rangliste noch von der nächsten Stufe entfernt, und was muss ich zum Erreichen tun? Warum mache ich das alles eigentlich?

Epic Meaning Jede Aktion in einem Spiel dient einem tieferen Sinn, dem *Epic Meaning*. Das Epic Meaning ist das große Ganze und das motivierende Element in gamifizierten Interfaces. Es sollte stets von Anfang an kommuniziert werden und dem Nutzer immer und ständig vor Augen geführt werden. Warum hüpft Super Mario über Pilze, Schildkröten und Ziegelsteine? Natürlich, um die Prinzessin zu retten! Wofür opfern die Angry Birds immer und immer wieder ihr Leben? Für die Rettung ihrer Kinder.

Denkt denn niemand an die Kinder?

Zusammen können wir mehr erreichen

In Online-Environments ist niemand mehr allein. Neben dem spielerischen Wettbewerb bildet Kollaboration ein wichtiges Element der Gamification. Zusammen kann man mehr erreichen – und wenn es nur um Kommentare, Shares und Likes geht.

Neue Nutzer von Tumblr bekommen eine andere, vereinfachte Version des Blog-Dashboards angezeigt. Das nennt man *Cascading Information*: Für die Lösung einer Aufgabe unwesentliche Features werden ausgeblendet, nur die zielführenden Teile des Interfaces sind benutzbar. So lässt sich ein Interface Stück für Stück erlernen, ohne den Nutzer zu überfordern; siehe auch das Kapitel »Bitte keine Stereotypen: Nutzertests«.

Richtig eingesetzt, können diese Maßnahmen die Motivation von Nutzern erheblich steigern. Nicht verwechseln solltest du Gamification mit »ein Spiel aus der App/Website machen«.

Wie es richtig in die Hose geht, zeigt die iPhone App *Epic Win*: eine To-do-List, die wie ein Rollenspiel aufgebaut ist. Inklusive Soundtrack, Fantasy-Charakteren und einer Zauberwaldkarte, durch die sich der Nutzer bewegt. Das ist zwar witzig anzusehen, aber unnötig kompliziert und steht dem eigentlichen App-Erlebnis im Weg. Die zusätzlichen Gamefeatures sind darü-

Die To-do-Liste von Epic Win

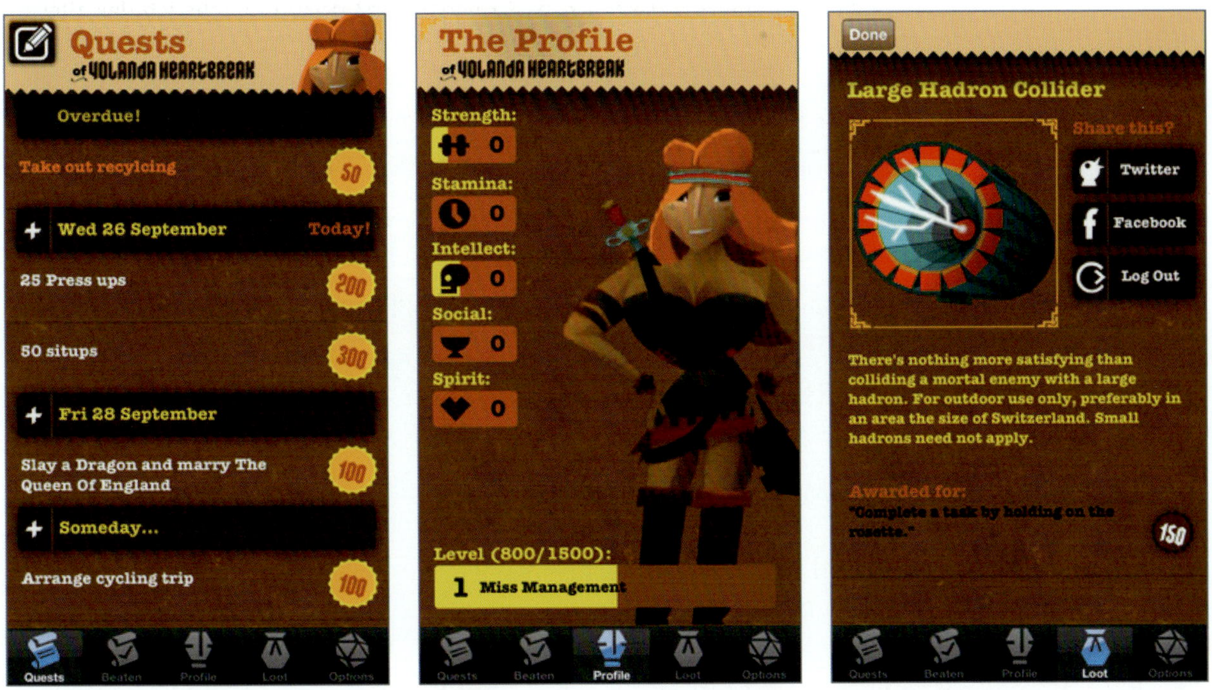

ber hinaus eine zusätzliche Quelle für Bugs – und das quittieren die Nutzer mit einer Zwei-Sterne-Bewertung im App Store.

Fazit

Spontane und geplante Erlebnisse sind für die Nutzungserfahrung essentiell. Eine User Experience lässt sich einfach so gestalten, aber sie lässt sich beeinflussen und steuern, egal, ob Nutzer lesen, kaufen oder bedienen sollen. Feedback, Überraschung und Persönlichkeit helfen, in Erinnerung zu bleiben.

Richtig eingesetzt, kann Gamification einzigartige User Experiences gestalten und den Nutzer spielerisch durch die drei Phasen der Erlebnistheorie tragen: Vorbereitung, Erlebnis und Reflexion. Wie das Ganze in der Praxis aussieht und welche Grenzen es dabei gibt, liest du im Abschnitt »Gamification in der Praxis« ab Seite 170.

Checkliste: Die goldenen Bestandteile der Gamification

- ✔ Status: Der Nutzer kennt seinen aktuellen »Spielstand« und kann diesen jederzeit abrufen – entweder grafisch über Badges, Sterne oder als harte Zahl.
- ✔ Highscore: Der Nutzer kann sich mit anderen oder sich selbst vergleichen, zum Beispiel in einer Rangliste oder über »Top10«-Selektionen.
- ✔ Missions: Immer etwas zu tun – der Nutzer wird im Interface nie allein gelassen, sondern hat stets eine Aufgabe und Orientierung.
- ✔ Feedback: Jede Aktion liefert eine Reaktion, sowohl im Kleinen (Mikrofeedback) als auch im Großen (Makrofeedback).
- ✔ Transparenz: Jede Reaktion ist nachvollziehbar, im Zweifelsfall beim ersten Mal erklärt, z.B. per Popup oder verlangsamte Animation
- ✔ Epic Meaning: Warum mache ich das eigentlich? Nichts motiviert mehr als das »Große Ganze« im Blick zu haben – erinnere deinen Nutzer öfter mal daran.
- ✔ Collaboration: Mit Freunden macht es mehr Spaß. Nicht nur vergleichen, auch Teilen, Empfehlen und gegenseitiges Ergänzen sorgen für die nötige soziale Komponente.
- ✔ Cascading Information: Erschlage deinen Nutzer nicht von Anfang an mit allen Informationen – häppchenweise neue Features und Details sind verständlicher.

Doppelte Agenda: Nutzer (ver)führen

Doppelte Agenda: Nutzer (ver)führen

Es ist jedes Mal dasselbe: Im Supermarkt kommen wir immer am Gemüse und an den Süßwaren vorbei, im Museum immer am Souvenirshop. Zufall? Wohl kaum. Wer komplexe Nutzungserlebnisse schaffen und verführen will, der muss seine Nutzer führen. Auch im Webdesign.

Bei der Nutzerführung geht es nicht nur um Tutorials oder Wegbeschreibungen, nicht um feste Routen oder Ziele, sondern vor allem um Phasen und Abfolgen von Erlebnissen, die in ihrer Summe zu einem gelungenen Erlebnis führen. Wenn du das richtig anwendest, dann kann eine gelungene Nutzerführung dafür sorgen, dass Nutzer auch dann zufrieden sind, wenn das eigentliche Ziel scheinbar nicht erreicht wurde. Sie sorgt dafür, dass Nutzer mit ungeplanten Alternativen glücklich werden. Sie sorgt dafür, dass Nutzer trotzdem wiederkommen. Kommt dir das bekannt vor?

Von Köttbullar bis Hotdog – das IKEA-Prinzip

Eine gelungene Nutzerführung sorgt dafür, dass Menschen mit der Intention, ein Regal zu kaufen, stattdessen mit einem Pfund Duftkerzen und einem Stapel Bilderrahmen wiederkommen und trotzdem nicht unglücklich sind. Im Gegenteil, stattdessen geht es nächsten Monat wieder los zum schwedischen Möbelriesen, um noch mal nach dem Regal zu schauen. Wie machen die das?

Mal abgesehen davon, dass es im 1943 gegründeten Möbelhaus die leckersten Hotdogs und kostenlose Bleistifte gibt, hat der Designdiscounter sein Konzept zur Nutzerführung immer wieder verändert, verbessert, angepasst und perfektioniert. Das IKEA-Prinzip, so, wie wir es heute kennen,

Kann man von IKEA etwas fürs Webdesign lernen?

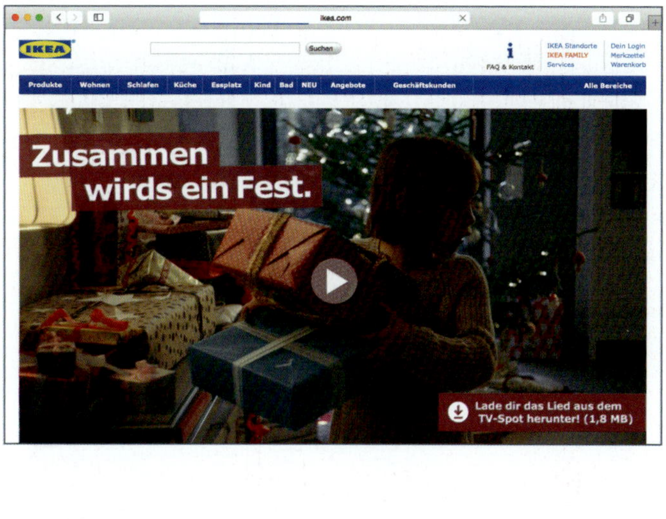

besteht aus 7 Phasen, die sich natürlich auch auf Apps und Websites übertragen lassen.

Am besten erlebst du diese Phasen auf einer gemeinsamen Shoppingtour – folge mir auf meiner Suche nach einer ... sagen wir, einer Couch. Genau. Ich brauche ein neues Sofa. Drei Sitze, schickes schlichtes Design, nicht zu teuer. Das schreit doch nach einem IKEA-Besuch! Also ab ins Auto und auf zum nächsten Möbelhaus.

Phase 1: Hygiene

Fun Fact: Der IKEA im dänischen Gentofte ist statt Blau-Gelb in patriotischem Grau-Rot gestrichen.

Beim Schweden angekommen, stellen wir zunächst das Auto ab, natürlich kostenlos auf dem riesigen Parkplatz direkt vor dem blau-gelben Klotz.

Ab durch die Drehtür und erst einmal ins Restaurant, eine Portion Köttbullar mit Pommes ist Pflicht. Frisch gestärkt geht es noch mal aufs stille Örtchen, das sich natürlich direkt im Eingangsbereich befindet, danach werden die Kinder im Bällebad versenkt, und mit dem Leihkatalog bewaffnet geht es die Rolltreppe hoch in den ersten Stock.

Was noch nicht so sehr nach der eigentlichen Shoppingtour klingt, ist die vielleicht wichtigste Phase in der Nutzerführung: Die Hygienephase. In der Hygienephase werden alle Störfaktoren eliminiert, die dem späteren Shoppingerlebnis im Wege stehen könnten. Die theoretische Grundlage dazu kommt eigentlich aus der Arbeitspsychologie und wurde 1959 von Frederick Herzberg formuliert.

In der Zwei-Faktoren-Theorie ist ein Hygienefaktor ein Umstand, der bei positiver Ausprägung die Entstehung von Unzufriedenheit verhindert – ohne selbst eine zufriedenstellende Wirkung zu erzeugen. Mit anderen Worten: Ich gehe zwar nicht zum Pinkeln zu IKEA, aber wenn ich bei IKEA pinkeln gehe, dann muss ich später auf dem Heimweg nicht.

Genau diese Faktoren hat der Möbelriese erkannt und versucht, sie bereits in der ersten Phase zu eliminieren:

- Im kantinenartigen Restaurant stärken sich die Kunden vor dem langen Ausflug.
- Toiletten und Wickelräume sind geräumig und einladend, keine störende Notwendigkeit.
- Kinderbetreuung erleichtert Familien die Entscheidung für IKEA.
- ausreichende und kostenfreie Parkmöglichkeiten
- kostenlose Schließfächer
- kostenlose Leihkataloge
- kostenlose Bleistifte

Hygienefaktoren lassen sich problemlos auf Websites und Apps übertragen. Usertests haben gezeigt, dass Nutzer sich eher auf eine Shoppingseite einlassen, wenn Fragen nach Rechtssitz, Versandkosten, Rückgaberecht, Mindestbestellwert, Zahlmethoden, Sicherheit etc. direkt zu Anfang geklärt werden.

Hygiene hat nicht nur etwas mit Seife und Wasser zu tun – sondern mit Bedürfnissen.

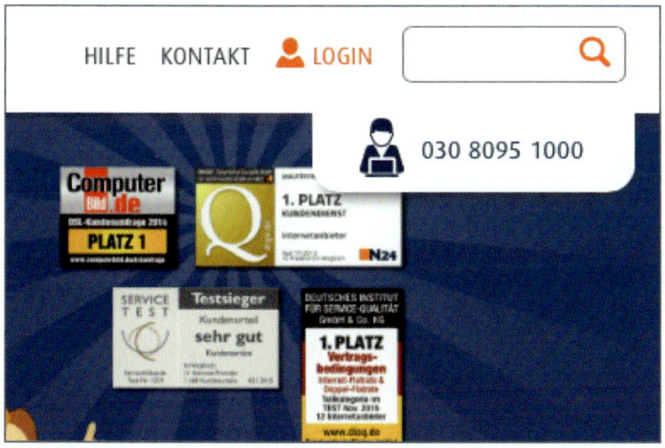

< Ruf ruhig an: Festnetz-Telefonnummer und Testsiegerbadges auf der Startseite erzeugen Vertrauen bei potentiellen Kunden (www.easybell.de).

Großer Beliebtheit erfreuen sich hier »Trusted Shop«-Siegel und die bei Designern extrem beliebten PayPal-Visa-Mastercard-Logoleisten. So räumst du bei einem frisch angekommenen Nutzer visuell Unklarheiten aus und erzeugst Vertrauen.

Bewährt ist auch die prominente Platzierung einer (Festnetz)-Kundenhotline: Auch wenn die wenigsten Nutzer diese tatsächlich nutzen werden, so wird suggeriert: Wir sind eine echte Firma mit echten Menschen, du kannst uns jederzeit anrufen.

Aber auch außerhalb von Onlineshops ist die Hygienephase wichtig. Ein kurzer Satz, der beschreibt, worum es auf einer Seite geht, kann viele Unklarheiten beseitigen und dem Nutzer Orientierung bieten.

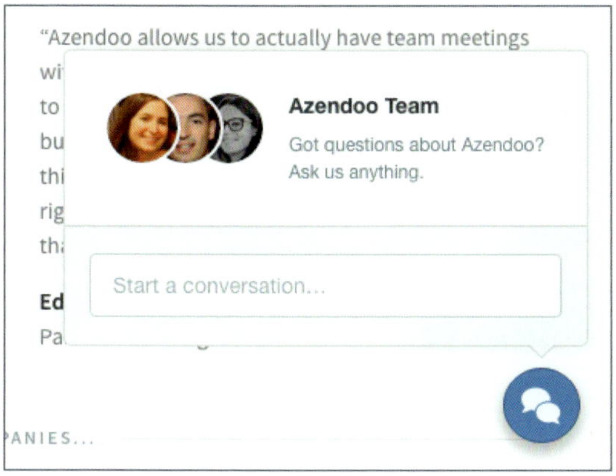

< Wissen, dass Beratung nicht weit ist – mit Porträtfotos der Kundenbetreuer

Phase 2: Inspiration

Am oberen Ende der Rolltreppe angekommen, gilt es nun, sich zu den Sofas vorzukämpfen. Die ersten Sitzmöbel sind schon in Sichtweite; da steht die weiße Muffcouch vor dem gebeizten Eichenholztisch an einer grüngetünchten Wand. Auf der anderen Seite des Ganges quetscht sich ein Klappsofa in eine vermeintliche 35-qm-Wohnungssimulation, Klappstühle hängen an der Wand und müssen als Regal herhalten. Die minimalistisch-moderne Ecke gefällt mir am besten, auch wenn die Farbe der Couch nicht so sehr meins ist.

Nicht nur Nutzen, sondern Lifestyle entscheidet.

Mit der Inspiration beginnt die eigentliche Verführung: Gerade bei teuren Produkten entscheiden wir uns nicht nur nach dem reinen Zweck, sondern auch immer für einen bestimmten Lifestyle. Modern oder gemütlich? Platzsparend oder präsentabel? Veganer Stoffbezug oder gebeiztes Leder? Die Inspirationsphase hilft uns dabei, eine Identifikation für einen solchen Lifestyle zu entwickeln.

Besonders gut beobachten lässt sich das auf Modewebsites wie Zalando oder Frontline: Hier werden bereits auf der Startseite bestimmte Stile im Kontext präsentiert.

Aubade-Lektion № 14
Zeige ihm den Geschmack der Welt!

Dabei geht es nicht nur um die Kombinationsmöglichkeiten, sondern auch um die Wirkung: Wenn du diese Jeans mit diesen Sneakers und dieser Sonnenbrille kombinierst, hängst du lässig im Skatepark ab. Rockst du lieber die Clubs oder chillst mit den Surfern am Strand? Dann ist eine andere Marke perfekt für dich! Besonders Subkulturen werden gerne instrumentalisiert, um ein bestimmtes Lebensgefühl zu transportieren und zu vermarkten. Das

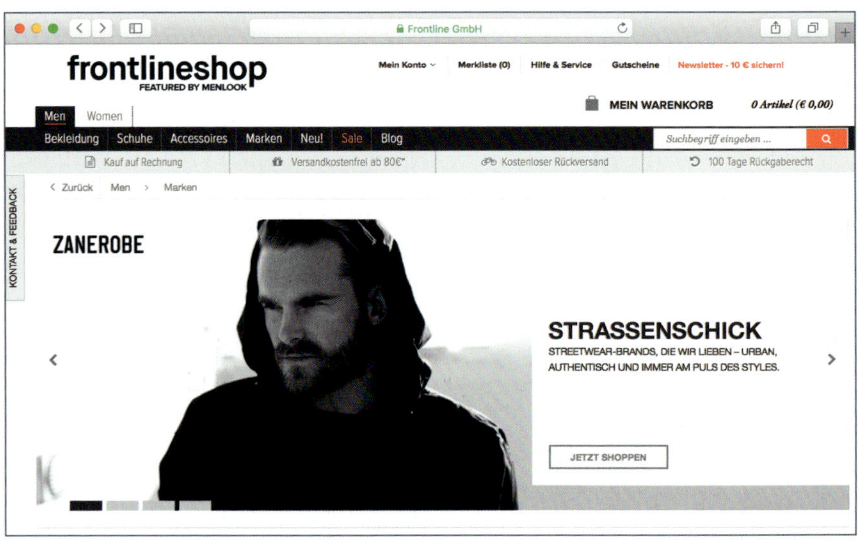

> *Nicht einfach Kleidung, sondern Streetwear mit authentischem Straßenschick gibt es bei frontlineshop.de.*

heißt natürlich nicht, dass jeder VANS-Träger automatisch zum Profiskater wird – die Identifikation jedoch schafft Werte.

Es ist auch nicht das Ziel der Inspirationsphase, konkrete Produkte und Produktkombinationen zu verkaufen. Die Ferienwohnungs-App *Airbnb* begrüßt ihre Nutzer mit Inspirationen wie »Ausgehen in Budapest« oder »Leuchttürme«. Tatsächlich kann ich bei *Airbnb* zwar für 280 Euro einen Leuchtturm an der australischen Westküste buchen – die meisten Nutzer dürften jedoch, nachdem sie das Angebot angeschaut haben, Ideen mitnehmen wie »Ich könnte mal wieder ans Meer« oder »West-Australien sieht toll aus – was gibt's da denn noch?«.

Inspiration und Identifikation spielen Hand in Hand.

Bei der Suche nach meiner neuen Couch hilft mir die Inspirationsphase, eine Idee für den Kontext zu bekommen. Welches Zimmer sieht am ehesten nach meinem Wohnzimmer aus? Welche Kombinationen könnten funktionieren? Was kann ich von vornherein ausschließen? Die Regale neben der Ledercouch sehen toll aus!

Bei Airbnb werden nicht nur Wohnungen, sondern Erlebnisse vermarktet (airbnb.com).

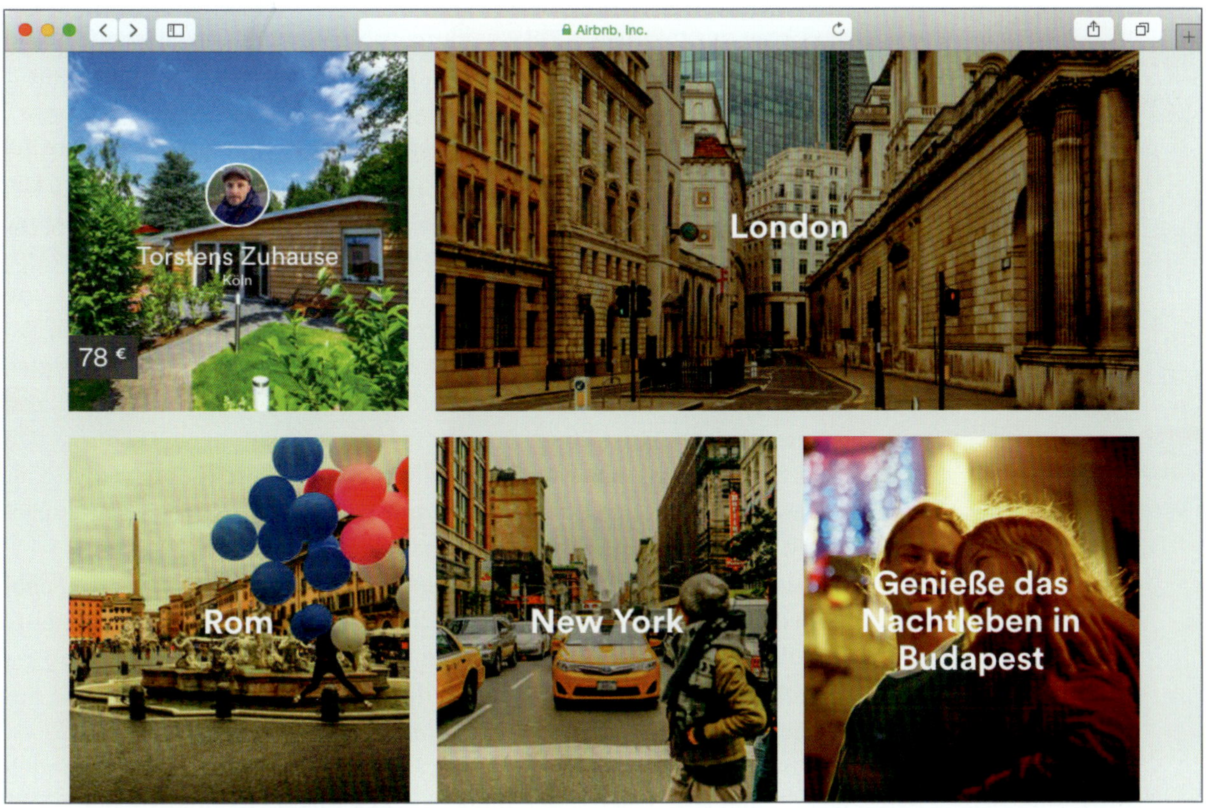

Phase 3: Rationalität

Frisch inspiriert geht es jetzt ans Eingemachte. Zeit für große Entscheidungen. Die Stunde der Wahrheit. Obwohl ich mir natürlich schon vorher überlegt habe, welche Art von Sofa ich benötige, muss ich jetzt eines auswählen. Wir befinden uns in der Möbelausstellung, in der die Wohnobjekte nach Kategorien sortiert auf ihren Käufer warten. 40–50 verschiedene Sofas in allen Farben, Formen und Größen. Jetzt geht es nicht mehr um Lifestyle, sondern um harte Fakten:

- Welche Art von Sofa benötige ich?
- Welche Materialien wurden verarbeitet?
- Welche Farbe wähle ich?
- Wie groß darf es sein?
- Welchen Preis kann ich mir leisten?
- Wie lange gilt die Garantie?
- Wie sind Herkunft und Verarbeitung?
- Wie sitzt und liegt es sich darauf?

Die Phase der rationalen Entscheidungen wird unterstützt durch transparente und vergleichbare Informationen – im schwedischen Möbelbunker genauso wie auf dem Bildschirm.

Shoppingriesen wie Amazon, Alibaba und eBay setzen auf detaillierte Beschreibungen, große Fotos und die klare Kommunikation von Preisen, Lieferzeiten, Herkunftsdaten und Produktfeatures. Im Onlineshop von Apple kann man sogar seine iPhone- und MacBook-Modelle gegeneinander vergleichen. Die Macher von *versus.com* haben dieses Bedürfnis erkannt und daraus einen universellen Service gemacht: Hier kannst du Computer, Kameras, Smartwatches, Städte und sogar Universitäten miteinander vergleichen.

Überzeugen, nicht überreden.

Entscheidend in der Phase der rationalen Entscheidungen: Du darfst den Nutzer nicht überreden. Hat er das Gefühl, manipuliert oder in seinen Entscheidungen beeinflusst zu werden, zum Beispiel durch das Herausstellen oder Weglassen von Informationen, macht er direkt zu.

Die rationale Entscheidungsphase spielt vor allem bei sogenannten *High-Involvement-Produkten* eine übergeordnete Rolle. Das sind in der Regel teure Produkte, die uns eine Weile beglücken sollen, wie etwa Autos, Smartphones oder eben Möbel. Daher scheuen wir hier auch nicht davor zurück, uns mit der Entscheidung Zeit zu lassen und sie im Zweifelsfall zu verschieben.

In meinem Fall kann ich mich nicht zwischen zwei schwarzen Sofamodellen entscheiden – beide sehen modern und schick aus, keines sticht eindeutig heraus. Ich denke, ich werde diese Entscheidung vertagen müssen. Vielleicht fange ich stattdessen doch einmal mit einem neuen Bücherregal an.

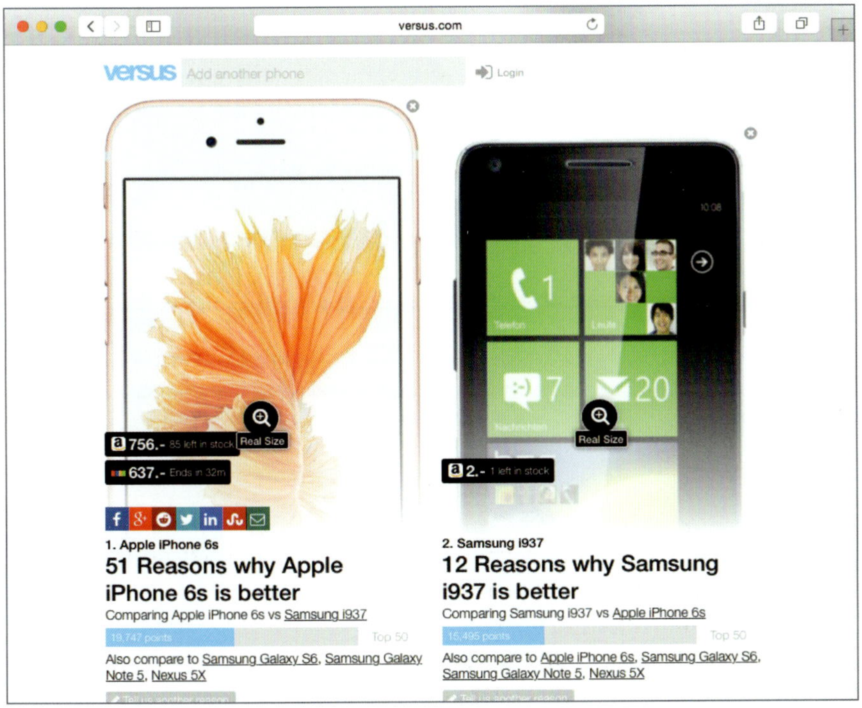

Auf versus.com lässt sich so gut wie alles vergleichen.

Phase 4: Emotionalität

Überwältigt von der Menge der Entscheidungen und auch schon ein wenig müde gehe ich in die Markthalle. Hier werden vor allem Dinge angeboten, die in einen Einkaufswagen passen. Genau das ist auch die Stelle, an der wir uns mit Kerzen, Bilderrahmen und Yuccapalmen eindecken. Warum eigentlich?

Bei diesen Produkten handelt es sich um **Low-Involvement**-Produkte, das genaue Gegenteil von **High-Involvement**-Produkten. Low-Involvement-Produkte benötigen keine großen Entscheidungen, sie werden nach Gefühl gekauft.

High Involvement
Einkaufen nach reiflicher Überlegung

Low Involvement
Einkaufen nach Gefühl

Online werden gerne Zubehörteile erworben: Wer gerade fast 2000 Euro für ein MacBook ausgegeben hat, der scheut sich nicht, noch mal 200 Euro in eine Tasche zu investieren – schließlich soll die frische Investition ja geschützt sein. Auch beliebt: Zusatzgarantien, Dockingstations oder Bluetoothlautsprecher.

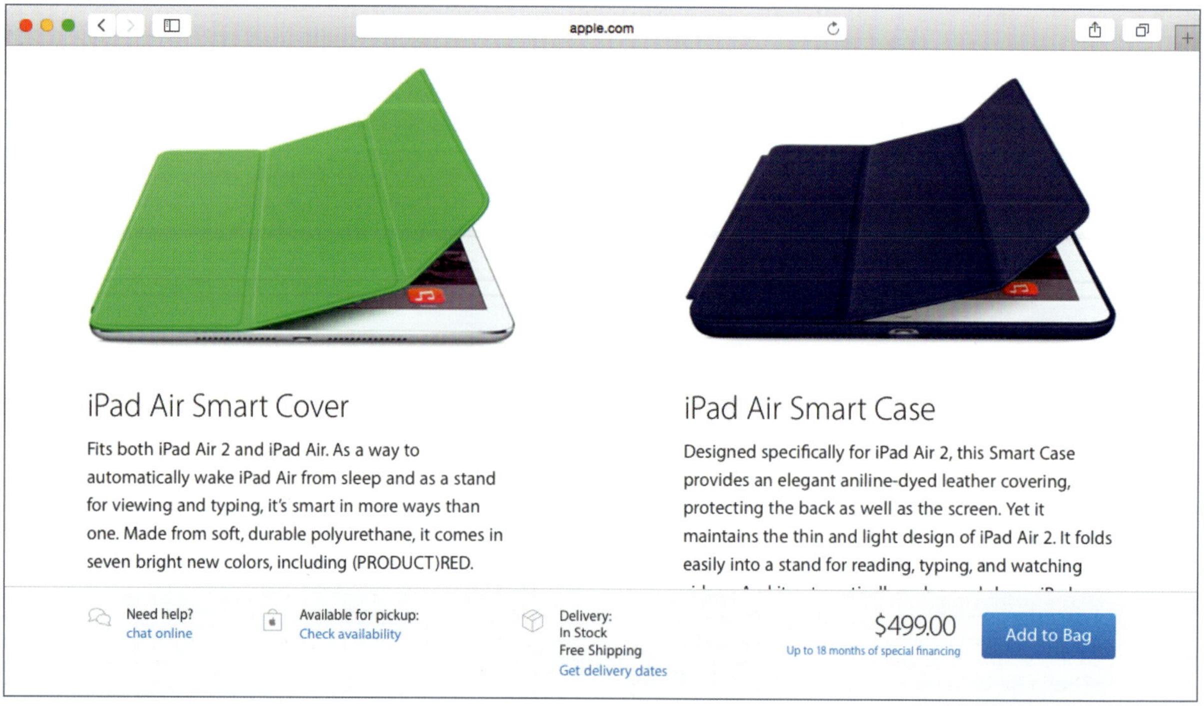

Prominent auf apple.com: iPad-Zubehör, das sich noch in meinem Warenkorb befindet

Etwas perfide spielen Autovermietungen mit den Gefühlen ihrer Kunden. Wer gerade einen teuren Mercedes gemietet hat, greift eher zu der Versicherung mit der geringen Selbstbeteiligung, obwohl diese oft unverhältnismäßig viel teurer ist.

Phase 5: Involvement

Der Wagen ist schon vollgeladen mit Yuccapalmen und Duftkerzen, da geht es ab in die SB-Halle. Jetzt heißt es, den richtigen Lagerplatz zu finden und das richtige Möbelstück aufzuladen.

Natürlich hat auch das einen Grund: Marktforscher haben herausgefunden, dass Produkte, die ein potentieller Käufer einmal in der Hand hatte, eine höhere Chance haben, gekauft zu werden – nicht nur, weil wir so entscheiden können, ob das flache Päckchen mit den Regalbrettern auch wirklich in unser Auto passt oder durch das enge Treppenhaus, sondern vor allem die psychologische Komponente spielt hier eine Rolle: der *Endowment-Effekt*.

Endowment-Effekt: Produkte, die wir besitzen, werden als wertvoller eingeschätzt.

Das sensorische Erleben, Anfassen, Fühlen, Riechen des Produkts ist eine Form der Kundeneinbindung, die sofort eine Beziehung zum neuen Möbelstück herstellt. Moment mal, am Möbelstück riechen? Ein neuer Couchtisch aus Birkenholz riecht anders als einer aus Pressspan – diese Wertigkeit kann der Kunde erst jetzt erfahren und so eine Kaufentscheidung zugunsten des dreimal so teuren Echtholztisches fällen.

Schön und gut, aber wie lässt sich der physische Kontakt in Webprodukten herstellen? Der Möbelversender Holzconnection hat einen cleveren Weg gefunden, auch über die Distanz das Gefühl für das Produkt herzustellen: Interessenten können sich kostenlos eine Probe verschiedener Holzarten zuschicken lassen, um sie zu Hause in Ruhe zu betrachten, zu fühlen (und sogar dran zu lecken).

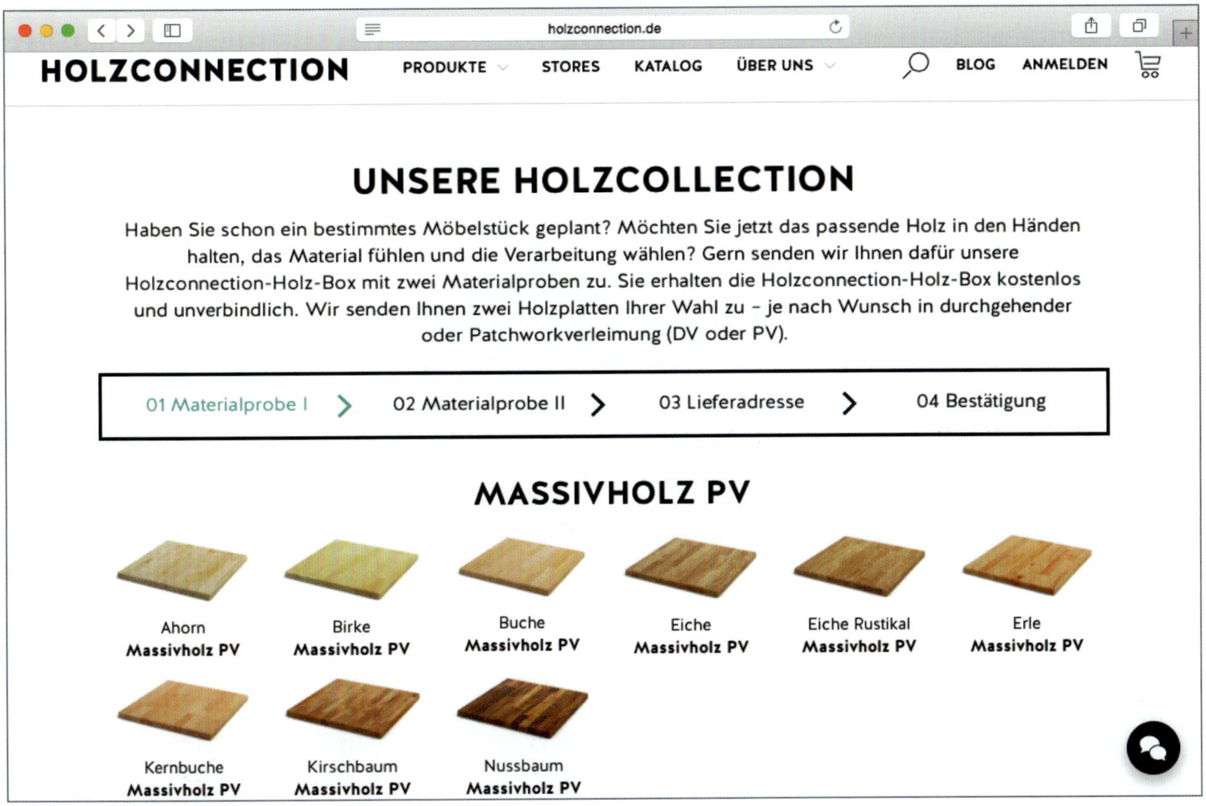

Aber auch ohne das Versenden von Produktproben lässt sich eine Bindung herstellen. Es geht ja nicht nur um den physischen Kontakt, sondern vor allem um die Einbindung des Nutzers.

Beim Berliner Onlineoptiker Mr. Spex (*misterspex.de*) kann man virtuell verschiedene Brillen »anprobieren«. Ein cleveres Plug-in auf der Shopseite aktiviert die Webcam des Nutzers und rendert mittels Gesichtserkennung verschiedene Brillenmodelle auf die Nase des Nutzers. Das Resultat sieht

^ Bei holzconnection.de gibt's Holzproben zum Anfassen frei Haus.

zwar (noch) eher belustigend aus, der psychologische Effekt jedoch ist unbezahlbar. Der Nutzer verbringt Zeit auf der Website, wird in die Produktauswahl involviert und kann so unabhängig von Hard Facts wie Preis, Sehstärke und Material eine persönliche Kaufentscheidung treffen.

Brillenanprobe bei Mr. Spex – dieses Modell steht mir nicht wirklich.

Die einfachste Form des Involvements ist die einfache Eingabe von Daten. Bevor man eine Funktion des Webservice nutzen kann, muss man zunächst Name und Adresse eingeben.

Das klingt erst einmal nach einer Barriere, erhöht aber die Bindung: »Jetzt hab ich hier schon Schuhgröße eingegeben, jetzt kann ich auch einen Account einrichten.« Live so zu erleben im Maßhemden-Shop *tailorstore.de*: Schon vor der Anmeldung kann der Nutzer das Design seines Hemds bis hin zur Farbe der Knopfnähte auswählen, – erst dann wird der Account angelegt und nach den Körpermaßen gefragt. Wer schon ein selbst gestaltetes Hemd im Einkaufskorb zu liegen hat, für den ist das Ausmessen keine Hürde mehr.

Etwas einfacher geht es auf *onpage.org*: Wer hier seine Website analysieren möchte, gibt zunächst seine URL ein und wird anschließend gebeten, einen Account zu erstellen.

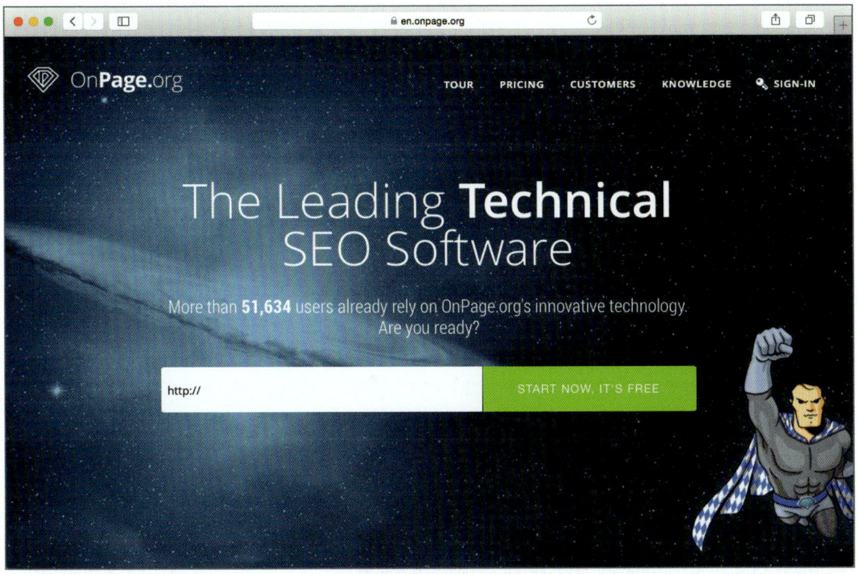

OnPage: erst die Webadresse, dann die Anmeldedaten

Checkliste: Involvement

- Bezieh Nutzer ein! Stell Fragen, und lass Daten eingeben: Schuhgröße, Postleitzahl etc.; das erhöht die Wahrscheinlichkeit, dass der Besucher hinterher auch tatsächlich ein Konto erstellt.
- Biete im Onlineshop Produktproben an, und schicke sie zum Nutzer nach Hause. Was man einmal in der Hand hat ...
- Lass Nutzer Produkte aus- und anprobieren, am besten noch bevor ein Konto erstellt wird.
- Bleib unverbindlich: Weise vor dem Kauf explizit auf das Rückgaberecht hin, mindestens 14 Tage, besser 28 – so bekommt der Kauf etwas Risikofreies.
- Rege zum Mitmachen an: Wer für das Produkt etwas leisten muss, fühlt sich eher verbunden – siehe Endowment-Effekt.

Fun Fact: Bei IKEA gibt es keine Einkaufskörbe, sondern stabile gelbe Beutel, die an der Kasse gegen blaue getauscht werden können. Gelbe IKEA-Taschen in der freien Wildbahn gelten in Berlin als Statussymbol.

Phase 6: Hacking

Wir erreichen den Kassenbereich. Beim Anblick des mit Blumen und Regalen gefüllten Einkaufswagens kommen erste Zweifel auf – nur der lustige Hocker in Kuhfelloptik könnte als Sitzmöbel durchgehen, viel mehr ist von der anfänglichen Idee, eine Couch zu kaufen, nicht übrig geblieben.

Macht aber auch nix, denn hier im Kassenbereich haben wir noch mal die Möglichkeit, Hocker, Tische, Spielzeuge zu erwerben. Hier stapelt sich die Aktionsware, meist preiswerte Palettenware, die sich impulsiv mitnehmen lässt. Der Kuhhocker wird schnell gegen einen preiswerteren Birkenholzhocker getauscht, aber dabei nicht genug – in der Fundgrube finden wir auch noch eine Couch. Es ist dasselbe Modell wie in der Ausstellung, lediglich mit kleinen Mängeln, dafür 25 % billiger als gelistet.

Dass das Möbelhaus hier die abgelatschten Ausstellungsstücke und billige Massenware abstellt, stört uns nicht – vielmehr ist diese Chance auf ein Schnäppchen eine Form des Hackings: »Jetzt zeige ich's denen aber mal, jetzt hole ich das Beste für mich heraus.« Kunden, die die Möglichkeit haben, scheinbar das System zu überlisten, fühlen sich überlegen und befriedigt – in der Psychologie spricht man von *Smart Shoppern*.

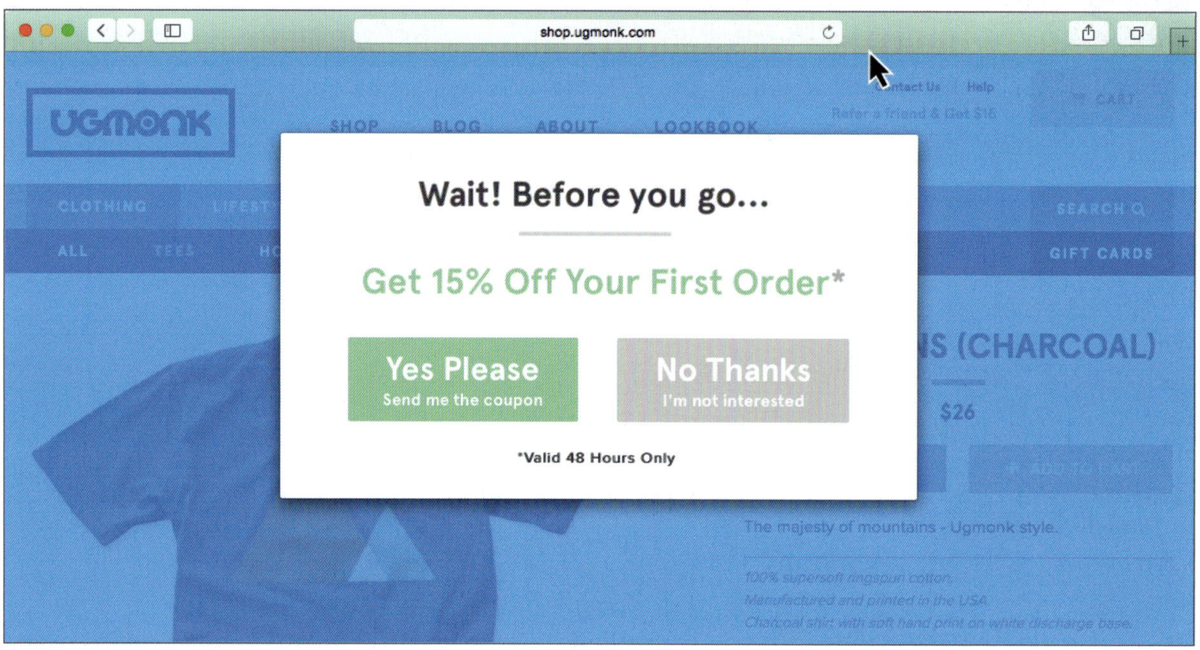

^ *Bewegt der Nutzer den Mauszeiger aus dem Fenster, bekommt er einen 15 %-Gutschein geschenkt – per Overlay.*

Auf Websites lassen sich Smart Shopper mit gut platzierten Angeboten verführen: Gutscheine und Wertcoupons, die kurz vor dem Checkout angeboten werden, sind die geläufigste Art des Checkout-»Hackings«. Aber auch Rabatte wie der »Onlinenachlass« oder der »Frühaufstehertarif« für Kunden, die vor 10 Uhr morgens bestellen, sind nicht unüblich und werden dankend angenommen.

Hacking – das bedeutet in diesem Fall: den Ladenbesitzer austricksen.

Bei Saturn gibt es ein Online Late Night Shopping: Von Mittwochabend ab 20 Uhr bis Donnerstag früh um 9 Uhr gibt es Technikschnäppchen versandkostenfrei – sogar mit Countdown.

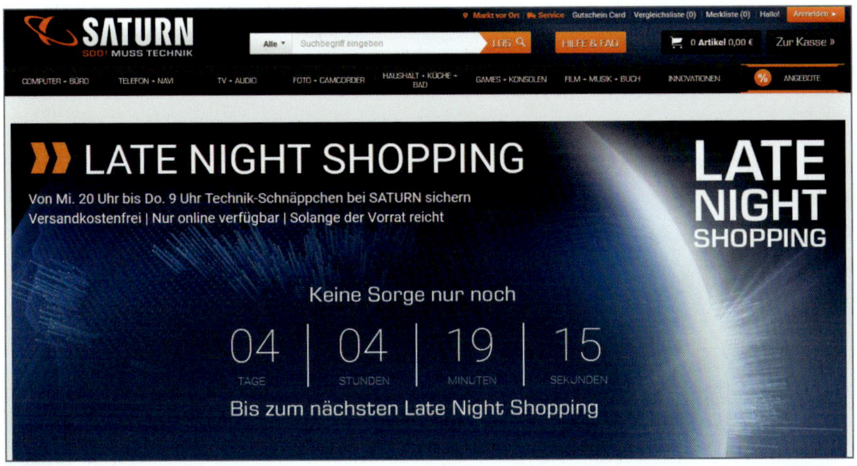

Late Night Shopping als Event – sogar mit herunterlaufendem Counter

Preiswerte Add-ons und Bundles sind willkommen – ob ich ein Metallfeuerzeug für einen Euro dazumöchte? Auf jeden Fall, Schnäppchen!

Phase 7: Reward

Wir haben mal wieder mehr gekauft als geplant – aber immerhin ist es doch noch das Sofa geworden. Erleichtert und ausgepowert geht es zurück auf den Parkplatz – aber halt, nicht ohne noch vorher bei der Hotdog-Theke vorbeizuschauen. Wenn wir schon mal bei IKEA sind, dann ist eine schwedische Spezialität Pflicht!

Tatsächlich ist die Wurst im süßen Brötchen eine Belohnung, die den Einkauf und die damit verbundene Tortur in positiver Erinnerung behalten lässt. Das Belohnungszentrum des Hirns wird aktiviert, Endorphine werden freigesetzt. Jetzt geht alles so, wie ich es will: Die Shoppingtour ist vorüber, ich belohne mich mit so vielen Röstzwiebeln und Gürkchen, wie ich mag. Wir befinden uns in der Reflexionsphase unseres Einkaufserlebnisses.

Fun Fact: Der typische IKEA-Hotdog mit Gurken und Röstzwiebeln ist übrigens keine schwedische Spezialität, sondern kommt aus Dänemark – just saying.

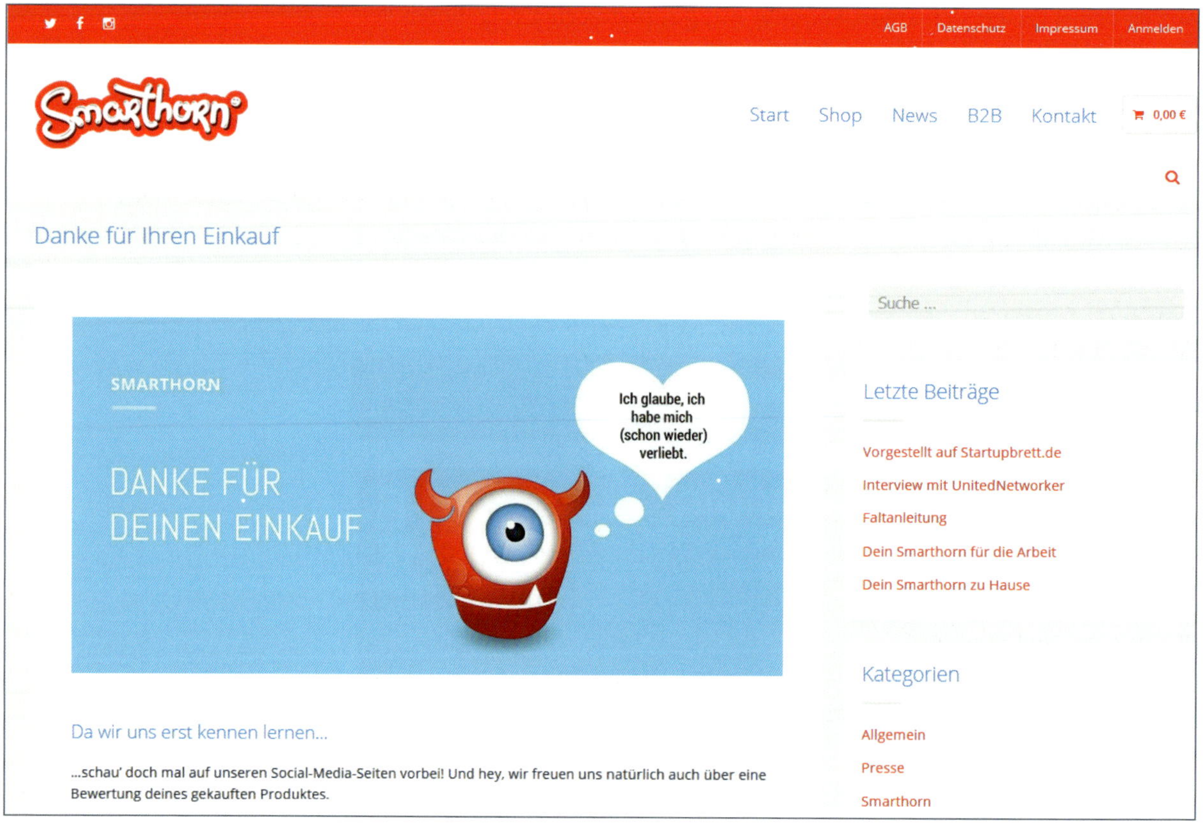

^ *Smarthorn.de bedankt sich artig für den Einkauf.*

Auch bei Webeinkäufen spielt die Belohnungsphase eine wichtige Rolle: Zumindest optisch sollte die Seite einem für den erfolgreichen Einkauf gratulieren; eine anschließende E-Mail mit Gutschein hilft bei der Manifestation. Der britische Maskendesigner Steve Wintercroft schickt nach einem erfolgreichen Einkauf direkt eine Mail mit persönlichem Dank hinterher.

Aubade-Lektion № 22
Triff ihn mitten ins Herz.

Fazit Die sieben Phasen des IKEA-Prinzips bilden einen Idealfall der Nutzerführung ab – so lässt sich ein ganzheitliches und befriedigendes Einkaufserlebnis gestalten, bei dem nichts dem Zufall überlassen wird.

In der Praxis ist es jedoch schwierig, alle sieben Phasen genau so zu reproduzieren – die wenigsten Nutzer würden eine zweistündige Tour durch eine digitale Möbelausstellung mitmachen. Wir können uns jedoch von IKEA inspirieren lassen und hier und da Elemente des schwedischen Erlebniseinkaufs in unsere Nutzerführung einbauen.

»Du ..., äh, ich ...« – von der Kunst, die richtigen Worte zu finden

Für die Nutzerführung reicht es nicht, Optionen und Möglichkeiten aufzuzeigen – Nutzer müssen aufgefordert und motiviert werden, oder wie es im Englischen heißt: *engaged*. Der Begriff des Engagements ist dabei ziemlich vage – Ralf Haberich von Webtrekk definiert Engagement als den »Interaktionsgrad mit digitalen Maßnahmen«.

Engagement: Nutzer, die interagieren, sind engaged.

Sprich: Immer wenn ein Nutzer irgendwo klickt, tappt, hovert, peekt oder poppt, dann ist er »engaged«.

Motiviere!

Im Onlinemarketing wird Engagement immer noch als eine wichtige Messgröße behandelt, die je nach Auslegung mehr über die Qualität einer Werbung aussagt als reine Klickzahlen oder Impressions. Im Webdesign bedeutet das vor allem eines: Wir müssen Nutzer dazu motivieren, mit unserem Interface zu interagieren.

Noch vor Größe, Farbe und Position von Interfaceelementen spielt dabei vor allem eines die Hauptrolle: Die richtige Wortwahl in Calls to Action und interaktiven Elementen.

Nachdem der Nutzer auf unserer Shopseite ausreichend über ein Produkt informiert wurde, geht es nun ans Eingemachte: Der Nutzer soll das Produkt kaufen. Welches wäre wohl die geeignetste Überschrift für eine Call-to-Action-Sektion?

1. Hier haben Sie die Möglichkeit, das Produkt käuflich zu erwerben.
2. Wollen Sie das Produkt kaufen?
3. Kaufen Sie jetzt das Produkt!

Variante 1 ist höflich und etwas umständlich – sie informiert den Nutzer darüber, was hier passieren könnte, ohne eine Hilfestellung zu geben. Die Wortwahl ist kompliziert und passiv, außerdem der Satz zu lang. Formulierungen wie »käuflich erwerben« funktionieren vielleicht in der Sparkasse und beim Drogendealer, haben aber auf Websites nichts verloren.

Variante 2 ist schon besser: Sie ist kürzer, arbeitet mit dem Schlagwort »kaufen« und ohne Nebensatz. Sie stellt den Nutzer vor eine Entscheidung und stimuliert ihn damit kognitiv: Will ich das Produkt kaufen? Allerdings ist auch hier das Risiko, dass die Antwort »nein« lauten könnte, zu groß.

Variante 3 stellt das Schlagwort »kaufen« direkt an den Satzanfang, aktive Sprache und Imperativ fordern den Nutzer zur Handlung auf. Die Zeitangabe »jetzt« betont die die Dringlichkeit – nicht irgendwann, nein, jetzt muss ich handeln.

Die ideale Variante habe ich übrigens oben nicht aufgeführt. Sie heißt »Jetzt kaufen!« – im Kontext einer Produktseite muss das Produkt nicht noch einmal explizit erwähnt werden, auch die persönliche Ansprache ist längst überflüssig, unser Nutzer ist ja bereits mittendrin. Das gilt besonders für interaktive Elemente wie Buttons oder Menüpunkte.

Von Worten und Klickraten

Designer Dustin Curtis testete 2009 den Einfluss der Formulierung auf Klickraten. Der Satz »You should follow me on Twitter« – du solltest mir auf Twitter folgen – generierte 38 % mehr Follower als ein einfaches »Folge mir auf Twitter«.

Dieses Resultat ist auf den ersten Blick ungewöhnlich – der Satz ist ziemlich lang, dennoch erzeugt die Handlungsaufforderung eine erstaunliche hohe Antwortrate.

Germanisten und Poeten werden jetzt die Hände über dem Kopf zusammenschlagen, was sie vermutlich schon an anderen Stellen in diesem Buch getan haben. An dieser Stelle möchte ich meine Lektorin grüßen – du machst einen tollen Job, weiter so!

Checkliste: die richtige Wortwahl

Wenn der Nutzer tappen oder klicken soll, dann empfiehlt sich Folgendes:

- ✔ »Kaufen«, »Bestellen« oder »In den Warenkorb«? Was erwartet der Nutzer? Versuche, seine Erwartungshaltung zu erfüllen.
- ✔ Kurze Wörter: Jeder Buchstabe zählt – je weniger zu lesen, desto schneller die Reaktion und Interaktion.
- ✔ Imperativ! Ruf zum Handeln auf!
- ✔ Einfache Wortwahl: »schmökern« oder »lesen«? Bei welcher Wortwahl kommt es zu weniger Missverständnissen?

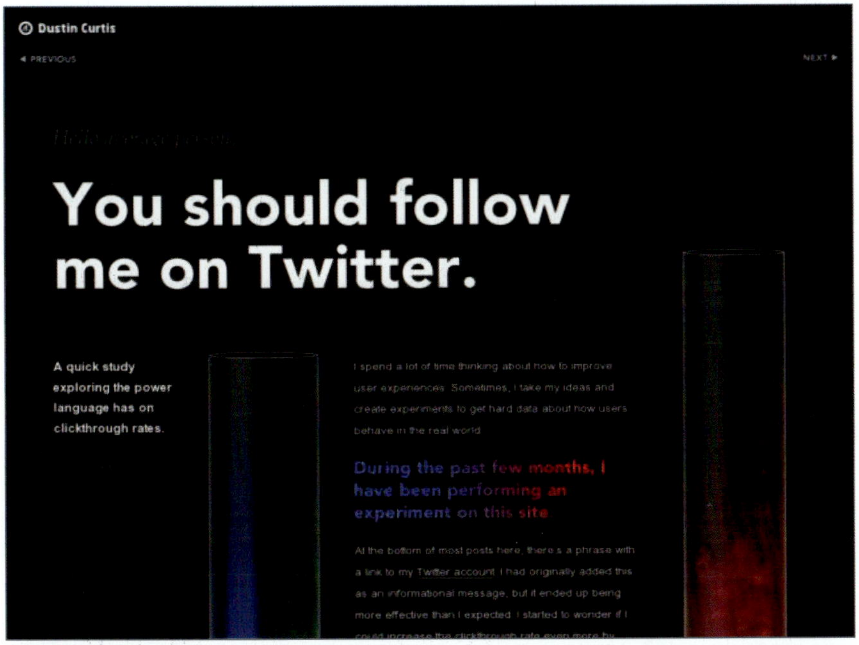

»You should follow me on Twitter« – der Originalartikel von Dustin Curtis

Wie schaffen wir es, trotz einer knappen und auf Engagement ausgelegten Sprache nicht komplett zu verrohen?

Good Cop, Bad Cop

Hier ein kleiner Trick: Um die Persönlichkeit der Seite zu wahren, aber gleichzeitig Nutzer aufzufordern, hilft es, beim Schreiben zwischen Copytext und Interface zu unterscheiden. Stell dir vor, ein netter, empathischer, begeisterter und freundlicher Mensch schreibt die Beschreibungstexte und Bildunterschriften – und RoboCop textet die Buttonbeschriftungen und Sektionsüberschriften.

Good Cop, Bad Cop. Auf diese Weise schaffst du es, zwischen Verkauf und Abschluss zu unterscheiden.

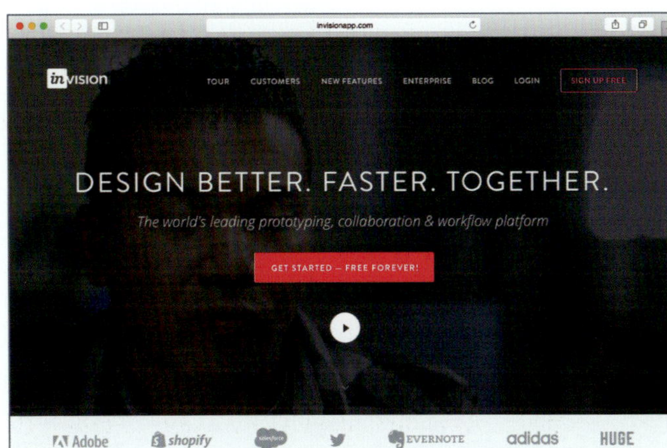

Klarer Call to Action-Button bei InVision

Navigation: Einfach und ganz schön komfortabel

Das zentrale Element einer jeden Website ist die Navigation. Nicht »Wenn möglich, bitte wenden«, sondern die Art, die verschiedene Unterseiten in einer Site zusammenhält. Früher galt es als schick, eine möglichst innovative Art der Navigation zu pflegen, am besten noch mit Metaphern aus der echten Welt. Heute heißt es: je unauffälliger, desto besser. Bestenfalls merkt der Nutzer gar nicht, dass eine Navigation da ist – er bedient sie einfach intuitiv. Klingt gut, aber wie geht das?

Best Practices

Navigation: nicht verstecken, sondern da platzieren, wo der Nutzer sie erwartet

Eine gute Webnavigation ist subtil, aber klar als Navigation zu identifizieren. Der Nutzer erwartet ein Menü entweder am oberen Bildschirmrand oder auf der linken Seite. In Smartphone-Apps ist die Menüleiste am unteren Bildschirmrand längst zum Standard geworden. Platziere deine Navigation, wo der Nutzer es erwartet.

Sticky Navigation: Englisch für »klebriges Menü«, das am Bildschirmrand kleben bleibt

Sticky Navigation Navigationen, die am Bildschirmrand stehenbleiben, lassen sich um bis zu 22 % schneller bedienen – das fand Hyrum Denney in einer Usabilitystudie 2012 heraus. Alle Nutzer der Studie bevorzugten die Sticky Navigation, ohne genau zu wissen, wieso (zum Nachlesen: *www.smashingmagazine.com/2012/09/sticky-menus-are-quicker-to-navigate*).

Der Grund ist recht einfach: Eine Navigation ist mehr als nur ein Link zu anderen Seiten, sie ist gleichzeitig ein Orientierungswerkzeug – gute Menüs zeigen dem Nutzer immer an, wo er sich gerade befindet, und weisen im Zweifelsfall den Weg.

^ *Sticky Navigation bei Product Hunt*

Menüpunkte sind idealerweise kurz und knapp gehalten. Statt »Unsere Firmenphilosophie« und »Unsere Produkte« sollte es heißen »Philosophie« und »Produkte«. Wähle dennoch Namen, die beschreibend sind und vom Nutzer erwartet werden. »Fußbekleidung« und »Für unseren kleinen Kunden« klingt zwar lustig, aber »Schuhe« und »Kinder« reicht vollkommen aus – und ist bereits bekannt. Ähnliche Menüpunkte darfst und solltest du gruppiert – besonders, wenn es mehr als 7±2 sind. Mehr dazu später in diesem Kapitel.

Multilevel-Navigation Vorsicht bei mehrstufigen Navigationen – bei mehr als drei Navigationsebenen wird es unübersichtlich. Packe lieber mehr Menüpunkte in eine flachere Hierarchie. Beim Verständnis helfen können hier Animationen – was passiert, wenn der Nutzer einen Punkt wählt? Ein tolles Beispiel ist die Multilevel-Navigation bei Tympanus (*http://tympanus.net/Blueprints/MultiLevelMenu*): Statt Menüs aufzufächern wie im FHTW-Beispiel auf Seite 33, wird hier für jede Unterkategorie eine neue Sidebar angelegt. Eine subtile Animation, genauer eine Transition, zeigt an, aus welcher Richtung die neue Sidebar kommt und welchen Menüpunkt der Nutzer geklickt hat.

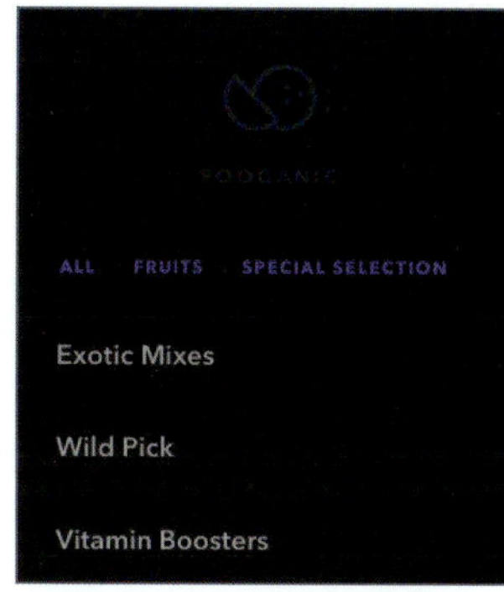

*Eine **Breadcrumb**-Leiste oberhalb der Seitenleiste bietet einen Überblick und hilft dabei, zurückzunavigieren.*

Master-Detail-Navigation Mobile Designer kennen diese Art von Menü als Master-Detail-Navigation – die App-Ansicht schiebt sich von einer Liste (Master) nach links zur Ansicht des gewählten Menüpunktes (Detail).

Im Web ist es heute absolut üblich, noch einmal sämtliche Menüpunkte im Fußbereich zu wiederholen. Das hat zwei Vorteile: Zum einen ist so eine Navigation extrem gut scannbar, der Nutzer findet mit einem Blick den gewünschten Menüpunkt. Auf der anderen Seite tust du so direkt etwas für die Suchmaschinenoptimierung – jeder Menüpunkt ist ein Keyword, außerdem verlinkt so jede Unterseite auf jede andere und übernimmt gleich die Funktion einer Sitemap.

Breadcrumbs

Wie sind wir hergekommen? Hänsel und Gretel hinterließen eine Spur aus Brotkrumen, die Breadcrumb-Navigation macht dasselbe mit Links.

Footer Navigation bei InVision bewahrt den Überblick.

Tabs Eine beliebte Navigationsmetapher sind Registerreiter, im Webjargon besser bekannt als *Tabs*. Ähnlich wie Browsertabs eignen sie sich zum schnellen Umschalten zwischen verschieden Ansichten oder Inhalten.

Aber Vorsicht: Tabs funktionieren nur dann, wenn der Ansichtsbereich genau abgesteckt ist und sich ein Tab eindeutig einem Bereich zuordnen lässt. Andersfarbige Reiter oder Trennlinien führen das Tabprinzip schnell ad absurdum. Nutzer erwarten von Tabs vor allem eins: Die Inhalte müssen schnell und ohne erneutes Laden der Seite wechseln, aufwendige Animationen sind hier tabu, ebenso wenig eignet sich eine Tabansicht als globale Sitenavigation. Besser ist es, Tabs für kleinere Bereiche der Website oder in Web-Apps einzusetzen.

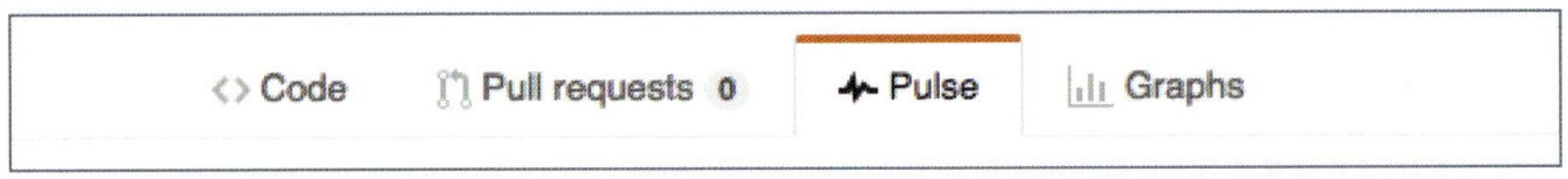

So wird's gemacht: Die Tabnavigation von GitHub hebt den aktuellen Tab eindeutig hervor und öffnet ohne Nachladen.

Scrolling Eine Navigationsmöglichkeit, die noch immer unterschätzt wird, ist das Scrolling. Die Zeit von Flashseiten ist vorbei, und damit die Zeit des beschränkten Bildschirmplatzes. Eine Webseite kann beliebig lang werden, und so müssen Webseiten immer weniger aufgeteilt werden.

Damit hat auch das Konzept von »Above the Fold« ausgedient – wir erinnern uns, lange Zeit war es extrem wichtig, dass alle Informationen unbedingt auf der ersten Bildschirmseite, also vor dem ersten Scrollen, sichtbar waren. Heute ist es eher umgekehrt: Über dem metaphorischen Knick befindet sich meist nur eine einstimmende Grafik oder der primäre Call to Action.

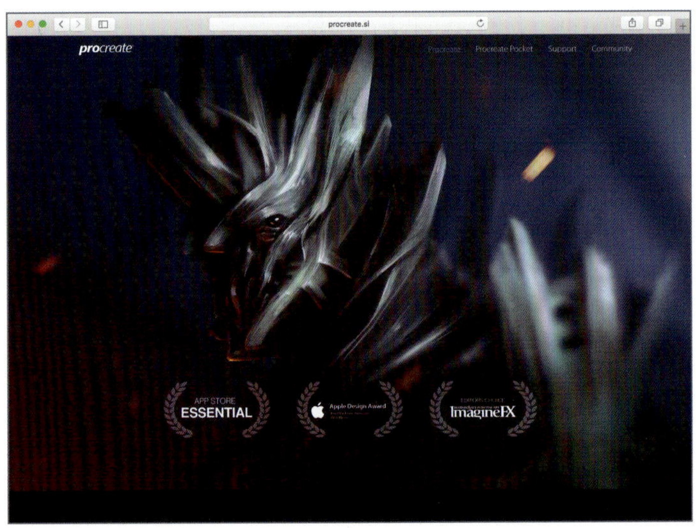

Der erste Viewport der Landing Page von Procreate (procreate.si), ...

... und dann: scrollen, scrollen, scrollen!

Vor allem Landing Pages machen sich das zu eigen: Der Nutzer kann Inhalte aus verschiedenen Bereichen durchnavigieren, ohne einmal die Seite zu wechseln. Besonders auf Touchdisplays scrollen wir lieber, als dass wir tappen – aber das habe ich ja schon im Kapitel »Das Spiel mit den Reizen: User Experience« im Abschnitt »Bedien mich – Complex Design« besprochen.

Don'ts

Zu viele Menüpunkte verwirren eher, als dass sie bei der Orientierung helfen. Wenn sich Menüpunkte wiederholen oder nicht klar abheben, dann ist auch der erfahrenste Nutzer verloren.

Eine große deutsche Kaffeerösterei zeigt, wie es nicht geht: Was sich hinter »Themenwelten«, »Lieblingsstücke« und »%-Shop« verbirgt, lässt sich nur schwer erraten. In der Kategorie »Mobilfunk« gibt es gleich drei Menüpunkte namens »Smartphone« – zusätzlich zu »Handy« und »iPhone«. Findest du sie?

Die Lösung ist: »Zum Smartphone«, »Smartphones« sowie »Smartphones & Mehr«.

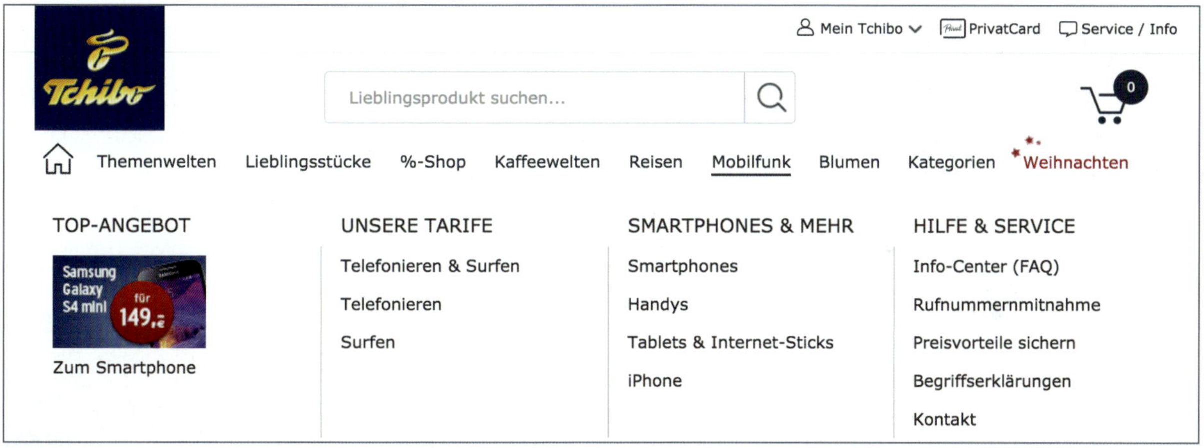

Navigation bei Tchibo

Schnell wird eine solche Navigation zu komplex. Die Vermischung von Bildern, Buttons, Überpunkten, Unterpunkten, Filtern, Suchfeldern und Drop-downs ist einfach zu viel.

Menüs, die sich ausschließlich auf Maus verlassen, haben ausgedient. Wenn es unbedingt ein Drop-down-Menü sein muss, dann sollte dieses bei Klick beziehungsweise Tap in der Unterseite dauerhaft geöffnet sein. Mehrstufige Drop-downs, also Unter-Untermenüs, sind tabu. Mal abgesehen von der Usability sind die Inhalte, die sich in dieser Navigationsebene verstecken, wahrscheinlich kaum lesenswert. Auf Touchgeräten fällt die Möglichkeit, an diese Seiten zu kommen, gänzlich weg.

> *Definitiv zu komplex: Mischung aus Formularfeldern, Drop-down, Checkboxen und Untermenüs in Word*

Der beschränkte Platz auf Mobilgeräten verlockt dazu, statt Worten Symbole zu verwenden. Weniger Text, mehr Grafik. Eigentlich eine gute Idee, allerdings stark abhängig vom **mentalen Modell** des Nutzers. In der linken Abbildung siehst du die Navigation eines Onlineshops für Alltagsgegenstände – die Kategorien Vogelhäuschen, Glocken und Briefumschläge. Oder handelt es sich um die Mobilvariante von Twitter?

Mentales Modell
Innere Vorstellung, die ein Nutzer von einem Gegenstand oder Prozess hat

^ *Ich hab ein Haus, ne Glocke und nen Brief – diese abwegige Navigation gehört zur WebApp von Twitter.*

Im Klartext: Verwende Icons nur dann, wenn du sicher sein kannst, dass die Zielgruppe sie 100 %ig versteht. Ist das nicht der Fall, dann bringe unbedingt Textlabels mit an.

Hamburgernavigation

Platz ist auf mobilen Geräten rar – und so hat es sich durchgesetzt, das Menü mehr und mehr zu verstecken. Die geläufigste Variante ist eine verborgene Seitenleiste, die über ein Icon, das drei Listenstriche oder Menüpunkte andeutet, aufgerufen wird. Bekannter ist dieses Icon unter dem Namen *Hamburger*: Brötchen oben, Brötchen unten, dazwischen eine Bulette. Bun, Patty, Bun.

Der Nachteil von Burgermenüs: Für jede Navigationsbewegung müssen mindestens zwei Interaktionen ausgeführt werden: Tap aufs Symbol, Tap auf den Menüpunkt. Das erscheint zunächst nicht viel, ist in der Nutzerführung aber nicht besonders effizient – und sorgt dafür, dass Websites mit Burgermenüs weniger »gesurft werden«.

Vor allem lassen sich die Navigationspunkte in einem Burgermenü nicht mit einem Blick erfassen – der Mehrwert der Orientierung entfällt. Dadurch ist es fast unmöglich, »zufällig« eine Seite aus der Navigation zu entdecken.

Sind Hamburgermenüs also von Grund auf schlecht? Nicht unbedingt. Wenn eine Navigation nicht der Orientierung dient, sondern Informationen eher verbergen soll, dann ist eine versteckte Liste genau das Richtige. Pflichtlinks wie Impressum, Hilfe und Nutzungsbedingungen – all sie sind in einer Hamburgernavigation gut aufgehoben.

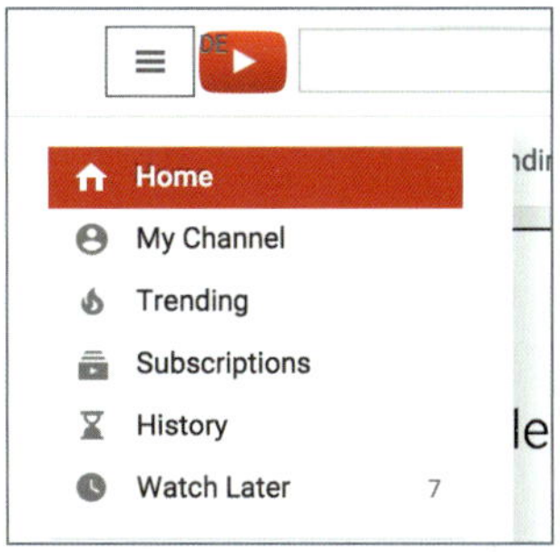

Hamburgernavigation auf youtube.com

Innovative Navigationen

Wie sieht die Zukunft der Webnavigation aus? Der österreichische Designer Stefan Sagmeister hatte 2013 die wichtigsten Menüpunkte seiner Website (*sagmeisterwalsh.com*) auf den Fußboden seines New Yorker Studios gepinselt. Eine Webcam an der Decke übertrug ständig ein Livebild auf die Startseite und machte aus der Navigation so ein authentisches Erlebnis.

Real-Life-Navigation im New Yorker Studio von Stefan Sagmeister und Jessica Walsh

Der finnische Designer Joni Korpi (*jonikorpi.com*) hatte eine andere Idee: Statt Seitenwechseln oder fliegenden Animationen »zoomt« man sich durch seine Seite. Ein Klick auf das Vorschaubild vergrößert dieses und »fliegt« in die Seite herein. Aufwendig, aber intuitiv.

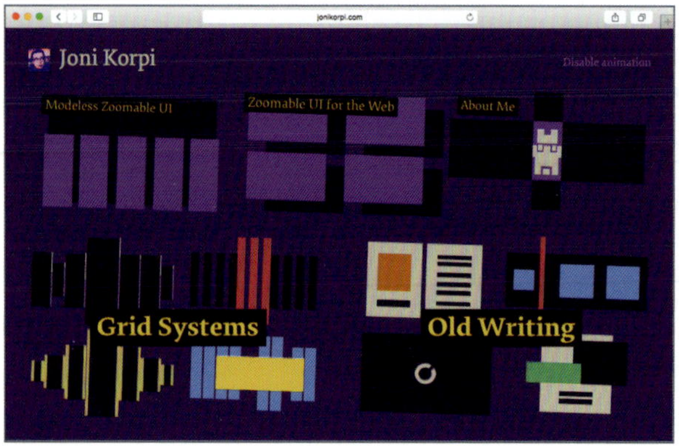

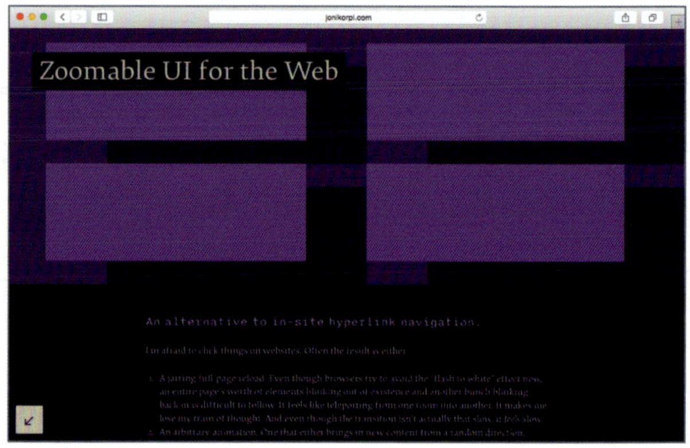

^ *Zoomnavigation von Joni Korpi*

Immer mehr an Bedeutung gewinnt übrigens die Suche – immer weniger Nutzer machen sich die Mühe, sich durch eine Seite zu klicken, und googeln direkt nach der gewünschten Information. Apps wie *MySpace* oder *Slack* zeigen, wie geschickte Suchfelder als Navigationselemente funktionieren: groß, in Echtzeit und einfach zu erreichen.

v *Suchfeld auf myspace.com – groß und typografisch*

Die 7 ± 2-Regel: Miller's Law

»Mein Problem ist, dass ich von einer Zahl verfolgt werde«, so beginnt George A. Millers Artikel »Die magische Zahl Sieben, plus oder minus zwei«. Der Artikel ist auch heute noch eine der meistzitierten Psychologieschriften und befasst sich mit dem Problem: Wie viel kann ein Mensch sich eigentlich merken?

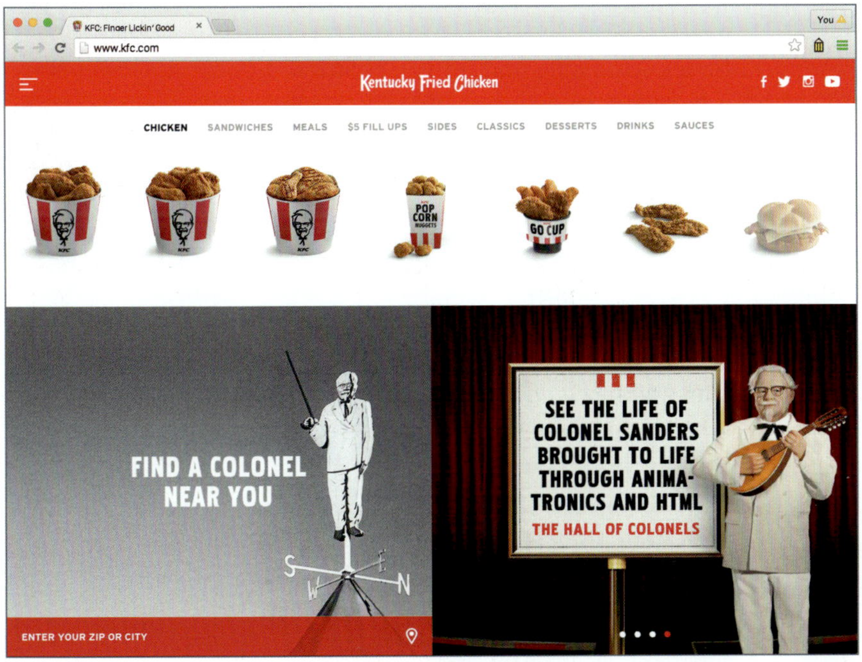

Sieben verschiedene Chickenvariationen bei KFC

Die Geschichte beginnt eigentlich 250 Jahre eher: John Locke stellt bei Tests, die das Auffassungsvermögen Erwachsener untersuchen, etwas Bemerkenswertes fest: Er zeigt seinen Probanden eine Reihe von Gegenständen, die sie sich für kurze Zeit merken sollen. Bei bis zu 7 Gegenständen klappt das erstaunlich gut, ab 8 Gegenständen nimmt die Trefferquote rapide ab – eine genaue Erklärung hat Locke nicht, er nennt es schlicht das »Phänomen der Sieben«.

Erst Miller findet 1956 heraus, dass das Kurzzeitgedächtnis genetisch bedingt ist: Zwischen 5 und 9 Informationseinheiten können wir uns für wenige Minuten merken, wie viele genau, ist angeboren und kann nicht trainiert werden. 7 ist der Durchschnitt, 8 oder 9 schon eher selten. Daher die millersche Regel: 7±2.

Big Brother und Co.
Auch John de Mol kennt die millersche Regel – und castet für seine Realityshows bewusst zehn Teilnehmer und mehr. Die Insassen teilen sich so völlig natürlich in kleinere Untergruppen auf, was für Reibereien und Spannung für den Zuschauer sorgt.

Sieben verschiedene Produktkategorien bei Apple

Wo wird Miller's Law eingesetzt?

Besonders in der Soziologie und im Personalwesen findet die Regel heute Anwendung. In der agilen Softwareentwicklung wird 7±2 als ideale Teamgröße für ein Scrum-Team angegeben; Personalberater schlagen vor, dass ein direkter Vorgesetzter maximal 7 Mitarbeiter führt. Bei der Bundeswehr besteht ein Trupp, die kleinste Mannschaftsgröße, aus maximal 8 Leuten.

Für uns ist die millersche Zahl besonders dann interessant, wenn es um die Gruppierung von Informationen auf einer Website geht. Eine Navigationsleiste ist übersichtlicher, wenn sie nur 7±2 Punkte enthält. Gruppen und Freundeslisten mit maximal 7±2 Personen können eher als Einheit betrachtet werden. Die »Best Friends«-App *Midddle* ist nur für maximal 7 Freunde konzipiert; wer neue Freunde hinzufügen will, muss einen alten hinauswerfen.

Newsseiten und soziale Netzwerke werden als übersichtlicher wahrgenommen, wenn sie weniger als 7±2 Artikel pro Kategorie präsentieren; auch Apple zeigt auf seiner Apple-Store-Unterseite – oh Wunder – 7 Einkaufsmöglichkeiten an.

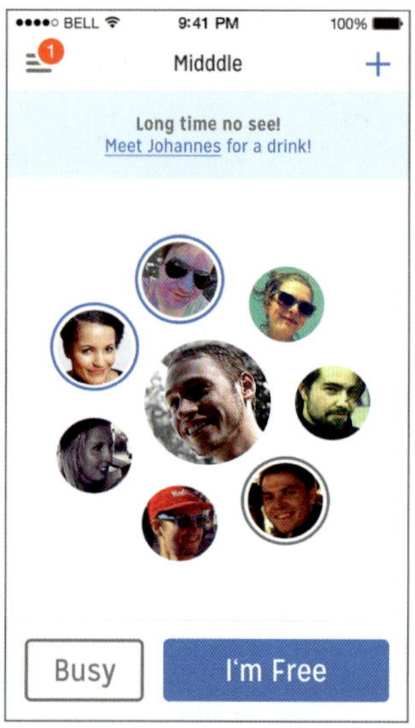

Sieben Freunde in der Midddle-App

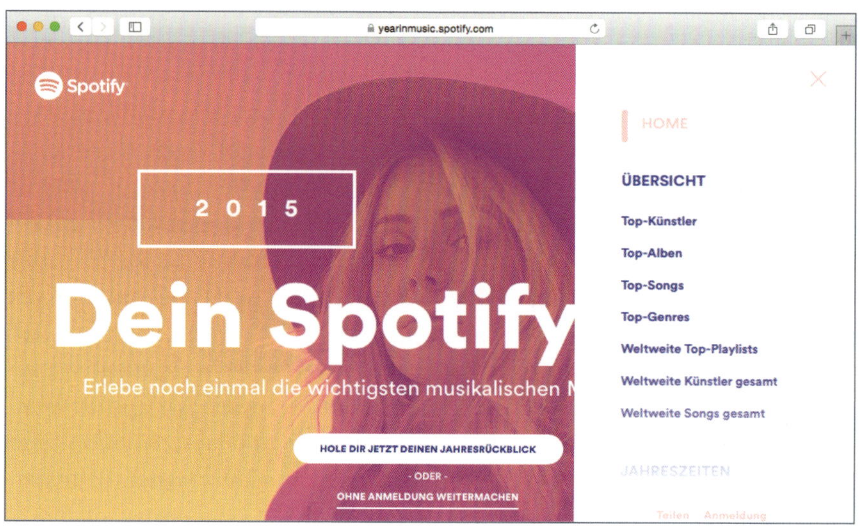

Spotify's »Year in Music« bietet sieben Kategorien an.

Doch was, wenn wir mehr als 7±2 Produkte im Shop haben oder mehr Navigationspunkte benötigen? Hier ist Aufteilen angesagt. Idealerweise in 7±2 Kategorien mit ... genau, 7±2 Unterseiten. Nicht ohne Grund hat dieses Buch 7 Kapitel – bestehend aus jeweils 7±2 größeren Unterkapiteln.

Ganz so einfach ist es mit Miller's Law dann aber doch nicht. Die Einfachheit der Theorie hat dazu geführt, dass in den letzten Jahren fast jeder Bereich und jeder Effekt versucht wurde mit 7±2 zu erklären. In einem E-Mail-Austausch zwischen George Miller und Mark Halpern ist gar die Rede davon, dass Moses das letzte Gebot revidieren solle oder dass eine Werbetafel an der Autobahn, die mehr als 7 Gegenstände enthalte, zu Ablenkung und Unfällen führe. Nichts davon trifft zu.

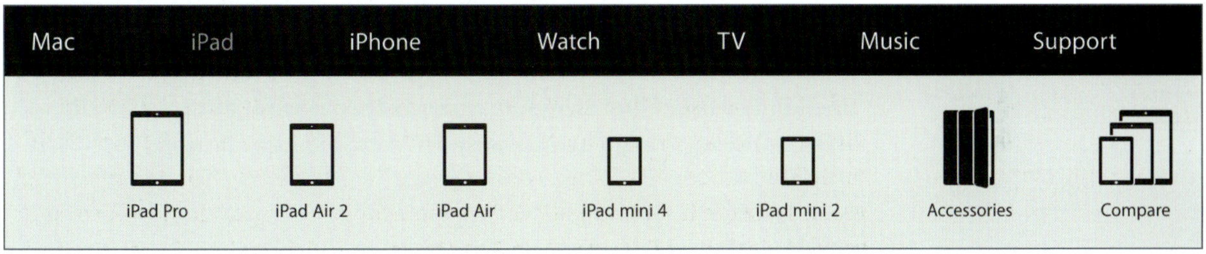

^ *Sieben Kategorien bei Apple – schon wieder!*

Weiterentwicklung

Die millersche Zahl bezieht sich auf das Kurzzeitgedächtnis, das 1956 noch nicht besonders weitreichend erforscht war. 1974 stellten die Psychologen Alan Baddeley und Graham Hitch ein verfeinertes Mehrkomponentenmodell des Kurzzeitgedächtnisses vor, das das Arbeitsgedächtnis in visuell-räumliche und phonologische Teile unterteilt. In Baddeleys Arbeitsgedächtnismodell existiert ein episodischer Puffer – in dem Dinge gespeichert werden, wenn sie einen Zusammenhang bilden. Bei Tests fand er heraus, dass Probanden, die sich normalerweise 7±2 Wörter merken konnten, um die 16 Wörter behielten, wenn diese in einem Satz standen.

Neuere Tests belegen außerdem, dass wir uns kürzere Wörter beziehungsweise kompaktere Informationspakete besser merken können als lange und dass gesprochene (phonologische) Informationen länger im Arbeitsgedächtnis bleiben als gelesene (visuelle). Mit anderen Worten: Miller's Law ist kein allheiliges Gesetz, das uns bei der Gestaltung einschränken sollte, sondern eine Inspiration und Erinnerung daran, Informationsblöcke kompakt zu halten. Wie Miller es selbst sagen würde:

»The point was that 7 was a limit for the discrimination of unidimensional stimuli (pitches, loudness, brightness, etc.) and also a limit for immediate recall, neither of which has anything to do with a person's capacity to comprehend printed text.«

»Der Punkt ist, dass die Sieben zu einer Beschränkung für unterschiedliche Stimuli wurde (Tonhöhen, Lautstärke, Helligkeit etc.) und zu einer Beschränkung für die unmittelbare Erinnerung – nichts davon hat mit der menschlichen Fähigkeit, gedruckten Text zu verstehen, zu tun.«

Warum wir Zahlen lieben Die Sieben ist nicht die einzige Zahl, die sich großer Beliebtheit erfreut – auch die Drei ist ein Klassiker. Peter Figge, der CEO von Jung v. Matt, liebt es, in Präsentationen Ergebnisse auf »3 Säulen« zu stützen – die Drei hat etwas Stabiles, Sicheres und Überzeugendes.

Auch wir können uns diese Zahlenspiele zunutze machen: Packe in Onlinebundles lieber drei Elemente zusammen; das wirkt durchdacht und vollständig. Dieses Prinzip nennt man auch das *Goldilocks-Prinzip*.

Onlineformulare: reduziert und im richtigen Flow

Formulare. Whew. Ich weiß gar nicht, wo ich anfangen soll. Über Formulare könnte ich ein komplettes Buch schreiben. Weil mir hier aber nur fünf Seiten zur Verfügung stehen, hier meine 18 goldenen Regeln für Formulardesign:

1. **Beschriftungen**. Jedes Formularfeld braucht ein eindeutiges, gut lesbares Label. Die Labels stehen immer außerhalb des Eingabefeldes, niemals als

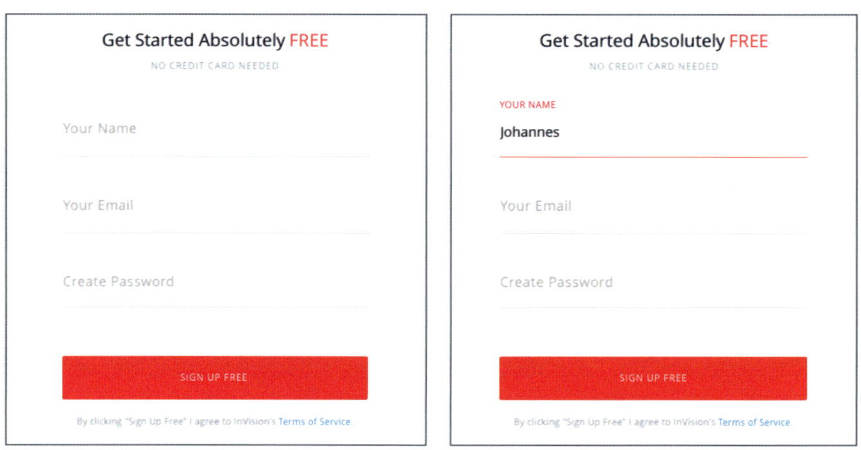

> *Aus dem Platzhalter wird bei Cursorfokus ein Label – clever!*

Platzhalter darin. Wenn der Nutzer das Feld ausfüllt, verschwindet der Text – und die Angabe lässt sich nicht mehr ohne weiteres überprüfen. War »90210« jetzt meine Postleitzahl, Kundennummer oder Telefondurchwahl?

Platzhalter sollten verschwinden, sobald der Nutzer in das Feld klickt.

2. **Beispieleingaben**. Dafür sind Platzhaltertexte gemacht – eine Beispieleingabe erklärt ganz einfach, in welchem Format eine Eingabe erwartet wird. 11.06.2015 oder 06-11-15, wie hättest du das Datum gerne? Telefonnummer mit vorangestellter Ländervorwahl? Twitter-Name mit einleitendem @-Zeichen?

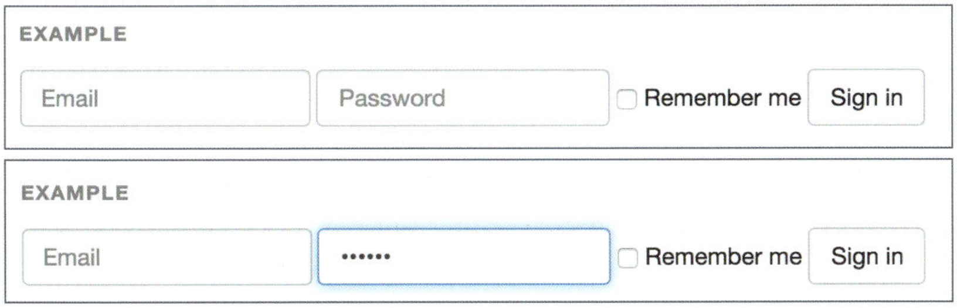

< *Die Beispielangaben in den Bootstrap-Beispielformularen verschwinden, sobald ich zu tippen beginne.*

3. **Große Texte**. Oh ja. Besonders dann, wenn ich ohne Brille ein Formular ausfüllen muss, will ich erkennen können, ob ich gerade ein l, ein I oder eine 1 eingegeben habe. Denk dran: Nicht alle Nutzer haben die gleichen Adleraugen wie du. Die Wahl der richtigen Schriftart und anständiger Textkontraste gehört selbstverständlich dazu.
4. **Große Felder**. Mach es deinem Nutzer einfach, ein Formularfeld anzutippen. Textfelder sollten mindestens einen Zentimeter hoch sein, Checkboxen können mit einem Label-Element den klickbaren Bereich vergrößern. Den Platz zwischen den Formularfeldern kannst du so ebenfalls antippbar machen. Denke hierbei vor allem an Smartphonenutzer, die auch mit etwas dickeren Fingern deine Seite immer noch gut bedienen können müssen.

v *Schlechtes Beispiel: Alle Felder sind gleich lang, stehen zu eng beieinander und sind nicht scannbar.*

5. **Die richtige Länge**. Kennst du das, wenn für deine IBAN genauso viel Platz in einem Feld ist wie für die Postleitzahl? Ursprünglich dachte ich, das Finanzamt erstellt seine Papierformulare extra so verwirrend, heute weiß ich: Gleich lange Felder sind schlechtes Design. Eine angemessene Größe hilft dem Nutzer dabei, den richtigen Inhalt einzutragen – so landet die Telefonnummer nicht aus versehen im Postleitzahlfeld.

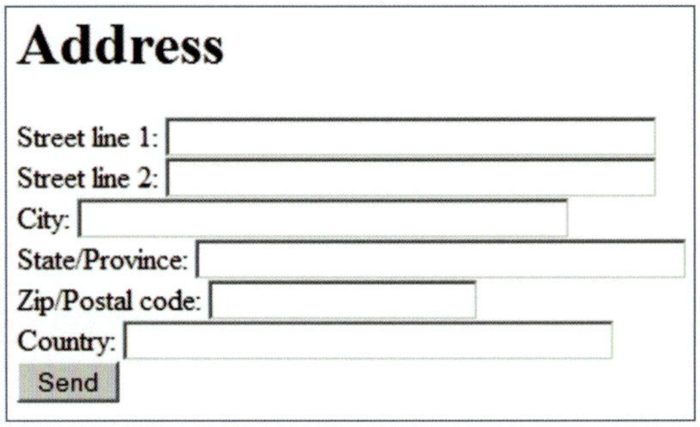

6. **Scannbar machen**. Formulare funktionieren wie Tabellen. Jede Zeile ist eine semantische Einheit. Das Feld für Vorname und das für Nachname dürfen also in einer Zeile stehen, Handynummer und Website haben nix nebeneinander verloren. Besser noch: Jedes Feld bekommt seine eigene Zeile. Texte werden generell linksbündig angezeigt, so dass der Nutzer das komplette Formular schnell mit einem Blick erfassen kann.
7. **Richtige Tabulator-Reihenfolge**. Formulare sollten komplett mit der Tastatur bedient werden können, ohne dass man merkwürdig zwischen Feldern hin und her springt.
8. **Standardstile beibehalten**. Jeder Nutzer ist von seinem Browser ein bestimmtes Formularlayout gewohnt. Ändert sich dieses zu drastisch, sorgt das für Verwirrung und Unbehagen. Besonders Checkboxen, Radiobuttons und Drop-down-Felder sollten nicht per CSS verändert werden – das sorgt für Ärger in älteren und seltenen Browsern und erzeugt Fehler in der Bedienung.

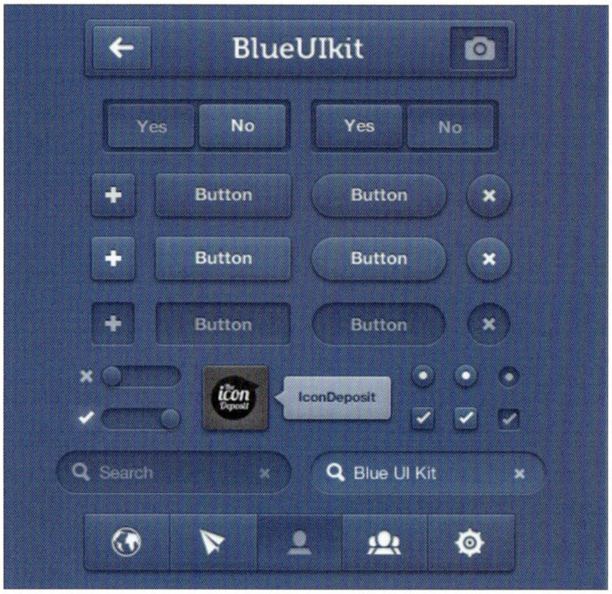

< *Hübsch anzusehen, kaum bedienbar: Das BlueUIkit (icondeposit.com/design:130) spielt mit Standardstilen und lässt den Unterschied zwischen Button, Eingabefeld und Checkbox verschwimmen.*

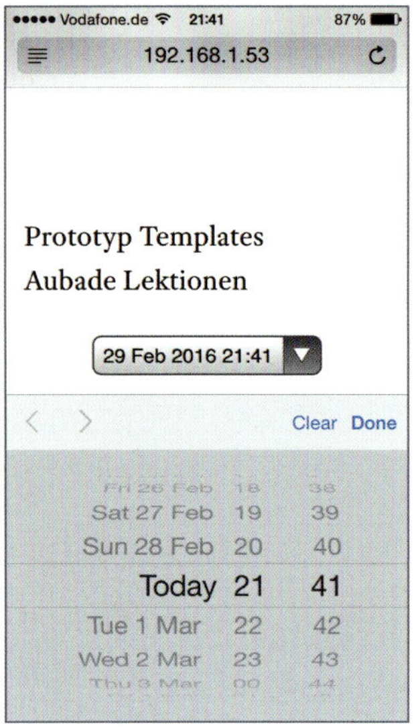

∧ *Datumsauswahl auf dem Smartphone*

9. **Richtige Feldtypen**. Textfelder, Drop-downs und Checkboxen? Seit HTML5 gibt es eigene Feldtypen für Nummern, Telefonnummern, E-Mails, Webadressen, Kalenderdaten, Zeitangaben und sogar Farben. Die sehen in Desktopbrowsern zwar alle gleich aus, öffnen auf Smartphones aber jeweils eine andere Tastatur – und machen die Eingabe gleich viel komfortabler.

10. **Validieren.** Formulareingaben sollten überprüft werden, sobald der Nutzer mit seiner Eingabe fertig ist. Nichts ist nerviger als eine Fehlermeldung, noch während man seine E-Mail-Adresse eintippt.

11. **Fehlermeldungen.** Jedes Formular braucht zwei Arten von Fehleranzeigen: allgemeine Fehler und spezifische, die direkt am Formularfeld angezeigt werden. Allgemeine Fehler dürfen über dem Formular eingeblendet werden, zum Beispiel wenn es ein Serverproblem gab. Spezifische Fehlermeldungen werden direkt am betreffenden Feld angezeigt, etwa bei einer falschen E-Mail-Adresse.

12. **Intelligente Eingabefelder.** Wann immer möglich, sollte mir das Formular Arbeit abnehmen. Beispiel gefällig? Wenn mich eine Website schon fragt, ob ich über 18 bin (waaaaahnsinnig sicher im Übrigen), weshalb beginnt dann das Geburtsjahr mit dem aktuellen Jahr und nicht mit einer realistischeren Angabe? Es ist unwahrscheinlich, dass mein fünf Monate altes Baby versucht, sich eine Erotikseite unter Angabe seines Geburtsdatums anzuschauen.

Dasselbe gilt für Drop-downs mit Länderangaben – die meisten scheinen für Menschen in Antigua und Armenien optimiert zu sein; wieso hier nicht nach Zielmärkten oder besser nach Geoposition sortieren? Ebenfalls überflüssig: Die Angabe der Art der Kreditkarte. Basierend auf der Nummer kann das Formular bereits ausmachen, ob es sich um eine Visa Card, MasterCard oder American Express handelt. Mach es deinem Nutzer leichter!

13. **Optionale Daten kennzeichnen.** Oder umgekehrt: Pflichtangaben hervorheben. Rote Sternchen sind zwar nicht die schickste Variante, haben sich aber durchgesetzt. Der Nutzer sollte sofort erkennen, welche Felder ausgefüllt werden müssen und welche nicht.

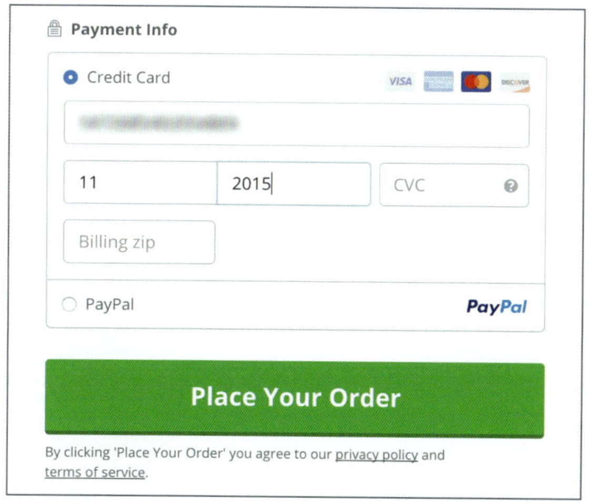

Das Kreditkartenformular bei Teespring erkennt an der Nummer, um welche Kartenart es sich handelt.

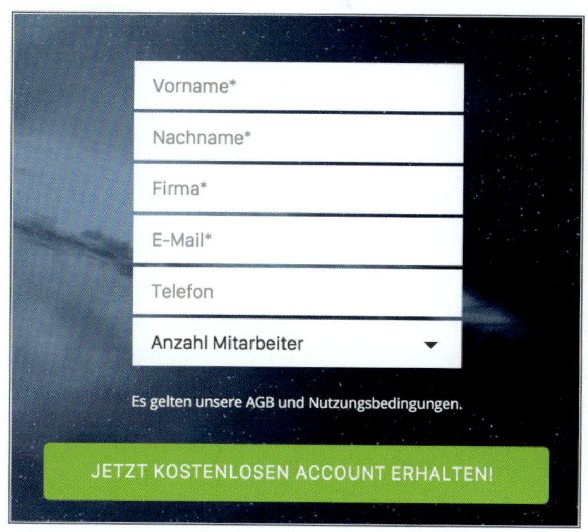

Wozu genau braucht OnPage eigentlich meine Telefonnummer und Anzahl der Mitarbeiter?

14. **Unnötige Felder verstecken**. Sind Lieferadresse und Rechnungsadresse identisch? Dann sollte der Nutzer nicht gezwungen werden, seine Adresse zweimal einzugeben – per Skript kannst du die Zusatzadresse ausblenden, so lange, bis sie tatsächlich benötigt wird.
15. **Weniger Eingabemöglichkeiten**. Bei jedem Formularfeld solltest du dir die Frage stellen: Benötige ich diese Angabe? Oft werden Formulare einfach nur kopiert, ohne dass sich jemand im Prozess darüber Gedanken macht, wozu man in einem kostenlosen Nutzeraccount den Klarnamen oder das Geburtsdatum braucht. Wird diese Angabe notwendig, kannst du sie später immer noch abfragen.
16. **Keine CAPTCHAs**. Du kennst diese kleinen Bildchen, die dich dazu zwingen, unlesbare Texte von Bildern abzutippen oder komplexe Integralrechnungen zu lösen? Das alles nur, um Roboter zu diskriminieren. Ich vermute ja, dass Sarah Connor in Wirklichkeit an einem ultimativen CAPTCHA entwickelt hat und der Terminator in die Vergangenheit geschickt wurde, um das zu verhindern. Aber im Ernst, in den meisten Fällen sind Mechanismen mit Bestätigungs-E-Mails oder IP-Filtering effektiver als ein CAPTCHA. Wenn möglich, dann vermeide CAPTCHAs.

^ *Früherer Facebook-CAPTCHA*

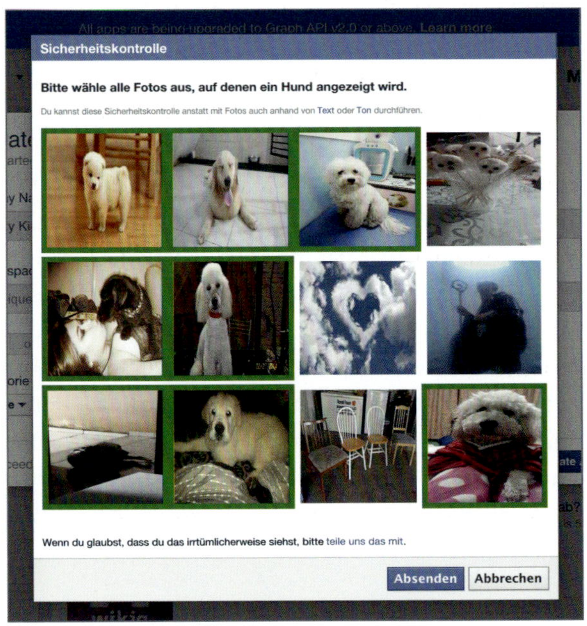

> *Wenn schon CAPTCHA, dann wenigstens mit niedlichen Tieren*

17. **Vermeide Formulare**. Wenn du kannst, ersetze dein Formular durch etwas, was für den Nutzer komfortabler ist. Log-in-Formulare lassen sich über einen Single-Sign-on-Button von Facebook, Twitter oder Google austauschen, Texteingaben durch Schieberegler.
18. **Formulare integrieren**. Ein relativ neuer Trend sind Story-driven Interfaces. Statt eines Eingabeformulars werden Nutzereingaben in einen Satz eingebunden: »Ich möchte von ___ nach ___ reisen, möglichst ___.« Story-driven Design eignet sich zwar nicht für jedes Formular, ist aber eine super Maßnahme, um die Kernfunktion einer App zu beschreiben und gleichzeitig interaktiv zu machen. Zentrale Formulare mit wenigen Eingabefeldern lassen sich gut durch ein Story-driven UI ersetzen.

^ *Story-driven Design*

Onboarding – aller Anfang ist schwer

Die meisten Apps und Programme haben dasselbe Problem: Die wenigsten Nutzer verstehen auf Anhieb, welche Features eine Software hat, wo sich diese befinden und wie sie eingesetzt werden können. Auch wenn Einfachheit Trumpf ist, lassen sich komplexe Anwendungen nicht immer verhindern. Wie erkläre ich also meinen Nutzern die App oder Website?

RTFM – Read The Fucking Manual

Der klassische Ansatz ist die Bedienungsanleitung – eine von der Software getrennte Dokumentation, die Aufschluss über sämtliche Funktionen und Bedienweisen des Interface gibt, idealerweise bebildert und mit Problemlösungsteil. Der Nachteil: Niemand liest diese Dinger wirklich.

Jeder, der schon mal einen echten, also so einen richtigen Mann sich auf ein IKEA-Regal stürzen gesehen hat, weiß genau, wovon ich spreche. Apps wollen als Erstes ausprobiert werden; die Bedienungsanleitung wird erst herausgeholt, wenn etwas schiefgelaufen ist.

Du kennst das wahrscheinlich von deinem Auto: Du weißt genau, wie du es fährst – Bremse, Kupplung Gas, schon klar. Erst wenn die blaue Lampe auf dem Armaturenbrett leuchtet, geht der Griff zum Handschuhfach. Bei Onlineanwendungen werden Anleitungen zunehmend durch FAQs, Foren und Supportchats ersetzt – und auch zum Nutzer-Onboarding nutzen sie nicht viel.

Tipps und Tricks

Die abgespeckte Variante der Bedienungsanleitung lautet daher »Tipps und Tricks«. Beim App-Start werden dem Nutzer häppchenweise wertvolle Infos

Wusstest du schon?
Tipps und Tricks sind abgespeckte Bedienungsanleitungen.

und »Wussten Sie schon«-Hinweise vorgesetzt, immer in der Hoffnung, dass diese hängenbleiben. Bereits in Windows 95 begrüßte ein Zufallstipp den Erstnutzer im unvermeidlichen Dialogfeld – so lange, bis der Nutzer dies per Häkchen deaktivierte. Der sogenannte *Startdialog* ist bis heute in Programmen wie Adobe Photoshop Creative Cloud bestehen geblieben – auch hier mit dem wenig hilfreichen Charme eines Pop-up-Banners.

Eine besonders nervige Variante davon bot »Clippy«, die aufdringliche Büroklammer in Microsoft Office, an: Bei gefühlt jeder zweiten Nutzerinteraktion kamen per Pop-up besserwisserische Vorschläge, wie man das Programm zu bedienen hätte. Etwas besser lösen das die meisten Spiele: Dort wird häufig im Ladebildschirm erklärt, wie man seine Spielleistung verbessern kann – also genau dann, wenn der Nutzer ohnehin ein paar Sekunden warten muss.

Alle an Board

Tipps und Tricks und Bedienungsanleitungen eignen sich nur bedingt dazu, den Nutzer an seine App heranzuführen – zu unvollständig, häufig ignoriert. Besser gelöst wird das per User Onboarding.

Wer die iPhone-App *Dropbox* zum ersten Mal öffnet, bekommt nicht etwa seine Dateien und Ordner angezeigt, sondern eine bunt illustrierte Slideshow. Der Nutzer swipt sich durch illustrative Zeichnungen, bis ein »Sign Up«-Button die eigentliche App startet.

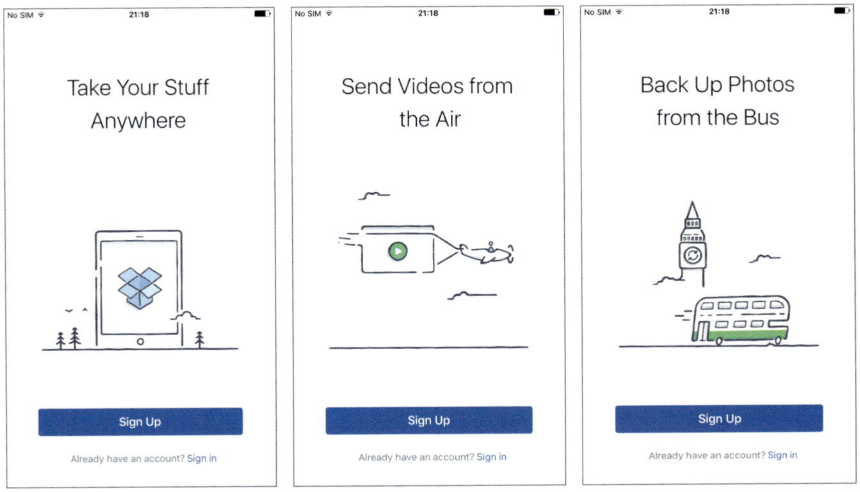

> *Eine bunt illustrierte Slideshow erklärt dem Nutzer, wie die Dropbox-App funktioniert.*

Diese Art der Einführung nennt man *Feature Walkthrough*. Der Walkthrough erläutert die Grundfunktionen der App aus Nutzersicht und gibt Inspiration dafür, in welchen Situationen sich die App verwenden lässt.

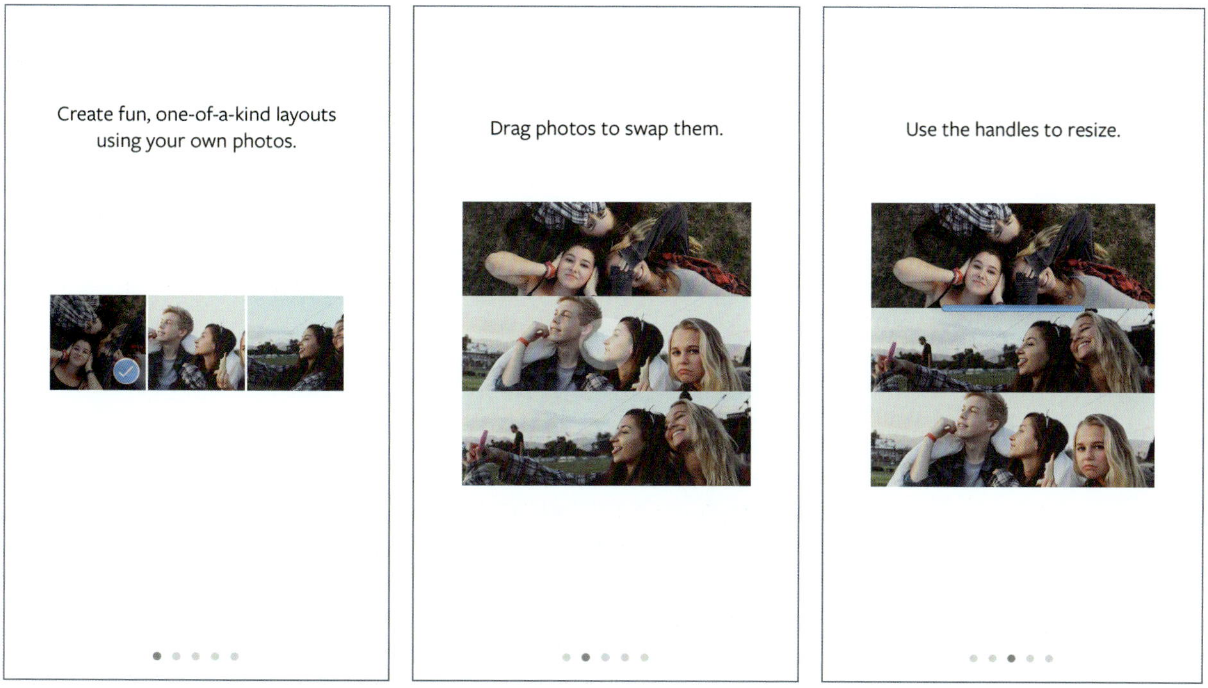

^ *Das Onboarding der Instagram-App Layout erklärt in einer Slideshow sehr genau, was die App leistet.*

Alternativ zur Slideshow kann auch ein Video oder eine Animation den Nutzer durch die App führen – dies ist allerdings auch aufwendiger zu produzieren und verbraucht mehr Speicherplatz, ist daher einer selten genutzte Variante.

Auf Websites ist ein solcher Feature Walkthrough eher unbeliebt – wer lässt sich schon gerne einen Blogartikel oder eine Shoppingseite vor der Benutzung erklären? Auch in Apps hat diese Variante des Onboardings einige Nachteile: Die Illustrationen beziehungsweise das Video erhöhen den Speicherplatzverbrauch der App, was insbesondere dann schmerzt, wenn sie nur ein einziges Mal angezeigt werden. Die scheinbar unnötige Interaktion zu Beginn der App kann Nutzer abschrecken, die sofort zur Sache kommen wollen – oder Powernutzer langweilen.

»Auf der linken Seite sehen Sie …« – Feature Walkthroughs sind das Onlineäquivalent zur Hausführung.

Tutorial und Interface-Overlay

Besser ist da ein Tutorial oder auch Interface-Overlay. Der Benutzer bekommt von Anfang an das richtige Interface angezeigt, eine halbtransparente Ebene dunkelt den Bildschirm ab und hebt die wichtigsten Interfaceelemente heraus.

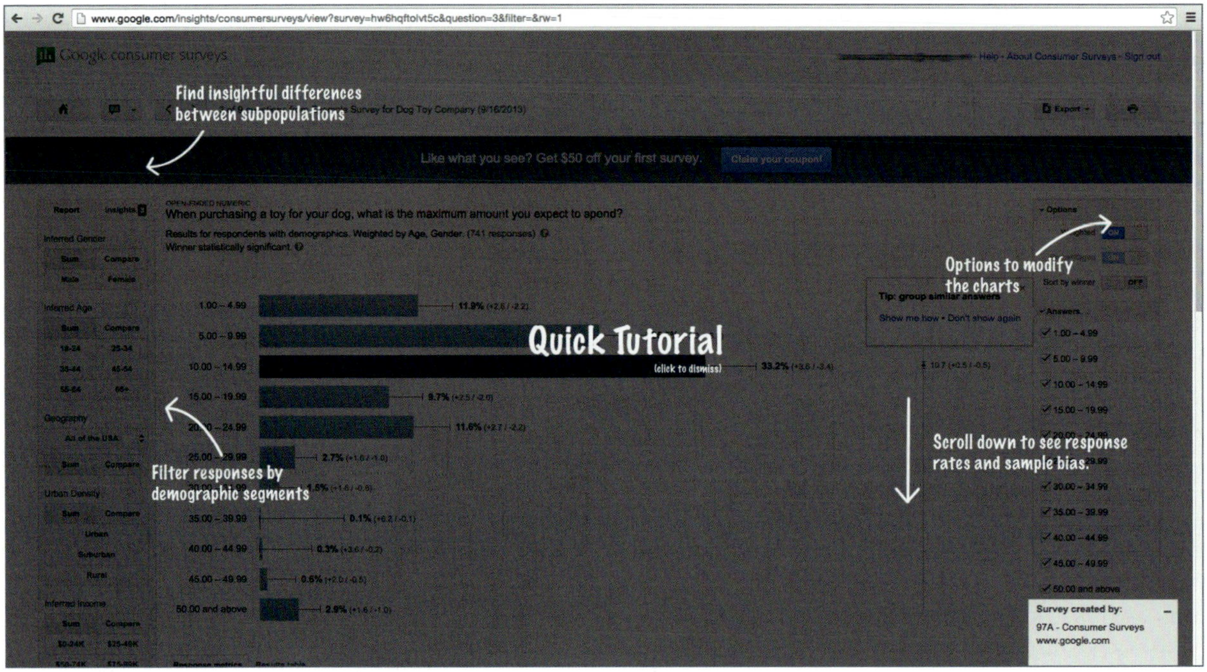

Quick Tutorial bei Google Consumer Surveys

Das funktioniert besonders gut dann, wenn die App generell mit wenig Interface auskommt. Die Zeichen-App *ProCreate* auf dem iPad erklärt per Overlay bei der ersten Verwendung, wie Nutzer per Kurzbefehle die Pinselspitze verändern können.

Das Overlay sollte sich möglichst vom eigentlichen Interface abheben – die temporären Erklärungstexte dürfen nicht mit dauerhaften Interfaceelementen verwechselt werden. Am einfachsten geht das durch die bereits erwähnte Abdunkelung. Bewährt hat sich die Verwendung von handschriftlichen Erklärungstexten, wenn klar ist, dass der Skriptfont nicht zum Interface gehört. Erläuterst du mehrere zusammenhängende Funktionen, solltest du darauf achten, die Features in der richtigen Reihenfolge vorzustellen und deren Zahl entsprechend zu beschränken. Nutzer können sich (siehe:

Miller's Law) nur eine beschränkte Anzahl von Schritten merken, ab 7±2 wird es unübersichtlich.

Der sprechende Sidekick

Besonders gerne wird diese Tutorialtechnik in Spielen angewandt: Eine Figur, meist ein hilfreicher Sidekick oder eine sprechende Büroklammer, fordern den Nutzer auf, seine ersten Erdbeeren anzubauen oder sein erstes Regiment in den Kampf zu schicken. Diese *Guided Session* dient dazu, nicht nur die Position und Funktion einzelner Buttons zu erlernen, sondern auch die Spielregeln und Gameloops zu verstehen.

Du kannst nichts kaputtmachen – die Guided Session ist App-Nutzung mit Stützrädern.

Guided Sessions haben sich in der Spielewelt so sehr bewährt, dass sie auch im **SaaS**-Bereich Einzug gehalten haben. Alle größeren Web-Apps verwenden eine Form von Guided Session, um die Nutzer bei der Stange zu halten. Auf Twitter werden Neulinge ermutigt, bekannten Accounts zu folgen, auf Tumblr und Facebook werden erste Posts verlangt, in *Slack* darf der Nutzer als Einstieg einen Channel anlegen und mit dem Slackbot chatten – einem cleveren Stück Software, das dem Nutzer private Daten abverlangt und so die App konfiguriert, ohne dass es wirklich offensichtlich ist.

SaaS
Software as a Service, also Apps mit Abomodell

In Guided Sessions erstellt der Nutzer echten Content innerhalb der App – keine Demoinhalte. Dadurch entsteht ein positives, weil authentisches Erlebnis. Guided Sessions sind niemals destruktiv, man kann nichts kaputtmachen und auch keine Fehler machen. Alles, was in einer Guided Session entsteht, kann später wieder rückgängig gemacht werden: Ich kann Joko & Klaas wieder entfolgen, den »Hallo Welt«-Post auf Tumblr wieder löschen.

Ein besonders gelungenes Beispiel ist *Dribbble* (*dribble.com*) »First Post«. Der Nutzer wird nicht nur ermutigt, ein Foto seiner Arbeit in das Designernetzwerk zu posten, dieses wird auch noch besonders herausgestellt, so dass viele Leute es sehen und liken oder kommentieren.

> *Der erste Dribbble-Post bekommt immer mehr Aufmerksamkeit als die folgenden – interessant, oder?*

Das ist gleich doppelt effektiv: Der Nutzer spürt sofort das (fast immer positive) Feedback der Design-Community. Zum anderen bekommt er mehr Likes und Kommentare, als es durch organischen Traffic möglich wäre – der Nutzer hat eine Motivation und »Wasserstandsmarke«, ein Ziel, das es mit kommenden Posts wieder zu erreichen gilt.

Aubade-Lektion № 23
Öffne sein Herz.

Welches Onboarding wann? Welche Art des Onboardings die beste ist, hängt stark von der Art der Anwendung ab. Komplexere Prozesse lassen sich besser durch eine Guided Session verdeutlichen, neuartige oder stark reduzierte Interfaces besser durch ein Overlay. Der Feature Walkthrough ist eher sinnvoll für Apps, die dem Nutzer verschiedene Usecases zur Verfügung stellen – und den Nutzer inspirieren sollen. Natürlich ist auch die Kombination mehrerer Onboarding-Arten möglich – nur übertreiben solltest du es nicht. Ein Onboarding sollte niemals länger als ein paar Minuten sein und den Nutzer nicht langweilen. Videos oder Animationen, die sich nicht abbrechen lassen, sind tabu. Vergiss nicht: Der Nutzer sollte zu jedem Zeitpunkt die Kontrolle über seine App behalten!

Eine detaillierte und kommentierte Sammlung diverser guter (und schlechter) Onboarding-Sessions findest du übrigens auf *useronboard.com*. Die Macher der Plattform sammeln ständig neue Apps und Web-Apps, die sie witzig und schonungslos ausprobieren. Eine gute Inspiration also, aber auch hilfreich für Onboardings, die man schon einmal absolviert hat und noch einmal erleben möchte, ohne die App zu resetten.

Dos und Don'ts: Onboarding

- ✔ Halte es knapp – Onboarding-Sessions sollten nie länger als ein paar Minuten dauern.
- ✔ Lasse den Nutzer selbst machen: Wer Daten eingibt und anfasst, hat eher eine Beziehung zum Produkt.
- ✔ Effekte statt Features – zeige deinem Nutzer, was dein Produkt für ihn leisten kann, nicht nur nüchterne Funktionen.
- ✘ Erkläre das komplette Produkt. Die Grundfunktionen reichen völlig; überfordere den Nutzer nicht.
- ✘ Lange Texte: Wer erstmal lange lesen muss, ist schnell wieder weg.
- ✘ Anmeldung ohne Erklärung: Wer als Erstes ein Benutzerkonto anlegen muss, ohne zu wissen, weshalb, der bleibt nicht lange dabei.

Out of the Box

Die beste Art, Nutzer an Board zu halten, ist jedoch, sich von Anfang an auf sie einzulassen. Je weniger du dein Produkt erklären musst, desto besser. Gute Apps holen die Nutzer daher bei ihrer Erwartungshaltung ab – und setzen auf Einstellungen, die jeder will. Statt eine App oder Website erst einmal zu konfigurieren, springt man sofort in die Nutzung.

Das bedeutet: Alle möglichen Konfigurationen sind auf die 98 % der Nutzungsszenarien zugeschnitten, für die die App am häufigsten verwendet wird. Für Ausnahmefälle oder Grenzfälle gibt es natürlich die Möglichkeit, Einstellungen später zu verändern. Je besser du deine Nutzer kennst, desto besser kannst du die Einstellungen auf Sie anpassen – mehr dazu im nächsten Kapitel im Abschnitt »Alle ist der größte Niemand«: Blind Date mit der Zielgruppe« auf Seite 141.

Offboarding

Ähnliche Chancen wie beim Onboarding hast du, wenn sich der Nutzer aus deiner Website ausloggt. Twitter bietet beim Log-out-Screen direkt einen Downloadlink zur mobilen Version an – in der Hoffnung, Desktopnutzer zu mobilen App-Nutzern zu konvertieren.

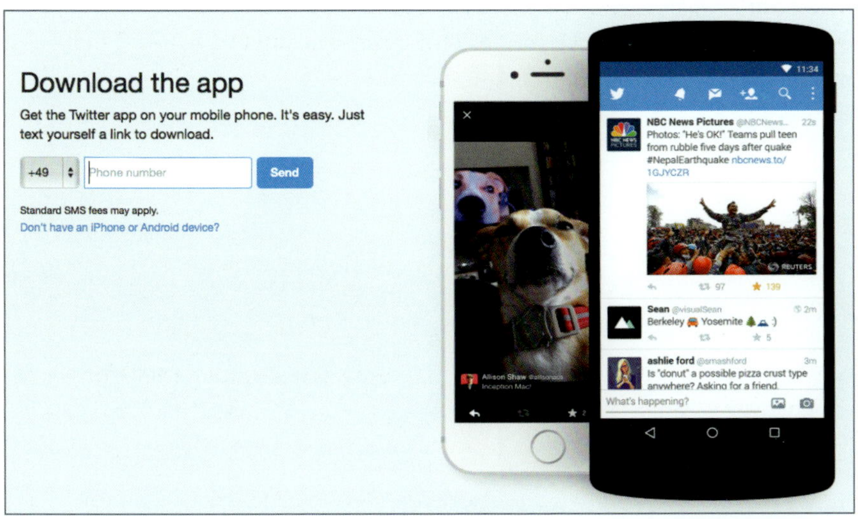

Beim Log-out kann ich mir die Twitter-App per SMS auf mein Smartphone schicken lassen.

Nutzerführung ist die Grundlage der Verführung. Wer es geschafft hat, seine Website benutzbar zu machen und Erlebnisse zu erzeugen, der kann mit den richtigen Mitteln seine Nutzer durch die Site geleiten. Das 7-Phasen-System von IKEA ist dabei ein guter Anhaltspunkt, aber alle Komponenten, vom Onboarding bis hin zum Checkoutformular, spielen eine tragende Rolle. Richtige Nutzerführung gibt Vertrauen und Sicherheit – und sorgt dafür, dass Nutzer sich wohlfühlen. Und wer sich wohlfühlt, der bleibt länger und kommt gerne wieder – und wird so zum regelmäßigen Nutzer.

Um Kopf und Kragen: Nutzerbindung

Um Kopf und Kragen: Nutzerbindung

Komm doch wieder – Stammkunden und treue Nutzer bilden das Rückgrat einer erfolgreichen Website, egal, ob Shop oder Blog, App oder Netzwerk. Doch wer Nutzer an sich binden möchte, der sollte zunächst seine Pappenheimer kennen.

»Alle ist der größte Niemand«: Blind Date mit der Zielgruppe

McDonalds oder Burger King? Pepsi oder Coca Cola? Adidas oder Nike? Für welche Produkte wir uns entscheiden und welche Marken wir verwenden, hängt nicht nur davon ab, welche Cola uns besser schmeckt – sondern auch davon, ob uns die Marke und das Marketing anspricht. Dabei wird diese Entscheidung keineswegs zufällig getroffen, sondern vom Markeninhaber ganz gezielt gesteuert.

Ein Produkt zu kreieren, das irgendwie alle »ganz gut« finden, ist schwierig, und nicht selten endet es als Mittelmaß irgendwo in der Versenkung. Ebenso schwierig ist es, individuelle Produkte für jeden einzelnen Nutzer zu entwickeln. Mittlerweile kann man, Big Data sei dank, heute bereits Produkte so weit wie möglich anpassen, dass sie sich »persönlich« anfühlen.

Big Data personalisiert Produkte.

Nehmen wir einmal die Webservices Outfittery, Modomoto, Zalon und Kisura. Alle vier Marken bieten dasselbe Produkt an: Modeabos, die individuell zusammengestellt und monatlich per Post verschickt werden. Die Modalitäten, Preise und Versandarten unterscheiden sich dabei nicht besonders – warum können sich dann also vier verschiedene Anbieter am Markt halten? Ganz einfach: Jede Marke bedient ein eigenes Marktsegment, ist also auf eine bestimmte Zielgruppe zugeschneidert.

Als Zielgruppen verstehen wir eine Gruppe von Nutzern oder Konsumenten, die sich durch ein gemeinsames Merkmal hervorheben. Als Firma oder Servicebetreiber versuche ich, die ideale Zielgruppe für mein Produkt zu ermitteln und anzusprechen. Daher auch der Name: Mein Produkt zielt auf diese Gruppe ab.

Aubade-Lektion № 52
Mach die Bande enger.

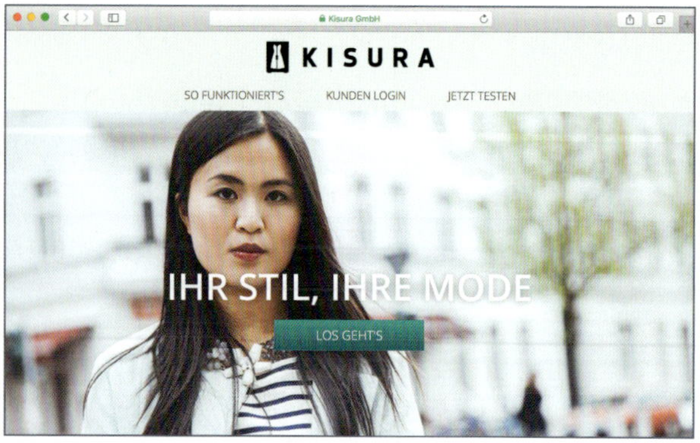

^ *Kisura.de – für Lifestyle-Fashionistas*

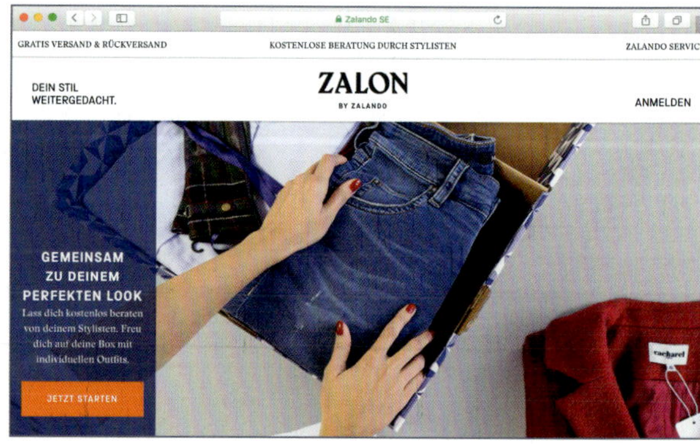

^ *Zalon.de – für Zalando-Kunden*

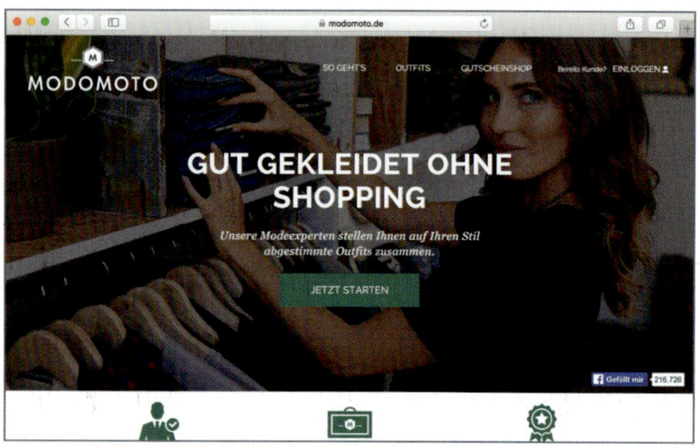

^ *Modomoto.de – für modebewusste Männer*

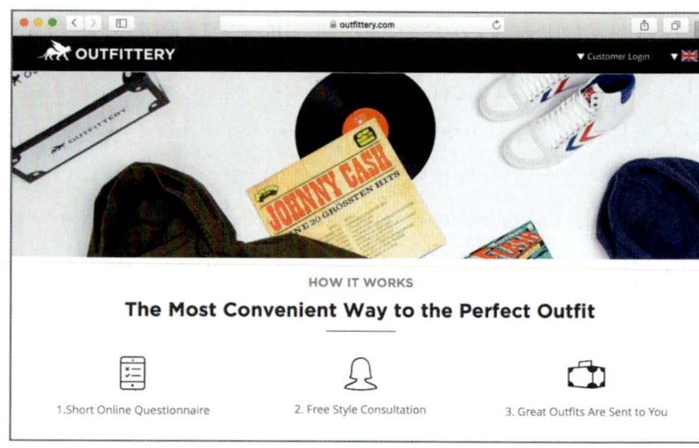

^ *Outfittery.com – für Kerle, die ungern einkaufen gehen*

Klassifikationen

Zielgruppen lassen sich generell auf zwei Arten klassifizieren: nach demografischen und nach psychografischen Kriterien.

Alter, Wohnort, Geschlecht ... – demografische Faktoren Alter, Wohnort, Geschlecht, Einkommensverhältnis, Familienstand, Haarfarbe, Herkunft – das sind typische demografische Kriterien. Sie lassen sich relativ einfach messen und vermitteln und sind daher vor allem bei Old-School-Werbern und Fernsehproduzenten beliebt. »Unsere neue Serie richtet sich an Frauen zwischen 25 und 55«, so kennt man das aus dem Fernsehen. Etwas komplexer wird es aber schon.

Demografische Faktoren sind gut, um Aussagen über Kaufkraft und generelle Bedürfnisse zu treffen und Zielgruppen grob zu unterteilen. Im Falle unserer vier Modeabos stellen wir fest: Kisura richtet sich als Produkt an Frauen, während sich die anderen drei auf junge Männer konzentrieren. Eine detailliertere Unterscheidung ist mit demografischen Methoden nicht möglich.

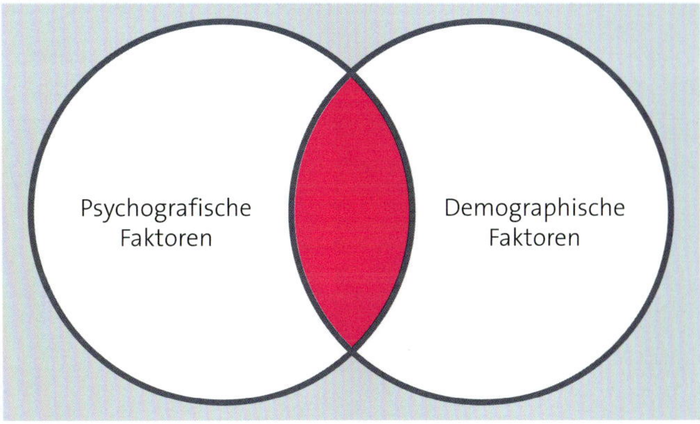

^ *Eine Zielgruppe wird durch demografische und psychografische Faktoren definiert.*

»Wir arbeiten für Männer, nicht für Models« – psychografische Faktoren An dieser Stelle kommen die psychografischen Faktoren ins Spiel: Sie beschreiben Wertevorstellungen, Meinungen, Interessen und Motive von Zielgruppen. Über die psychografische Beschreibung einer Gruppe lassen sich Gemeinsamkeiten und Identifikationsmerkmale herauskristallisieren. »Wir arbeiten für Männer, nicht für Models«, heißt es auf der Seite von Outfittery.

Outfittery richtet sich an eine Zielgruppe, die viele Interessen hat – nur Shoppen gehört beim besten Willen nicht dazu. »Die Experten für Ihr perfektes Outfit« nennen sich die Betreiber von Modomoto. Hier richtet man sich an Kunden, die zwar ein modisches Grundverständnis haben, aber aus Zeitgründen nicht zum Shoppen kommen.

Welche Interessen und Vorlieben könnten beide Zielgruppen haben? Schauen Outfittery-Nutzer am Samstag lieber Fußball, statt in die Mall zu gehen, während Modomoto-Kunden sich gerade noch auf Geschäftsreise befinden? Aufschluss gibt die visuelle Gestaltung der Websites: Bei Modomoto shoppt eine gutaussehende brünette Dame, auf Outfittery stehen die Sneaker neben Flash-Gordon-Comic und Johnny-Cash-Platte. Die potentiellen Kunden scheinen sich irgendwo zwischen Flohmarkt-Hipster und »Wohnt noch bei Mutti im Keller« zu bewegen – schätzen die Betreiber der Plattform ihre Nutzer wirklich so stereotyp ein?

Typologisierung: Du bist der Typ Käufer, der…

Um die Klassifikation der Zielgruppe einfacher zu machen und Kifferwitze in Marketingbriefings zu vermeiden, hat das Sinus-Institut eine Typologisierungsmethode erdacht. Der Typologisierung liegen die Grundorientierung, von Tradition bis Neuorientierung, und die soziale Lage zugrunde. In diesem

Koordinatensystem werden die einzelnen Gruppen in sogenannten Milieus unterteilt, die sich teilweise überlappen.

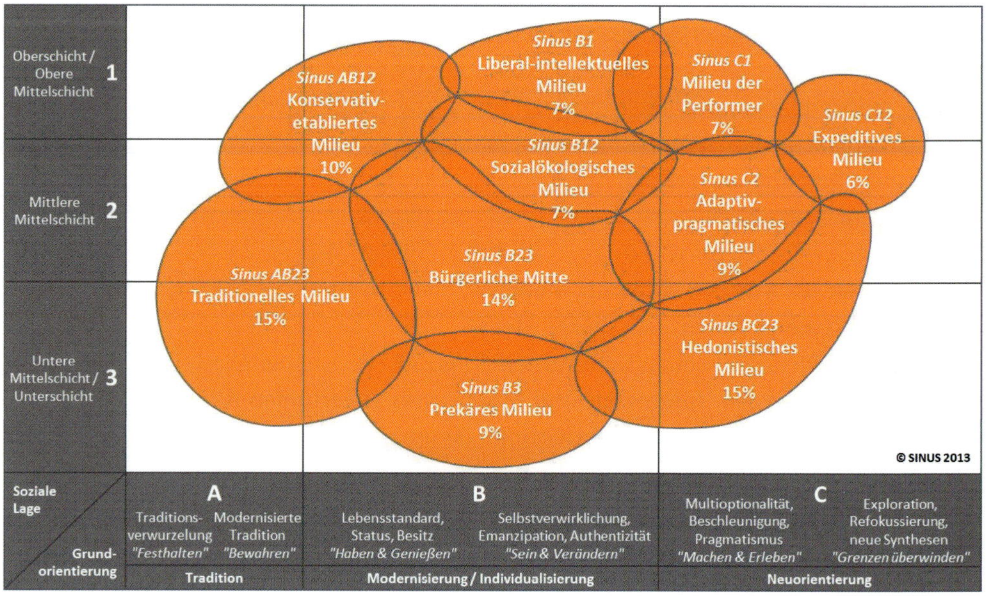

> *Sinus-Milieu-Studie*

Traditionalistisch und in der Unterschicht bis unteren Mittelschicht verortet sind die »Traditionellen«, ältere Menschen, die es gerne althergebracht haben.

Als multioptionale, effizienzoptimierte Leistungselite sehen sich die »Performer« – liberal, auf Neuorientierung aus, sozial in der Oberschicht verankert, technikaffin – das, was früher FDP-Wähler gewesen wären.

Den Durchschnitt, die Mittelschicht, die auf Haben und Genießen bedacht ist, nennt man die »bürgerliche Mitte«: harmoniebedürftig, mit dem System zufrieden. Insgesamt gibt es zehn solcher Milieus, auf *www.sinus-institut.de/sinus-loesungen/sinus-milieu/* findest du die vollständige Auflistung. Die Sinus-Milieus werden jedes Jahr aktualisiert und an die gesellschaftliche Veränderung angepasst. Neben Deutschland gibt es Milieustudien für 15 weitere Länder.

Jugendmarketing Für jüngere Zielgruppen gibt es die MTV-Mindset-Studie, in Auftrag gegeben von Musiksender-Muttergesellschaft Viacom. Hier wird zwischen fünf generellen Gruppen, sogenannten »Mindsets«, unterschieden:

1. Authentische: Unabhängige und selbstbestimmte Jugendliche, geben im Freundeskreis den Ton an.
2. Prestige-Orientierte: Sind markenaffin und konsumorientiert. Immer auf der Suche nach den neuesten Trends.
3. Gesetzte: Bleiben am liebsten zu Hause, schauen abends fern, statt feiern zu gehen. Pragmatische Konsumenten, besinnen sich auf klassische Werte.
4. Trendsmitter: Versuchen, vorne mit dabei sein. Machtorientiert, konsumfreudig, folgen Trends, aber eher konservativ.
5. Genügsame: Haben nicht viel Geld, eher pragmatisch veranlagt.

Neben den Sinus-Milieus und den MTV-Mindsets gibt es eine Reihe weiterer Tools und Studien, die sich mit der Zielgruppenklassifizierung befassen. Für die Definition einer Zielgruppe kannst du getrost mehrere Werkzeuge verwenden, die wenigsten Gruppen lassen sich zum Beispiel nur auf ein Milieu beschränken.

Die Zielgruppe definieren

Lege fest, an wen sich dein Produkt richtet. Bei der Definition seiner Zielgruppe unterscheidet man zwischen Ist- und Soll-Zielgruppe. Websites und Apps, die schon länger auf dem Markt sind, haben idealerweise bereits ein paar Nutzer, die sich analysieren lassen. Gute Werkzeuge dazu sind Facebook Insights und Google Analytics – aber dazu später mehr.

Definiere deine Zielgruppe!

Entscheidend ist die Frage: Sind die Nutzer, die mein Produkt bereits hat, auch die, die ich ansprechen möchte? Ist das nicht der Fall, besteht eine Diskrepanz zwischen Ist- und Soll-Zielgruppe – du solltest das Marketing noch mal überdenken.

Aus der Schublade gegriffen: Stereotypen Liegen noch keine Nutzerdaten vor, so musst du dir etwas überlegen. Die einfachste Möglichkeit ist die Arbeit mit Stereotypendefinitionen; die zurzeit gebräuchlichsten sind:

- WOOF (»Well-Off Older Folks«)
- SOHO (»Small Office, Home Office«)
- DINK (»Double Income, No Kids«)
- LOHAS (»Lifestyle Of Health And Sustainability«)
- LOVOS (»Lifestyle Of Voluntary Simplicity«)

WOOF, SOHO, DINK, LOHAS, LOVOS – kein vermeintlicher Jugendslang, sondern Zielgruppensegmente

Auch die Bezeichnung »Yuppie« (vielleicht erinnert sich ja wer: »Young Urban Professional«) hat ihren Ursprung in einem Zielgruppenstereotyp. Besser eignet sich in den meisten Fällen eine kurze Beschreibung und Mischung von demografischen und psychografischen Features als Zielgruppendefinition:

Die Zielgruppe für Outfittery sind Männer zwischen 25 und 45 Jahren in Deutschland, vorzugsweise Einwohner von Ballungszentren. Die Nutzer sind berufstätig mit einem verfügbaren Jahreseinkommen ab 25 000 Euro. Als technikaffine Internetnutzer surfen sie abwechselnd über Smartphone, Tablet und MacBook. Kontakt zu Freunden und Lebenspartner halten sie über WhatsApp und soziale Netzwerke. In ihrer Freizeit nehmen sie sich gerne Zeit für Reisen, gemeinsame Erlebnisse mit der Familie und Bekannten.

Idealerweise nimmt eine Zielgruppendefinition Bezug auf das Produkt:

Die Outfittery-Nutzer empfinden Modekauf als lästig und versuchen ihn so gut es geht zu vermeiden. Sie achten Qualität und sparen auch bei Markenkleidung nicht, können aber keine bevorzugten Marken benennen.

Eine Zielgruppendefinition sollte positiv formuliert sein – schließlich wollen wir unsere Nutzer nicht in die Pfanne hauen. Vermeide also Formulierungen wie »Es ist ihnen egal, was sie anziehen«, sage stattdessen: »Achten Sie auf Vielseitigkeit und Flexibilität.« Die Zielgruppe ist nicht geizig, sondern sparsam.

Am Anfang mag das etwas befremdlich und mühselig erscheinen. Eine gut definierte Zielgruppe kann uns dabei helfen, die Nutzer unserer Website oder App besser zu verstehen – und sie so langfristig an uns zu binden; dazu komme ich aber gleich. Zunächst schauen wir uns ein Werkzeug an, das uns dabei hilft, Zielgruppen etwas weniger abstrakt zu erkunden: *Personas*.

Personas – das zweite Date

Personas sind anschauliche Zielgruppenbeispiele.

Eine anschauliche Variante zur Zielgruppendefinition ist die Erstellung von Zielgruppenvertretern, sogenannten Personas. Eine Persona ist ein Beispielnutzer, der stellvertretend für die Zielgruppe oder ein Zielgruppensegment steht. Eine gute Persona zu erstellen erfordert etwas Aufwand und Offenheit, kann dir aber im Designprozess äußerst hilfreich für die Entscheidungsfindung sein.

Personas erstellen

Als Zielgruppenvertreter beschreiben wir hier eine imaginäre Person, die sich in einer bestimmten Lebenswelt befindet und in einer Beziehung zum Produkt steht. Um eine Persona zu erstellen, müssen wir zunächst, sofern vorhanden, alle verfügbaren Zielgruppendaten sammeln und evaluieren. Existiert noch keine Ist-Zielgruppe, stützen wir unsere Persona auf die geplante Soll-Zielgruppe.

Eine Persona besteht in der Regel aus vier Komponenten:

1. demografische Charakteristika
2. Ziele und Aufgaben
3. Motivation
4. Anforderungen und Bedürfnisse

Den ersten Punkt haben wir bereits im vorherigen Abschnitt geklärt: Alter, Geschlecht, Herkunft, Familienstand. Anders als in einer allgemein gehaltenen Zielgruppenbeschreibung hat eine Persona ganz konkrete, beispielhafte demografische Daten. Also statt:

Der Nutzer ist zwischen 25 und 55 Jahren alt, wohnt einem Ballungsraum und ist vorwiegend männlich und unverheiratet.

Sollte es heißen:

Florian, 31, aus Frankfurt/Main ist gerade mit seiner Freundin zusammengezogen.

Deine imaginären Freunde Ganz wichtig: Personas sollten einen Namen haben – so werden sie für uns greifbarer. Die konkrete Beschreibung kann außerdem etwas mehr über die Lebenswelt des Zielgruppenvertreters verraten: Der Nutzer ist zwar (noch) nicht verheiratet, aber auch kein Single.

Behandle eine Persona wie einen imaginären Freund: Gib ihr einen Namen.

Das führt uns zum zweiten Punkt: den Zielen und Aufgaben der Person. Das sind zum Beispiel der Beruf, Hobbys, ehrenamtliche Tätigkeiten, sportliche Aktivitäten und Lebensziele; alles, was konkret messbar ist und den Alltag einer Person beschreibt, ohne zu statistisch zu werden. Ein Beispiel: Unser Produkt soll Menschen ansprechen, die kreativ sind und sozial engagiert sind. In Form unserer Persona wäre das:

In seiner Freizeit reist der Designer mit dem evangelischen Jugendwerk, wo er ehrenamtlich tätig ist.

Siehst du, was ich hier getan habe? Unser Zielgruppenvertreter bekommt jetzt einen kreativen Beruf und ein soziales Hobby und wirkt dabei völlig glaubwürdig. Natürlich hätte er auch einen sozialen Beruf und ein kreatives Hobby bekommen können – zum Beispiel ein Street Worker mit Faible für Fotografie oder ein Altenpfleger, der gerne malt.

> *Lebenswelt der Zielgruppenvertreterin Sara*

Auch Personas haben Lebensziele

Interessant sind auch die Ziele einer Persona – verfolgt er oder sie ein bestimmtes Lebensziel? Dies könnte Einfluss auf die Motivation des Zielgruppenvertreters haben. Aber auch andere Faktoren spielen in die Motivation mit rein: Vorbilder, Ideale und negative oder positive Erfahrungen. Die Motivation sollte sich vor allem auf das Produkt beziehen.

In unserem Fall also das Modeabo – welche Faktoren beeinflussen Florian, sich darauf einzulassen? Hat er negative Erfahrungen beim Klamottenkauf gemacht? Oder positive Erfahrungen beim Onlinekauf? Sind bestimmte Zahlungsmodalitäten oder Versandmethoden eine Motivation?

Er kauft gerne Kleidung von japanischen Casualmarken, die in seiner Heimatstadt aber nicht ohne weiteres zu finden sind. Reisen nach New York oder Berlin nutzt er dazu, sich im Flagshipstore einzudecken. Den Prime-Versand verwendet er online für fast alle Anschaffungen – wenn die geplanten Anschaffungen auf Amazon erhältlich sind, werden sie auch dort gekauft.

Mit der Motivation verschmelzen Anforderungen und Bedürfnisse – welche Erwartungen hat der Zielgruppenvertreter an ein Produkt, wie informiert er sich darüber, trifft er Entscheidungen impulsiv, oder denkt er lange darüber nach?

Was würde Florian tun? Wenn die vier Komponenten (Demografie, Ziele, Motivation, Bedürfnisse) gut aufeinander abgestimmt sind, haben wir nun ein rundes Bild unseres Zielgruppenvertreters. In unserem kompletten Design- und Entwicklungsprozess können wir uns fragen: » Was würde Florian tun?«. Er dient uns als Referenz und Erinnerung.

Einer Persona Leben einzuhauchen, geht am besten, indem du ihr ein Gesicht gibst. Auf Stockfotoseiten findest du für kleines Geld massenweise lizenzfreie Fotos von jungen oder junggebliebenen, gutaussehenden Menschen, die sich als Persona eignen.

Hier findest du preiswerte oder kostenlose Stockfotos für Personas:

- *http://unsplash.com*
- *https://pixabay.com*
- *http://gratisography.com*
- *https://de.fotolia.com*
- *http://uifaces.com*

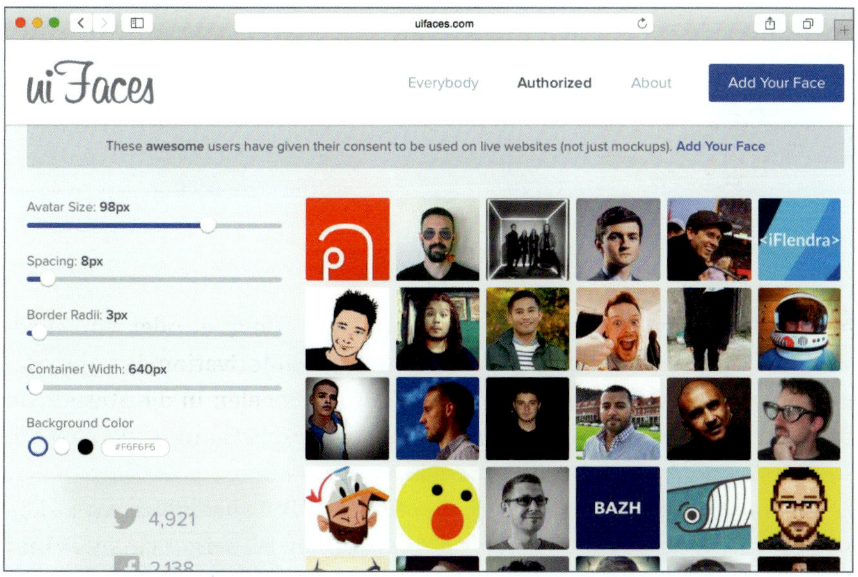

< *Auf uiFaces.com findest du viele potentielle Zielgruppenvertreter – zumindest als Avatar, den du verwenden kannst.*

Ein Moodboard hilft dabei, die Lebens- und Markenwelt der Persona zu illustrieren, greift dabei beispielhafte Produkte und Lebensumstände heraus. McDonalds oder Burger King? Oder doch eher Biomarkt? Auf welche Musik steht die Persona, welche Klamotten werden eher gekauft, welche Apps hat sie auf ihrem Smartphone? Android oder iPhone? Die Markenwelt muss nicht direkt mit dem Produkt zu tun haben, eher beschreibt sie ein ganzheitliches Bild des Zielgruppenvertreters.

Das Moodboard zeigt die Markenwelt der Zielgruppe.

Consumer Insight

Consumer Insight – in den Kunden hineingeschaut

Zusätzlich zu Beschreibung und Bildnis solltest du eine Kernaussage oder ein typisches Zitat formulieren – einen *Consumer Insight*. Das kannst du dir ein bisschen vorstellen wie einen Gedanken, der das Handeln der Persona bestimmt und ihr Wesen gut wiedergibt.

»Ich möchte gut gekleidet sein, habe aber keine Zeit zum Einkaufen.«

Der Insight beschreibt dabei idealerweise einen Widerspruch oder einen inneren Konflikt, den das Produkt lösen kann. Gute Insights sind:

- »Ich möchte, dass meine Kinder sich gesund ernähren.«
- »Dieses Jahr versuche ich, mit dem Rauchen aufzuhören.«
- »Ein Mietwagen wäre schön, wenn es nur nicht so teuer wäre.«
- »Ich trinke gerne Kaffee, aber mein Arzt rät mir davon ab.«
- »Rotwein ist zwar lecker, aber davon bekomme ich immer Kopfschmerzen.«

Für jeden dieser Insights gibt es eine passende Persona – und auch ein entsprechendes Produkt. Jetzt ist deine Persona komplett – wir haben also den kreativen Florian, der gut gekleidet ist, wenig Zeit und viele Hobbys hat. Was würde Florian tun? Florian würde wahrscheinlich sagen: »Ich bin nicht der einzige Benutzer deiner Website!« Recht hat er, daher ist es empfehlenswert, gleich mehrere Personas anzulegen. Eine Primärpersona und ein bis zwei Sekundärpersonas geben ein gutes, rundes Bild ab. Wie wäre es mit Heinz, der es aus gesundheitlichen Gründen nicht mehr bis ins Einkaufszentrum schafft? Oder Richard, der geschäftlich viel unterwegs ist? Und Fußballfan Frank, der von Mode wirklich überhaupt keine Ahnung hat!

Wenn du dich am Anfang mit deiner Persona noch etwas schwertust, ist es völlig okay, sich von Freunden und Bekannten inspirieren zu lassen. Florian zum Beispiel basiert auf Florian Franke, meinem Co-Autoren bei »Apps mit HTML5, CSS und JavaScript« – übrigens ebenfalls beim Rheinwerk Verlag erschienen.

Don’ts bei Personas

- ✗ Personas als Selbstzweck: Nicht immer müssen wirklich Personas angelegt werden. Sie sind ein Hilfsmittel, keine Pflicht. Wenn du bereits ein gutes Bild deiner Zielgruppe hast, dann reicht das auch schon aus.
- ✗ Negative Personas: Nutzer mögen es nicht, als faul, ignorant oder unbedarft dargestellt zu werden. Genauso sollten diese Eigenschaften nicht in einer Persona vorhanden sein. Wenn es nicht anders geht, versuche, negative Eigenschaften in positive zu verwandeln: Eine ignorante Persona ist vielleicht nur missverstanden, eine unbedarfte Persona ist noch in der Lernphase, Verschlossenheit deutet häufig auf Fantasie hin.
- ✗ Zu viele Details: Eine Persona muss konkret beschrieben werden, aber wenn du genau aufführst, mit wie vielen Katzen jemand lebt oder seit wie vielen Jahren ein Paar verheiratet ist, wird es schnell absurd. Daher: konkret, aber nicht detailliert.
- ✗ Personas sind keine Statistiken: Niemand hat 2,4 Kinder oder lebt 86,6 Jahre. Eine Persona ist immer ein Beispiel, das zwar repräsentativ sein sollte, aber nicht den perfekten Durchschnitt darstellen muss.
- ✗ Es gibt nicht nur Personas: Bloß weil unser Zielgruppenvertreter Designer ist, heißt das nicht, dass unser Produkt nur für Designer gemacht wird. Schnell konzentriert man sich zu sehr auf einzelne Features einer Persona und vernachlässigt den Rest. Hier lohnt sich die Definition mehrerer Personas.

Und täglich grüßt das Murmeltier – Daily Active Users

»Ich finde, wir sollten uns wiedersehen!«

»Ich finde, wir sollten uns wiedersehen! Was würden Sie von morgen halten?« – In der Komödie von 1993 ist Bill Murray dazu verdammt, den Murmeltiertag immer und immer wieder zu erleben. Die gleichen Leute, dieselben Situationen, derselbe Ort – bis er langsam glaubt, verrückt zu werden. Oder ein Gott zu sein. Ein Gott, nicht der Gott.

Dich habe ich hier doch schon mal gesehen!

Bei erfolgreichen Apps ist das etwas anders – diese werden freiwillig und regelmäßig benutzt, im Idealfall täglich. Nutzer, die jeden Tag in einer Apps aktiv sind, nennt man Daily Active User – **DAU**.

DAU oder DNU?
Als DNU bezeichnet man Daily New Users, also Nutzer, die eine App heute zum allerersten Mal benutzen.

DAU ist mittlerweile zu einer der wichtigsten Messgrößen für digitale Produkte geworden. Vorbei die Tage, an denen Downloadzahlen oder Besucherzähler ein Indiz für Erfolg waren – eine Million Nutzer sind zwar cool, aber nur dann, wenn sie die App auch wirklich nutzen und nicht nur installieren. Das hat zwei Gründe:

1. Zum einen ist ein zuverlässiger Nutzer ein zufriedener Nutzer. Er hatte ein positives App-Erlebnis und ist bereit, das zu wiederholen.
2. Zum anderen sind zufriedene Nutzer auch zahlende Nutzer: Wer sich beim in einer App wohlfühlt, ist eher bereit, Geld für In-App-Käufe oder Updates auszugeben.

Auf Websites gibt es eine ähnliche Metrik: Daily Returning User, kurz DRU – also Nutzer, die jeden Tag zurückkommen. Im Gegensatz zu DAU sagt DRU nichts über die tatsächliche Aktivität aus, lediglich das Aufrufen der Seite wird gewertet.

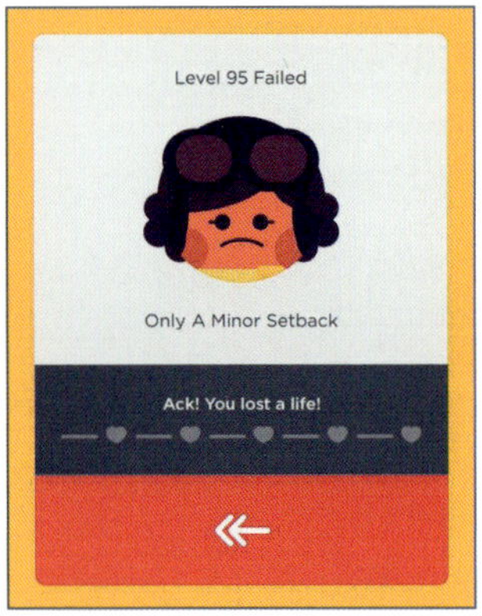

^ *Im Spiel TwoDots weist ein trauriger Avatar darauf hin, dass die Leben aufgebraucht sind.*

Gekommen, um zu bleiben Wie lange Nutzer wiederkommen, wird in der *Retention-Rate* (Kundenbindungsrate) gemessen: Mal angenommen, eine App wird von 100 Nutzern installiert, davon öffnen am nächsten Tag 40 die App, dann hat die App eine One-Day-Retention von 40 %. Benutzen am dritten Tag noch 20 Nutzer die App, dann sprechen wir von einer Three-Day-Retention von 20 %.

In der Spieleindustrie gilt die Zahlenfolge 40–20–10 als Erfolgsindikator: Nach einem Tag 40 %, nach drei Tagen 20 % und nach sieben Tagen 10 % machen ein beliebtes Spiel aus.

Nutzeraktivitäten messen Aktive Nutzer und Retention lassen sich messen. Google Analytics bietet die Möglichkeit an, »Unique Users« und Sessions anzuzeigen, also Besucher, die sich eindeutig einem Browser beziehungsweise einem Google-Account zuordnen lassen. So lässt sich auch analysieren, ob diese neu auf der Website sind oder sie bereits einmal besucht haben.

Über Cookies, Local Storage und die Google-Analytics-History lässt sich außerdem abbilden, wie oft die Nutzer wiederkommen und wie viele Tage zwischen den Besuchen liegen.

^ *Unique Users in Google Analytics*

^ *Out of Lives! Jetzt heißt es warten.*

Für iOS-Entwickler gibt es in iTunes Connect das Tool *App Analytics*. Hier wird im Menüpunkt »Retention« die Anzahl der Geräte angezeigt, die nach X Tagen wiederkommen.

Einziger Nachteil: Hier können keine direkten Benutzer zugeordnet werden, nur Geräte. Wenn ich nun also eine App heute auf meinem iPad und morgen auf meinem iPhone verwende, werde ich doppelt gezählt – beziehungsweise nur halb, denn rein technisch habe ich ja einen Tag in der Benutzung ausgelassen.

Zuverlässiger sind Tools wie *appannie.com* oder *sensortower.com* – diese ordnen über ein Nutzertoken eine App einem Nutzeraccount zu, sind dafür aber auch nicht ganz billig. Mehr zu diesen Analysewerkzeugen im Kapitel »Bitte keine Stereotypen: User Tests«.

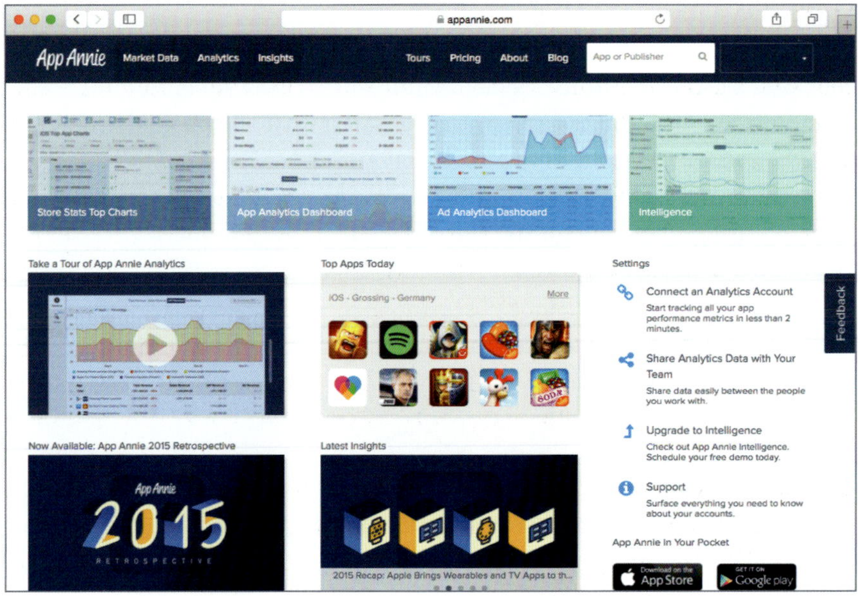

> *Das AppAnnie-Dashboard*

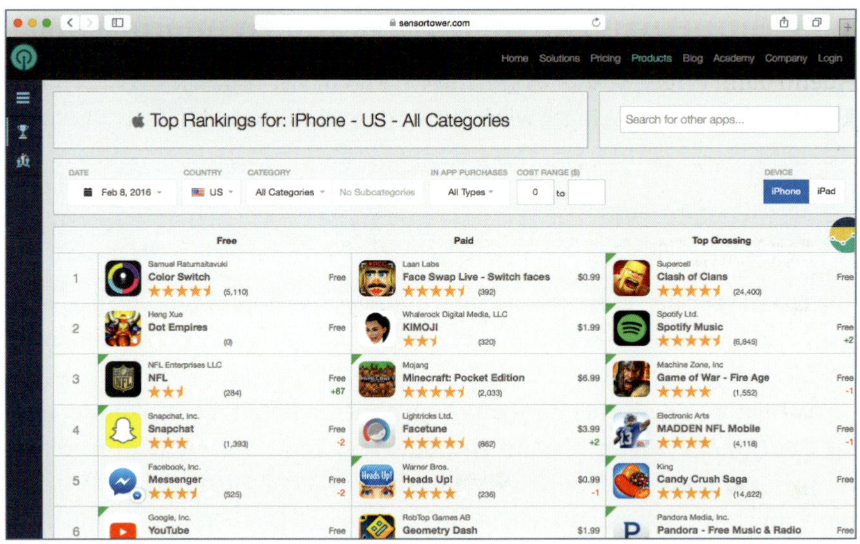

> *Die App-Store-Top-Charts in Sensortower*

Aber müssen meine Nutzer wirklich jeden Tag vorbeischauen, damit meine App erfolgreich ist? Was ist zum Beispiel mit einem wöchentlich erscheinenden Magazin, das nur alle sieben Tage frischen Content erhält? Natürlich lässt sich diese Metrik anpassen – in vielen Branchen zählen WAU (Wöchentlich Aktive Nutzer) und MAU (Monatlich Aktive Nutzer) genauso wie DAU.

Freundliche Erinnerungen

Ein beliebtes Mittel, Nutzer daran zu erinnern, doch mal die App zu benutzen, sind Push-Mitteilungen oder Notifications. Eine Notification ist eine kleine Hinweisbox, die von der App aufgerufen wird, wenn diese nicht aktiv ist. Dabei gibt es zwei Arten von Notifications:

1. Automatisierte Mitteilungen kommen ins Spiel, wenn eine bestimmte Bedingung, abhängig von Nutzung oder Tageszeit, eintritt. Hat der Benutzer zum Beispiel seit drei Tagen seine Smartphonefarm nicht mehr besucht, so kann die App melden: »Hey! Deine Tiere vermissen dich, komm doch mal wieder.« Das Spiel *Diamond Dash* kündigt jeden Dienstagabend eine neue Runde im Wochenturnier per Notification an – immer dann, wenn die Highscores auf Null gesetzt wurden und es sich wieder lohnt, zu spielen.
2. Die andere Art von Notification wird durch externe Events ausgelöst: Ein Freund hat mich im Spiel überholt, eine neue Nachricht ist eingetroffen, eine Flugreise ist gerade besonders günstig. Diese Art von Notification wird zentral und individuell über einen Server ausgesteuert.

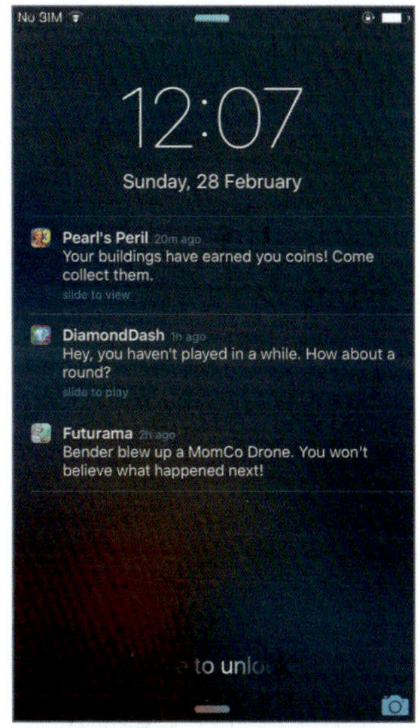

Notifications: Diese Spiele vermissen dich.

Achte darauf, dass Notifications nicht zu aufdringlich oder nervig werden – denn dann erreichst du das genaue Gegenteil: Der hilfreiche Nachrichtenkanal und Retentionbringer wird vom Nutzer einfach deaktiviert.

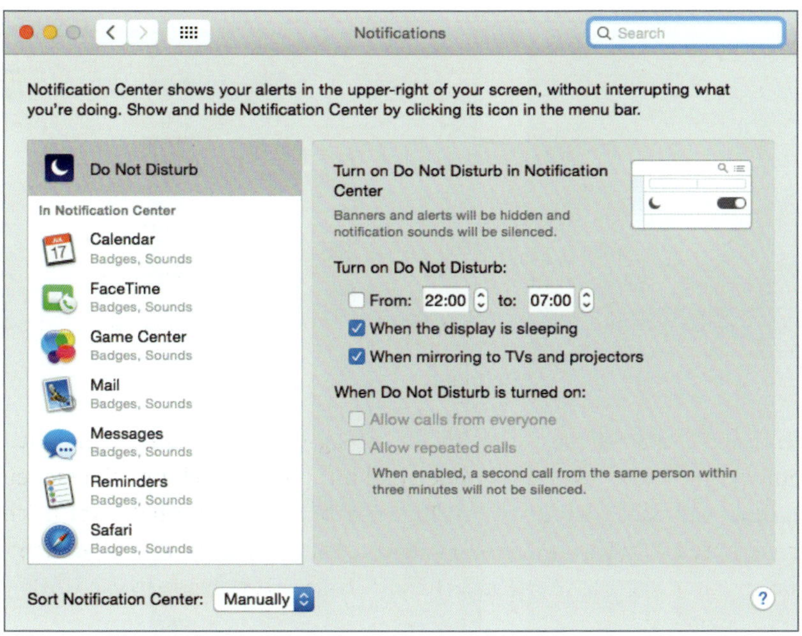

Notifications lassen sich deaktivieren – wer seine Nutzer nervt, der wird schnell stumm geschaltet.

Positive Verstärkung – ein Ausflug in die Verhaltenspsychologie

Die Hälfte des Buches ist fast geschafft – gut gemacht!

Eine andere, weitaus effektivere Möglichkeit, für Nutzerbindung und Retention zu sorgen, besteht darin, ein besonders positives Erlebnis zu erzeugen. Ein geeignetes Mittel ist die *positive Verstärkung*.

Bei positiver Verstärkung geht es darum, Nutzern für absolvierte Aufgaben eine Belohnung zuteilwerden zu lassen. Im Kapitel »Das Spiel mit den Reizen: User Experience«, haben wir uns bereits Feedback und Überraschung als Elemente angeschaut, die als stetige Belohnung Teil des Interface sein sollten. Aber echte Nutzerbindung erreichen wir nur, wenn wir dem Nutzer etwas Außergewöhnliches, Besonderes bieten.

Sind wir alle pawlowsche Hunde?

Das funktioniert zum Beispiel so: In einem Smartphonespiel bekommt der Nutzer für jede gelöste Aufgabe eine Münze. So sammelt er, Level für Level, Münze für Münze, einen Betrag zusammen, den er später gegen Upgrades und Leben eintauschen kann. Irgendwo zwischen dem ersten und zehnten Level »findet« er eine Schatztruhe mit unglaublichen 100 Münzen – Zufall? Im Spiel *Best Fiends* darf der Nutzer nach jedem erfolgreichen Level aus einer Überraschungsbox 3 von 9 Türchen öffnen – normalerweise gibt es hier ein

> *Im Spiel Best Fiends darf der Nutzer für ein bestandenes Level drei von neun Schlössern öffnen.*

paar Münzen, Diamanten oder Leben, ab und zu jedoch findet man einen Beutel mit 100 Diamanten. Im Spiel *Swipe Me Out* gibt es jeden Tag bis zu 500 Münzen für regelmäßige Spieler.

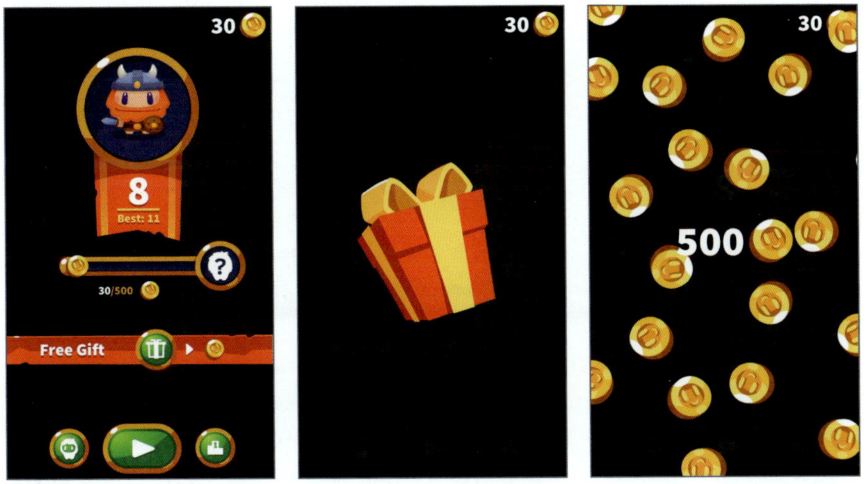

Swipe Me Out – »Free Gift« als positive Verstärkung

Die passende psychologische Theorie dazu hat B. F. Skinner formuliert – die *operante Konditionierung*. Du kennst sicher die Geschichte von Pawlow und dem Hund: Immer, wenn es etwas zu essen gab, klingelte Pawlow ein Glöckchen. Die Versuchstiere assoziierten das Glockenläuten irgendwann so stark mit der bevorstehenden Nahrung, dass sie anfingen zu speicheln – ohne Essen zu sehen oder zu riechen.

Dieses Beispiel der klassischen Konditionierung hat allerdings einen Haken: Menschen sind keine Hunde, so einfach lassen wir uns nicht austricksen. Die Theorie von Skinner sieht vier Verstärkerpläne vor: kontinuierliche Verstärkung, Quotenverstärkung, Intervallverstärkung und Ratenverstärkung.

Kontinuierliche Verstärkung Bleiben wir bei unserem Smartphonespiel: Ein Spieler bekommt nach jedem erfolgreichen Level einen Sack mit 100 Münzen geschenkt – zusätzlich zu den verdienten Münzen. Der Spieler lernt: Wenn ich ein Level gewinne, gibt's Gratismünzen – und er ist motiviert, mehr Level zu absolvieren. Der Haken: Bleiben die 100 Münzen irgendwann aus, lässt auch die Motivation nach. Diese *kontinuierliche Verstärkung* funktioniert nur so lange, wie auch verstärkt wird.

Quotenverstärkung Eine bessere Lösung also ist es, dem Spieler nur jedes dritte oder vierte Level einen Sack mit 100 Münzen zu schenken – er erlernt die Belohnung zwar etwas langsamer, aber bleibt dafür länger am Ball. Diese *Quotenverstärkung* mit festem Rhythmus kennen wir auch aus Coffeeshops: Nach jedem 10. Kaffee gibt's den 11. gratis.

> Das siebte Essen ist gratis: Auch bei IKEA wird positive Verstärkung praktiziert.

Aubade-Lektion № 7
Sorg für Verwirrung in seinem Kopf.

Noch cleverer ist ein *flexibler Rhythmus*: beim 1. und 3. Level gibt's 100 Münzen obendrauf, danach erst wieder im 10. und 12. Die Unregelmäßigkeit fügt ein Element der Überraschung hinzu und sorgt dafür, dass der Nutzer noch länger dabeibleibt. Anwendung findet diese Art der Verstärkung vor allem beim Glücksspiel: Der Spieler weiß nie genau, wann der Jackpot kommt.

Intervallverstärkung Statt der Anzahl von Leveln lässt sich auch in *regelmäßigen Abständen* verstärken. Der Nutzer bekommt einmal täglich einen Sack mit 100 Münzen ausgeschüttet. Die Intervallverstärkung sorgt dafür, dass der Nutzer lernt: Morgen um diese Zeit gibt's wieder Gratismünzen – und so zum Daily Active User wird. Risiko: Das Nutzungsverhalten wird durch das Abgreifen der Belohnung bestimmt, der Verstärker wird zum Selbstzweck – und die App jeden Tag zur selben Zeit für wenige Sekunden geöffnet.

Besser ist auch hier eine *flexibles Intervall*: Der Nutzer bekommt durchschnittlich alle zwei Stunden Spieldauer einen Sack Münzen geschenkt – wann genau, kann er nicht vorherbestimmen. Dadurch wird ein kontinuierliches Nutzungsverhalten erzeugt, das immer von der Spannung geprägt ist: Jeden Moment könnte ich Münzen geschenkt bekommen!

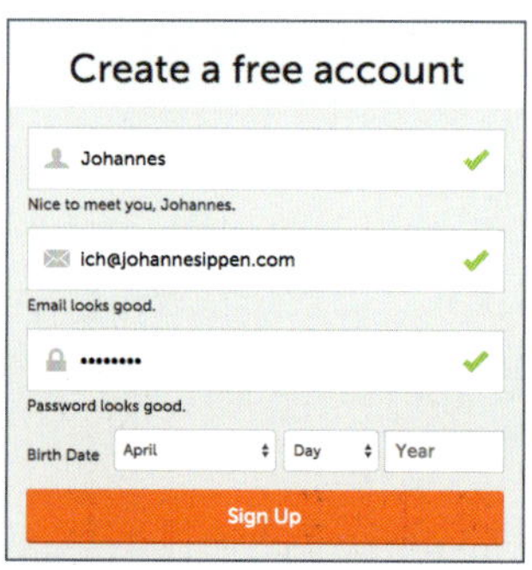

^ Nice to meet you: Das höfliche Anmeldeformular bei Lumosity (http://lumosity.com) macht den Anmeldeprozess zu einem positiven Erlebnis.

Ratenverstärkung Die genialste Verstärkerplan ist aber die *Ratenverstärkung*. Hier gibt es immer dann Münzen geschenkt, wenn der Nutzer entweder besonders viel und gut spielt oder kurz davor ist, das Spiel wegzulegen. Das Spiel *Diamond Dash* schenkt Nutzern, die länger nicht mehr gespielt haben, eine ganze Menge Münzen und Extra-Leben – Ratenverstärkung wie aus dem Bilderbuch.

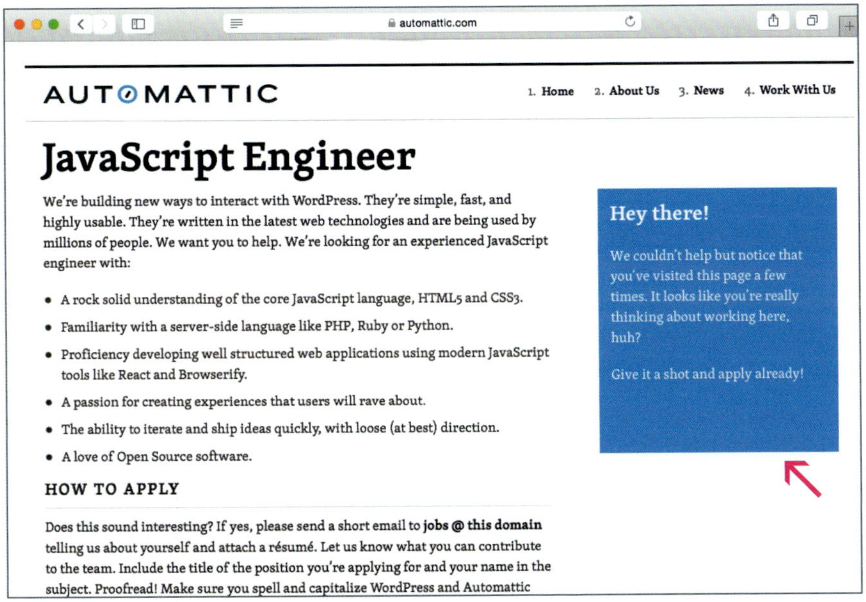

< Wer sich bei Automattic dieselbe Stellenbeschreibung mehrfach anschaut, wird direkt aufgefordert, sich doch zu bewerben.

Natürlich dürfen und sollen Verstärkerpläne nicht zum Selbstzweck werden und müssen sparsam eingesetzt werden, sonst verkehren sie ihre Wirkung ins Gegenteil. Wenn der Nutzer auf den Effekt der Verstärkung angewiesen ist, diese aber ausbleibt, so erzeugen wir eine Bestrafung – und damit eine negative Verstärkung. Ist das Zufallselement zu präsent und zu durchschaubar, dann geraten wir schnell in Richtung Glücksspiel – und das ist, besonders wenn es um Geld geht, laut §284 StGB eine Straftat in Deutschland.

Checkliste: positive Verstärkung

- ✓ An welcher Stelle auf der Webseite wird verstärkt? Bietet sich die Nutzungssituation an?
- ✓ Erzeugt die Verstärkung beim Nutzer einen Mehrwert?
- ✓ Ist die Verstärkung oder Belohnung überraschend, oder wird sie vom Nutzer fest mit eingeplant?
- ✓ Führt das Ausbleiben der Belohnung zu einem negativen Effekt?
- ✓ Bieten sich unterschiedliche Arten und Level der Belohnung an?
- ✓ Verstößt die Verstärkung nicht als Glückspiel gegen geltendes Recht?

Contentstrategie – Inhalte schmackhaft machen

Webprojekte leben von guten Inhalten – besonders wenn sie in die Kategorie Consumption Design fallen. Hier entscheiden zwei Faktoren über den Erfolg oder Misserfolg: der richtige Mix an Content und der gut abgestimmte Inhaltsnachschub. Versiegt die Inhaltsquelle einmal und bleibt neuer Content aus, ziehen die Nutzer weiter. Das gilt für fast jede Art von Webprojekt, egal ob Magazin, Videoplattform, Nachrichtenseite oder Weblog.

Die Contentpyramide

^ *Die Nahrungs..., äh, Contentpyramide für Webverführer*

Für letztere Kategorie hat die Marketingabteilung von LinkedIn einen interessanten Ansatz gefunden, den richtigen Mix hinzubekommen – den Inhaltstyp »Nahrungsgruppen«. Genau genommen richtet sich dieses Vorgehen an Corporate Blogs oder Businessblogs, das Modell lässt sich aber ohne weiteres auch auf jede andere Art von contentbasierte Seite übertragen.

Nach dem Modell gibt es fünf verschiedene Nahrungsgruppen:

1. Kohlenhydrate – füllender Alltagscontent
2. Gemüse – nicht jedermanns Sache, aber trotzdem gut
3. Fleisch – wertvoll und aufwendig
4. Dessert – süß und beliebt, wird gern geteilt
5. Gewürze – passen überall gut dazu

How-tos
Erkläre dem Nutzer auf einfache Weise, wie ein bestimmtes Produkt funktioniert.

Die »Kohlenhydrate« bilden die Basis für einen Businessblog. Einfache **How-to**-Artikel, Reposts von bekannten Autoren, solide, relevante Beiträge – eben alles, was wenig Arbeit macht, aber irgendwie zum Thema passt.

Das »Gemüse« ist etwas schwerer zu fassen – Gastbeiträge, Meinungen, Fallstudien. Subjektive Beiträge, die etwas länger in der Erstellung brauchen, aber ein gutes Gegengewicht zum Alltagspost bilden.

Als »Fleisch« bezeichnet man bei LinkedIn große, rechercheintensive Projekte. Diese dauern länger in der Erstellung, bekommen aber im Idealfall die meiste Aufmerksamkeit – ein Aufwand, der sich durchaus lohnt.

Jeder mag »Dessert«. In der Bloggersprache wären das witzige Videos, schicke Infografiken, Beiträge, die einen kulturellen Einblick liefern. Dessertbeiträge werden gerne in sozialen Netzwerken geteilt, was sie zu einem wertvollen Bestandteil des Gesamtkonzepts macht.

Letzten Endes noch die Gewürze – das können Linklisten sein, aber auch provokante Posts. Das Ziel von Gewürzposts ist es, die anderen Blogeinträge zu ergänzen – ohne sich selbst zu stark in den Vordergrund zu drängen.

Der Wochenplan

Das Ganze lässt sich natürlich auf jede Art von Content übertragen: Auf einer Videoplattform wären die Kohlenhydrate wahrscheinlich das Videotagebuch, das Gemüse der Drogerie-**Haul**, das Fleisch ein aufwendig produziertes Musikvideo, das Dessert der neue Pixar-Trailer, und als Gewürz könnte man das unvermeidliche Kommentare-Kommentier-Video sehen. Du verstehst das Prinzip?

Haul?
YouTuber packen ihren Einkauf vor der Kamera aus und kommentieren ihn.

Vom Aufwand und von der Arbeitszeit her sollten die letzten beiden Kategorien eher eine Nebenrolle einnehmen, während den ersten drei mehr Aufmerksamkeit zuteil wird. Ganz besonders Fleisch- und Gemüseposts dürfen mehr als die Hälfte der zur Verfügung stehenden Zeit und Ressourcen in Anspruch nehmen.

Interessant wird es bei der zeitlichen Aufteilung der Beiträge: LinkedIn empfiehlt, fast jeden Tag zu bloggen – nach einem konkreten Plan:

Aubade-Lektion № 46
Hab ihm viele Dinge zu erzählen.

- Montag: Gemüse
- Dienstag: Fleisch
- Mittwoch: Kohlenhydrate
- Donnerstag: Gewürze
- Freitag: Dessert
- Samstag: Gemüse
- Sonntag: Ruhetag

Der Gedanke dahinter: Linklisten und witzige Videos werden eher kurz vor dem Wochenende geteilt, während komplexe Statements am Anfang der Woche die meiste Aufmerksamkeit finden. Der richtige Inhalt zur richtigen Zeit.

Den richtigen Rhythmus finden

Ein täglicher Rhythmus ist eine gute Richtlinie für einen professionellen Blog – selbstverständlich kannst du auch zwei- bis dreimal pro Tag etwas raushauen. Wie viel Inhalt und in welchen Abständen du veröffentlichen solltest, das bestimmt die Art der Website. Tägliche Updates auf einer Newsseite sind eher lachhaft, hier werden in der Regel minutenaktuelle Beiträge erwartet. Ein Magazin oder ein Webcomic dürfen auch mit längeren Abständen posten – so lange dies regelmäßig geschieht. Der Nutzer sollte sich darauf verlassen können, wann es neue Inhalte gibt – so werden Gelegenheitsnutzer zu Gewohnheitsnutzern konvertiert, die – soweit möglich – bereit sind, Geld auszugeben.

Besser ist es, den Takt gleich mit zu kommunizieren. Der Berliner Künstler Marvin Clifford (*schisslaweng.net*) veröffentlicht regelmäßig einen Webcomic unter dem Titel »Schisslaweng«. Direkt unter dem Titel auf der Homepage wird angekündigt, wann dieser immer erscheint: jeden Mittwoch und am 15. eines Monats.

> *Jeden Mittwoch ein neuer Comic: prominenter Hinweis auf Marvin Cliffords Website*

Auch hier: Gemüse und Fleisch. Der Mittwochscomic ist ein wunderschöner, aufwendig illustrierter und witziger Cartoon, der 15. setzt noch einen drauf: Hier beteiligen sich regelmäßig dutzende Comiczeichner an einem Thema und interpretieren es auf ihre Weise – ein wirklich großes Projekt.

Soziale Medien wie Twitter und Facebook kannst du für Ankündigungen und für unmittelbares Feedback nutzen. Dazu aber mehr im Kapitel »Lass uns Freunde bleiben: Social Media«.

Rushhour abpassen

Neben der Regelmäßigkeit ist auch die Zeit eines Postings entscheidend – zu Stoßzeiten oder während des Tatorts wird unser Inhalt höchstwahrscheinlich ignoriert, je nach Art und Zielgruppe gibt es ideale Zeitfenster für die Veröffentlichung. Das gilt besonders dann, wenn ein Inhalt im Newsfeed von Facebook, Twitter oder Instagram unterzugehen droht.

Mobile Apps werden beispielsweise häufig morgens, mittags und abends genutzt, Tabletcomputer fast ausschließlich nach 18 Uhr, Desktopcomputer meist nur noch im Arbeitskontext – zwischen 9 und 17 Uhr. Richtet sich ein Inhalt an eine Zielgruppe außerhalb Deutschlands, solltest du eine eventuelle Zeitverschiebung mit einberechnen.

An Feiertagen und zu Ferienzeiten kannst du es etwas ruhiger angehen lassen. Bei den Nutzerzahlen seiner mobilen Spiele sieht Wooga-CEO Jens Begemann jedes Jahr um Weihnachten einen krassen Einbruch: »Nur eines ist unseren Nutzern wichtiger, als unsere Spiele zu spielen: Ihre Familie.«

Tools wie *Divvy (mizage.com/windivvy)* erleichtern die Inhaltsplanung. Eine Mischung aus Content-Management-System und Kalender hilft dabei, keine Lücken entstehen zu lassen.

Aus Nutzern Fans machen

Eine Möglichkeit, die Nutzerbindung zu manifestieren, ist, sie auch außerhalb der eigentlichen Website oder App erreichbar zu machen. Das ist ein bisschen so, wie jemanden nach seiner Telefonnummer zu fragen: Es braucht ein gewisses Maß an Vertrauen und gutem Willen, sich auf einen längeren und wiederkehrenden Kontakt einzulassen – kurzum: Wir machen aus Nutzern Fans.

Aubade-Lektion № 10
Stelle die Falle auf und warte.

In der Marketingsprache nennt man das *Opt-in-Marketing*: Der Nutzer muss sich bewusst irgendwo anmelden oder seine Kontaktdaten hinterlassen, bevor er Nachrichten von uns erhält. Diese Art von Nutzerbindung funktioniert also nur mit Nutzern, die bereits Kontakt mit unserem Produkt hatten, im Idealfall ein positives Nutzungserlebnis.

E-Mail-Marketing

Die beliebteste Variante des Opt-in-Marketings sind E-Mails. Der Nutzer hinterlässt seine E-Mail-Adresse und bekommt dafür regelmäßige Produktinformationen und Newsletter. Besonders bei Webshops beliebt ist die Methode, den Nutzer beim Checkout nicht nur die AGBs bestätigen zu lassen, sondern auch gleich einen Haken an der Box »Ich möchte per E-Mail regelmäßige Informationen erhalten« anzufordern.

Auf diese Art erzeugst du zwar eine Menge Anmeldungen, allerdings ist sie auch besonders hinterhältig: Dieses Verhalten lässt sich getrost als »Dark Pattern« klassifizieren, bei dem unbedarfte Nutzer über den eigentlich Zweck eines Interfaceelements getäuscht oder in die Irre geführt werden. Dementsprechend niedrig ist meist die Resonanz auf solche E-Mails – die meisten landen im Spamfilter oder werden gleich wieder abbestellt.

Vorsicht vor der dunklen Seite – Dark Patterns machen Nutzer nicht glücklich.

Ein großer deutscher Ticketversender wirkt dem entgegen, indem er nicht nur einen, sondern gleich neun verschiedene Newsletter verschickt –

die allesamt einzeln abbestellt werden müssen. Diese Art der Nutzerbindung ist natürlich eher kontraproduktiv – und führt zu negativen Nutzungserlebnissen. Und zu Wut.

Persönlicher Service Besser gelöst hat das der Versandriese Otto: Wenige Tage nach einem erfolgreichen Kauferlebnis wird der Nutzer vom Kundenservice angerufen.

Eine nette Mitarbeiterin erkundigt sich, ob alles wie gewünscht verlaufen ist und ob man in Zukunft gerne weitere Informationen per E-Mail hätte. Dieser persönliche Service sorgt für eine hohe Konversionsrate – lohnt sich aber nicht für jeden Kauf. Vornehmlich Premiumkunden, die einen Einkauf im Wert von mehreren Hundert Euro getätigt haben, wird das persönliche Telefonat zuteil. Die Hoffnung: Jemanden, der viel Geld ausgegeben hat, zu binden, ermöglicht weitere Einkäufe in ähnlichen Größenordnungen.

Vorteile und Besonderheiten klar kommunizieren Nutzer, die noch nichts gekauft haben, melden sich nicht einfach so für einen Newsletter an. Die regelmäßige E-Mail sollte klar mit Vorteilen und Besonderheiten kommuniziert werden, zum Beispiel kostenlose Downloads, Rabatte oder Sonderaktionen. Die Deutsche Kreditbank verschenkt per Newsletter gelegentlich Konzerttickets und Veranstaltungskarten – positive Verstärkung in Bestform.

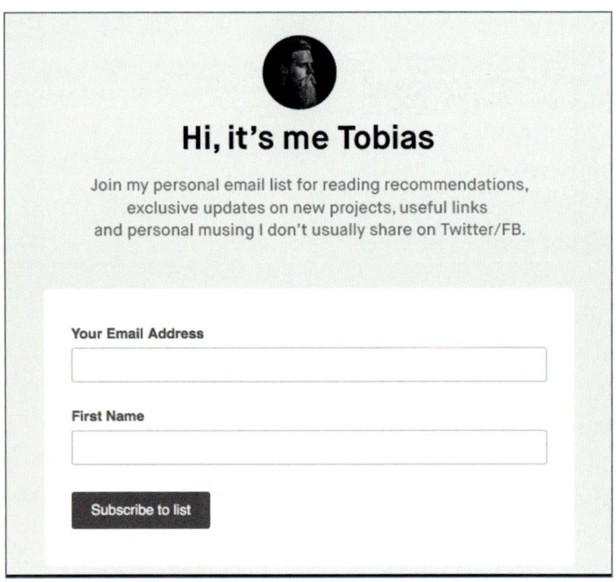

E-Mail-first-Politik Der Designer Tobias van Schneider weist unter jedem seiner Blogposts auf seine Mailingliste hin: Hier werden diese Posts zuerst veröffentlicht, bevor sie im Blog oder auf Medium erscheinen. Diese E-Mail-first-Politik macht sich bezahlt: Aus Gelegenheitslesern werden treue Abonnenten, die darauf fiebern, die ersten zu sein, die einen neuen Beitrag lesen. Nicht nur das: Die persönliche Ansprache erhöht auch die Nutzerbindung. Eine echte Beziehung zwischen Absender und Empfänger wird aufgebaut.

Anmeldeformular von Tobias van Schneider

Helferlein des E-Mail-Marketings Newsletterprovider wie MailChimp oder FreshMail bieten eine einfache Möglichkeit, E-Mail-Marketing zu managen. Vom Anmeldeformular über die Adressverwaltung bis hin zum Erstellen und Versenden der E-Mails kümmern sie sich um alles. Für kleinere Projekte sind diese Dienste meist kostenlos – bezahlt wird erst, wenn eine gewisse Anzahl an Abonnenten erreicht ist.

Umfangreiche Statistiken bieten Zugriff auf Leserzahlen, Open Rates und geben Hinweise zur Optimierung der Kampagnen – von Frequenz, Länge der Mails, Verwendung bestimmter Begriffe bis hin zu Responsiveness.

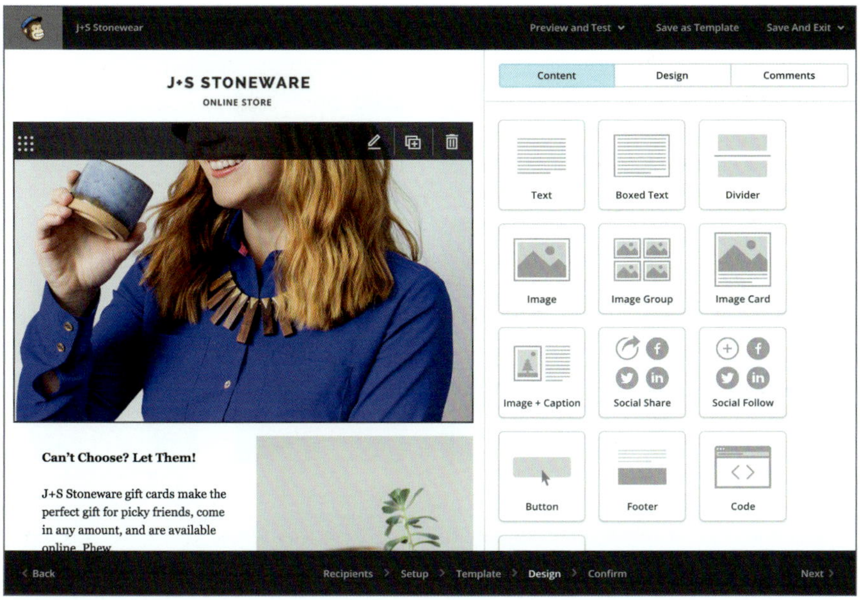

< *E-Mail-Erstellung mit MailChimp*

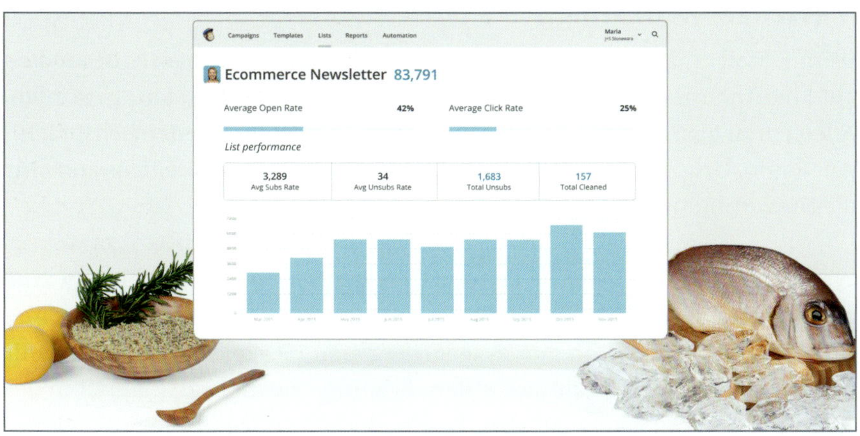

< *Auswertungsbildschirm von MailChimp*

FREE!
Der Spamfilter von Google Mail, dem zurzeit größten E-Mail-Provider im Netz, reagiert extrem empfindlich auf typische Begriffe wie »Free«, »Gratis« oder »Viagra« – versuche, diese um jeden Preis zu vermeiden!

Die Dienste *emailonacid.com* und *litmus.com* sind darauf spezialisiert, E-Mails vor dem Versenden zu testen. Ein Simulator zeigt dir hier deine E-Mail in den populärsten Mailprogrammen an – und hilft so, Stolpersteine zu vermeiden, die entstehen, wenn zum Beispiel Outlook 97 die Bilder herausfiltert oder Farben entfernt. Besonders hilfreich: Hier gibt es Tipps zum Umgang mit Spamfiltern – schließlich sollen unsere Mails ja beim Nutzer ankommen und nicht in dessen Junkmail-Ordner.

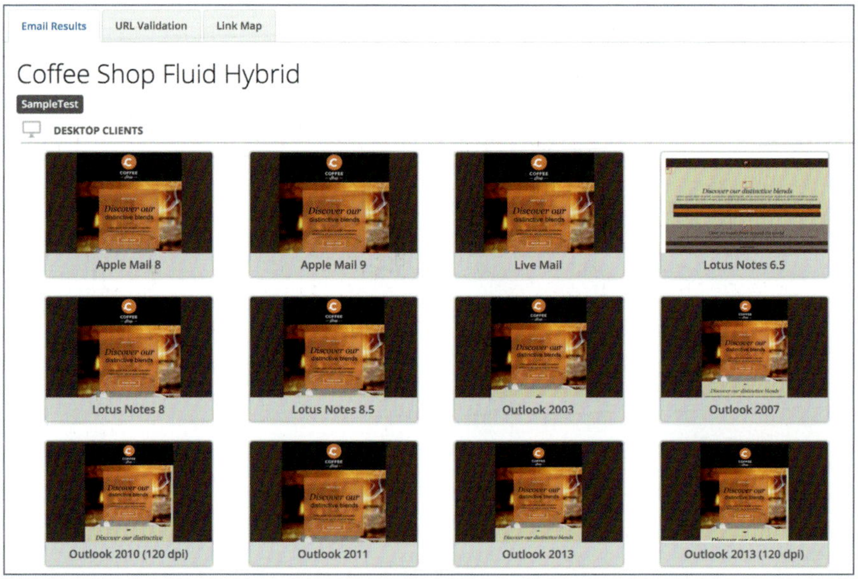

Bei emailonacid.com kannst du verschiedene Clients testen.

Messenger-Marketing

Wem E-Mail zu langwierig ist, der greift zu Instant Messengern. Besonders auf Smartphones sind die SMS-Nachfolger längst zum Standard geworden. Allen voran die Facebook-Tochter *WhatsApp* – besonders im deutschsprachigen Raum. Grund genug, sich diese Art des Nachrichtenschreibens auch für die Nutzerbindung anzuschauen.

WhatsApp Die Süddeutsche Zeitung (*sueddeutsche.de*) bietet seit Juni 2015 einen »Briefing«-Dienst an: Einfach per *WhatsApp* »Hi« an eine bestimmte Nummer schicken, schon gibt es jeden Tag eine 160-Zeichen-Nachricht mit den wichtigsten News – ähnlich einem Briefing, wie es Staatsmänner in der Kategorie Barack Obama auf dem Weg vom Oval Office ins Capitol bekom-

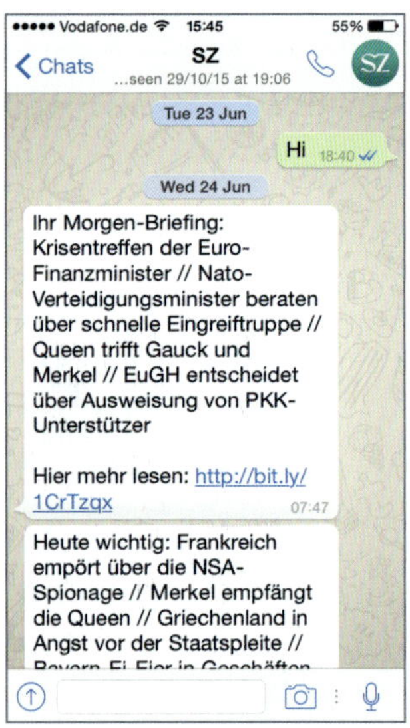

Tägliches Briefing via WhatsApp von der SZ

men ... oder so ähnlich. Wer mehr zu einem Thema wissen will, klickt auf den integrierten Link.

Klingt allemal besser als ein SMS-Newsletter und hat vor allem gegenüber E-Mail drei entscheidende Vorteile: WhatsApp-Nachrichten werden von keinem Spamfilter abgefangen, sind kurz und schnell erfassbar und integrieren sich perfekt in die persönliche Kommunikation auf dem Telefon.

^ *»In ein, zwei Minuten wissen, was die Welt bewegt« – die Süddeutsche bietet ein tägliches Briefing via WhatsApp.*

Das Backend hierfür übernehmen Dienstleister wie WhatsBroadcast (*whatsbroadcast.com*). Ähnlich wie bei Newsletterdiensten verwalten sie Telefonnummern und helfen beim Erstellen der Nachrichten. Für bis zu 500 Empfänger bist du in der Regel mit 50–60 Euro dabei – nicht umsonst, aber vertretbar.

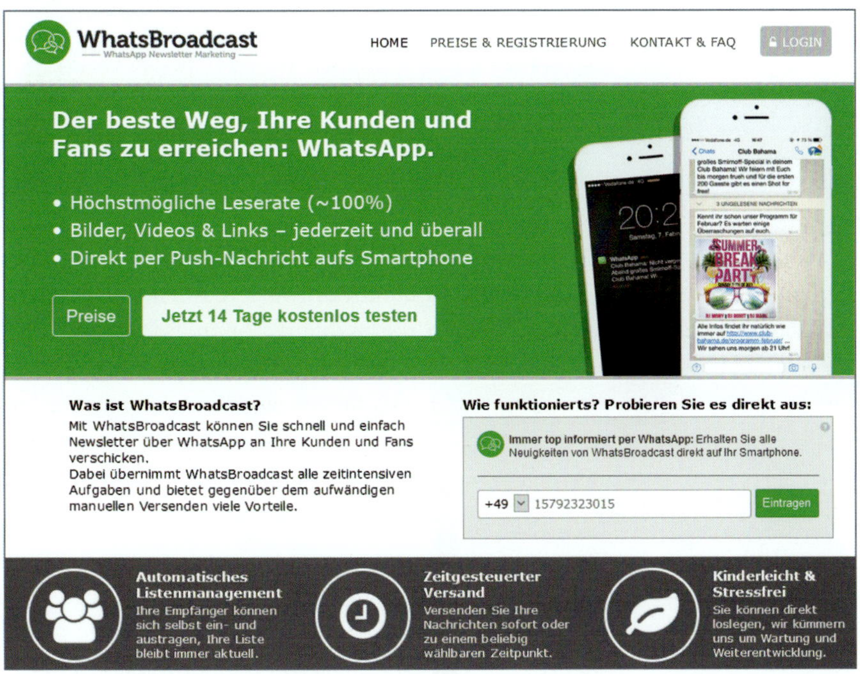

^ *Newsletter per WhatsApp? WhatsBroadcast hilft.*

Aubade-Lektion № 37
Hör auf zu nerven.

Sage etwas, wenn du etwas zu sagen hast Beim Messenger-Marketing kommt es vor allem auf die Relevanz der Inhalte an. Nutzer, die ein Nachrichtenabo erwarten, reagieren nicht besonders positiv auf unerwünschte Werbung für Lockenstäbe. Auch die Frequenz spielt eine Rolle: Wer zu viele Nachrichten schickt, zahlt nicht nur drauf, sondern vergrault damit auch die Nutzer.

Opt-in-Marketing: transparent Erwartungshaltungen kommunizieren

Der Profitipp für jede Art von Opt-in-Marketing: Kommuniziere von Anfang an klar und transparent, was den Nutzer erwartet, sowohl welche Inhalte geschickt werden als auch wie oft. Das Versprechen »Wir schicken dir keinen Spam« hilft, aber nur, wenn es auch so gemeint ist.

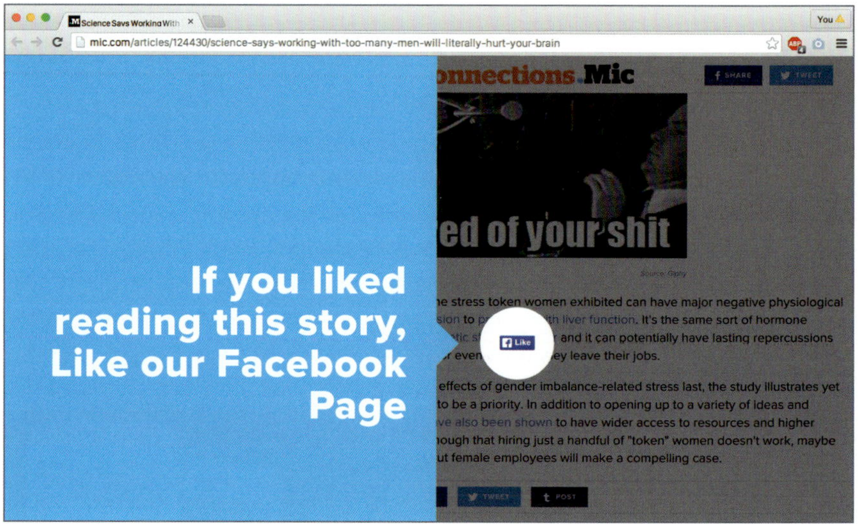

> Prominenter Like-Button auf einer Website – definitiv schon zu viel

Du hast nicht vor, die E-Mail-Adressen oder Telefonnummern an Werbepartner zu verkaufen? Gut, dann darfst du darauf hinweisen. Auch die Möglichkeit, sich jederzeit wieder abzumelden, darfst du erwähnen: Das Wissen und die Sicherheit, sich ohne Konsequenzen wieder zurückziehen zu können, ist für viele Nutzer ein ausschlaggebender Ansporn, sich wirklich anzumelden.

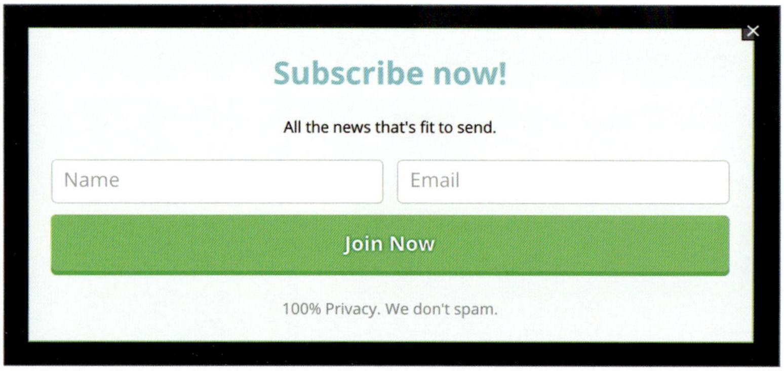

< In diesem E-Mail-Formular wird darauf hingewiesen: Kein Spam, versprochen!

Facebook und Co.

Like me, follow me – Social Media sind längst zum festen Bestandteil unseres Onlinealltags geworden. Kaum eine Marke kommt ohne Facebook-Seite, Twitter-Account, Instagram-Gallery, Snapchat-Forum, Tumblr-Blog, Flickr-Stream, SoundCloud-Kanal oder Pinterest-Wall aus.

Was eine gute Social-Media-Präsenz von langweiligem Newsfeed-Spam unterscheidet, lernst du im Kapitel »Lass uns Freunde bleiben: Social Media«. Nur so viel: Wer echte Nutzerbindung über Social-Media-Kanäle erzielen möchte, der muss wissen, wo sich seine Nutzer tummeln – und was er erreichen möchte.

Gerade jüngere Webnutzer sind seltener auf Facebook und Co. unterwegs oder nutzen die Netzwerke nur noch als Messengerplattformen. Auf Instagram erreichst du zwar eine große, vor allem weibliche Zielgruppe – ohne Links in den Bildbeschreibungen aber nicht unbedingt geeignet, um Traffic für die eigene Seite zu generieren.

Interne Bereiche

Der Klassiker im Bereich Nutzerbindung ist die »Members Area«: Ein exklusiver Bereich in der eigenen Website, zu dem nur ausgewählte Mitglieder Zutritt erhalten. Oft genug handelt es sich hier aber eher um Wunschdenken von Product-Managern – die angebotenen Inhalte sind eher langweilig oder banal, ein Anmelden lohnt kaum.

Der interne Bereich ist in Kombination mit anderen Opt-in-Mechanismen aber durchaus sinnvoll.

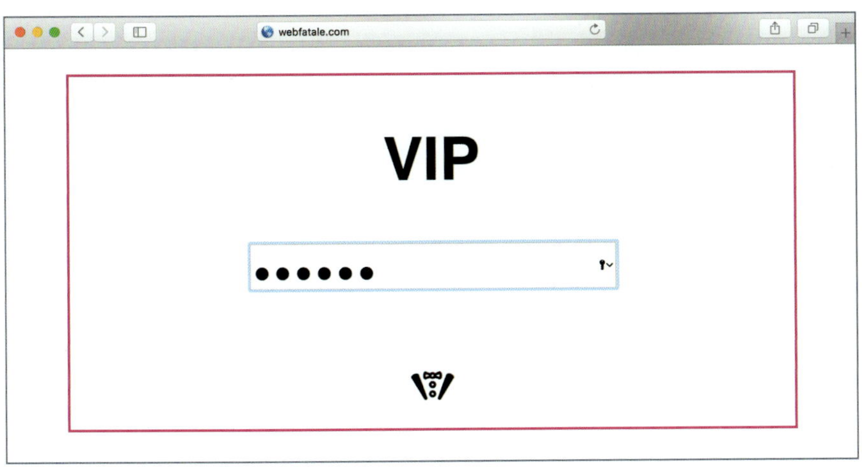

< Als Leser hast du exklusiven Zugriff auf den internen Bereich von webfatale.com. – Das Passwort lautet »sharky«.

Gamification in der Praxis

Wie Gamification in der Theorie funktioniert, habe ich bereits im Kapitel »Das Spiel mit den Reizen: User Experience« ab Seite 91 besprochen. Ob sich Gamification als Nutzerbindungsmaßnahme für dein Produkt eignet, ist von verschiedenen Faktoren abhängig. Generell gilt: Für erfolgreiche Gamification muss man bereit sein. Produkt und Tonalität müssen sich dafür eignen, die Unternehmenskultur muss offen für Neues sein. Gamification muss immer freiwillig passieren – sie sollte dem Nutzer nie aufgezwungen werden.

Im Gegensatz zu Spielen kann man bei gamifizierten Produkten nicht verlieren – der Nutzer bekommt ausschließlich positives Feedback. Einmal gewonnene Badges werden nicht wieder zurückgenommen, unter keinen Umständen. Wie diese Prinzipien in der Praxis aussehen, lernst du am besten am Beispiel.

Treehouse

Dass Lernen Spaß machen kann, zeigt die Plattform Treehouse (*https://teamtreehouse.com*). Die eigentlich relativ trockenen Computer- und Programmierthemen werden ansprechend aufbereitet. Nicht auf die merkwürdige, altbackene Art mit Singen, Tanzen und Sachaufgaben, mit denen man uns in der Grundschule gequält hat – sondern mit gut strukturierten Informationen, Inspiration für neue Kurse und einem ausgeklügelten Badgesystem, das Lernfortschritte unmittelbar belohnt.

Treehouse-Badges

Neue Nutzer werden nicht nur mit Lerninhalten geködert, sondern mit fertigen Produkten, die sie nachprogrammieren können, inklusive eines kompletten Trailers zu einem Jump-and-Run-Spiel namens *Space Cat*. Die Produkte erstrecken sich über verschiedene Kurse, die miteinander verzahnt sind – hier hilft die Gamification nicht nur bei der Akquise, sondern auch bei der Nutzerbindung.

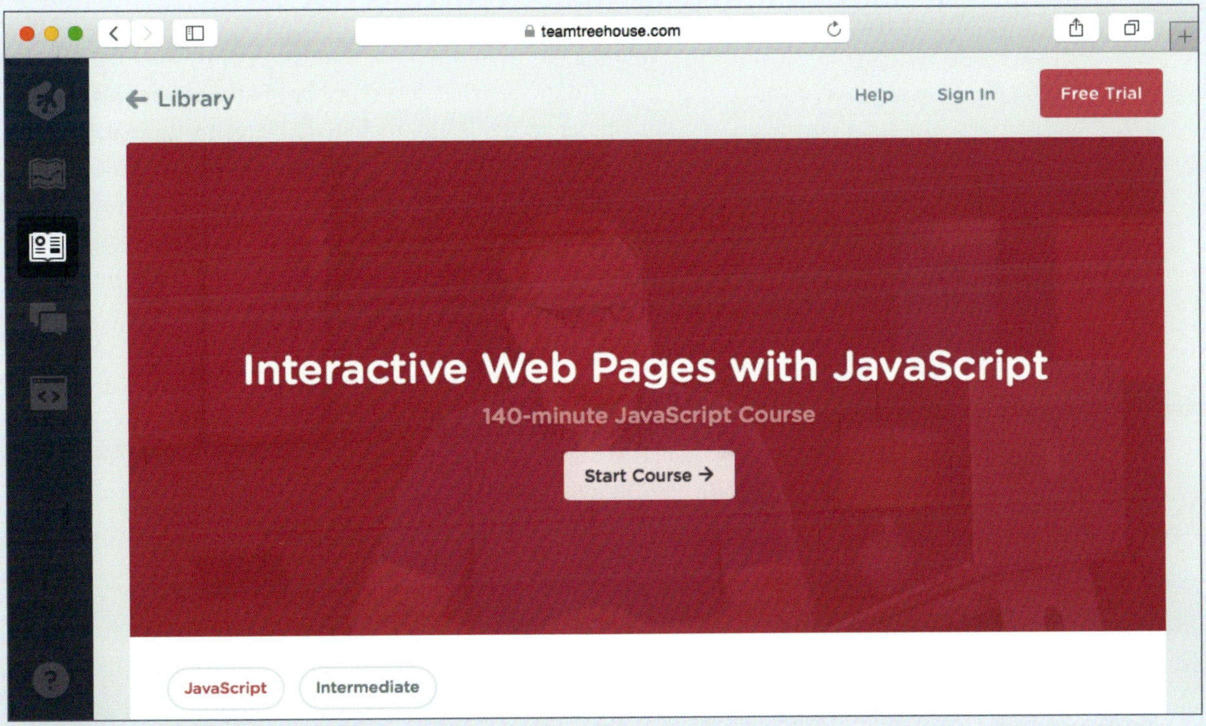

Treehouse-Kursstruktur

Trailer für Space Cat

America's Army

America's Army (*americasarmy.com*) ist ein Computerspiel, das im Auftrag des amerikanischen Militärs entwickelt wurde. Das Ballerspiel soll anschaulich zeigen, wie der Dienst an der Waffe realistischerweise aussieht. Ein kostenloser Egoshooter, direkt von den Experten gemacht, so wurde *America's Army* beworben. Doch dahinter steckt mehr: Spieler melden sich mit ihren echten Daten an, sind sofort Teil einer Community. Für bestandene Levels gibt es Auszeichnungen und Badges – ganz wie im echten Militärdienst. Eindeutig nichts für Pazifisten.

Soweit noch ganz harmlos, wäre nicht das Design der eigentlichen Rekrutierungsseite quasi identisch – dieselben Schriftarten, dasselbe Farbschema, dieselbe Tonalität. Unbedarfte Teenager werden mit einem Gratisspiel gezielt in militärische Strukturen eingeführt und treten, im schlimmsten Fall ohne es zu merken, der US Army bei.

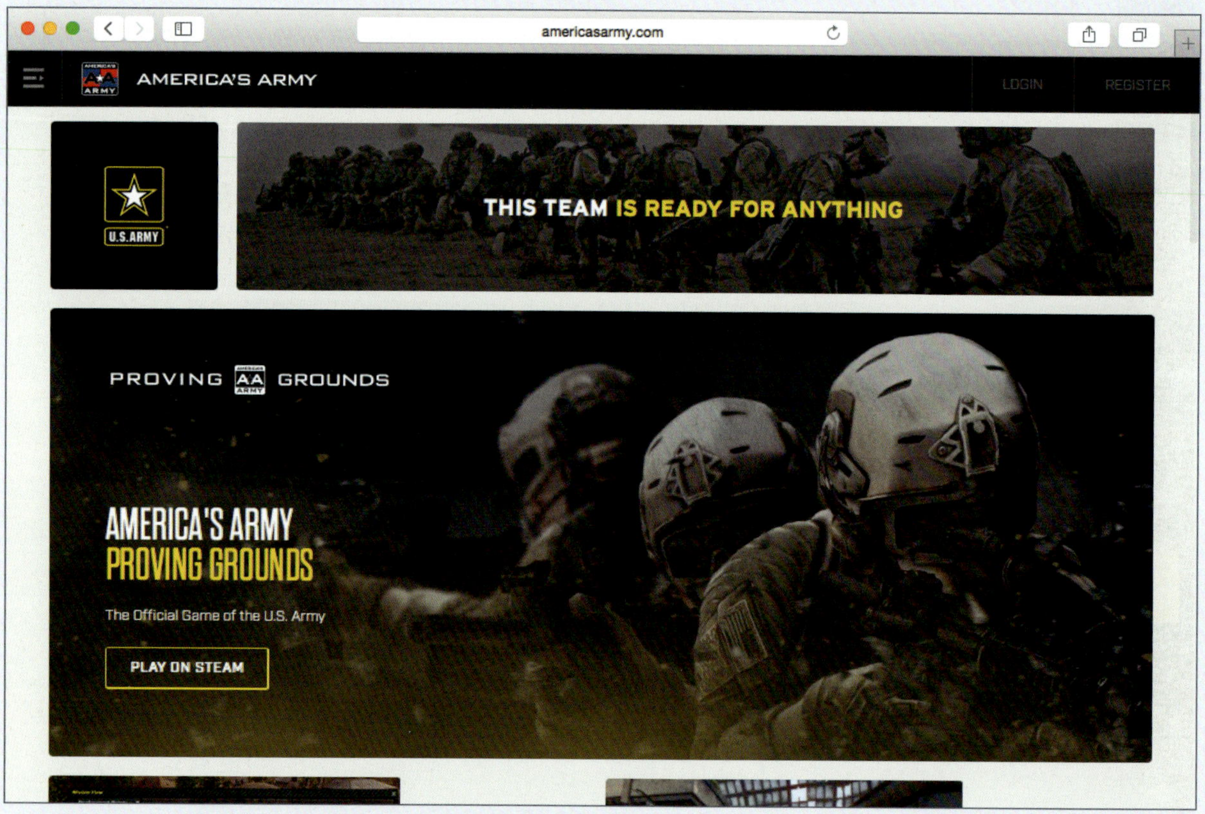

^ *Spiel oder Wirklichkeit? Die Website von America's Army*

Wer sich nicht aus Versehen zum Militärdienst meldet, bei dem meldet sich die Army gleich selbst: Die Armee sucht ständig nach technisch begabten jungen Menschen mit schneller Reaktionsfähigkeit, und so werden die erfolgreichsten Spieler von *America's Army* von Rekrutierungsbeauftragten direkt angeschrieben. Eine perfide Art der Nutzerbindung, die extrem gut umgesetzt ist und definitiv die Grenze zum »Dark Pattern« überschreitet.

> *Screenshot aus America's Army*

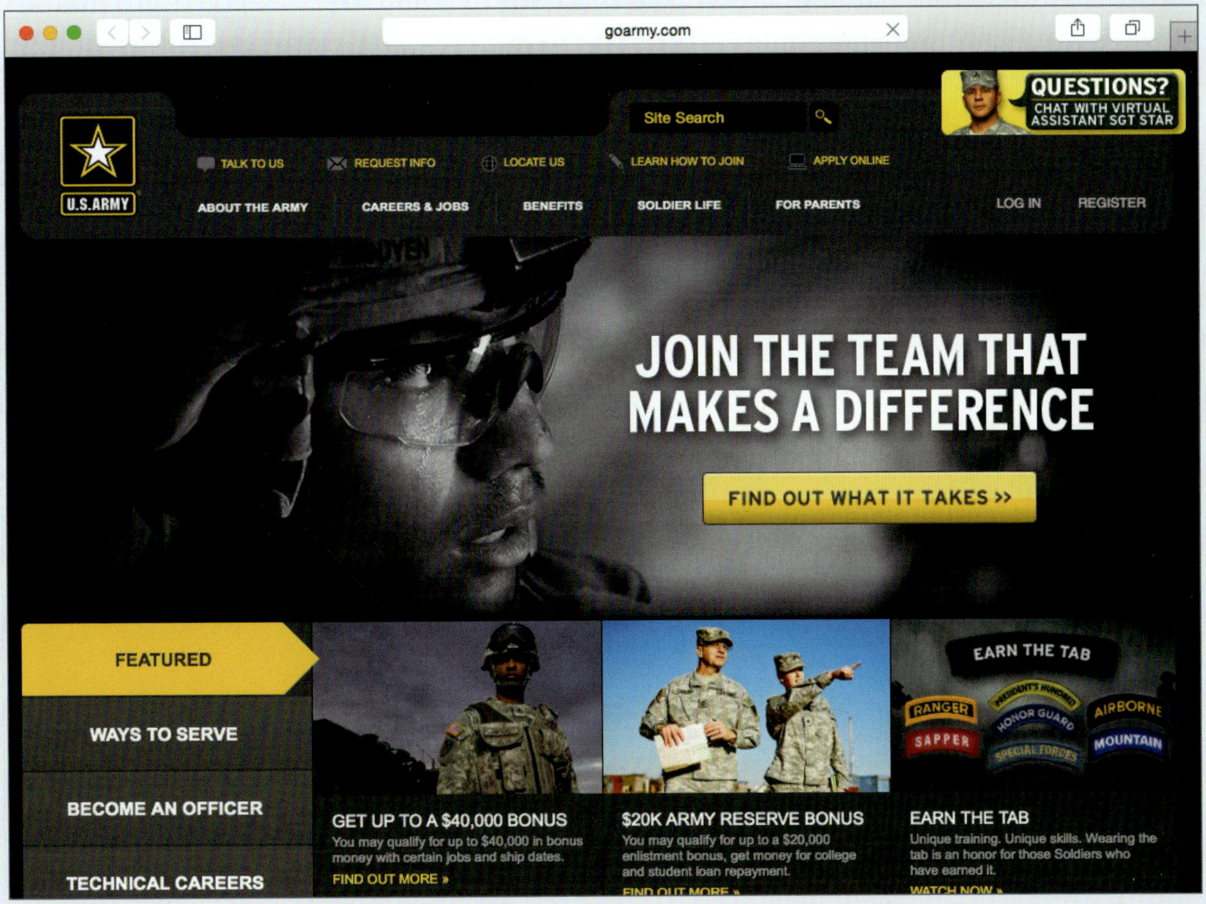

^ *Wirklichkeit oder Spiel? Die echte Recruitingseite*

Nike+

Nike+ (*https://secure-nikeplus.nike.com/plus*) ist eines der langlebigsten gamifizierten Produkte. Nike+ fing 2006 als kleiner Tracker an, der am Laufschuh angebracht wurde und Bewegungsdaten direkt zum iPod funkte. Die Bewegungsdaten werden statistisch aufbereitet, Laufstrecken lassen sich auf einer Karte nachvollziehen. Der Fortschritt wird getrackt, je nach Trainingsziel lassen sich Schnelligkeit, Ausdauer oder Trainingsfrequenz festlegen und verfolgen.

Für erfolgreiche Trainings steigt man ein Level höher – der direkte Vergleich mit Freunden aus der Community spornt zusätzlich an und bindet Nutzer dauerhaft. Heute gibt es Nike+ nicht nur als Lauf-App, sondern auch als Fitnessuhr und Fuelband – ein Paradebeispiel für Gamification, das nicht nur für jede andere Trainings-App Pate stand, sondern Nike auch half, seinen Marktanteil auf 14 % im Bereich Laufschuhe zu steigern.

^ Nike+ gibt es mittlerweile in verschiedensten Ausführungen und für alle wichtigen Devices.

> Die Nike+-Website informiert über die Fortschritte der Community.

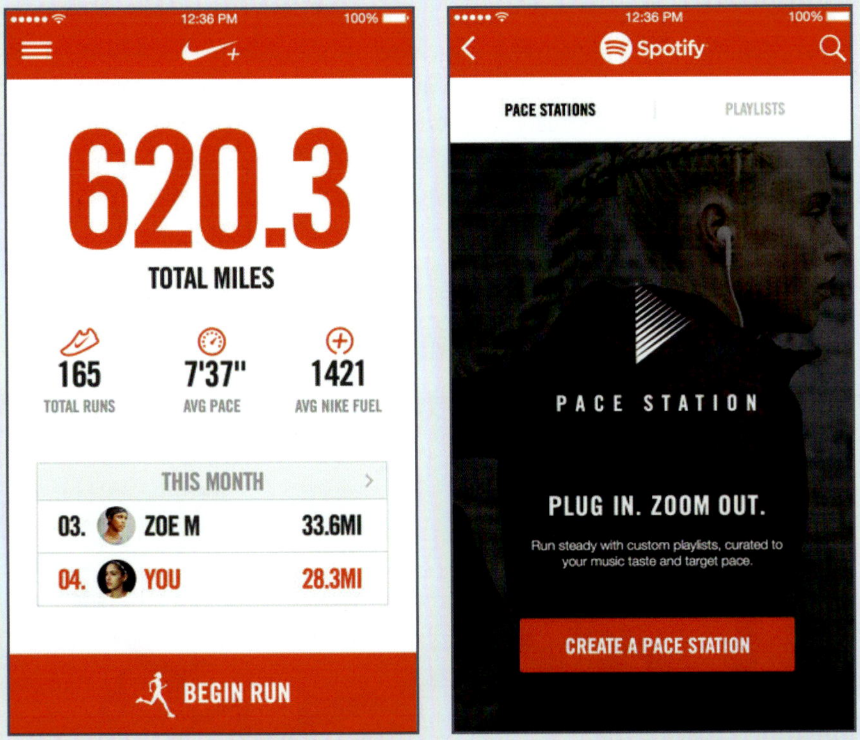

∧ *Die Nike+-App gibt dir einen Überblick über deine erreichten Leistungen.*

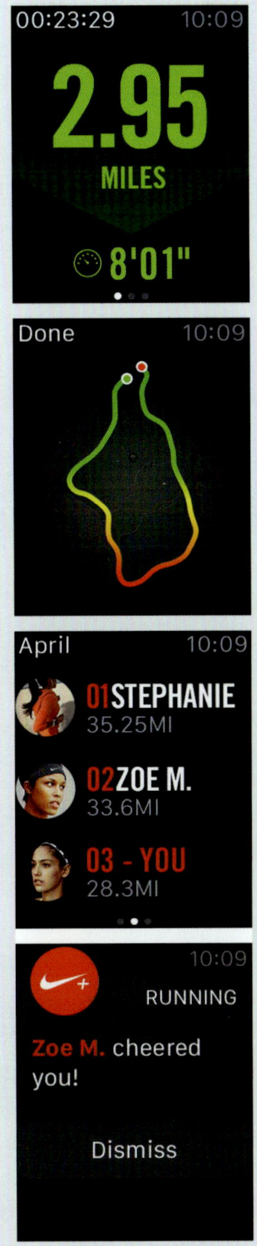

∧ *Auf der Apple Watch siehst du nicht nur deinen aktuellen Lauffortschritt, sondern kannst dich auch von deinen Freunden anfeuern lassen.*

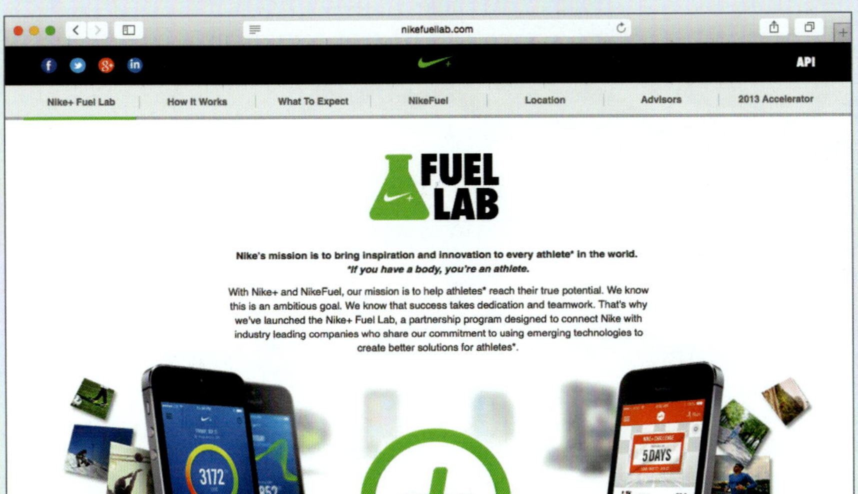

∧ *Im Nike+ Fuel Lab werden neue Apps und Ideen ausprobiert.*

Foldit

Wissenschaft trifft auf Spieltrieb – auch das ist möglich. Im Spiel *Foldit* (*fold.it*) faltet der Spieler lange Ketten von Aminosäuren zu kompakten Eiweißen zusammen. Je »besser« das Protein, desto mehr Punkte. Die Erkenntnisse und Faltideen fließen in die wissenschaftliche Arbeit der University of Washington ein und werden zum Beispiel für die AIDS-Forschung genutzt. Spieler als Proteinfalter haben etwas, was Computern fehlt: die menschliche Intuition.

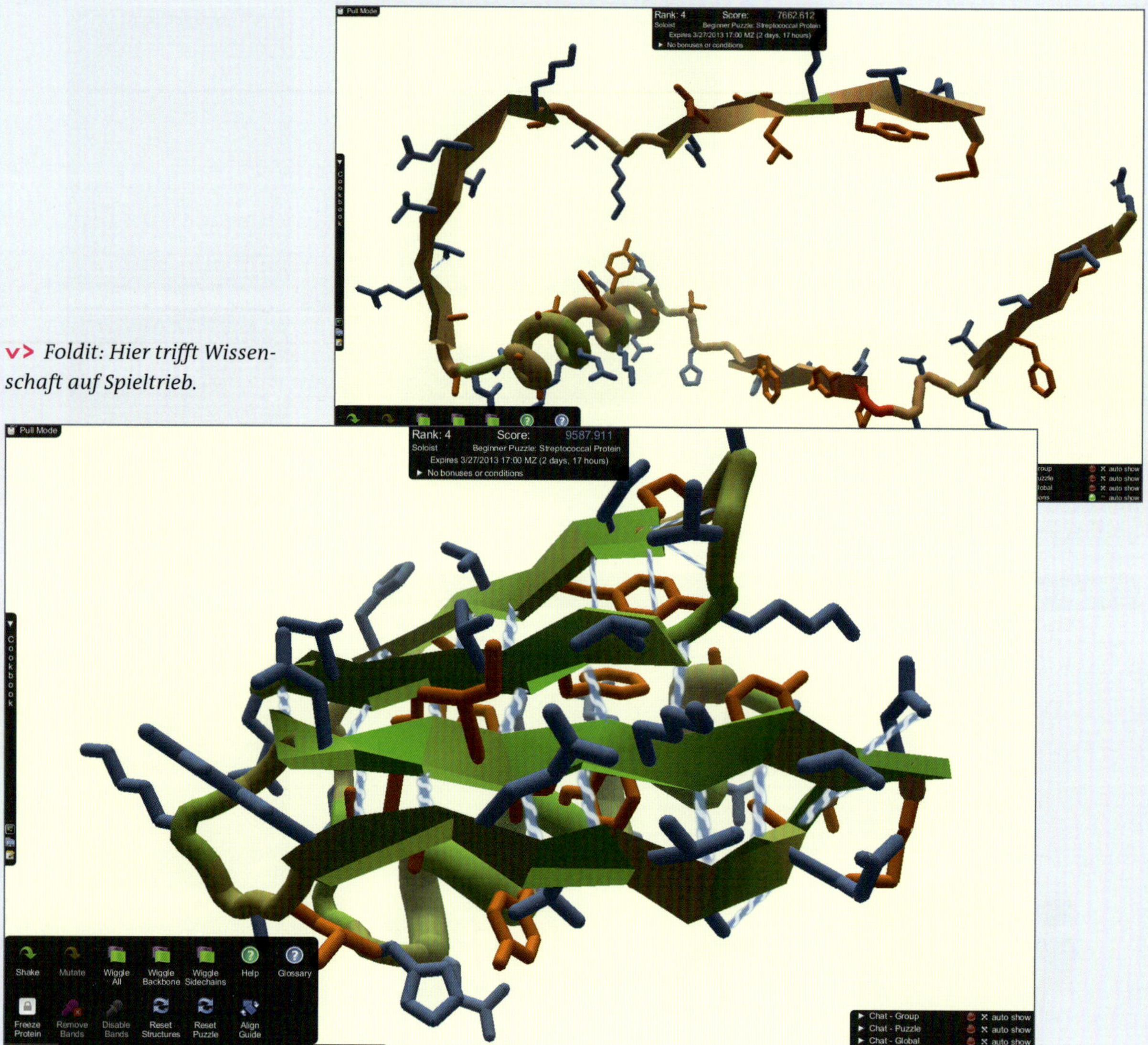

v> *Foldit: Hier trifft Wissenschaft auf Spieltrieb.*

Microsoft Ribbon Hero 2

Okay, streng genommen ist *Ribbon Hero* (Download auf: *ribbonhero.com*) kein gamifiziertes Interface, sondern ein Spiel, das in Microsoft Office integriert ist. Ziel des Spiels ist es, die Funktionsweise der furchtbar komplexen Ribbon-Symbolleisten zu erlernen. Mit einer Portion Ironie und Abwechslung trifft Microsoft den Nerv seiner Zielgruppe: Auch »Clippy«, der verhasste Büroklammerassistent, bekommt hier eine zweite Chance.

Microsoft Ribbon Hero

Hinreißende Absätze: Marktstrategien

Hinreißende Absätze: Marktstrategien

Eine Website kann noch so verführerisch sein, wer sich am Markt nicht durchsetzt, der kann einpacken. Jetzt gilt es, mit den richtigen Marktstrategien die Oberhand zu gewinnen.

Ein gutes Produkt allein reicht heute nicht mehr aus – wer eine App oder Website richtig erfolgreich betreiben will, muss sie auch vermarkten.

Nicht nur *was* man sagt – Tonalität

Aubade-Lektion № 55
Erzeuge neue Gefühle.

Vielleicht hast du dieses Buch gekauft, weil du bereits einige Rheinwerk-Bücher gelesen hast. Du magst die Qualität des Drucks, die verständlich geschriebenen Inhalte und das umfassende Portfolio. Doch in diesem Buch ist etwas anders – du weißt nicht genau, was, aber irgendwie liest es sich anders als die bisherigen. Der Grund dafür könnte sein, dass du seit 181 Seiten konsequent geduzt wirst – anders als in den meisten anderen Rheinwerk-Publikationen, die ihre Leser immer siezen.

In diesem Buch haben wir die Tonalität verändert, um eine persönlichere Ansprache zu erreichen. Der Ton macht die Musik. Als Gestalter und Texter einer Website hast du über die Tonalität die Möglichkeit, die Wahrnehmung beim Nutzer ganzheitlich zu verändern.

Klingt platt, ist aber so: Der Ton macht die Musik

Sie können ruhig du zu mir sagen! Du oder Sie? Während das altmodischere »Sie« respektvoll und distanziert klingt, kommt das »du« persönlicher und jugendlicher rüber. Authentische Inhalte lassen sich mit einem »du« immer einfacher kommunizieren, während wir einem »Sie« eher Vertrauen und Kompetenz entgegenbringen. Junge Zielgruppen möchten gerne auf Augenhöhe abgeholt werden, während ältere eine respektvollere Ansprache erwarten. Das »du« ist dabei natürlich persönlich und respektvoll gemeint – plattes Rumkumpeln ist nicht der Sinn der Sache.

Ein typisch deutsches Problem übrigens: Im Englischen gibt es diese Unterscheidung nicht, in den skandinavischen Ländern versucht man seit Jahren, vom formelleren »Sie« wegzukommen.

Sprachwelt – wie eine Marke klingt

Eine Website kann gleichzeitig seriös und unterhaltend sein.

Die Sprachwelt beeinflusst maßgeblich, wie eine Marke wahrgenommen wird. Als Sprachwelt verstehen wir die Gesamtheit der verwendeten Ansprache, des Vokabulars, aber auch der Grammatik, Satzlängen, Humor, Lautmalerei, wörtliche Rede vs. beschreibende Rede – stell dir vor, vor dir liegen ein Thomas-Mann-Roman und eine »Bild«-Zeitung.

Unabhängig von der Art des Produkts kann eine Website so entweder förmlich distanziert wirken oder wie ein guter Freund, mit dem du dich auf Augenhöhe unterhältst. Eine Website kann gleichzeitig seriös und unterhaltend sein.

Der Smoothie, dein Freund Wie das geht, kannst du dir im Kühlregal abgucken: Neben den gesunden grünen Wellness-Smoothies und den preiswerten Handelmarken stehen Innocent-Smoothies. Bei Smoothies denken wir zuerst einmal an pürierte Früchte, an viele Vitamine und Öko-Eltern, die ihren Kindern die Saftbomben in die Schule hinterhertragen. Während alle anderen Smoothiehersteller also Vitamine und Obstsorten auf die Flasche schreiben, druckt man bei Innocent stattdessen einen Smiley und ein kaffeetrinkendes Eichhörnchen aufs Etikett.

> *Innocent-Saftflasche – von vorn unscheinbar und lieb, und hinten überrascht das Innocent-Saftetikett mit Eichhörnchen.*

Innocent (*innocentdrinks.de*) begreift sich als freundliche, humorvolle Marke mit einer großen Portion Selbstironie. Ein Smoothie, der unterhält. Ein

Smoothie als Freund. In eine ähnliche Kerbe schlägt übrigens auch der Internetauftritt des Fair-Eis-Herstellers Ben & Jerry's (*benjerry.de*).

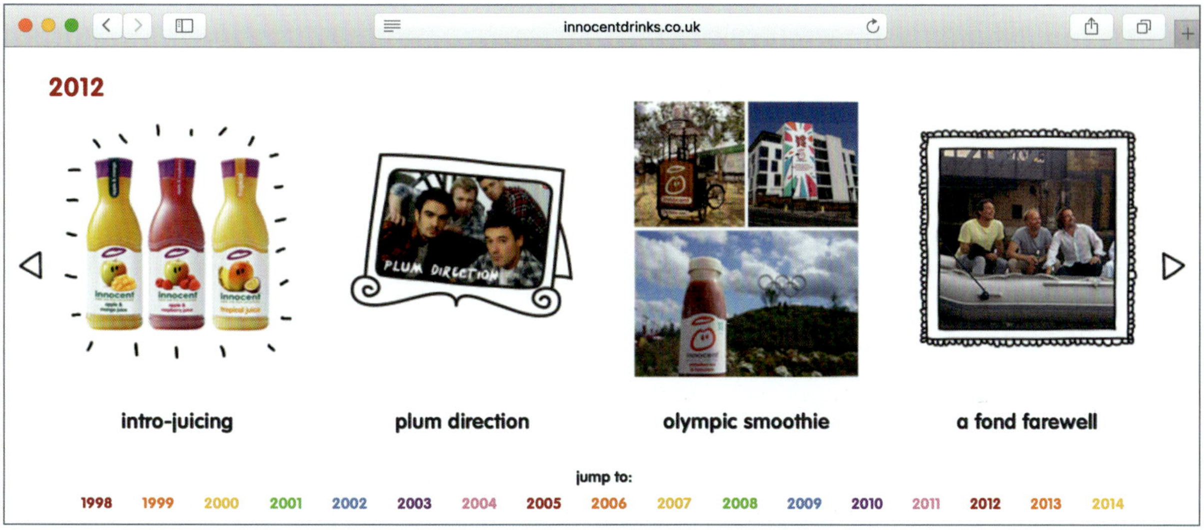

Innocent-Website

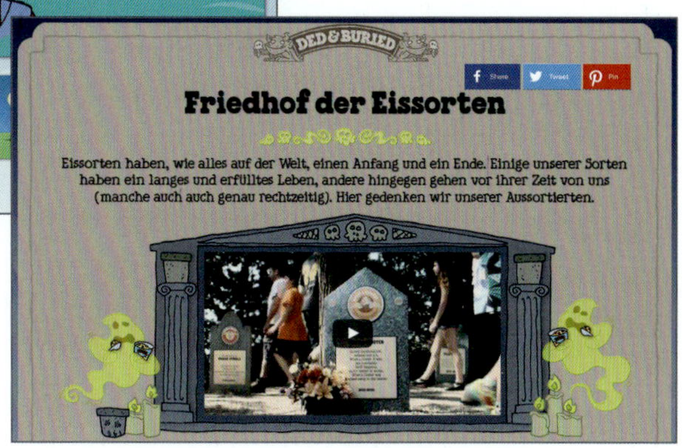

Löffel für Löffel die Welt retten und durch den Friedhof der Eissorten wühlen: Bei Ben & Jerry's ist das alles möglich.

∧ *Ohne teuer, aber mit viel Gelb: Ein schrilles Gelb dominiert die Farbgebung.*

Ohne teuer Krasses Gegenbeispiel zur verspielten Ansprachen ist die neue Eigenmarke »Ohne teuer« vom Discounter real,-: Schlichte Schrift auf gelbem Grund und nüchterne Produktbezeichnungen lassen die Produkte besonders günstig wirken – aber auch transparent und ehrlich (*www.unsere-marken.real.de/nc/ohne-teuer.html*).

Die meisten Produkte in der gelben Verpackung gibt es auch in anderen Eigenmarkenausführungen – die wirken dagegen aber schon sehr wertig. Dem Käufer wird suggeriert, dass kein Geld und Aufwand in die Verpackung geflossen sind – und er wirklich das preiswerteste Produkt in den Händen hält. Die »billige« Aufmachung wird mit einer starken Betonung des Preisniveaus ergänzt – obwohl die gelben »Ohne teuer«-Produkte nicht wirklich immer die preiswertesten sind.

∧ *Real »Ohne teuer«*

Das Eingemachte – der Markenkern

Die Markentonalität kann ein Produkt menschlich erscheinen lassen und von der Konkurrenz abheben. Sie hilft dabei, sich auf den Markenkern zu fokussieren. Der Markenkern setzt sich im Idealfall aus den Markenwerten zusammen, die den kompletten Markenauftritt überspannen. Die schwedische Tourismusbehörde »Visit Sweden« hat ihren Markenkern mit drei Eigenschaften belegt: innovativ, empathisch, optimistisch. Nachzulesen ist das im **Styleguide** der Schweden; diese Eigenschaften dominieren sämtliche Kommunikation der skandinavischen Reisebehörde: *www.visitsweden.com/sweden/brandguide/Form-and-Image/Visual-identity/Visual-identity*.

Styleguide
Referenz und Bedienungsanleitung für die Verwendung der Marke, vor allem für Agenturen und Mitarbeiter gedacht.

Diese Herangehensweise ist sehr zu empfehlen: Positive Begriffe geben einen Rahmen und inspirieren für die Tonalität. Du gibst deiner Marke eine Persönlichkeit, eine Seele. Wichtig ist hierbei, dass du die Werte nicht zu all-

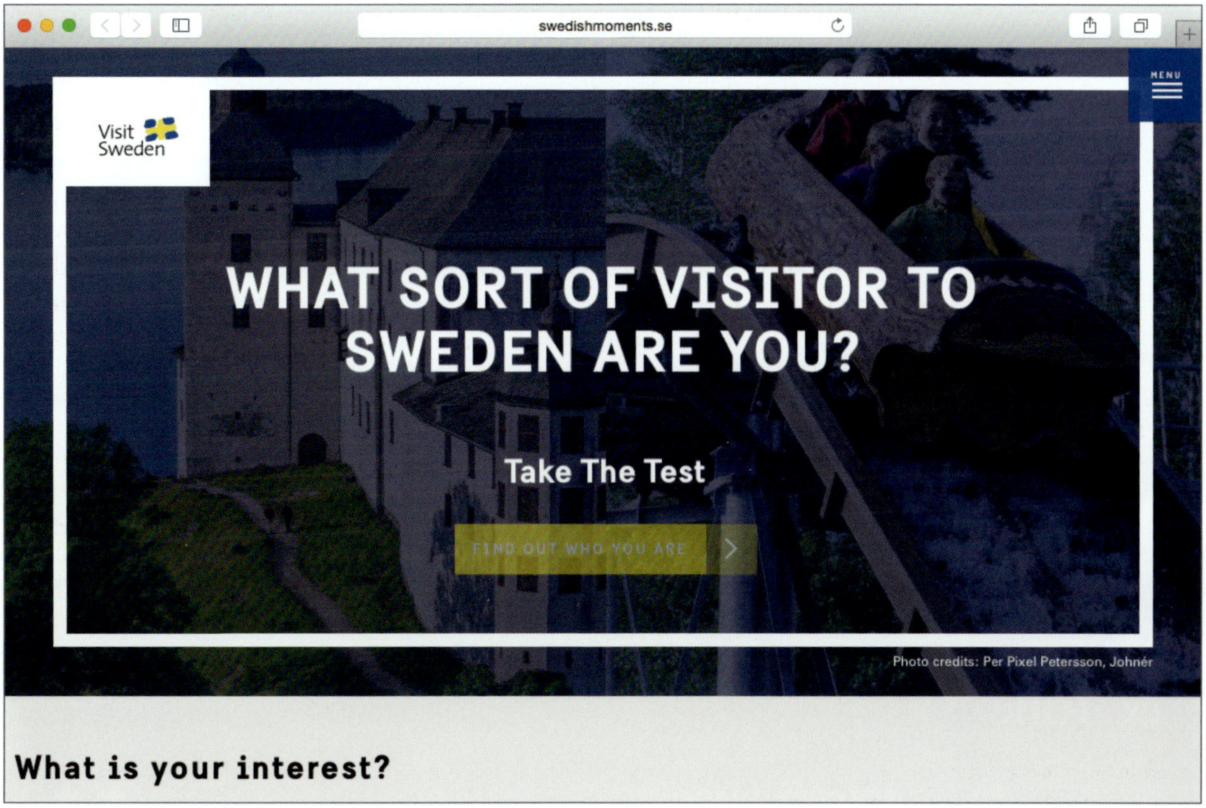

^ *Schönes, freundliches Schweden: Auf swedishmoments.se wird das Land positiv und emotional ins Bild gerückt.*

gemein definierst – die Begriffe der Schweden sind zwar hart an der Grenze, ergeben aber im Zusammenhang mit Ländermarketing durchaus Sinn.

Ein Styleguide kann helfen, die Tonalität festzulegen. Für die Herangehensweise gibt es kein Patentrezept, ich empfehle dir aber Folgendes:

1. Positionierung am Markt – was machen unsere Konkurrenten, was sind die Standards, wie können wir uns davon abheben?
2. Werte – was sind unsere Unternehmenswerte? Wie lassen sich diese in der Sprache transportieren?
3. Tonalität – genaue Definition der Tonalität. Wie ist die Sprache aufgebaut?
4. Beispiele – verwende die Tonalität in einem Satz.
5. Hilfestellungen – hier legst du Hinweise, Tipps, Ermessensspielräume, Don'ts fest.

Den Ton angeben

Wie man Tonalität festlegt, macht George Orwell in seinem Essay von 1946, »Politics and the English Language«, vor. Orwell setzt sich mit der Verwendung der Sprache in Politik und Wirtschaft auseinander, die nach seinem Dafürhalten häufig zu kompliziert und dekadent sei. Orwell definiert sechs Regeln:

1. Verwende niemals Metaphern oder Gleichnisse.
2. Nutze keine langen Wörter, wenn es kurze auch tun.
3. Wenn es möglich ist, ein Wort wegzulassen – dann lass es immer weg.
4. Nutze keine passive Sprache, wenn Aktiv möglich ist.
5. Verwende keine Fremdwörter, Fachbegriffe oder Jargon, wenn ein Alltagswort existiert.
6. Brich lieber eine dieser Regeln, als etwas zu schreiben, was gänzlich unmenschlich klingt.

Auf voiceandtone.com widmet sich MailChimp ausführlich Nutzerszenarien, Gefühlen und Erwartungen.

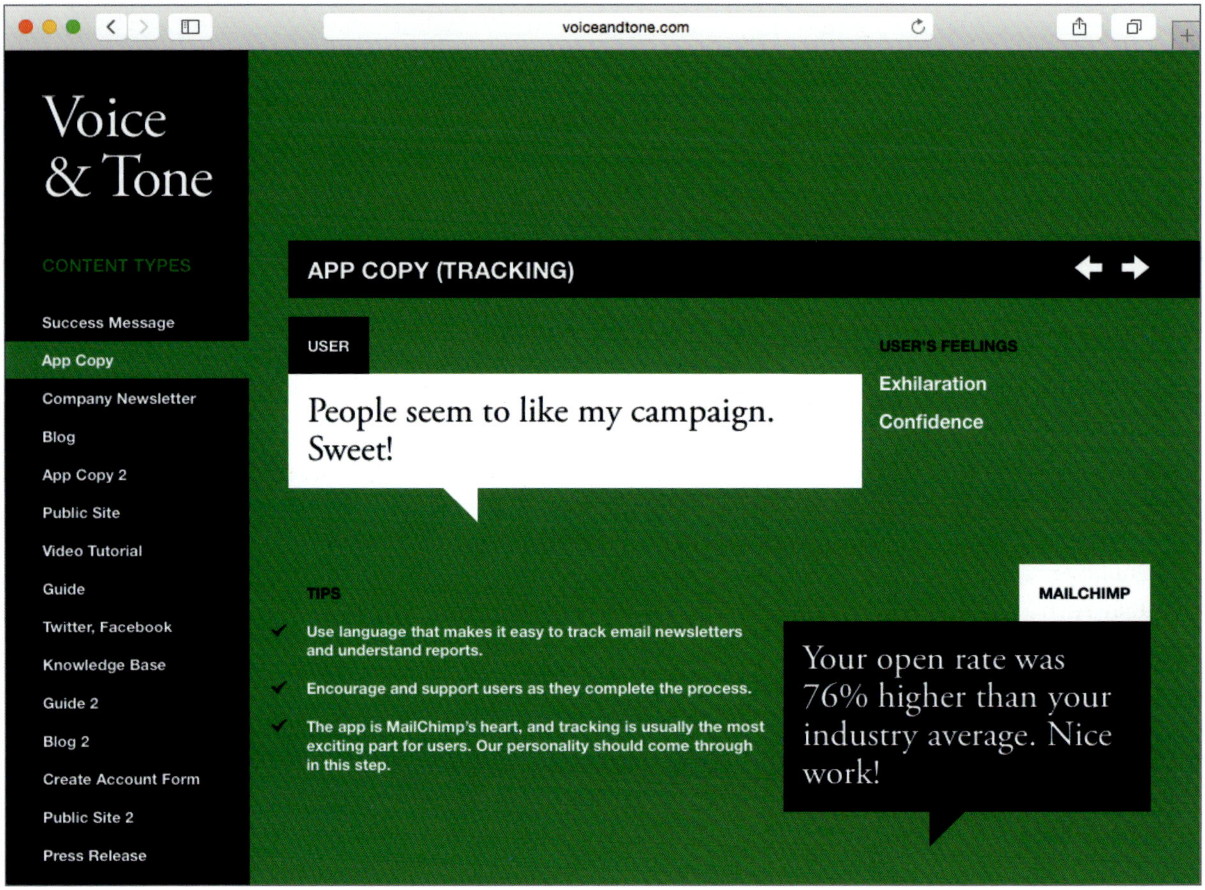

Sechs einfache Regeln, die so nicht nur für Texte über Politik funktionieren – sondern auch heute noch aktuell sind und für die meisten geschriebenen Texte sinnvoll sind. Der »Economist« hat sie daher auch eins zu eins in seinen Styleguide aufgenommen: *economist.com/styleguide*. Autoren der britischen Wochenzeitschrift werden angehalten, diese Regeln zu befolgen, um die Tonalität des Blattes zu wahren.

Beim E-Mail-Versender MailChimp ist man sich der Macht der Tonalität bewusst. Dort widmet man dem Thema eine eigene Website: Auf »Voice & Tone« werden verschiedene Nutzerszenarien, Gefühle und Erwartungen und die bestmöglichen Reaktionen beschrieben. Das Ganze ist leider nur auf Englisch verfügbar, aber definitiv einen Blick wert – und auch für deutsche Websites eine interessante Orientierung: *voiceandtone.com*.

Checkliste: Wie soll deine Website klingen?

Orwells Regeln sind bereits eine gute Inspiration für eigene Styleguides. Ein hilfreicher Ansatz ist zudem, sich verschiedene Fragen zu stellen:

- Müssen oder können? Wie verbindlich ist meine Ansprache, kann oder muss ich mein Telefon vor dem Start ausschalten?
- Bestimmt oder selbstbestimmt? Schreibt der Text dem Nutzer etwas vor, oder kann der Nutzer selbst entscheiden?
- Erklärend oder beschreibend? Ist der Text eher eine Anleitung oder eine Ausführung? Warum?
- Passioniert oder ruhig? Verwendest du starke, emotionale Worte, oder bleibst du sachlich? Je nach Text ist eher das eine oder andere sinnvoll.
- Traditionell oder umgangssprachlich? Slang kann dabei helfen, vertraut zu wirken, aber auch ältere Zielgruppen abschrecken, Digga.
- Wissenschaftlich oder zugänglich? »Bild«-Zeitung oder »Spektrum der Wissenschaft«?
- Humorvoll oder seriös? Humor kann viele Inhalte besser vermitteln, ist aber nicht immer angebracht.
- Formell oder informell? Behörde oder Burger King? Professor oder Proletariat? Bewerbung oder Werbung?

Bildwelt

Unterstützend zur Sprachwelt ist die visuelle Welt, in der sich die Marke bewegt. Farben, Formen, aber auch Schriftarten haben einen immensen Einfluss. Sprachwelt und Bildwelt hängen in der Regel zusammen und bedingen einander. Witzige Sprache wird meist von gesättigten, fröhlichen Farben begleitet, eine persönliche Ansprache von handgezeichneten Formen.

Eine Ausnahme bilden gewollte Brüche, zum Beispiel um Ironie auszudrücken – der Kräuterlikör Jägermeister (*jaegermeister.de*) wirbt seit Jahren mit derbem Humor, aber einer sehr klassischen, traditionellen Bildwelt – das ist kein Zufall.

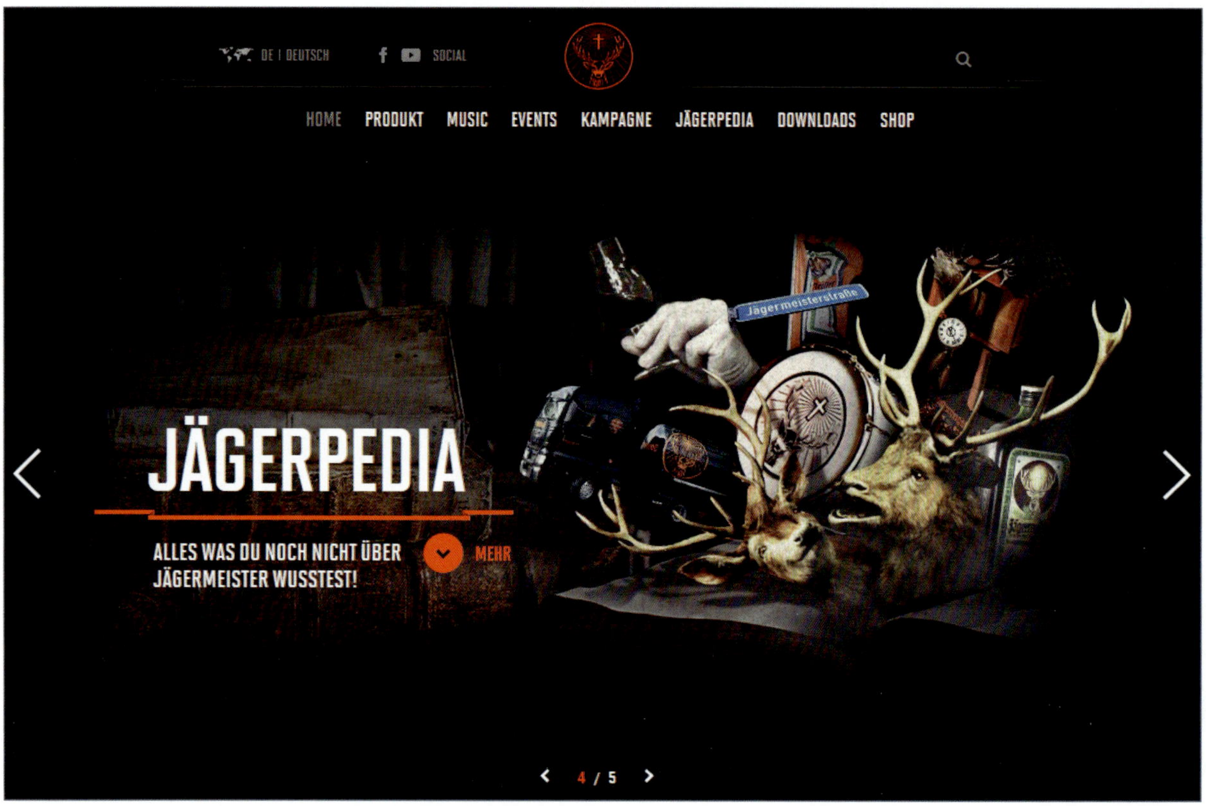

^ *Jägermeister: zwischen Hirschgeweih, Nosing-Glas und Truck*

Ich baue mir eine Bildwelt, wie sie mir gefällt Bei der Definition der Bildwelt gilt es, einige Fragen zu beantworten:

- Warme oder kalte Farben?
- Welches ist die primäre Farbe?

- Gibt es ergänzende Farben?
- Verwenden wir Fotos oder Illustration?
- Stockfotos oder »echte« Menschen?
- Dezente oder dominante Formen?
- Viel Weißraum oder ausgeglichene Kompositionen?

Häufig helfen hier Moodboards, die Bildwelt zu definieren. Pinterest oder Niice (*niice.co*) bieten die Möglichkeit, schnell online Markenwelten zu erkunden.

Moodboard mit Niice

Auch Schriftarten haben einen immensen Einfluss darauf, wie wir die Tonalität einer Marke wahrnehmen. Nicht nur krasse Unterschiede wie Helvetica oder Times New Roman, selbst scheinbar dezente Schriftwechsel können einen Unterschied zwischen persönlicher oder distanzierter, teurer oder preiswerter Marke ausmachen.

Stylish oder elegant? Die Website des Edeluhren-Branchenverbands spielt mit beiden Gegensätzen – nur durch den Einsatz von Schriften und Farben.

Manchmal hilft auch ein krasser Bruch, sich besonders an eine Marke zu erinnern: Weil der Designer David Carson ein Magazininterview mit Bryan Ferry furchtbar langweilig fand, setzte er es kurzerhand in der unlesbaren Symbolschrift Zapf Dingbats – und machte damit den Artikel zu einer Legende.

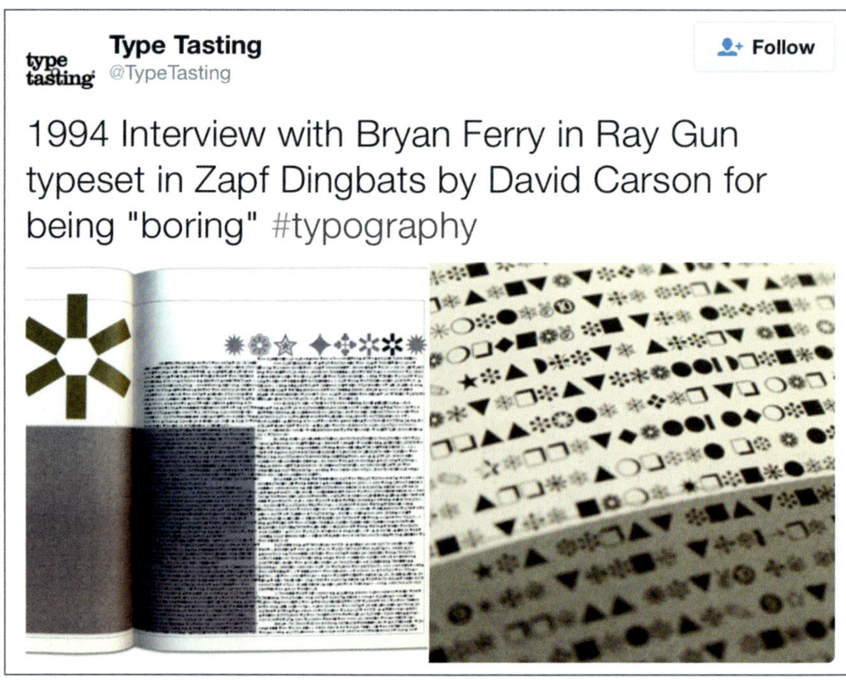

Totale Ironie und bewusster Bruch: die Wahl einer unlesbaren Schriftart

Deine Freunde finden's gut – Social Proof

David Duchovny und Demi Moore sind die Joneses – scheinbar perfekte Nachbarn, die ein tolles Leben mit tollen Dingen führen: schnelle Autos, teure Küchengeräte, super Rasenmäher. Im Film »The Joneses« von 2009 kommt schnell heraus, dass es sich hierbei um einen perfiden Marketingtrick handelt. Die vorgebliche Familie mit zwei Kindern wird von Vorstadt zu Vorstadt geschickt, um neue Produkte vorzuleben.

Keeping up with the Joneses

Basierend auf der Tatsache, dass wir uns unweigerlich mit unserem Umfeld vergleichen, versuchen wir, sozialen Status und Klasse anzugleichen, wenn möglich über materielle Güter. Dieses Phänomen nennt man »Keeping up with the Joneses«, basierend auf einem amerikanischen Comicstrip von 1913. Die Joneses haben ein neues Auto? Wir brauchen ein größeres! Die Joneses fliegen im Urlaub nach Florida? Wir fliegen nach Hawaii!

Keeping up with the Joneses: das haben wollen, was andere haben

Der Joneses-Effekt lehrt uns, wie wichtig uns die Meinung unseres Umfelds in unseren Konsumentscheidungen ist. Als Webverführer machen wir uns genau das zunutze – wir nennen es *Social Proof*. Menschen versuchen in größeren Gruppen, das richtige Verhalten zu adaptieren. Wenn eine bestimmte Anzahl von Freunden ein bestimmtes Produkt nutzt oder empfiehlt, dann akzeptieren wir es eher als ein gutes Produkt.

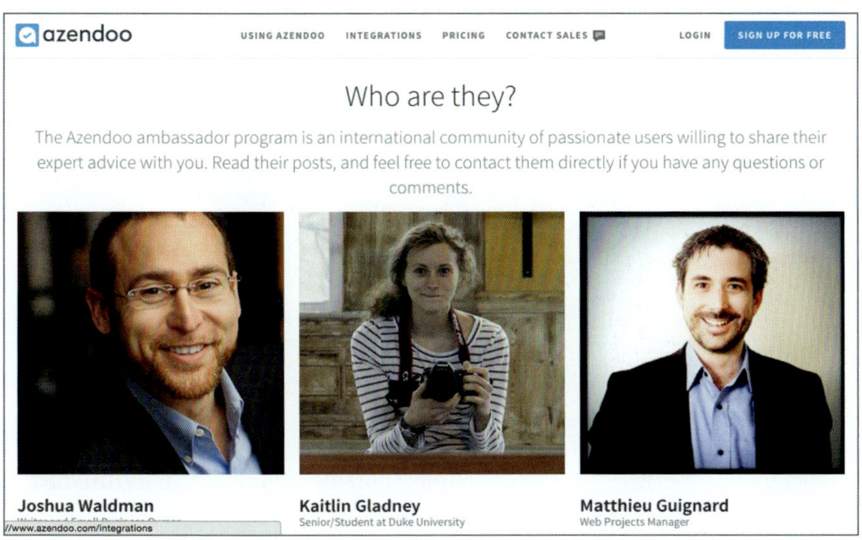

< Azendoo zeigt echte Nutzer auf seiner Website – als Markenbotschafter.

Empfehlungen von Freunden

Facebook zeigt für Restaurants, Seiten und Orte an, welche meiner Freunde dort bereits waren oder die Seite gelikt haben. Der Gedanke dahinter: Ich gehe eher in ein Restaurant, das von meinen Freunden empfohlen wird. Dasselbe gilt für den Like-Button – hier werden pro Seite unter dem Button Name und Anzahl von Personen angezeigt, denen die Seite ebenfalls gefällt. Wer dabei zuerst steht, ermittelt ein Facebook-Algorithmus. Freunde, die mir nahestehen und mit denen ich oft interagiere, werden natürlich zuerst angezeigt.

Meine Freunde, denen dieser Ort gefällt

Anonyme Gesichtshaufen Bis Mitte 2015 gab es ein Facebook-Social-Plug-in mit dem klingenden Namen Facepile – Gesichtshaufen. Was wie das Jugendwort des Jahres klingt, ist in Wirklichkeit eine kleine Box, die Websitebetreiber einbetten konnten und die Profilbilder von Facebook-Nutzern anzeigte, denen die Seite gefällt – meine Freunde kommen natürlich immer zuerst. Mittlerweile wird dieses Plug-in nicht mehr unterstützt – es war Zuckerberg und Co. wahrscheinlich doch zu plump.

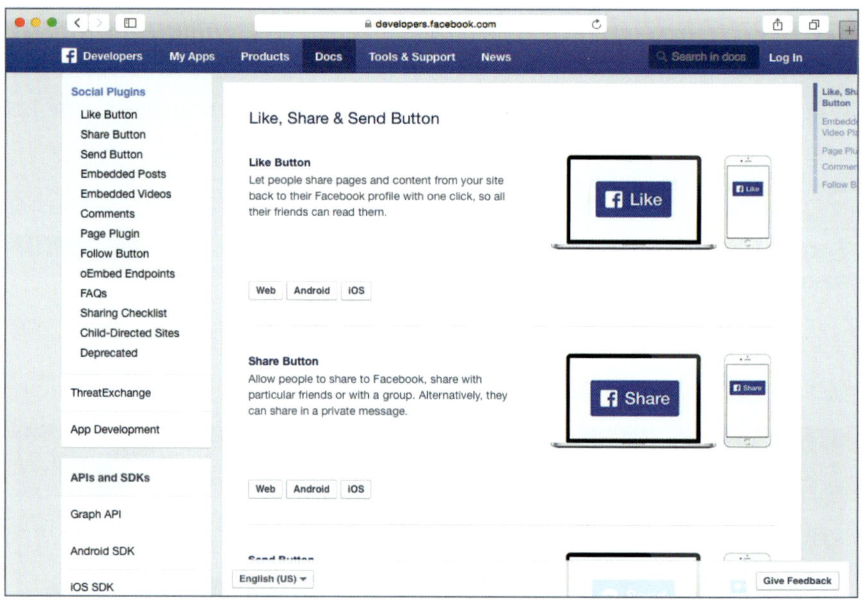

Social Plug-ins machen Liken und Teilen super einfach.

Es zeigt aber ganz deutlich eines: Menschen sind soziale Wesen – ein Haufen wildfremder Gesichter ist oft schon überzeugend genug, wenn es um die Reputation eines Produkts geht. Selbst eine Nummer reicht aus.

Liken bei Twitter und Co. Dasselbe gilt für den App Store und Google Play. Auch hier gibt es Like-Buttons mit einer Referenz zu Freunden, denen die App gefällt – viel wichtiger aber ist die Anzahl der Rezensionen. Gibt es noch keine Bewertungen, ist die App nutzlos oder unbeliebt.

Netzwerk	Slogan	Icon
Facebook	Like	
Google+	+1	
Twitter	Like	
Instagram	Like	

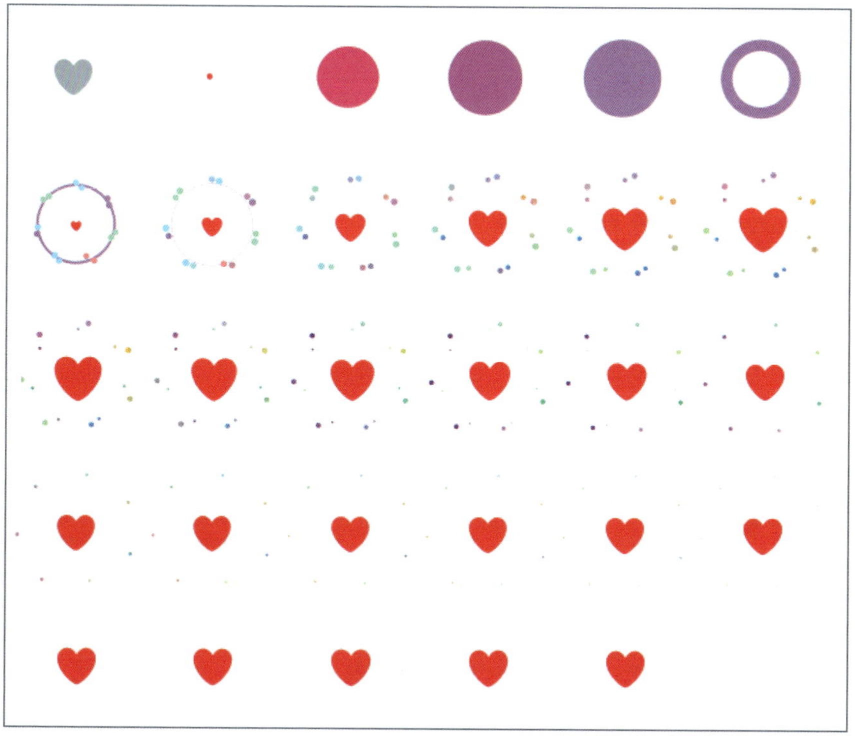

Bei Twitter wird seit 2016 geherzt – hinter dem Button steht eine komplexe, aber dezente Interfaceanimation, die den User visuell belohnt.

Auch bei Twitter ist man sich dieser Verbindung bewusst. In der Seitenleiste bekommt der Nutzer hier ständig neue Accounts angeboten, denen es sich zu folgen lohnt. Wie diese Auswahl zustande kommt, zeigt sich auf der Profilseite: Ähnlich wie bei Likes auf Facebook wählt Twitter Nutzer aus, denen auch meine Freunde folgen – Social Proof in der Praxis!

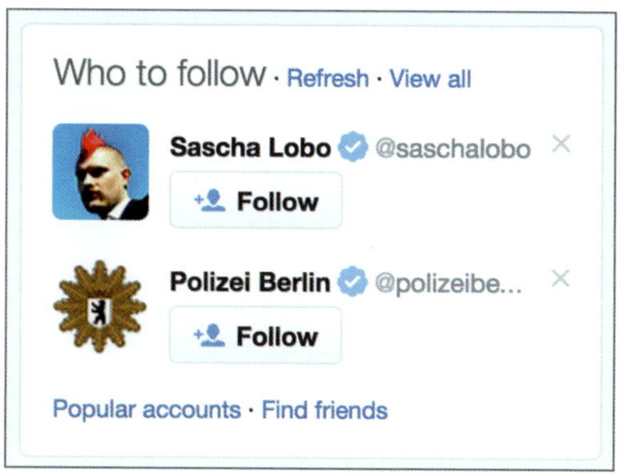

Twitter weiß, wem ich folgen sollte.

Freunde werben Freunde

Einen Schritt weiter geht die Praxis des Referral-Marketings: Plattformen bieten Nutzern eine Umsatzbeteiligung, wenn sie ein Produkt an ihre Freunde weiterempfehlen und diese es tatsächlich kaufen – »Freunde werben Freunde«.

Beim Car-Sharing-Dienst DriveNow bekommen Nutzer für eine Empfehlung 60 Freiminuten geschenkt, die Produktivitätsplattform Trello (*trello.com*) vergibt kostenlose Gold-Accounts – einen Monat pro geworbenem Nutzer.

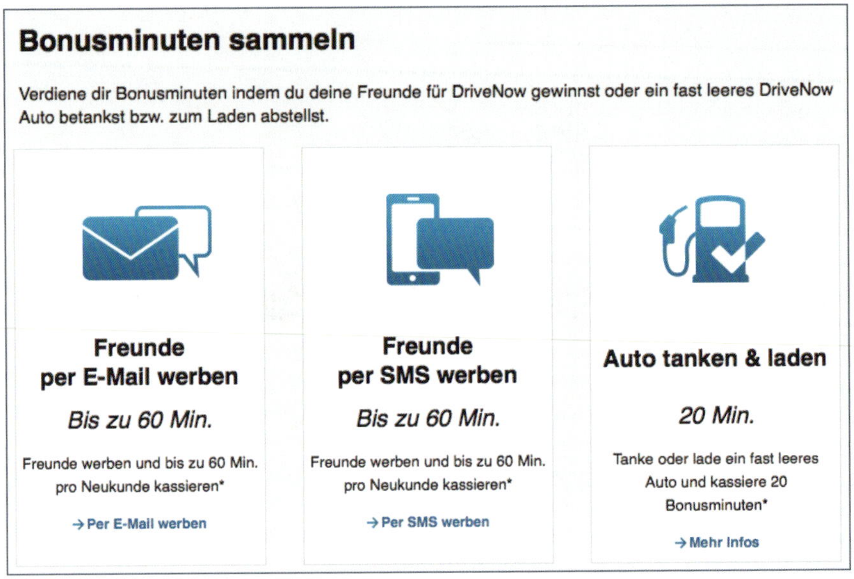

> *Freunde werben Freunde – und bekommen dafür Freiminuten (drive-now.com).*

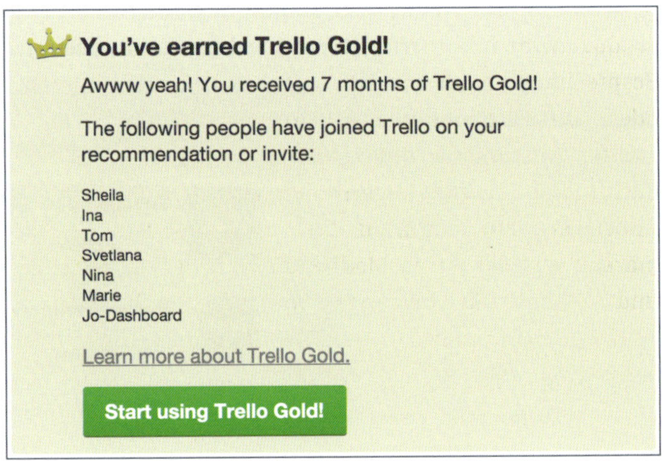

> *Yay! Für geworbene Nutzer gibt es bei trello.com einen kostenlosen Gold-Account.*

Am krassesten geht Universalhändler Amazon vor: Kunden, die über einen Referral-Link kommen, werden als geworbene Kunden gezählt – egal, was sie tatsächlich kaufen. Für die Werber ist das ein attraktives Geschäft: Einmal kurz den neuen Steven-King-Roman bei Facebook empfohlen, schon gibt's prozentuale Anteile für die Bluetooth-Lautsprecher, die sich mein Freund bei Amazon im Anschluss gekauft hat.

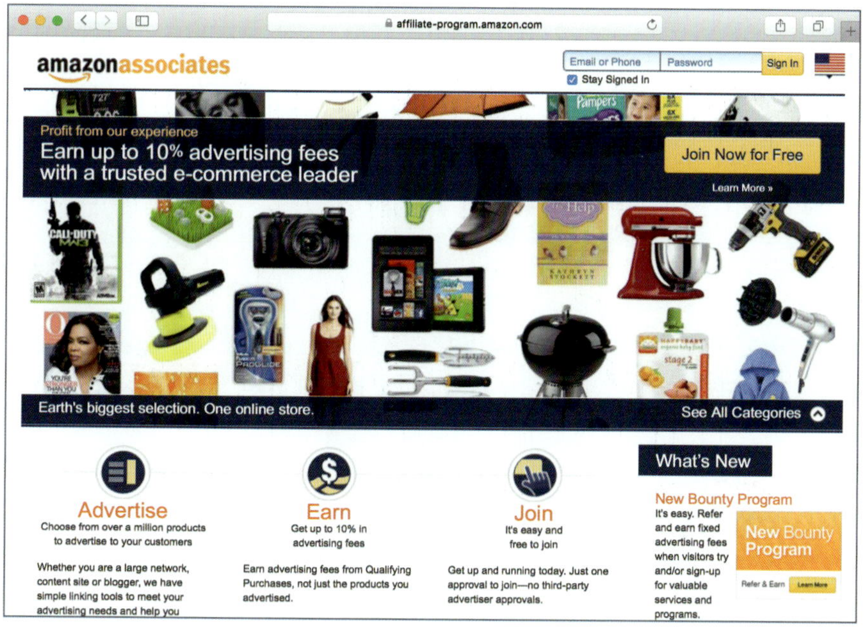

Amazon-Associates bekommen bis zu 10 % des Umsatzes ausgezahlt.

Referral-Marketing Viele Blogs und YouTube-Kanäle schaffen es, sich zumindest teilweise über Referral-Marketing zu finanzieren. Ein besprochenes Produkt wird natürlich verlinkt, idealerweise mit Referral-Link – fällt die Besprechung positiv aus, ist die Wahrscheinlichkeit hoch, dass auch das ein oder andere Produkt über den Link verkauft wird.

Das birgt natürlich ein immenses Risiko für die Glaubwürdigkeit solcher Besprechungen: Wird das Produkt jetzt empfohlen, weil der Blogger es gut findet oder weil er hofft, dadurch mehr Bewertungen zu bekommen? Vermarkter wie die Firma Mediakraft Networks nutzen die Glaubwürdigkeit und Authentizität von jungen YouTube-Stars bewusst, um sie mit großen Marken zusammenzubringen, die dann anschließend im aktuellen Video besprochen werden – das nennt man Influencer-Marketing.

^ *Der YouTube-Star HeyBrittany gibt Halloween-Kostüm-Tipps, die mit dem Spiel Jelly Splash zu tun haben.*

Vorsicht, dunkle Seite!
Als Marke und auch als YouTube-Star hast du eine gewisse Verantwortung gegenüber deinem Publikum – Influencerkampagnen können schnell in Manipulation abrutschen.

Ob dabei auf die Kooperation hingewiesen wird und in welchem Rahmen, ist noch nicht gesetzlich geregelt und liegt allein beim YouTuber. »Man weiß bei keinem Produkt mehr, ob es im Bild ist, weil es der YouTuber gut findet oder weil es ihm zur Verfügung gestellt wurde«, sagt YouTuber Axel Sprenger. »Früher waren Leute auf YouTube, die einem was empfohlen haben wie die beste Freundin. Nun weiß man nicht mehr, wie ehrlich die beste Freundin ist.« Das ganze Interview mit Axel Sprenger findest du hier:

http://www.rp-online.de/digitales/internet/jetzt-spricht-der-youtuber-den-niemand-kennt-ja-genau-der-aid-1.5483296

Strukturmarketing Wohletabliert dagegen ist Strukturmarketing, besser bekannt als Tupper-Partys. Ein Handelsvertreter trommelt seine Freunde zusammen, um ihnen bei Prosecco und Keksen die Vorteile der Plastikschüsseln schmackhaft zu machen – und im Idealfall ein paar neue Verkäufer zu gewinnen. Die Vertreter nutzen dabei ihre bestehende soziale Struktur, um neue Kunden zu generieren.

Mach Party! Auf dem Portal von Tupperware findest du Anregungen und Partyorganisatoren in deiner Umgebung.

Beliebt ist dieses Modell vor allem in Feldern, wo es um anerkannte Kompetenz und Vertrauen geht, zum Beispiel auch bei Kosmetika und Pflegeprodukten. Aber auch die Deutsche Vermögensberatung basiert zu 100 % auf diesem Modell. Vermögensberater fragen bereits beim ersten Akquisegespräch nach, ob der Kunde auf der Suche nach einem Nebenjob ist und sich vorstellen könnte, etwas mehr Geld zu verdienen.

Was können wir von Tupper-Partys und Co. lernen? Empfehlungsmarketing ist eine der effektivsten Arten, neue Kunden zu gewinnen – sei es über die Teilen-Option oder über Belohnungen, die Bestandskunden winken, wenn sie ihre Freunde an Bord holen. Idealerweise kreiert man eine Win-Win-Situation, bei der sowohl dem Werbenden als auch dem Geworbenen ein Vorteil entsteht. Durch die soziale Komponente ist das Vertrauen gleich eingebaut – schließlich kennt man den Absender ja, es ist kein anonymer Verkäufer.

Empfehlungsmarketing lässt sich mit allen anderen Formen von Marketing kombinieren, von E-Mail über Content-Marketing bis zum Onboarding-Prozess.

Lass uns in die Sterne schauen

Nicht zu verwechseln ist Social Marketing mit persönlichen Empfehlungen. Vor allem im Onlineshopping sind Bewertungen und Ratings ein wichtiger Indikator. Je konkreter und beschreibender, desto hilfreicher sind sie.

Produkte auf Amazon werden von vielen Nutzern vor allem nach der Qualität und Anzahl der Bewertungen ausgewählt – hat ein Produkt viele und vorrangig positive Kommentare, muss es gut sein. Viele Nutzer können sich ja schließlich nicht irren. Oder?

Dass Bewertungen nicht immer zuverlässig sind, zeigt das obere Beispiel: Statt anzunehmen, dass den anderen Nutzern das brandneue Spiel einfach gefällt, vermutet dieser Nutzer gleich eine Verschwörung.

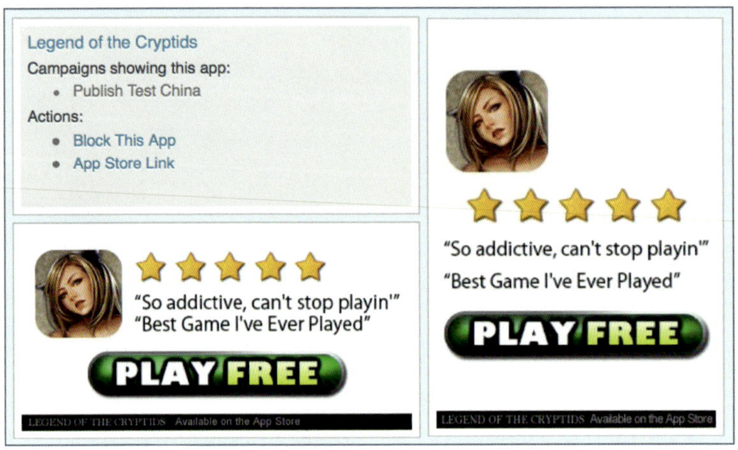

> Sternchen, Schlafzimmerblick und das Wort »free« im Banner – hier wurde einfach alles versucht.

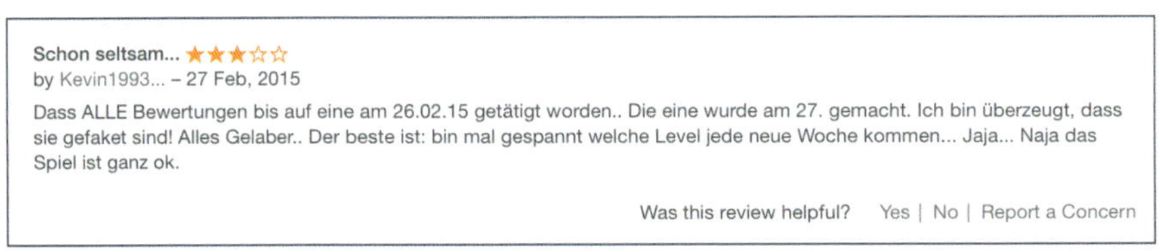

^ Bewertung im App Store – das Spiel Agent Alice erschien erst am 26. Februar, was diesen Nutzer zu verwirren schien.

Bewertungen auf eBay und Co.

Auf eBay kauft man schon lange nicht mehr von Nutzern, die nicht mindestens 98 % oder mehr positive Bewertungen haben – auch wenn diese meist nur knapp »alles okay« lauten.

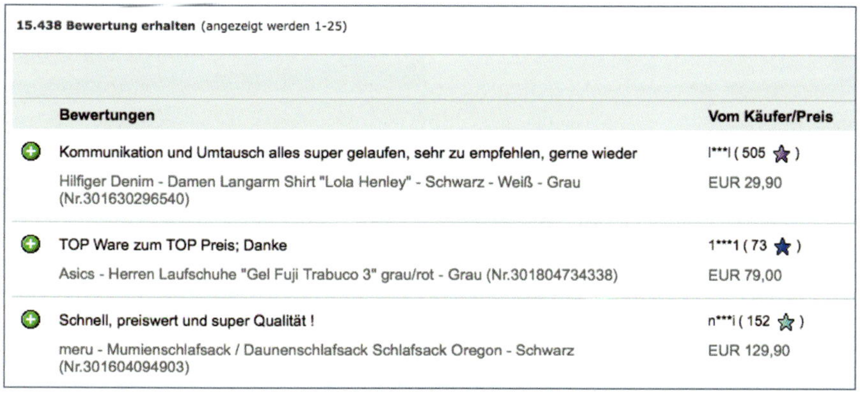

eBay-Bewertungen. TOP.

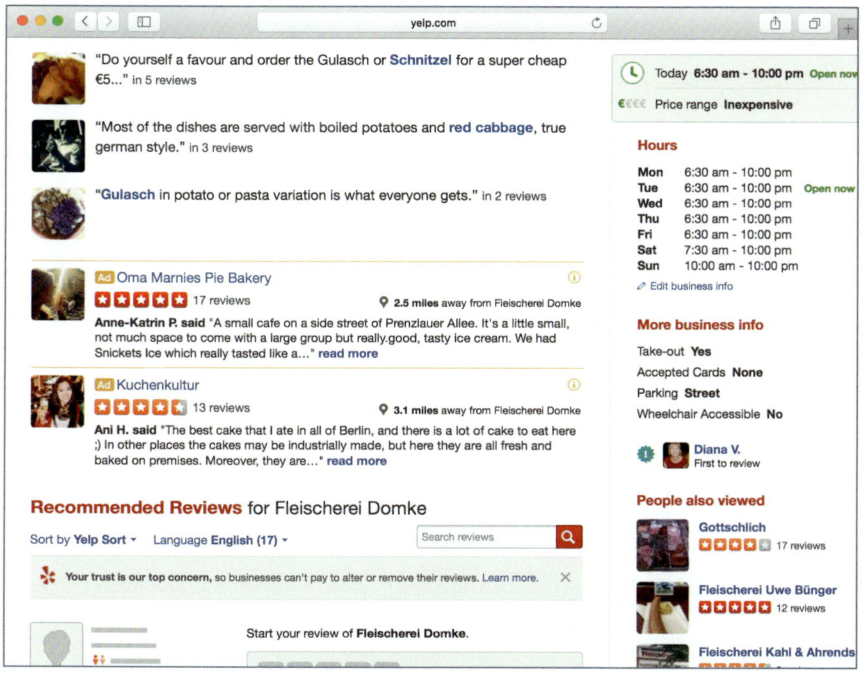

Bewertungen auf Yelp

Plattformen wie Yelp oder Foursquare sortieren ihre Suchergebnisse vor allem nach der Art der Bewertungen. Wurde ein Laden schon länger nicht mehr oder noch gar nicht bewertet, dann hat er vielleicht dichtgemacht. Die Nutzerkommentare sind hier nicht nur Qualitätsurteil, sondern spielen eine entscheidende Rolle im Nutzungserlebnis. Die Suche nach »Cookies« im Umkreis von 5 km fördert nicht nur das Restaurant mit dem entsprechenden Namen und verschiedene Bäckereien zutage, sondern auch Nutzerbewertungen à la »Hier gibt es die besten Cookies«.

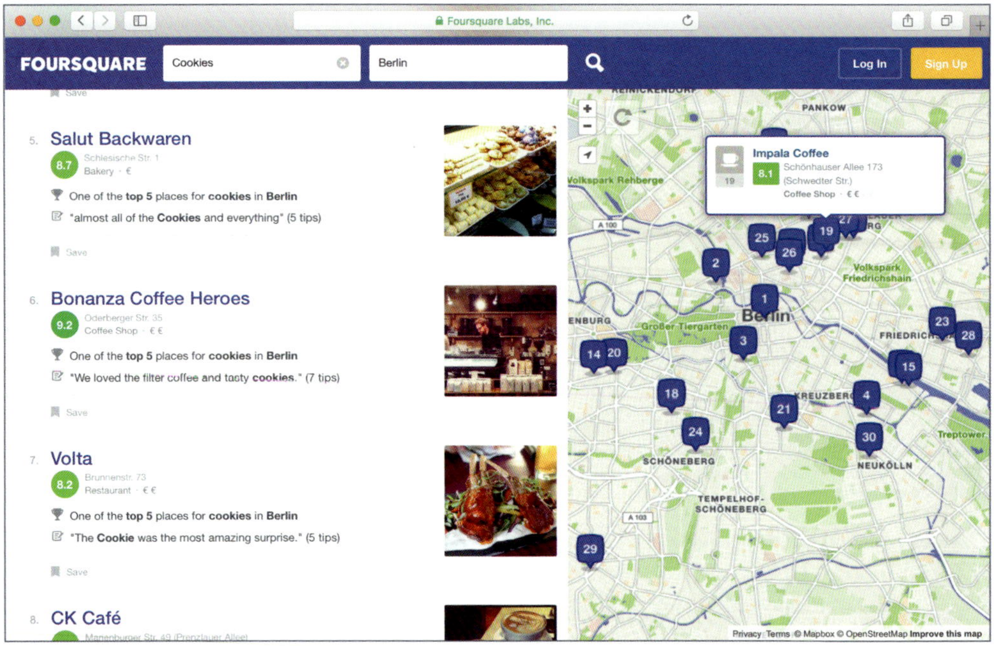

> *Wo gibt's die besten Cookies? Die Nutzer von Foursquare wissen es!*

Checkliste: Ist die Bewertung echt oder unecht?

Ob eine Bewertung echt oder gefälscht ist, erkennst du in der Regel relativ schnell. Folgende Indikatoren können darauf hinweisen, dass die Bewertung ein Fake ist:

- ✓ Neue Nutzer: Wird ein Produkt von vielen neuen Accounts bewertet, war wahrscheinlich eine Klickfarm am Werk. Fälschung!
- ✓ Fanboys: Ist der Rezensent überschwänglich positiv oder zitiert Werbetexte, war wahrscheinlich die PR-Abteilung zugange – Fälschung!
- ✓ Superlange Bewertungen: Wer stundenlange Rezensionen schreibt, tut das selten ohne monetäre Motivation – bezahlte Bewertung, Fälschung!
- ✓ Textbausteine: Ähneln sich Formulierungen und Teile gleicher Bewertungen, dann sind diese mit hoher Wahrscheinlichkeit generiert, also gefälscht.
- ✓ Schlechtes Deutsch: Klingen Bewertungen zu sehr nach Google Translate, war wahrscheinlich eine ausländische Agentur am Werk – Fälschung.

Wie Sternchenbewertungen zu lesen sind

Eine besondere Rolle wird der Sternchenbewertung zuteil: Etabliert hat sich eine Skala von 1 bis 5 Sternen, wobei 5 Sterne für »sehr gut« steht, 1 Stern für »Finger weg«.

Die Wahrnehmung dieser Sternchen ist dabei mittlerweile eine ganz eigene: Wenn du die Wahl hast zwischen einem Produkt mit 2 Sternen und einem mit 3 Sternen, für welches wirst du dich wohl entscheiden? Richtig, für keines – denn beide sind irgendwie schlecht. Der Cartoonist Randall Munroe bringt es mit seinem xkcd-Comic (*xkcd.com*) auf den Punkt: Produkte mit 5 Sternen haben nur eine Bewertung, 4,5 Sterne machen ein exzellentes Produkt aus, 4 Sterne sind okay, aber alles darunter ist einfach nur Müll.

Schlimmer noch als schlechte Bewertungen sind keine Bewertungen – unbewertete Produkte werden als suspekt gemieden, wahrscheinlich werden sie oft eingestellt und wieder gelöscht, vielleicht ist der Käufer aber auch unzuverlässig. Das ist zu vergleichen mit einem leeren Restaurant: Wenn dort keiner isst, dann will ich dort auch nicht essen.

^ *Wie man Sternchenbewertungen zu lesen hat (xkcd.com)*

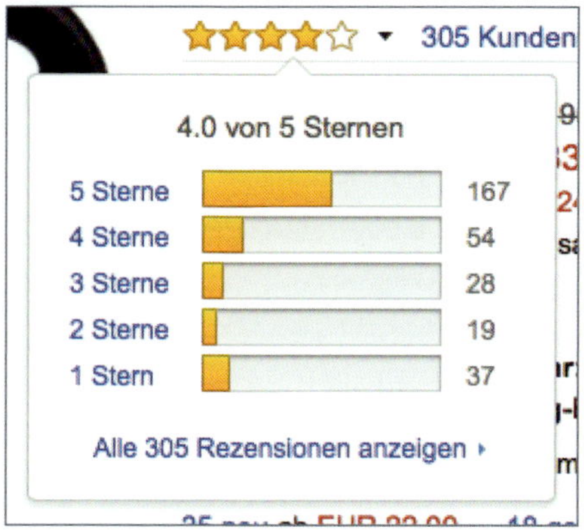

^ *Gewichtung von Sternen bei Amazon*

Nach Bewertungen betteln, die Erste

Wo wir schon beim Thema sind – hast du dieses Buch eigentlich schon bewertet? Wenn du nicht einer der beiden E-Book-Käufer bist, dann wirst du es wahrscheinlich auf Amazon gekauft haben. Hinterlasse mir doch da eine Bewertung und schreibe kurz, wie dir das Buch gefallen hat.

Nach Bewertungen betteln, die Zweite

Okay, das hat anscheinend nicht funktioniert. War aber auch viel zu offensichtlich und zu plump – so einfach lässt du dich als Leser nicht täuschen, dafür bist du zu smart. Ich sollte mich schämen, dich so zu unterschätzen. Wahrscheinlich hast du auch schon die vielen kleinen versteckten Easter Eggs im Text bemerkt, oder? Wenn du denkst, alle zu haben, dann schreibe mir die Lösung bei Amazon – wenn sie richtig ist, gibt's eine Überraschung.

Nach Bewertungen betteln, die Dritte

Gut, ich gebe es zu – es gibt keine Easter Eggs. Aber dennoch, du hast jetzt schon über die Hälfte des Buches geschafft. Deine Meinung interessiert mich. Hat dir das Buch gefallen? Falls du es bisher nicht so sehr mochtest oder dir Fehler aufgefallen sind, dann schreibe mir doch eine E-Mail: *ich@johannesippen.com*.

Hat dir das Buch jedoch gefallen, dann hinterlasse mir einen kurzen Kommentar mit Bewertung auf Amazon. Geht ganz schnell, dazu musst du nur auf *http://johannesippen.com/rate* gehen – dann wirst du automatisch weitergeleitet.

Positive Bewertungen erhalten

Kommt dir das irgendwie bekannt vor? Wahrscheinlich hast du jede dieser Anfragen schon einmal so ähnlich in einer App erlebt. Besonders iPhone-Apps legen großen Wert darauf, dass der Nutzer sie im App Store bewertet. Häufig fragt die App einfach nach – meist an einer absolut unpassenden Stelle, zum Beispiel wenn man gerade mittendrin ist.

Das Risiko: Wenn du den Nutzer unterbrichst oder das App-Erlebnis störst, ist die Wahrscheinlichkeit hoch, eine schlechte oder gar keine Bewertung zu bekommen. Ein Anreiz wie in Variante 2 kann den Nutzer motivieren, eine kleine Aufgabe oder eine Belohnung sind gute Beispiele. Allerdings wird dies von den Storebetreibern als »gekaufte« Bewertungen gesehen – und ist daher schlicht verboten.

Im Idealfall lässt du nur zufriedene Nutzer bewerten.

Die beste Variante, an positive Bewertungen zu kommen, ist daher, den Nutzer nur bewerten zu lassen, wenn er tatsächlich zufrieden ist. Dafür fragt man zunächst: Bist du zufrieden mit der App? Ist alles in Ordnung? Ist alles so, wie du es dir vorgestellt hast? Tappt der Nutzer auf »Nein«, wird er auf die Supportseite oder in ein Kontaktformular weitergeleitet. Tappt er »Ja« an, folgt die Frage, ob er die App gerne bewerten würde. Auf diese Weise eliminierst du vor allem Bewertungen, die aufgebrachte Nutzer aufgrund eines Bugs oder Ladefehlers abgeben.

Pro-Tipp: In vielen Spielen wird die Frage nach der Zufriedenheit unmittelbar nach einem besonders positiven Erlebnis gestellt, etwa wenn ein besonders schweres Level geschafft oder der Spieleravatar erfolgreich upgegradet wurde.

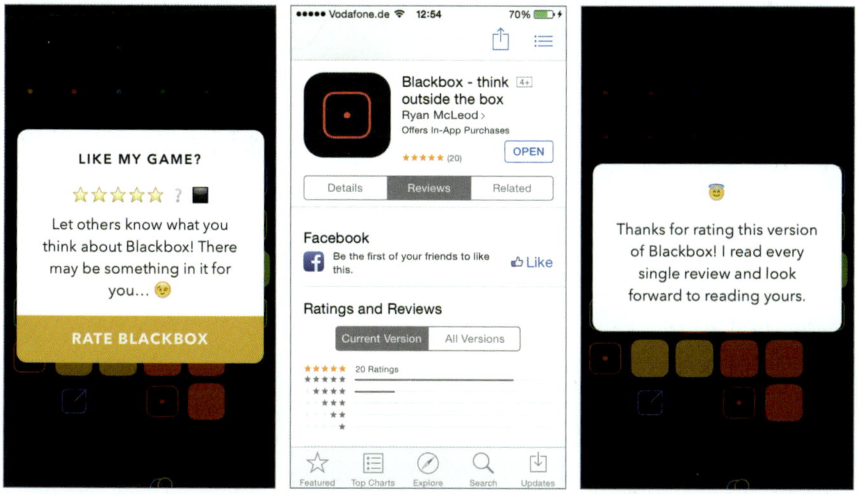

Bewertungen sind wichtig. Bei der App Blackbox wird dafür mit einer anschließenden Überraschung geworben.

Sollte es doch mal zu einer schlechten Bewertung kommen, musst du reagieren. Negative Bewertungen zu löschen oder einfach zu ignorieren, geht nur in Ausnahmefällen. Wie du angemessen und richtig antwortest, steht im Kapitel »Lass uns Freunde bleiben: Social Media«.

Dos and Don'ts: Nach Bewertungen fragen

- ✔ Do: Weise auf die Möglichkeit der Bewertung hin, am besten als fixes Element im Interface oder an passenden Stellen.
- ✔ Do: Bitte den Nutzer in positiven Momenten um eine Bewertung.
- ✔ Do: Lese Bewertungen, antworte auf kritische Bewertungen.
- ✘ Don't: Erbitte keine Bewertungen gegen Geld oder Belohnung – Bestechung kommt selten gut an.
- ✘ Don't: Werde nicht aufdringlich.
- ✘ Don't: Streite nicht mit den Nutzern – siehe auch das Kapitel »Lass uns Freunde bleiben: Social Media«.

Den richtigen Preis finden

Wenn alles gut läuft, dann willst du mit deinem Webangebot auch Geld verdienen. Für Produkte den richtigen Preis zu finden, ist wahrscheinlich eine der kompliziertesten Übungen. Hier einige Hilfestellungen zur optimalen Preisgestaltung.

Zunächst solltest du klären, an wen sich deine Website oder App überhaupt richtet. Im Idealfall hast du im Kapitel »Um Kopf und Kragen: Nutzerbindung« bereits eine Zielgruppe ausgemacht. Sind deine Kunden eher Sparfüchse, oder achten sie nicht so sehr auf den Preis? Wie viel Einkommen haben sie zur Verfügung, und wie viel sind sie bereit, für dein Produkt oder deinen Service zu berappen? Während jüngere Zielgruppen regelmäßig knapp bei Kasse sind, geben sie eher Geld für Lifestyle- und Unterhaltungsprodukte aus. Ältere Zielgruppen dagegen haben zwar mehr Budget zur Verfügung, planen aber größere Anschaffungen dafür gewissenhafter. Impulskäufe sind eher selten.

BWL-Crashkurs

Grundpfeiler bei der Preisgestaltung sind natürlich erst einmal die Ausgaben: Wie viel kostet dich dein Produkt? Dazu zählen nicht nur die reinen Produktionskosten, auch Lagerung, Verpackung, Versand, Retourkosten, Marketingausgaben spielen da mit hinein – und das nur für physische Produkte.

Webservices und Apps generieren ganz andere Ausgaben: Serverkosten, Zertifikate, Datenbanken, Webservices, laufende Entwicklung, Kundendienst und vor allem: Traffic. Bevor du überhaupt mit dem Verkauf beginnst, beginne mit einer Aufstellung aller entstehenden Kosten. Meist reicht dafür eine Excel-Tabelle, in der du auch verschiedene Szenarien durchspielen kannst. Wird ein Produkt preiswerter, wenn mehr produziert wird? Gibt es Kostenfaktoren, die du eliminieren kannst? Ziel muss es sein, einen Preis zu finden, der höher ist als die Ausgaben – BWL für Einsteiger.

Schritt 1: Ertragskosten decken Wie viel du insgesamt mit deinem Produkt verdienen willst, bestimmt das Ertragsziel. Dazu eine Beispielrechnung: Ich produziere 1000 Regenschirme, die mich pro Stück 5 Euro kosten. Mit dem Verkauf will ich mindestens die Produktionskosten decken und mir ein Gehalt von 2000 Euro zahlen – ich muss also 7000 Euro umsetzen. Einfache Rechnung, oder? Macht 7 Euro pro Regenschirm – aber halt! In diesem Szenario gehe ich davon aus, dass ich mein Ertragsziel nur erreiche, wenn ich restlos alle Regenschirme verkaufe. In diesem Fall darf nichts schiefgehen:

Es dürfen keine Schirme geklaut oder beschädigt werden, es darf auch zu keinen Rücksendungen kommen. Das ist verdammt unwahrscheinlich.

Schritt 2: Spielraum schaffen Gehen wir einmal davon aus, dass 10 % der Regenschirme einfach verschwinden und 10 % der Käufe storniert oder nicht bezahlt werden. Demnach müssen wir das Ertragsziel mit 800 Regenschirmen erreichen, was einen Stückpreis von 8,75 Euro ergibt. Natürlich müssen wir auch noch Werbung machen, also verschenken wir 50 Regenschirme an Presse, Freunde und Prominente – bleiben noch 750 Regenschirme übrig. Nehmen wir mal an, dass wir davon nur etwa zwei Drittel tatsächlich verkauft bekommen – dann sind wir bei 500 Schirmen, die das Ertragsziel decken müssen. Ein realistischer Stückpreis für unseren Regenschirm liegt also eher bei 14 Euro, um am Ende nicht mit Verlusten dazustehen.

Schritt 3: Auf die Konkurrenz schauen Eine gute Orientierung für den richtigen Preis bekommst du durch einen Blick auf die Konkurrenz: Wie teuer ist ein vergleichbares Produkt auf dem Markt? Bei Regenschirmen ist das recht einfach – zwar bekomme ich asiatische Billigschirme schon ab 5 Euro, ein stabiles Aluminiummodell ist aber für unter 30 Euro nicht zu haben. Unser Schirm liegt qualitativ eher dazwischen, ähnliche Modelle anderer Anbieter sind für 13–17 Euro im Einzelhandel verfügbar. Unser Preis ist also durchaus konkurrenzfähig und sinnvoll gewählt.

Aubade-Lektion № 57
Verunsichere die Konkurrenz!

Schritt 4: Genereller Marktüberblick Bleibt noch die generelle Marktorientierung: Wenn es draußen kalt und ungemütlich wird, die regnerische Jahreszeit beginnt, dann ist Regenschirmsaison. Die Kunden kaufen dann eher Schirme als im Sommer oder Winter, ich kann also bedenkenlos einen etwas höheren Preis verlangen. Bei Regenschirmen ist diese Rechnung relativ einfach, komplizierter wird es bei Produkten, die von komplexeren externen Schwankungen als der Jahreszeit abhängig sind, zum Beispiel Rohstoffpreisen, einer höheren Nachfrage aufgrund von Naturkatastrophen, Preisdruck durch einen billigeren Wettbewerber, der versucht, mit Dumpingpreisen Marktanteile zu gewinnen, oder einer generellen Marktentwicklung durch Innovation.

Schritt 5: Trends vorwegnehmen Wusstest du, dass man zur zeit VHS-Kassetten extrem preiswert bekommt? Vielleicht ist es eine gute Idee, eine Videotheks-App zu starten, bei der Nutzer Videokassetten geschickt bekommen ... oh, Moment. Natürlich könnte man die Preisgestaltung in einem kompletten Buch behandeln, wir beenden den Ausflug in BWL-Gefilde aber gleich. Die fünf wichtigsten Faktoren kennst du jetzt bereits:

1. Zielgruppe
2. Kosten
3. Ertragsziel
4. Konkurrenz
5. Marktorientierung

Die Akzeptanz bezahlter virtueller Güter ist in den letzten Jahren gestiegen.

Das gilt sowohl für physische als auch für virtuelle Produkte. Die Akzeptanz, Geld für etwas auszugeben, was man nicht anfassen kann, ist in den letzten Jahren erheblich gestiegen. In-App-Purchases, 99-Cent-Musikstücke und bezahlte Streams sind längst an der Tagesordnung. So viel zum VHS-Versand – schade.

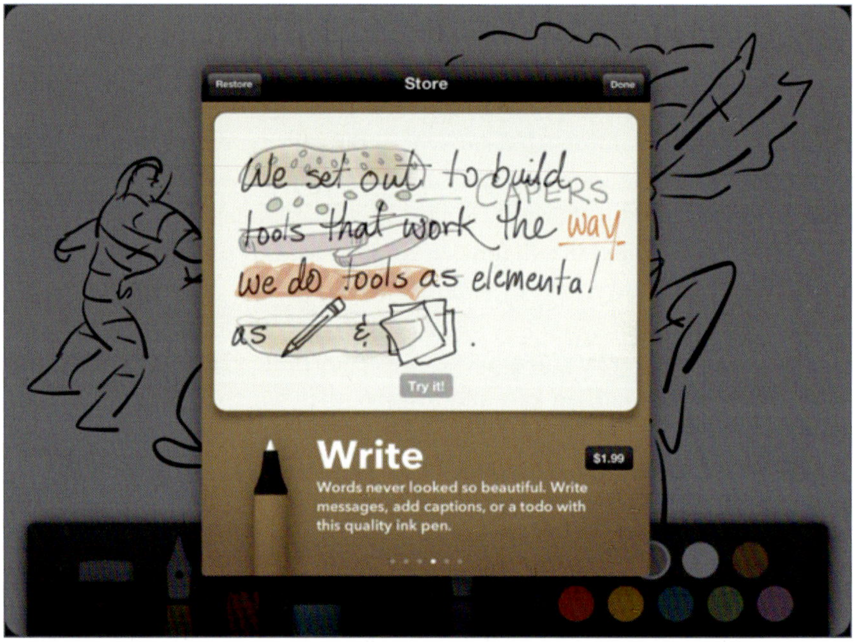

> *In-App-Purchase bei Paper*

Preisstrategie

Unabhängig von den fünf Faktoren zur Preisgestaltung gibt es zwei generelle Preisstrategien: das Massenprodukt und das Premiumprodukt.

Massenprodukte Massenprodukte sind oft knallhart kalkuliert und haben nur wenige Cent Gewinnmarge eingeplant. Sie richten sich an ein großes

Publikum und rechnen sich erst, wenn sie tausendfach oder millionenfach verkauft werden. Ein typisches Massenprodukt sind Spiele-Apps für 99 Cent: Obwohl die Entwicklung eines solchen Spiels locker in die Hunderttausende gehen kann, kosten sie keinen Euro.

Die Idee: Durch den niedrigen Preis werden möglichst viele Nutzer dazu animiert, das Produkt zu kaufen – ein hoher Absatz wird erzielt, das Ertragsziel erreicht. Massenprodukte sind meist preiswert produzierbar oder beliebig oft kopierbar – es gibt keine Grenze nach oben.

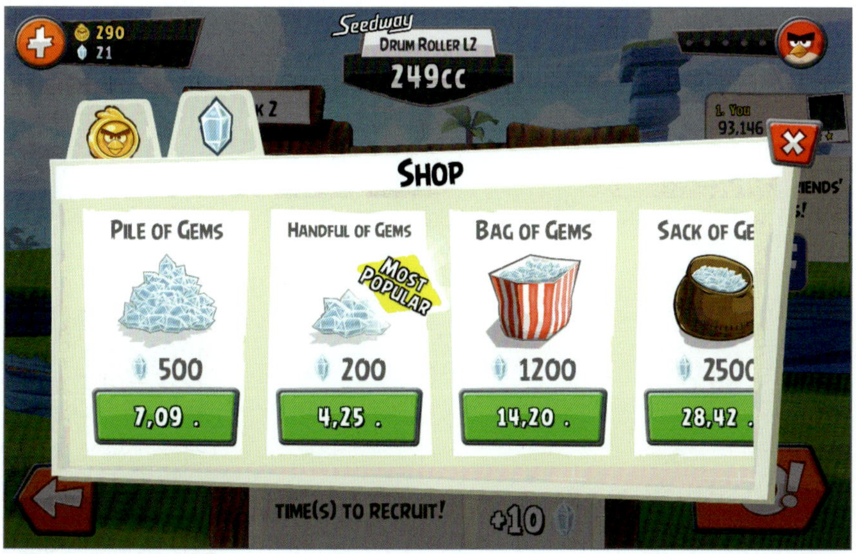

Virtuelle Güter im Spiel Angry Birds Go

Premiumprodukte Premiumprodukte richten sich an eine kleinere, exklusive Zielgruppe. Meist handelt es sich um Nischenprodukte, die nicht besonders viele Menschen interessieren. Profi-Grafikprogramme sind ein gutes Beispiel: Sie werden nur von einer vergleichsweise kleinen Nutzergruppe gekauft, eine Marktsättigung ist schnell erreicht. Die geringe Stückzahl verkaufter Einheiten muss durch einen hohen Preis ausgeglichen werden. In der Regel wird der hohe Preis durch besondere Leistungen gerechtfertigt – das kann eine besonders wertige Verpackung sein, ein besonderer Kundenservice oder einfach ein höherer Status.

Ein typisches Beispiel sind Apple-Notebooks: Natürlich ist die Hardware hochwertiger als das, was man beim Discounter bekommt – was den höheren Preis erklärt, aber nicht unbedingt rechtfertigt. Wenn ich ein MacBook kaufe, dann will ich es nicht aus einer quietschenden Styroporverpackung oder einem Blister ziehen, das Auspacken wird zum Erlebnis. Wenn mal irgendwas nicht in Ordnung ist, dann rufe keine teure Hotline an, sondern besuche die Genius Bar im Apple Store. Der leuchtende Apfel auf der Rückseite des Displays zeigt im Café St. Oberholz an: Ich bin einer von den coolen Kids, ich habe ein MacBook, ich habe Geschmack.

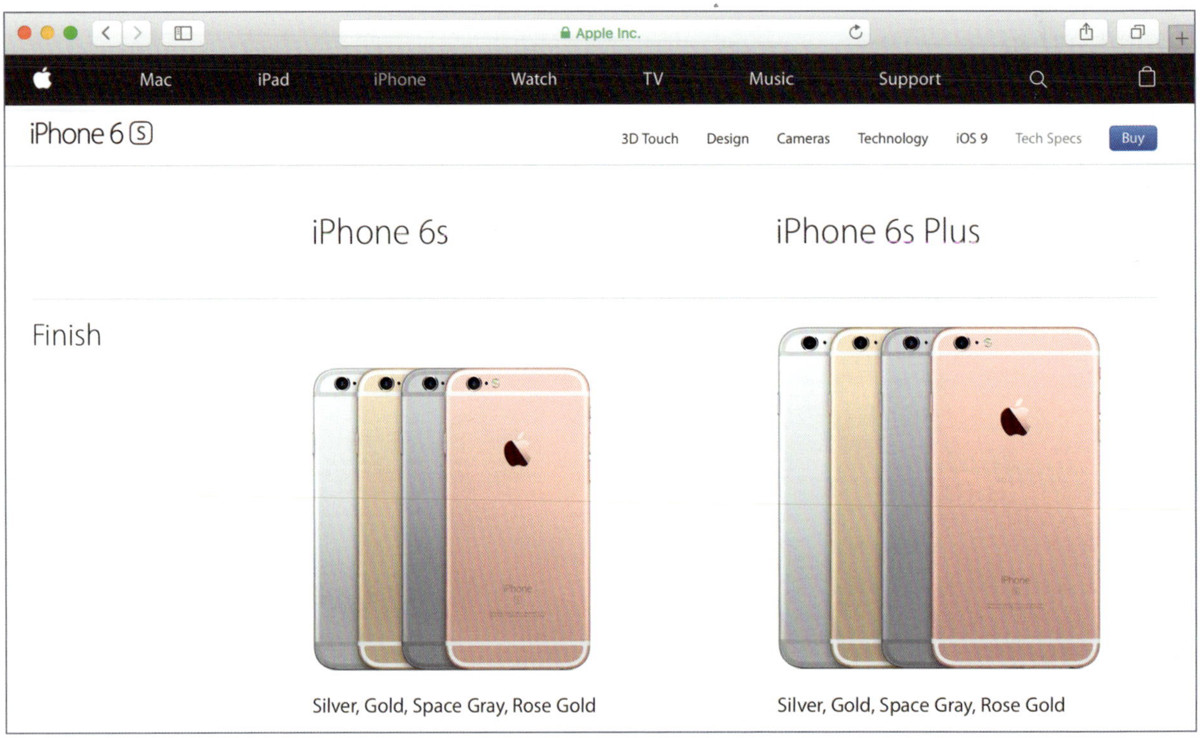

^ *Premiumprodukte wollen verglichen werden. Hier iPhone 6s mit der Plus-Variante.*

All das kaufe ich mit, wenn ich ein Premiumprodukt kaufe – selbst wenn ich die Verpackung sofort wegwerfe, den Kundenservice wahrscheinlich nie in Anspruch nehmen werde und auch im Oberholz keinen Platz mehr bekomme.

Transparente Preisgestaltung

Transparenz ist Pflicht.

Egal, ob Massenware oder Premium, Transparenz ist bei der Preisgestaltung heute Pflicht. Das fängt damit an, dass du von Anfang an klar kommunizierst, dass und ob du mit einer Seite Geld verdienen möchtest. Nichts wirkt abtörnender auf Nutzer als eine plötzliche Bezahlschranke, die mitten im Nutzungserlebnis hochpoppt.

Der Nutzer sollte ständig Zugriff auf die Preise haben und über eventuelle Nebenkosten wie Bearbeitungsgebühren und Versandkosten informiert werden. Ist der Preis mit oder ohne Mehrwertsteuer? Erhöhen sich die Portokosten, wenn ich mehr bestelle? Ist das nur ein Eröffnungsangebot, das nach drei Monaten teurer wird?

Diese Art von Transparenz lässt sich gut nutzen, um Kunden dazu zu verführen, mehr zu bestellen. Bei Amazon gibt es die meisten Artikel ohne Prime-Account versandkostenfrei – solange der Mindestbestellwert von 20 Euro erreicht ist. Blöd nur, wenn der Regenschirm mit 14 Euro darunterliegt und noch einmal drei Euro Versandkosten draufkommen. Der Versandriese bietet hier für jedes Produkt eine Kombination an: Wie wäre es mit Regenschirm plus Gummistiefel für 24 Euro, dafür ohne Porto?

Warum nicht gleich noch 'ne Speicherkarte zur Kamera dazunehmen?

So bezahlt der Kunde zwar mehr, spart am Ende aber trotzdem – eine Win-win-Situation. Überlege, welche Produkte sich in deinem Onlineshop anbieten, gebundelt zu werden. Braucht dein Hauptprodukt ein Zubehörteil, etwa eine Tasche oder einen Zusatzakku? Gibt es zum Shirt die passende Hose? Warum nicht 3 Shirts zum Preis von 2 Shirts?

Das funktioniert natürlich nur, wenn die gebundelten Produkte thematisch zusammenpassen, nicht nur preislich. Ein Regenschirm und ein 5-Liter-Eimer Halloween-Kunstblut für 6 Euro kommen zwar genau auf den Mindestbestellwert, wirken zusammen aber unfreiwillig komisch.

Surge Pricing Eine eher intransparente Praxis ist *Surge Pricing* oder auch *Dynamic Pricing*. Hierbei wird der Preis nach Tagesform angepasst. Ein *Uber*-Taxi in Manhattan an einem Mittwochvormittag ist wesentlich teurer als eines am Sonntagmorgen in Brooklyn. Die Erklärung: je höher die Nachfrage, desto höher der Preis.

Wenig überraschend, aber: Die Nachfrage bestimmt den Preis!

Seit Ende 2015 experimentiert Amazon mit stündlich wechselnden Preisen: Eine Digitalkamera, die morgens noch 500 Euro kostet, ist nach der Mittagspause auf einmal für 700 Euro gelistet. Die Preisdynamik basiert auf der Beobachtung, dass nachmittags besonders viele Digitalkameras verkauft werden und sich daher ein höherer Preis verlangen lässt. Mit einer tatsächlichen Marktdynamik, veränderten Herstellungs- oder Lagerkosten hat das aber nichts zu tun.

Besonders weit treiben es manche Airlineportale: Wer sich einen Flug aussucht, aber nicht sofort kauft, bekommt beim nächsten Besuch der Seite einen höheren Preis angezeigt.

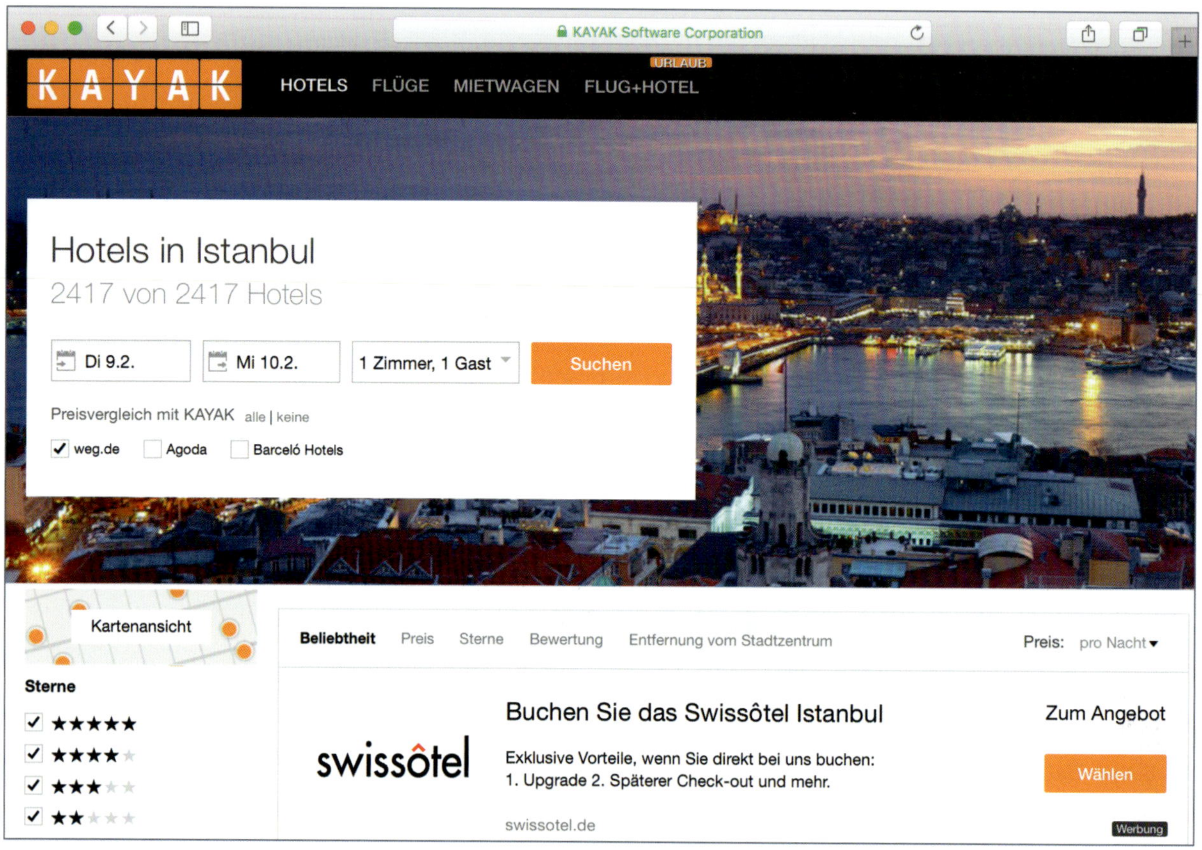

Die Kayak-Hotelsuche

Die Preisveränderung spiegelt nicht die eigentliche Belegung des Fliegers oder die Nachfrage wider, sondern das Verhalten des Nutzers. Per Cookie wird im Browser gespeichert, ob das Angebot schon einmal angeschaut wurde; durch die Preiserhöhung wird der Eindruck vermittelt, der Flug würde ab jetzt nur noch teurer – was den Handlungsdruck auf den Nutzer erhöht. Inwieweit du diese Praktiken ethisch vertreten kannst, liegt natürlich bei dir. Beachte: Wenn der Nutzer diese Art der Preisgestaltung durchschaut, hast du schnell sein Vertrauen verloren – und damit einen potentiellen Kunden.

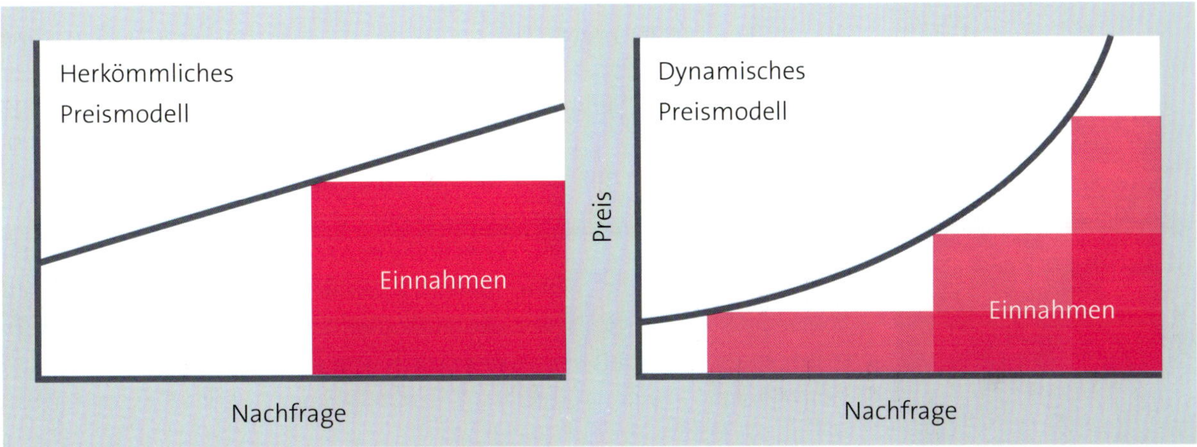

Dynamic Pricing in der Praxis

Inwieweit du diese Praktiken ethisch vertreten kannst, liegt natürlich bei dir. Dynamische Preisgestaltung bietet zwar eine Menge Möglichkeiten, gleichzeitig aber auch immense Risiken: Wenn der Nutzer diese Art der Preisgestaltung durchschaut, hast du schnell sein Vertrauen verloren – und damit einen potentiellen Kunden. Auf jeden Fall bleibt es interessant, Dynamic Pricing in den nächsten Jahren zu beobachten – hier gibt es noch eine Menge Entwicklungsspielraum.

Checkliste: Vernünftige Preisgestaltung

- ✔ Deckt der Preis die Produktionskosten?
- ✔ Ist genug Spielraum für Reklamation, Diebstahl und Verlust eingeplant?
- ✔ Passt der Preis zum Marktumfeld?
- ✔ Ist der Preis saisonalen Schwankungen unterlegen?
- ✔ Sind Versandkosten und Steuern ordentlich ausgewiesen?
- ✔ Passt der Preis zur Produktart?

Preispsychologie

Eine Tafel Schokolade kostet 99 Cent, eine große Speicherkarte 39,95 Euro. Wäre es da nicht konsequent und logisch, wenn unser Regenschirm 13,99 kosten würde? Ein verbreiteter Irrglaube ist es, dass gebrochene Preisangaben ein Produkt disproportional günstiger erscheinen lassen, obwohl oft nur ein Cent gespart wird. Dazu wurden im Laufe der Jahre verschiedene Studien durchgeführt, die diese Theorie nicht belegen konnten. Wahrscheinlicher (und auch viel unterhaltsamer) sind folgende Anekdoten:

Ohne Währungseinheit geht der Sinn für Geld verloren – und auch die Scheu davor, dieses auszugeben.

Die 1-Cent-Zeitung 1876 hatte Melville Stone in Chicago eine tolle Idee: Die meisten Tageszeitungen waren mit 25 Cent für damalige Verhältnisse relativ teuer, eine Penny-Zeitung für 1 Cent sollte den Markt aufrollen. Das Problem: Penny-Münzen waren selten, niemand kaufte Stones Zeitung. Daraufhin überzeugte er die Chicagoer Einzelhändler, typische Impulskaufprodukte um einen Cent preiswerter zu machen, um den Absatz zu erhöhen. Eine $1-Schokolade kostete nun 99 Cent, den verbliebenen Cent Rückgeld investierten die Kunden in Stones Zeitung.

Etwas wahrscheinlicher ist eine andere Erklärung: Bis zum Ende des 19. Jahrhunderts wurden Waren im Laden bar auf die Hand, direkt am Verkaufsregal bezahlt. Mit Aufkommen der Registrierkasse wurde es etwas unübersichtlich, Ladenmitarbeiter verloren den Überblick darüber, wer wann wo was bezahlt hatte – nicht selten behielten sie den Kaufpreis einfach ein. Ein ungerader Preis und die Aussicht auf Rückgeld sollten die Kunden zwingen, direkt an der Kasse zu zahlen – und dem Ladenbesitzer volle Transparenz über die tatsächlichen Einnahmen gewähren.

Gebrochene Preise Noch heute sind gebrochene Preise absolut üblich, obwohl sie keinen belegbaren Effekt haben. Einzelne Händler haben sich von dieser Preisart schon verabschiedet, so auch IKEA. Welche Art du wählst, ist also absolut Geschmackssache.

Was hingegen gut funktioniert, ist die Entfernung des Währungssymbols – durch das fehlende € oder $ hat der Nutzer nicht den Eindruck, besonders viel Geld auszugeben. Restaurants nutzen diesen Trick gerne auf Speisekarten: Die Gerichte bleiben vergleichbar, und natürlich steht der Preis weiterhin auf der Karte – es fühlt sich aber nicht mehr so sehr nach »Geld ausgeben« an.

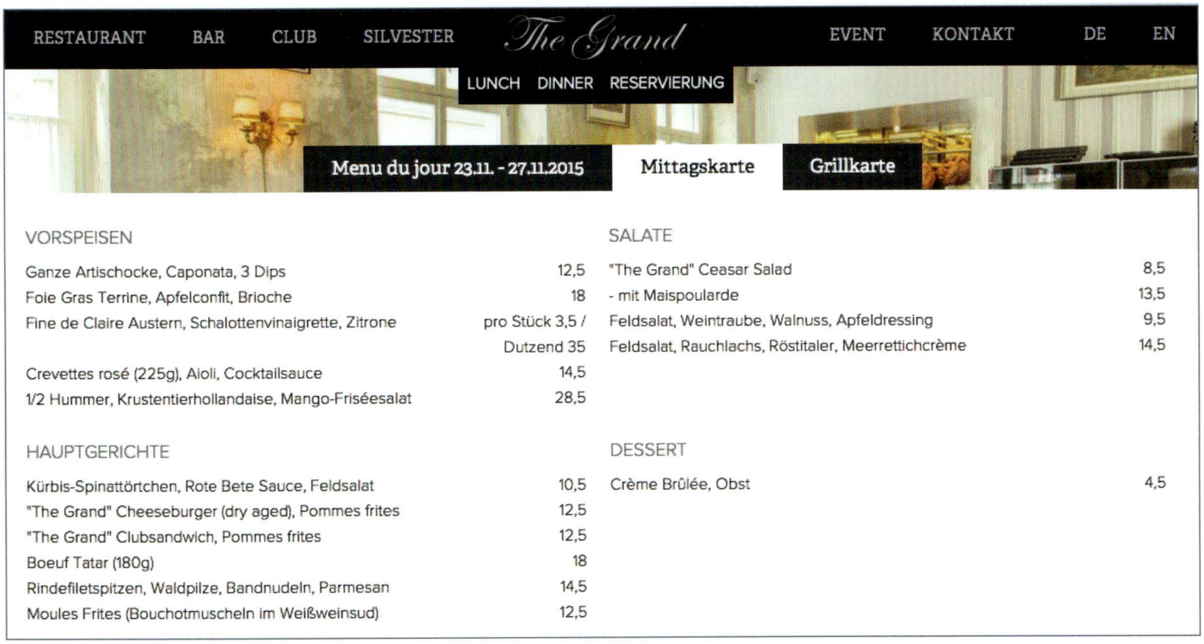

Speisekarte ohne Währungssymbole: Sind die Gerichte hier wirklich besonders günstig?

Geld für nichts? – Virtuelle Güter

Zusätzliche Möglichkeiten tun sich bei der Preisgestaltung für Services, also virtuelle Dienstleistungen, auf. Wo kein physisches Produkt existiert, kann es kaum zu Lieferengpässen kommen. Dienste können meist problemlos skaliert werden, im Zweifelsfall wird ein zusätzlicher Server dazugeschaltet – dank **AWS** und **Heroku** kein Problem mehr. Aber welcher Preis ist für welche Leistung gerechtfertigt?

Die Lösung heißt: Auswahl. In der Regel gibt es heute mindestens drei verschiedene Pakete:

1. ein preiswertes Paket für wenige Euro,
2. eines im guten Mittelfeld und
3. ein Profipaket, das wirklich alle Leistungen umfasst.

Schaut man genauer hin, dann ist das Billigpaket meist nur ein Schnupperangebot, das im Marketing benutzt wird, um einen niedrigen Preis auf die Verpackung zu drucken. Das Profiangebot enthält ein Leistungspaket, das kaum jemand benötigt, und dient eher als Referenz: Du könntest so viel ausgeben, schau mal, wie viel du mit dem Mittelfeldprodukt sparst.

AWS
Amazon Web Services, skalierbare Serverdienstleistungen für Websitebetreiber

Heroku
Dynamische Serverfarmen für Webentwickler

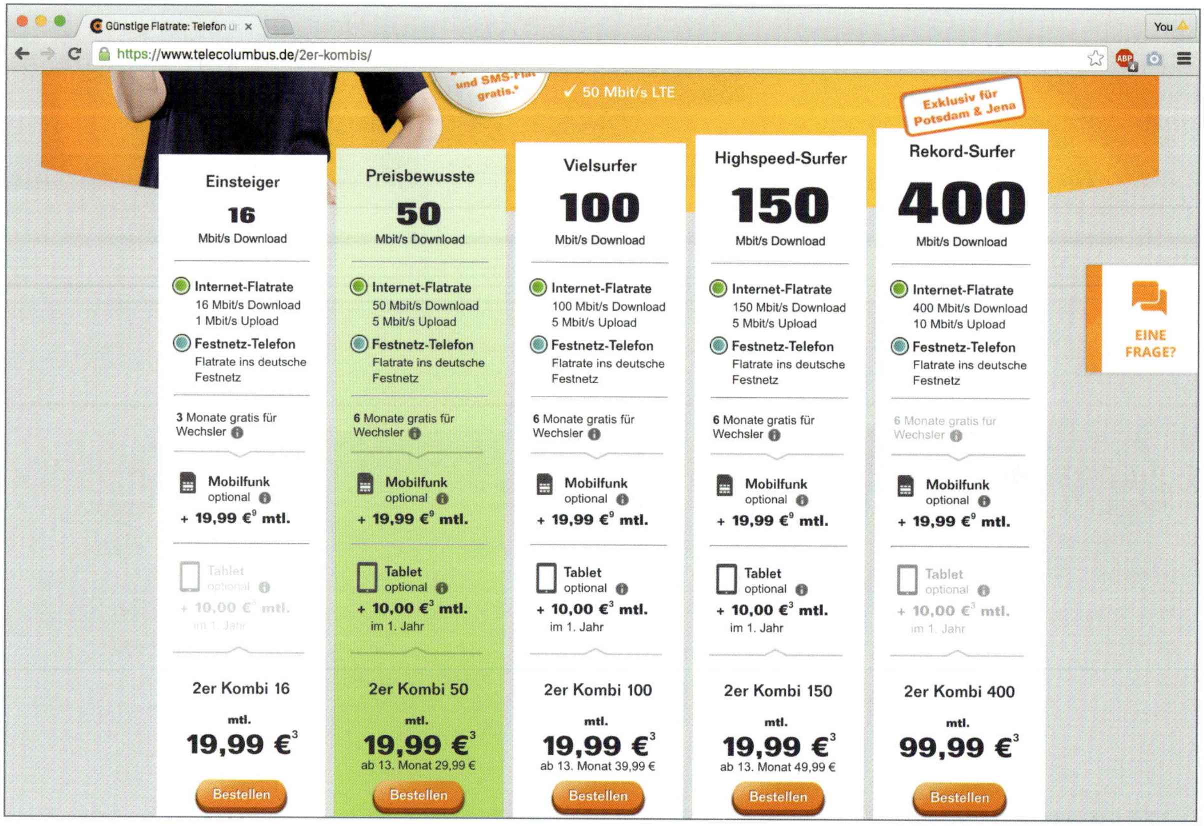

^ Auswahl macht den Nutzer froh: Preistabelle mit Vergleichsmöglichkeit

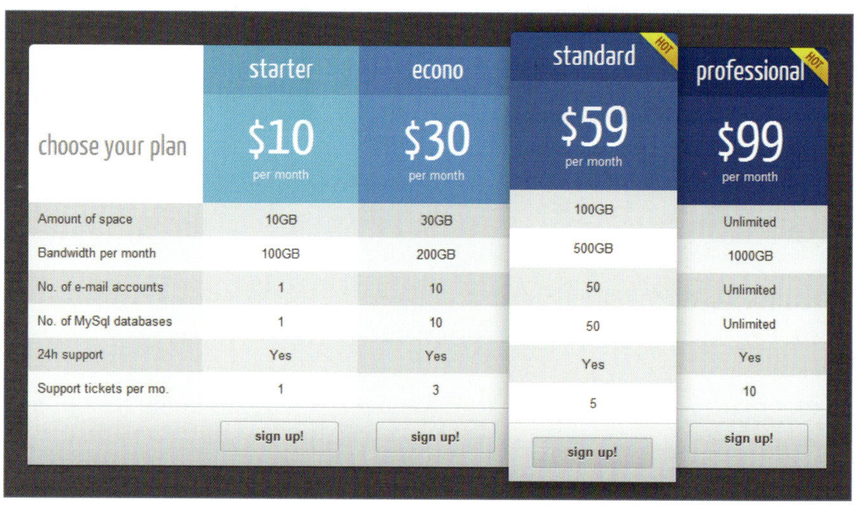

> Preistabelle – das beste Angebot ist herausgestellt.

Mit anderen Worten: Zu jedem Angebot gibt es eines, das zu billig ist, und eines, das vielleicht irgendwann mal relevant wird. Natürlich musst du dich nicht auf drei Pakete beschränken, vier oder fünf Preisvarianten sind durchaus üblich. Aber Achtung: Choice kills Conversion, Auswahl überfordert Nutzer schnell. Erinnerst du dich an Miller's Law? Mehr als 7±2 Optionen sollten es auf gar keinen Fall sein.

Choice kills Conversion, Auswahl überfordert Nutzer.

Die verschiedenen Preisoptionen müssen unbedingt direkt vergleichbar sein – beliebt ist eine Tabellenansicht, bei der sich Features und Leistungen direkt miteinander vergleichen lassen. Bei virtuellen Käufen in Computerspielen wird häufig die Ersparnis des größeren Pakets gegenüber einem kleineren mit angegeben. Nutzer tendieren dazu, am ehesten bei der Variante zuzuschlagen, die den größten Vorteil oder die größte Ersparnis bringt.

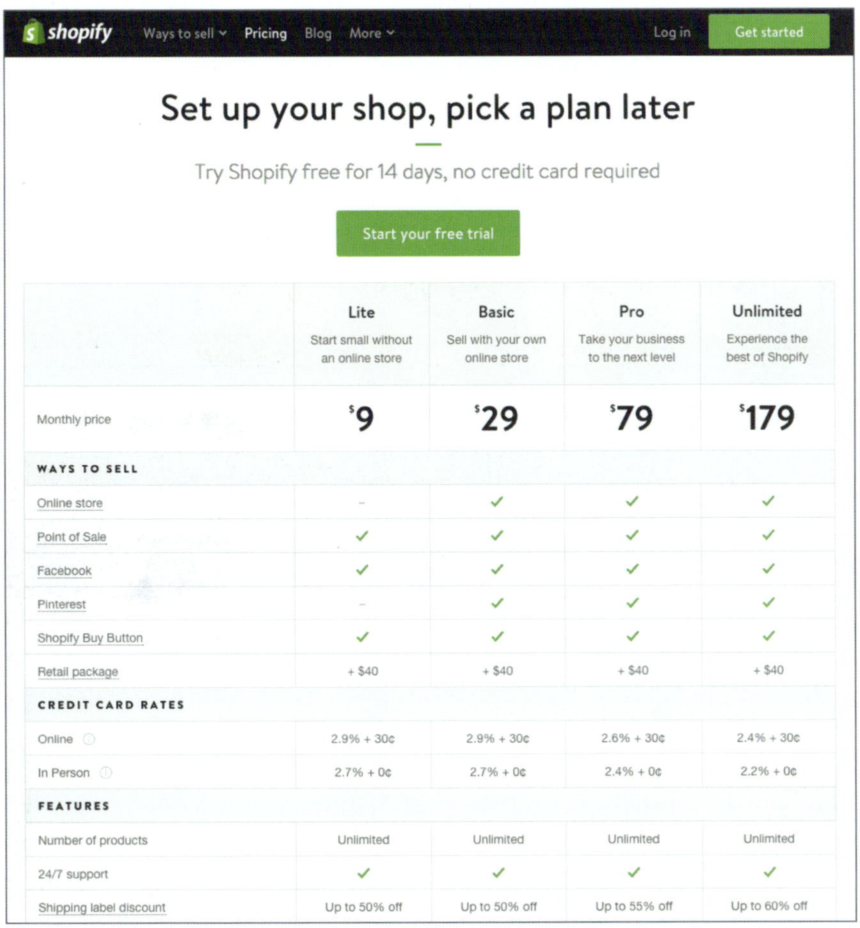

	Lite Start small without an online store	Basic Sell with your own online store	Pro Take your business to the next level	Unlimited Experience the best of Shopify
Monthly price	$9	$29	$79	$179
WAYS TO SELL				
Online store	–	✓	✓	✓
Point of Sale	✓	✓	✓	✓
Facebook	✓	✓	✓	✓
Pinterest	–	✓	✓	✓
Shopify Buy Button	✓	✓	✓	✓
Retail package	+ $40	+ $40	+ $40	+ $40
CREDIT CARD RATES				
Online	2.9% + 30¢	2.9% + 30¢	2.6% + 30¢	2.4% + 30¢
In Person	2.7% + 0¢	2.7% + 0¢	2.4% + 0¢	2.2% + 0¢
FEATURES				
Number of products	Unlimited	Unlimited	Unlimited	Unlimited
24/7 support	✓	✓	✓	✓
Shipping label discount	Up to 50% off	Up to 50% off	Up to 55% off	Up to 60% off

< *Spotify mit »Unlimited«-Angebot als Referenzpreis*

Kleine Geschenke erhalten die Freundschaft

Warum aber für etwas bezahlen, bei dem der Nutzer nicht genau weiß, ob er es überhaupt braucht? Sollte man nicht vorher testen können, ob der Service oder die App überhaupt das Richtige für einen ist?

Kostenlose Häppchen

Aubade-Lektion № 50
Erinnere ihn an deine Großzügigkeit.

Computerspiele bieten dafür Demoversionen an. Meist kann der Nutzer das erste Level spielen, völlig kostenlos und ohne Verpflichtungen. Ein Modell, das so erfolgreich ist, dass es auf die Filmindustrie übergesprungen ist. In den letzten Jahren haben einige Filme kostenlose Screenings für die ersten 30 Minuten eines neuen Blockbusters angeboten, teilweise als YouTube-Stream. Die Idee: Wer den Anfang des Films oder Spiels kennt, der will auch wissen, wie es ausgeht – und bezahlt für die volle Version.

> *Die Demoversion von Firewatch gibt einen guten Vorgeschmack auf das eigentliche Spiel.*

Demoversionen eignen sich nicht für jede Art von App. Üblich sind daher im Softwaresegment heute vor allem zwei Varianten: Testversionen oder Lightversionen.

Eine Testversion ist in der Regel zeitlich limitiert, nach 14 oder 30 Tagen muss der Nutzer die App kaufen – oder löschen. Testversionen haben für Entwickler einen entscheidenden Nachteil: Sie lassen sich nicht über App Stores verkaufen und auch nur sehr schwer auf Webservices übertragen.

Sinnvoller ist hier eine kostenlose Lightversion einer App: Die grundsätzlichen Features sind voll funktionsfähig, allerdings stark limitiert. Die 3D-

Zeichen-App *uMake* bietet eine dauerhaft kostenlose Version an, die allerdings auf zehn Zeichnungen beschränkt ist. Auch lassen sich Zeichnungen nur als PNG-Screenshot exportieren. Wer mit den eigentlichen 3D-Daten weiterarbeiten will, muss die Vollversion für $ 200 im Jahr bezahlen.

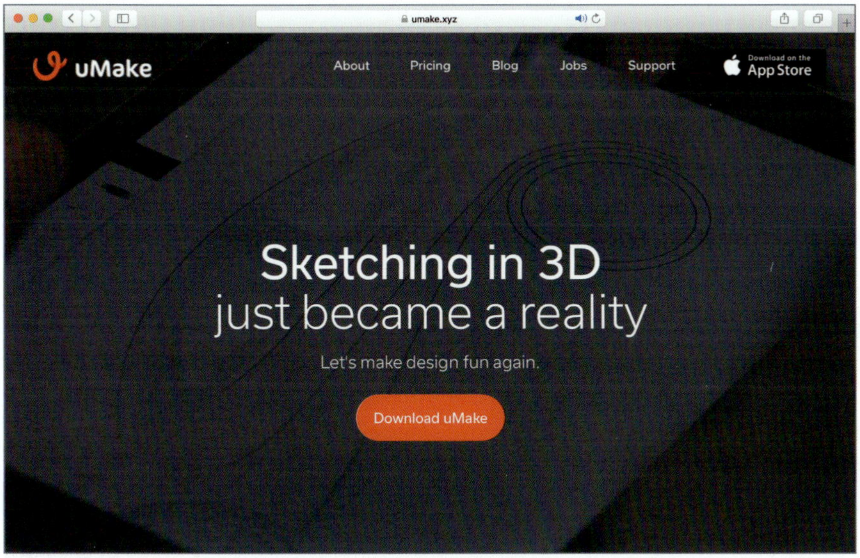

< *3D-Zeichnen mit uMake*

Verschiedene Arten kostenloser Produkte

Chris Anderson, Autor des Buches »Free«, beschreibt vier verschiedene Arten von kostenlosen oder preiswerten Gütern:

1. Direkte Quersubventionen: Ein Bereich des Produkts finanziert einen anderen. Teure Rasierklingen rechtfertigen den günstigen Anschaffungspreis eines Markenrasierers, Computerspiele für 80 Euro und mehr ermöglichen eine erschwingliche Konsole, teure Kaffeepads machen die schicke Kaffeemaschine preiswert.
2. Drei-Parteien-Modell: Eine dritte Partei bezahlt für kostenlose Inhalte, zum Beispiel beim Privatfernsehen: Die Simpsons und Galileo sind nur deshalb für uns kostenlos, weil wir dafür Werbung schauen, für die die dritte Partei (die Werbetreibenden) Geld bezahlt.
3. Nicht-monetäre Märkte: Facebook ist vor allem deshalb kostenlos, weil wir uns bereiterklären, unsere Nutzungsdaten zu kommerziellen Zwecken zur Verfügung zu stellen. Eine Leistung wird gegen Daten oder Arbeitskraft getauscht.

4. Eine besondere Unterart der Lightversion ist das Freemium-Modell. Das Kofferwort aus »Free« und »Premium« beschreibt ganz gut, worum es geht: Die App gibt es kostenlos, Zusatzfunktionen können einzeln dazugekauft werden. Die Zeichen-App *Paper* zum Beispiel bietet eine kostenlose Grundfunktion mit digitalem Tintenstift an, zusätzliche Zeichenwerkzeuge müssen für jeweils $ 1,49 als In-App-Kauf erworben werden.

Jelly Splash – kostenlos dank Freemium

Gerade das Freemium-Modell wurde von Smartphonespielen wie *Jelly Splash* perfektioniert: Das Spiel selbst ist kostenlos, was möglichst viele Nutzer anzieht. Der Spieler hat zunächst fünf Leben, jedes verlorene Level kostet ein Leben. Die Leben regenerieren sich zwar, allerdings nur alle 30 Minuten. Hat der Nutzer alle Leben verloren, heißt es also warten – oder für wenige Cent Leben kaufen. Diese paar Cent machen dem Nutzer selbst relativ wenig aus, läppern sich aber auf die gesamte Nutzerschaft verteilt – bei mehreren Millionen Spielern kommt da durchaus etwas zusammen.

Pay what you want

Richtig interessant wird es dann, wenn der Nutzer den Kaufpreis selbst bestimmen kann. Die Schriftschmiede »Lost Type« (*losttype.com*) bietet schicke und ungewöhnliche Schriftarten an. Den Preis bestimmt der Nutzer per Eingabe, ob $ 5 oder $ 20, die Schrift ist dieselbe. Selbst die Eingabe von $ 0 ist möglich und sogar gewünscht – der Nutzer kann die Schrift dann für persönliche Zwecke kostenlos verwenden. Möchte der Nutzer die Schrift für kommerzielle Zwecke einsetzen, wird eine Lizenzgebühr von $ 150 fällig, die die meisten Nutzer gerne zahlen.

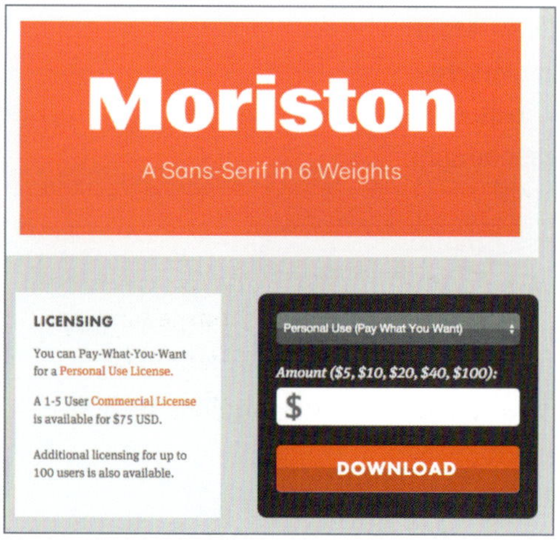

»Pay What You Want« bei »Lost Type«

Dahinter steckt ein einfaches psychologisches Phänomen: Der Beschenkte hat das Gefühl, dem Schenker etwas schuldig zu sein – und zahlt nicht nur gerne, sondern in der Regel etwas mehr. Außerdem erzeugt der Betreiber durch das Geschenk eine Präsenz. Eine Schriftart, die schon installiert ist, wird eher verwendet als eine, die man erst noch finden und herunterladen muss.

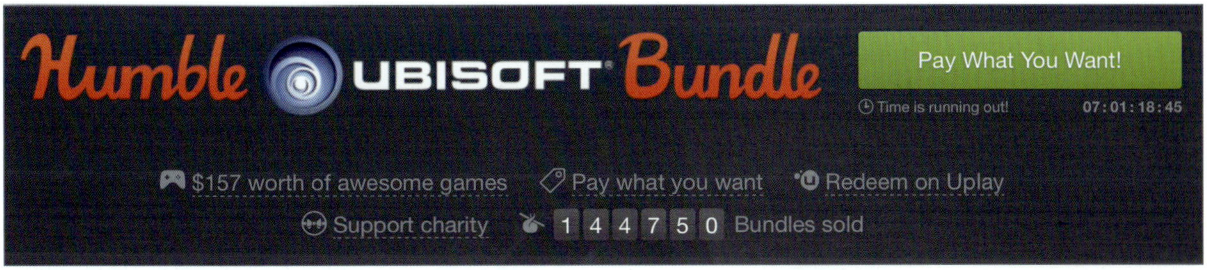

∧ *Das Humble Bundle kostet so viel, wie du bereit bist zu zahlen – der Hinweis auf den eigentlichen Wert gibt Orientierung.*

Beliebt sind auch Modelle, bei denen kostenlose Downloads oder Services nur per E-Mail verschenkt werden. Graphical Cooking (*graphicalcooking.co*) bietet einen kostenlosen Download von fünf Rezept-PDFs per Gumroad an – zum Herunterladen muss der Nutzer jedoch zunächst seine E-Mail-Adresse eingeben. Als Betreiber habe ich nun die Möglichkeit, dem Nutzer weitere Angebote zu schicken, zum Beispiel über das 7-Dollar-Premium-Downloadpaket oder die gedruckte Rezeptbox für 17,90 Euro. Der Nutzer »bezahlt« also mit seiner E-Mail-Adresse.

∧ *Kostenloser Download bei Graphical Cooking*

Die richtige Balance finden

Bei kostenlosen Downloads und Geschenken aller Art ist es wichtig, die richtige Balance zu finden. Eine Werbebroschüre oder ein Kundenmagazin wird nicht als Geschenk gewertet, eher als unnötiges Werbematerial. Ein Geschenk muss für den Beschenkten einen gewissen Wert haben und natürlich von Herzen kommen. Wer zu viel verschenkt, riskiert jedoch sein Geschäftsmodell – wieso etwas kaufen, wenn man etwas fast Gleichwertiges bereits umsonst bekommen hat?

Der Beschenkte hat das Gefühl, dem Schenker etwas schuldig zu sein.

Eine besondere Form des Verschenkens ist die Bereitstellung von Open-Source-Komponenten. Die meisten großen Softwareentwickler haben mittlerweile gemeinfreie Projekte, die teilweise noch aktiv gepflegt werden. Hier geht es nicht nur um den Akt des Verschenkens, sondern vor allem darum, sich strategisch in der Open-Source-Community zu beteiligen. Firmen, die kostenlose Frameworks und Plug-ins zur Verfügung stellen, genießen bei Entwicklern einen guten Ruf. Vor allem aber können sie ihre Open-Source-Projekte als Marketingwerkzeuge verwenden.

> *Facebook Designer Resources (https://facebook.github.io/design/)*

Was sich als Open-Source-Projekt eignet, ist von Firma zu Firma unterschiedlich. Beliebt ist die Herangehensweise, Softwarekomponenten, die man ohnehin benötigt, die aber nicht das Kerngeschäft ausmachen, unter Open-Source-Lizenz zu stellen. Auf diese Weise tut man etwas Gutes, bekommt aber gleich Feedback zum Code, eventuell entwickelt jemand anderes aus der Community daran weiter. Gute Beispiele dafür sind die Entwicklertools des Bezahldienstes Stripe, das Responsive-Web-Framework Bootstrap von Twitter oder die Programmiersprache Swift von Apple.

Üblich ist es aber auch, abgelegte Software, die eigentlich noch ganz gut ist, von der Community »auftragen« zu lassen. Dropbox hat seinen Teamchat unter die Open-Source-Lizenz gestellt, nachdem man sich intern gegen eine Weiterentwicklung entschieden hatte. Das Wooga-Spiel *Pocket Island* mit dazugehörigem HTML5-Gameframework ist als kostenloser Download auf GitHub verfügbar, nachdem die dazugehörige Spieleplattform nicht mehr weiterentwickelt wurde.

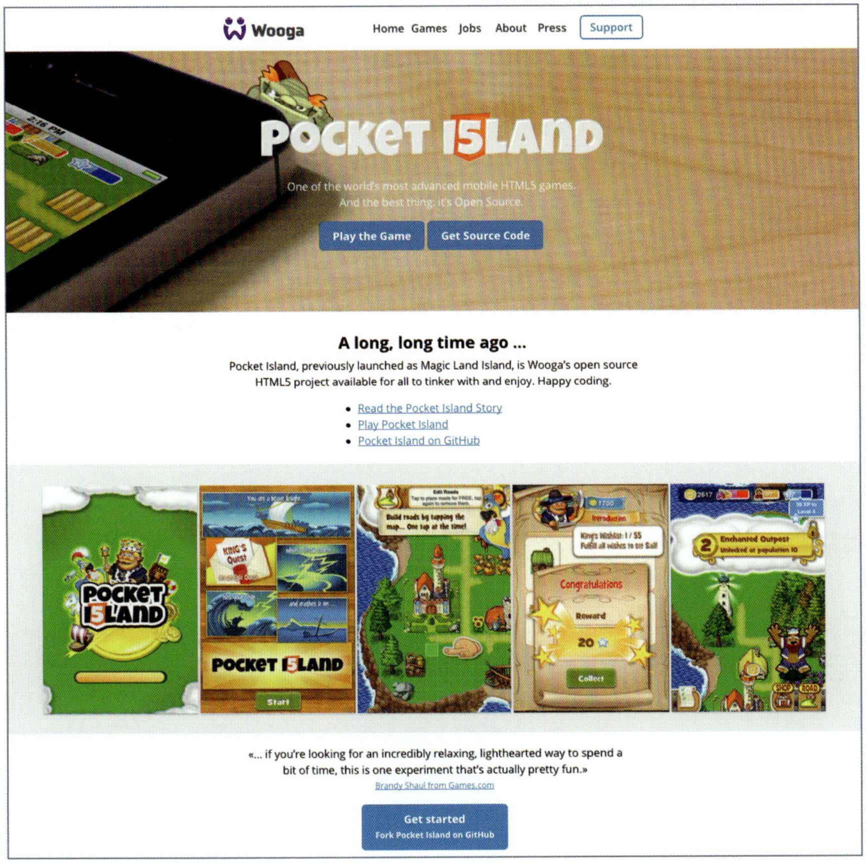

< *Pocket Island, das Open-Source-Spiel von Wooga*

Kleine Geschenke und kostenlose Downloads machen Nutzer glücklich – und bieten sich wunderbar als Marketinginstrument an. Auch hier zählt die alte Weisheit: Tue Gutes und sprich darüber.

Tue Gutes und sprich darüber.

Komm doch wieder – die Macht von Retargeting

Eigentlich hatte ich mir vorgenommen, in diesem Buch nicht über Bannerwerbung oder Textanzeigen zu schreiben. Zum einen, weil das vom Umfang her ein eigenes Buch wäre, zum anderen, weil sich der Markt so extrem schnell verändert – was heute noch cool und angesagt ist, kann morgen schon extrem nerven. Außerdem heißt es ja »Websites, denen niemand widerstehen kann« und nicht »Bannerwerbung, der keiner widerstehen kann« – aber am Ende gehört das ja irgendwie dazu.

∧ *Retargetingbanner von Zappos*

Der Schuh, der mich verfolgte

Eine Beobachtung hat aber bestimmt jeder schon einmal gemacht: Da schaut man sich online nach einem Produkt um und entscheidet sich doch nicht dafür, es zu kaufen. Neulich habe ich mir in einem Streetwear-Shop ein Paar Turnschuhe angeschaut, grau mit drei gelben Streifen, sehr auffällig. Mit 120 Euro waren mir die Schuhe dann aber doch etwas zu teuer, die andere Farbvariante habe ich mir gar nicht erst angesehen.

Ein paar Tage später sehe ich genau dieselben Schuhe wieder – aber nicht auf der Shopseite, sondern in der Seitenleiste bei Facebook. Tags darauf dasselbe – die Schuhe lachen mich von einem Banner auf einer Unterhaltungsseite an ... diesmal um 20 % reduziert.

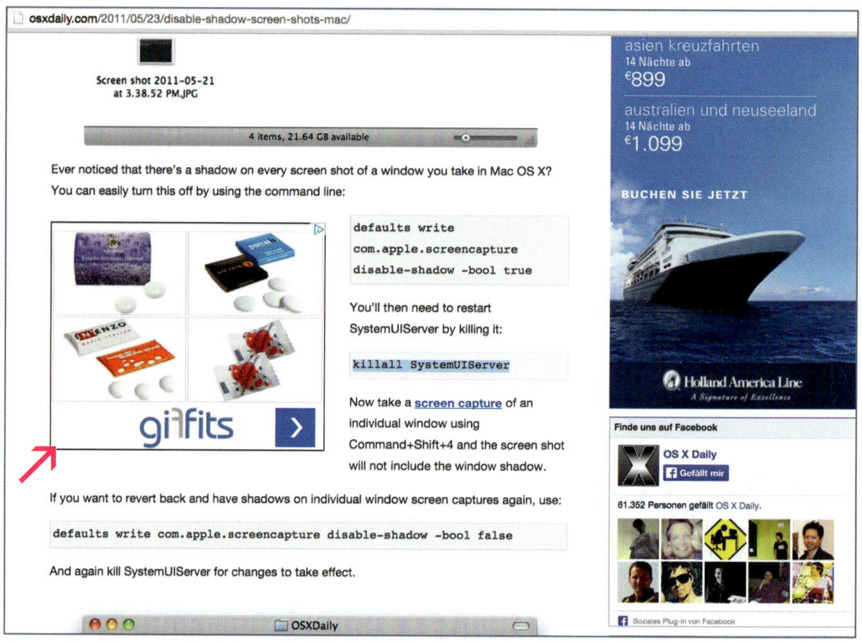

> *Werbung für Mentos, die ich mir wenige Tage zuvor angeschaut hatte? So ein Zufall ...*

Retargeting – Die zweite Chance Hexerei? Zufall? Weder noch. Die Technik nennt sich Retargeting – frei übersetzt bedeutet das so viel wie Wiedervorlage. Beim Retargeting werden Nutzer mit einem Cookie, LocalStorage-Eintrag oder einem zäheren Flashcookie markiert. Diesen Part übernimmt in der Regel ein Retargeting-Werbenetzwerk. Besucht der Nutzer eine Seite, die Kunde im Netzwerk ist, wird das beim Retargetinganbieter registriert und gespeichert. Das Werbenetzwerk weiß jetzt, welche Seiten ich besucht habe, und damit auch, welche Produkte ich benutzt habe.

Aber das Netzwerk macht noch mehr: Es kauft massenweise Werbeplätze auf unterschiedlichsten Seiten – Blogs, Nachrichtenseiten, Videoportale, Suchmaschinen, Social Networks. Die dazugehörigen Werbebanner bleiben leer – so lange, bis ich als markierter Nutzer vorbeikomme. Das Netzwerk vergleicht mein Cookie mit dem dazugehörigen Datenbankeintrag und zeigt mir Werbung für das Produkt an, das ich zuletzt angesehen habe.

Kürzer formuliert: Mit Retargeting kann ich einen Nutzer im Internet verfolgen – was für uns als Websitebetreiber grandios ist. Man kann auch sagen: Wir reduzieren unsere Zielgruppe auf Menschen, die bei uns schon mal da waren, aber noch nichts gekauft haben. Aus verpassten Gelegenheiten wird damit eine zweite Chance.

Retargeting macht aus verpassten Gelegenheiten eine zweite Chance.

Produktalternativen Nutzer, die »nur mal geschaut« und verglichen haben, werden durch Retargeting immer wieder an das eine Produkt und unsere Plattform erinnert – und schlagen im Idealfall doch noch zu. Das funktioniert besonders gut bei High-Involvement-Produkten wie Waschmaschinen, Laptops oder teure Kleidung. Aber auch Produktalternativen oder ähnliche Produkte haben eine gute Chance, gekauft zu werden: Der Nutzer hat sich Sneaker angeschaut, also besteht die Möglichkeit, dass er tatsächlich auf der Suche nach Schuhen ist – eventuell hat ihm nur das Modell nicht zugesagt. Statt nur ein bestimmtes Modell auf dem Banner anzuzeigen, werden gleich mehrere Produkte dargestellt. Natürlich nicht zu viele, denn Choice kills Conversion – aber das ist ein anderes Paar Schuhe.

Vielleicht hat aber auch der Preis nicht überzeugt – in Retargetingbannern kann der Händler noch Rabatt gewähren und sogar staffeln. Während auf den ersten fünf Einblendungen noch der Originalpreis angezeigt wird, geht es ab dann in 5 %-Schritten runter auf bis zu 30 % Nachlass.

Möglichkeiten mit Retargeting

Auch wenn Retargetingbanner hauptsächlich von Shopbetreibern genutzt werden, können sie für verschiedenste Websites und Anlässe verwendet werden:

- Eine Eventseite kann Interessenten adressieren, wenn Plätze auf der Eventgästeliste frei geworden sind.
- Ein Onlinespiel kann Spieler reaktivieren, die sich lange nicht mehr eingeloggt haben.

- Eine Nachrichtenseite kann Abonnements oder bezahlte Zusatzdienste für Bestandsleser bewerben.
- Ein Videoportal kann Blu-Rays oder Downloadcodes für Filme anpreisen, deren Trailer sich der Nutzer vor kurzem angeschaut hat.
- Ein Weblog kann Leser auf das gerade erschienene Buch zum Blog aufmerksam machen – auch wenn der Nutzer länger nicht mehr im Blog vorbeigeschaut hat.

Die wahrscheinlich kreativste Anwendung von Retargeting aber hatte 3M im Mai 2015. Nutzer bekamen statt Werbebannern auf den dafür vorgesehenen Flächen kleine Post-it-Zettel angezeigt, unter anderem auf der Seite des Wall Street Journal. Diese Post-its konnten auf dem Bildschirm mit Notizen versehen werden. Der Clou: Ruft der Nutzer jetzt eine andere Webseite auf, ist seine Notiz immer noch da – die virtuellen Klebezettel verfolgen den User durch das Netz.

Neben Retargeting über Webseiten gibt es die Möglichkeit, Banner im Facebook-Feed oder in der Facebook-Seitenleiste zu platzieren. Auch E-Mail-Marketing ist möglich: Nutzer werden dann über ihre E-Mail-Adresse identifiziert und sind von Cookies unabhängig – das funktioniert über die Gerätegrenzen hinweg. Möglich ist auch das Retargeting in Suchergebnissen:

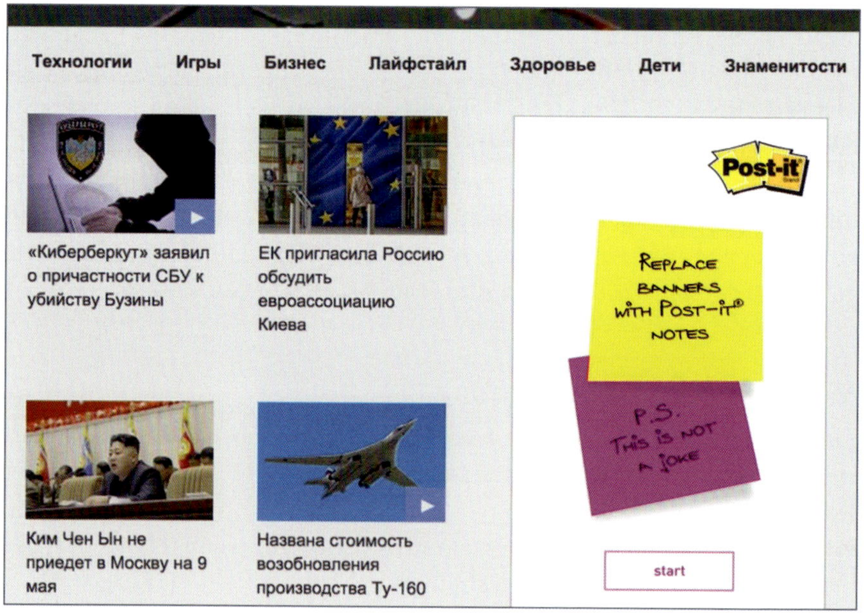

> *Retargeting von Post-it*

Googele ich »Turnschuhe«, bekomme ich wieder einen Hinweis auf meinen grauen Sneaker mit gelben Streifen.
Werbenetzwerke, die Retargeting anbieten, finden sich online zuhauf – mit einer Empfehlung oder namentlichen Nennung kann ich an dieser Stelle leider nicht dienen, dafür zahlen mir die Anbieter zu wenig.

Dos und Don'ts: Retargeting

Einige Best Practices sollen an dieser Stelle nicht unerwähnt bleiben.

- ✓ Do: So schön es ist, Nutzern immer und immer wieder das eigene Produkt unter die Nase zu reiben, irgendwann muss auch der beste Marketingexperte einsehen, dass ich keine Schuhe mit gelben Streifen kaufen möchte. Ein *Frequency Capping* hilft, die Anzahl der Werbeeinblendungen pro Nutzer zu begrenzen – je nach Budget sollte nach spätestens 10 Bannerkontakten Schluss sein.
- ✓ Do: Das Gleiche gilt, wenn das Produkt bereits gekauft wurde. Gute Netzwerke bieten ein *Burn Pixel* an, also ein Zählpixel, das nur bei erfolgreichem Kaufabschluss aktiviert wird. Nichts wirkt peinlicher als die Waschmaschinenwerbung, wenn das Gerät schon längst beim Kunden zu Hause steht.
- ✓ Do: Gute Netzwerke bieten außerdem den Zugriff auf demografische Informationen an. Wenn ich weiß, dass mein Nutzer eine 70-jährige Frau aus einer ländlichen Region ist, dann ist es relativ unwahrscheinlich, dass sie die Turnschuhe mit gelben Streifen wirklich kaufen wird. Dann kannst du es eigentlich auch bleiben lassen.
- ✗ Don't: Wenn immer derselbe Banner ausgesteuert wird, setzt schnell die sogenannte *Banner Blindness* ein – der Nutzer ignoriert die Retargetingmaßnahme einfach. Besser ist ein Mix aus verschiedenen Formaten und Bannermotiven.
- ✗ Don't: Auf keinen Fall solltest du dich auf Retargeting als Allheilmittel verlassen – vielmehr solltest du es als Erweiterung und Zusatzoption sehen. In der Bannergestaltung solltest du dich etwas zurückhalten: Hat der Nutzer das Gefühl, von einem Banner »gestalkt« zu werden, verkehrt sich die Wirkung eher ins Negative. Auch Formulierungen wie »Ich weiß, was du letzte Woche geshoppt hast« darfst du dir getrost verkneifen.
- ✗ Don't: Was gar nicht geht, ist Retargeting für medizinische Produkte oder Erwachsenenunterhaltung. Besonders auf Computern, die gemeinsam genutzt werden, kann das schnell zu unangenehmen und unbeabsichtigten Situationen führen. Oder kannst du dir erklären, wieso auf dieser Lernwebsite für Kinder ein Banner für eine schwedische Penispumpe angezeigt wird, Schatz?

Inhalt oder Werbung? Content-Marketing

Die Kamera fliegt über den Kronleuchter, hinunter in den gefüllten Saal. Der kleine Junge ist nervös – gleich muss er sein Saxofonsolo spielen. Auf einmal springt seine kleine Schwester auf, rennt aus dem Raum und jagt über Treppen und Flure aufs Dach – wo ihr Vater mit einer besonderen Erfindung wartet.

Der Kurzfilm »Lifted« von »Casino Royale«-Kameramann Phil Meheux überzeugt durch schnelle Schnitte, beeindruckende Bilder und ein ebenso trauriges wie überraschendes Ende. Das Besondere aber: Der Film wurde vom Drohnenhersteller DJI in Auftrag gegeben und bezahlt – um die Vorteile eines neuen Kamerastabilisators zu demonstrieren.

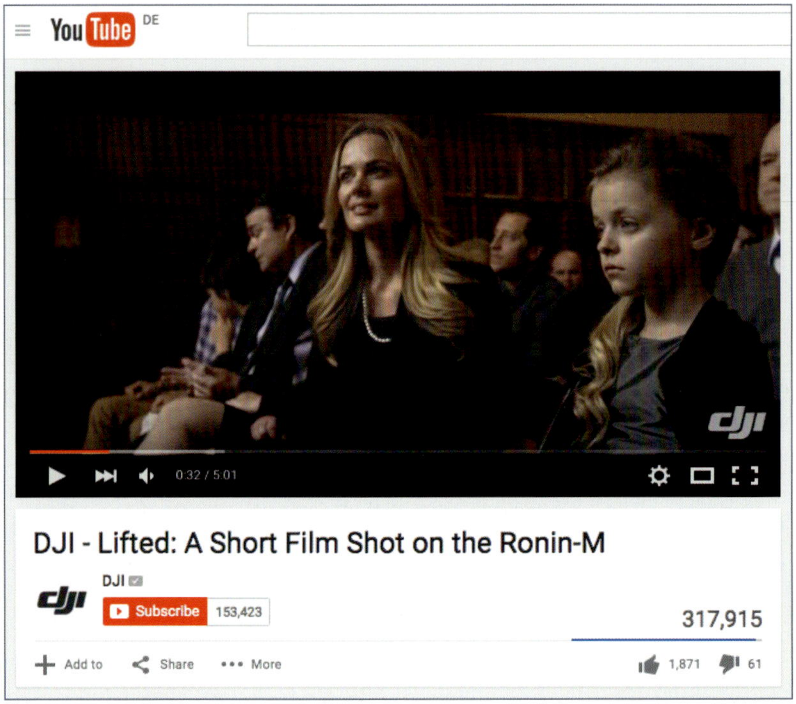

> Kostenloser Kurzfilm von DJI

In der klassischen Werbung stehen hauptsächlich das Produkt und dessen Vorteile im Vordergrund, eingedampft auf eine Marketing-Message mit klarer Kauf- beziehungsweise Handlungsaufforderung. Nicht so in diesem Film: Der Zuschauer bekommt ein komplett eigenständiges und unterhaltsames Video, lediglich am Ende wird kurz das Kameraaccessoire erwähnt – ein typischer Fall von Content-Marketing.

Beim Content-Marketing geht es darum, Inhalte rund um das Kernprodukt zu produzieren, die anschließend einfach verschenkt werden. Ein gut gemachter Inhalt erreicht tausende Menschen und verbreitet sich über Facebook, Twitter, YouTube und klassische Medien weiter. Der Film »Lifted« wurde nach einem halben Jahr bereits von über 300 000 Menschen gesehen – und ist jetzt sogar in diesem Buch gelandet. Die Reichweite wird genutzt, um eine emotionale Welt rund um das eigentliche Produkt aufzubauen und höchstens subtil darauf hinzuweisen. Die beliebtesten Kategorien sind:

Blogposts, Podcasts und E-Books

Texte und Artikel zu einem Thema sind einfach und schnell gemacht. Richtig gut ist die Produktivitätssoftware Trello: In ihrem Blog erklären die Macher, wie man das Tool zum Planen eines Urlaubs oder seiner Hochzeit nutzen kann.

Der Clou: Sucht jemand nach »Hochzeit planen«, ist der Artikel ganz vorne mit dabei. Blogposts können Anleitungen, Inspirationen oder Diskussionen zu einem Thema enthalten. Beliebt sind auch Erfahrungsberichte oder Interviews mit Prominenten, die meine App verwenden – nicht nur über die App, sondern vor allem darüber, wie diese in ihren Alltag eingebunden ist.

Trello erklärt, wie du mit dem eigenen Produkt deine Hochzeit planst.

Listen

»38 Reasons You Should Never Visit Finland« – 38 Gründe, warum man Finnland nicht besuchen sollte. Der BuzzFeed-Artikel aus dem März 2015 klingt erstmal etwas feindselig, stellt sich anschließend aber als Sammlung wunderschöner Fotos des skandinavischen Lands heraus.

Wer macht so etwas? Die Antwort findet sich im Titel des Artikels, der Absender ist die finnische Tourismusbehörde »Visit Finland«. Die Vermarkter sind nicht die einzigen, die Listenmarketing betreiben – besonders auf Medien wie BuzzFeed, 9GAG oder BoredPanda erfreuen sich Listen großer Beliebtheit: 50 Facts über James Bond, die du noch nicht kennst, 23 Haushaltstricks oder die besten 30 Simpsons-Zitate – allesamt interessant und an Marken gebunden.

> 38 Gründe, Finnland nicht zu besuchen – das riecht verdächtig nach Content-Marketing.

Infografiken

Was machen Footballspieler eigentlich, wenn ihre aktive Karriere vorbei ist? Eine Infografik zeigt, dass nur 13 % weiter im athletischen Bereich tätig sind, während sich 44 % selbständig machen. Die Daten kommen von LinkedIn, die Infografik ebenso – genauer von LinkedIn Business Solutions, die mit den genauen Daten auf unterhaltsame und professionelle Weise Headhunter und Personalchef überzeugen wollen, ihre Services zu nutzen.

Infografiken sind vor allem deswegen ein mächtiges Werkzeug, weil sie gerne geteilt werden und auf anschauliche Weise einen Markt oder ein Problem abbilden können – und das Produkt als Lösung gleich mit.

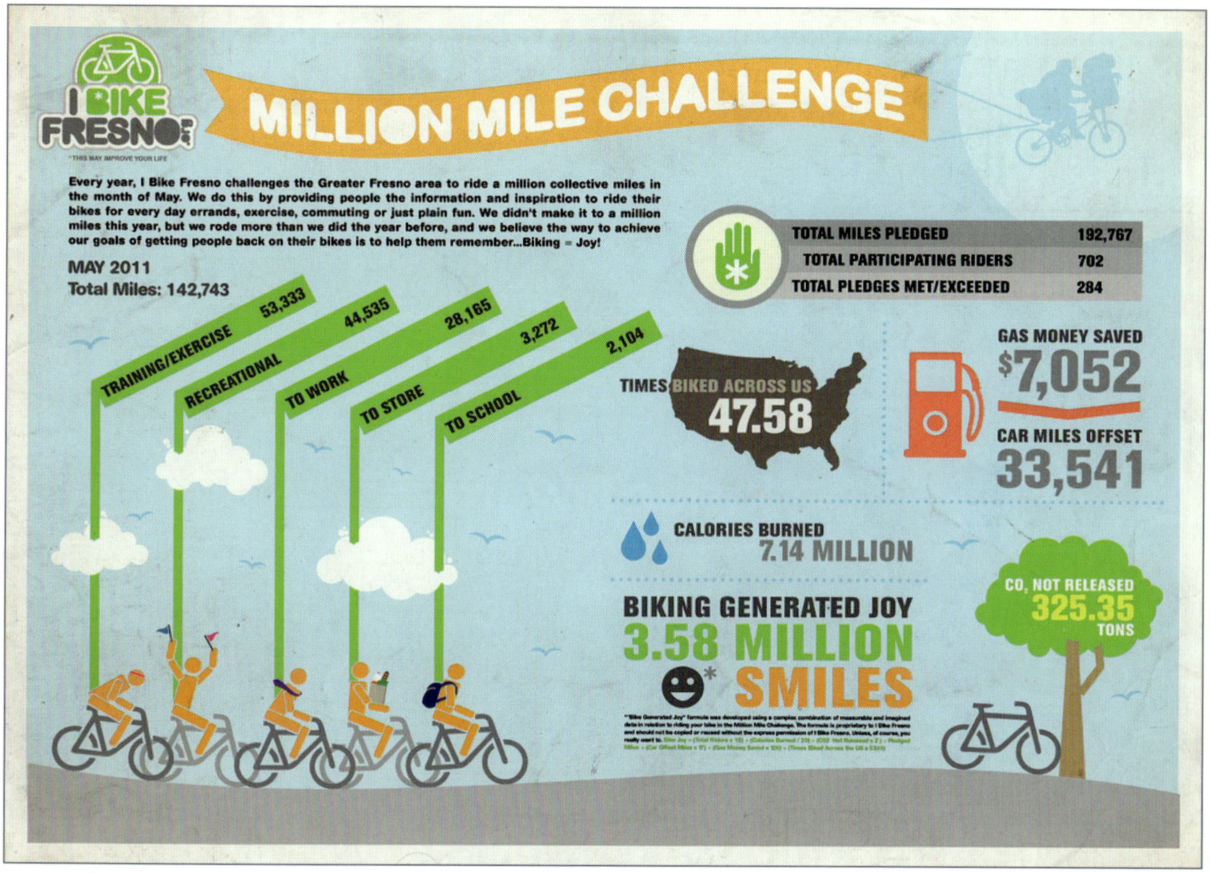

^ *Die Infografik eines Fahrradportals zeigt interessante Informationen über die gesunde Fortbewegungsmethode – visuell aufbereitet (ibikefresno.org).*

Videos

Es muss nicht immer ein Kurzfilm sein, auch Erklärvideos, Minibeispiele und Erfahrungsberichte werden gern geschaut und geteilt. Das funktioniert besonders bei Spielen, Serien und Filmen gut – Previews, Snippets und Features sind hier schon fast Standard. Das beste Beispiel sind Making-ofs: Sie zeigen die Menschen und Ideen hinter einem Produkt und verstärken die Bindung des Nutzers an dasselbige.

Die Kreativplattform Envato (*envato.com*) zeigt eine besonders gut gemachte Form von Content-Marketing. Die Firma sieht sich als Hilfsmittel für Kreative, das deren Arbeit erleichtert und ermöglicht. Also reist ein Kamerateam zu bekannten Künstlern und Designern, um sie in ihrem Lebens- und Arbeitsumfeld zu zeigen. Das Produkt wird dabei mit keinem Wort erwähnt, die kreative Arbeit steht im Vordergrund – so, wie es das Selbstverständnis von Envato zeigt.

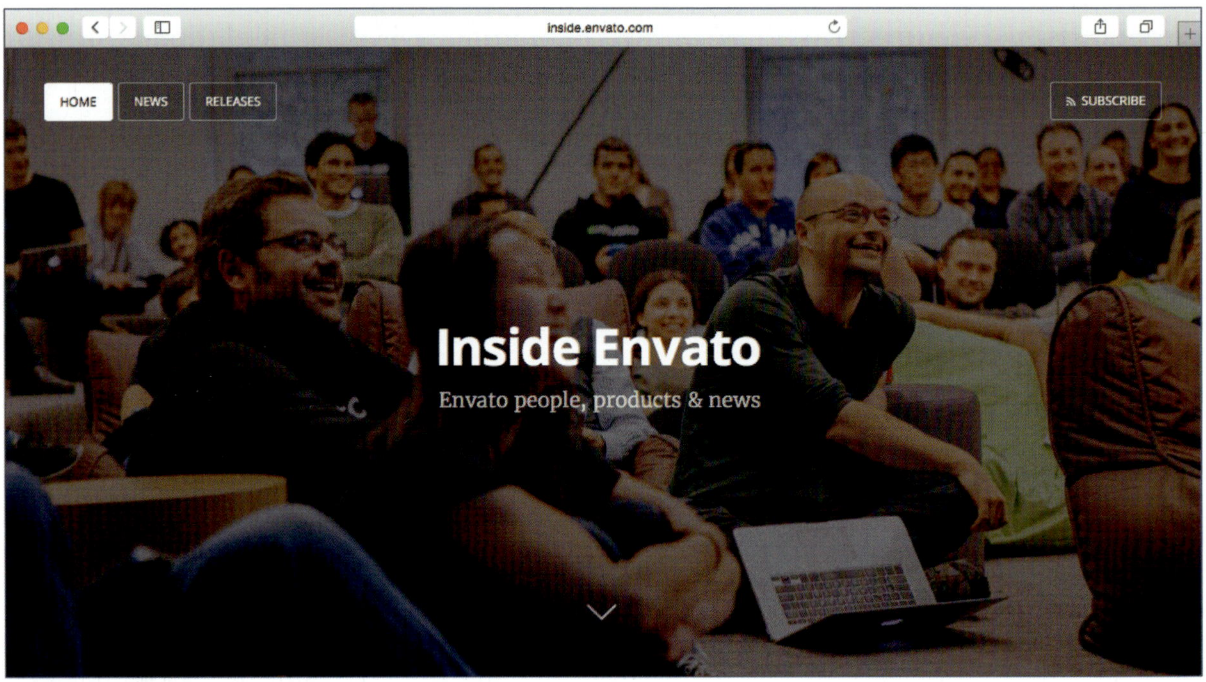

Die Kreativplattform Envato

Sahnehäubchen: Beispiele für gelungenes Content-Marketing

Unabhängig davon, welches Medium gewählt wird, beim Content-Marketing steht niemals das Produkt, sondern der Nutzungsfall oder das Umfeld im Vordergrund. Idealerweise wird das Produkt so emotional aufgeladen, der Nutzer recherchiert aus eigenem Antrieb. Immer ergibt sich ein echter Mehrwert für den Leser oder Zuschauer – ist der Inhalt zu langweilig oder durchschaubar, kannst du es eigentlich gleich sein lassen.

Einen echten Mehrwert haben die Besucher der Seite Coffee Circle: Hier kannst du nicht nur teure italienische Espressomaschinen kaufen und Kaffeebohnen abonnieren, in der Kategorie »Kaffeewissen« wird auch erklärt, wie der perfekte Milchschaum geht, wie man Kaffee aufbewahrt und welche von acht Kaffeemühlen die beste ist. Alle Mühlen aus dem Test gibt es natürlich – oh wunder – direkt auf der Coffee-Circle-Seite zu kaufen. Da wundert es auch nicht, dass keine der Mühlen wirklich schlecht abschneidet, auch wenn die Bewertung ehrlich ist.

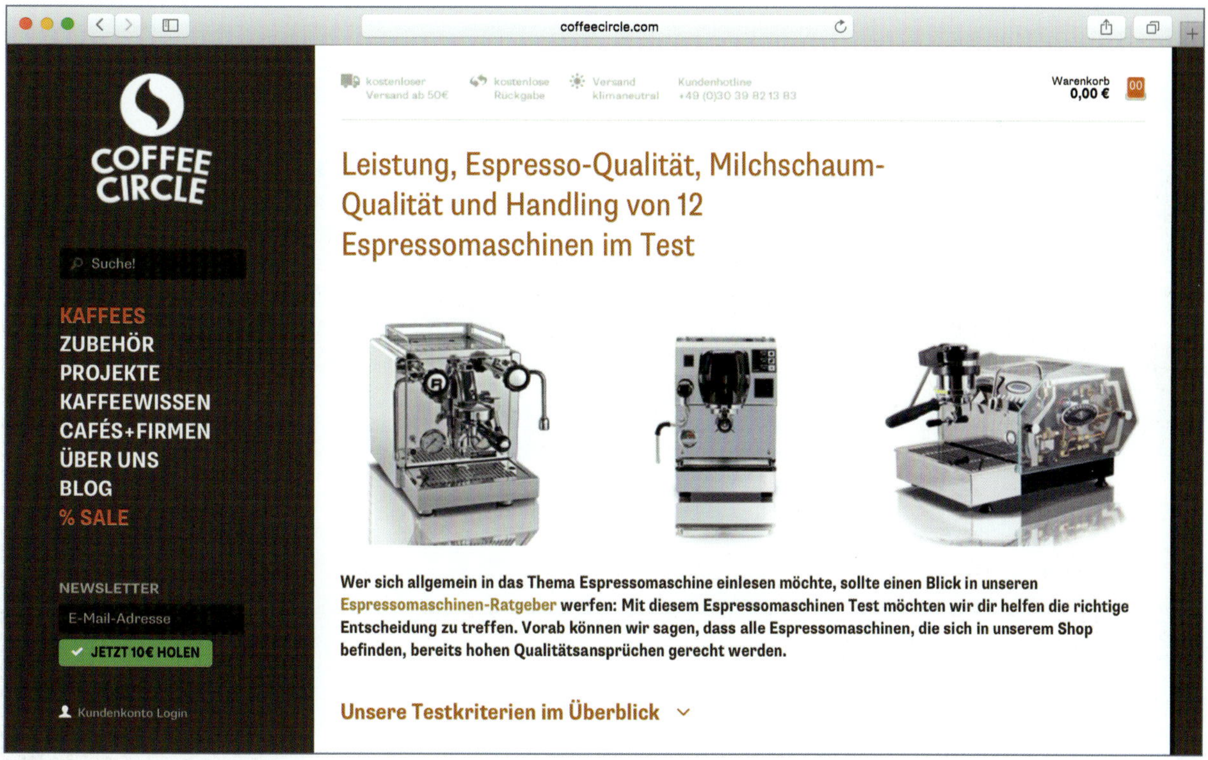

Coffee Circle verkauft die Maschinen nicht nur, sondern testet auch gleich.

Die Message hier: Schlechte Produkte gibt es bei uns nicht, nur unterschiedliche Abstufungen von gut. Die Erklärsektion von Coffee Circle hat aber noch einen anderen Vorteil: Als Newcomer fühle ich mich sicher aufgehoben und an die Hand genommen, ich komme auch nach dem Kauf wieder, um mir Rat zu holen – und vielleicht noch ein Paket Kaffee zu kaufen.

Dumb Ways to Die Sicherheitshinweise findet niemand spannend, weder im Flugzeug noch in der U-Bahn. Also haben sich die Metro Trains in Melbourne etwas Besonderes überlegt: Statt eines »Bitte Vorsicht« wurden die »Dumb Ways to Die« kommuniziert – dumme Arten, zu sterben.

In bunten Comicstrips wurden süße Tiere und Monster gezeigt, die von der U-Bahn überrollt und von automatischen Türen halbiert wurden. Weltweite Bekanntheit erreichte die Kampagne über ein eingängiges Musikvideo, das es in Belgien und den Niederlanden sogar in die Charts geschafft hat, sowie einem kostenlosen Smartphonespiel.

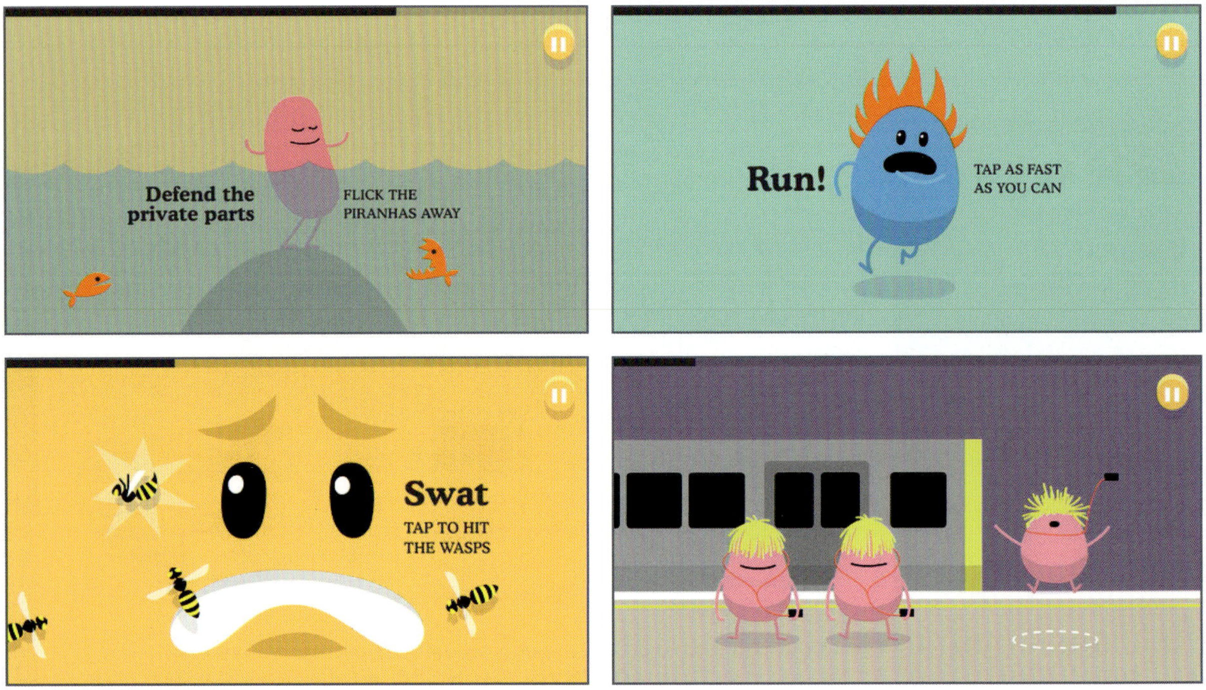

Dumb Ways to Die

Kostenlose Fotos! Wie Content-Marketing eine Firma retten kann, zeigt das Beispiel von Crew: Das Start-up stand kurz vor dem Bankrott, neue Kunden mussten her. Da man sowieso dabei war, die Website zu überarbeiten, entschlossen sich die Macher, die frisch geschossenen Gerätefotos zum kostenlosen Download anzubieten – das Projekt »Unsplash« war geboren.

Mit ihren kostenlosen und qualitativ hochwertigen Stockfotos von Smartphones trafen die Macher einen Nerv – und lockten Millionen von Besuchern an, die sich teilweise in zahlende Kunden verwandeln ließen; Crew war gerettet.

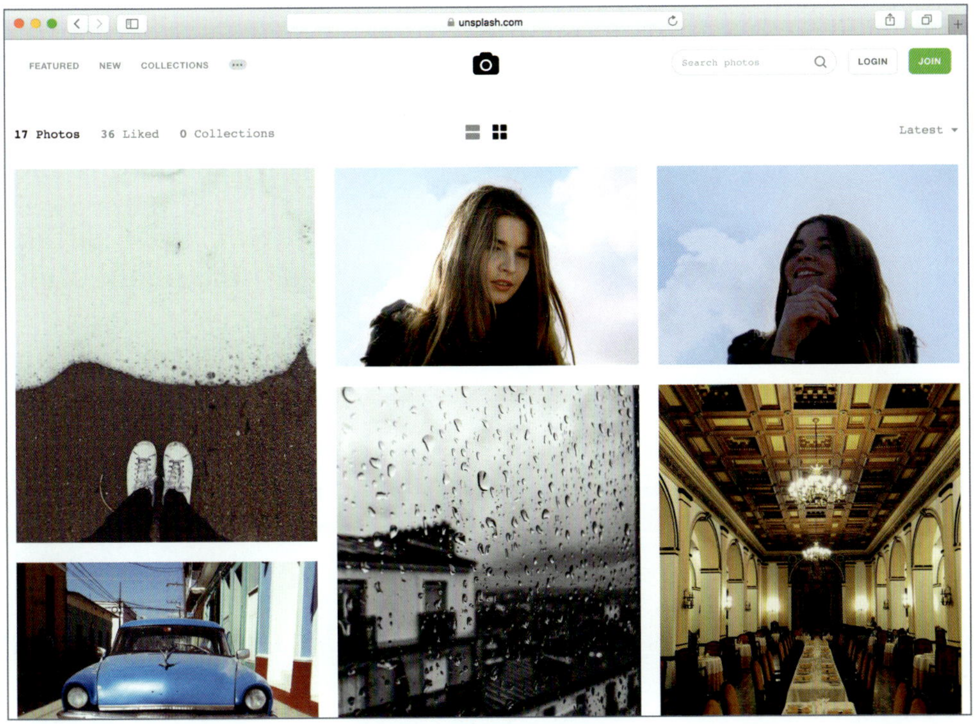

Kostenlose High-Quality-Fotos bei unsplash.com

Fazit

Beim Content-Marketing wird etwas verschenkt, was sowohl zum Produkt passt als auch interessant für den Nutzer ist.

Content-Marketing ist nicht zu verwechseln mit Native Advertising – Werbung, die in den Inhaltsbereich von Blogs und Newsseiten eingebunden ist und vorgibt, redaktioneller Inhalt zu sein.

Content-Marketing ist:

- relevant für den Nutzer
- aus dem Umfeld des Produkts
- subtil bei der Nennung des Absenders
- inspirierend und emotional
- kostenlos für den Nutzer

Um es mit den Worten von Crew zu sagen: »Das beste Marketing ist, wenn du nicht merkst, dass es Marketing ist.« Aus dem Marketing sind soziale Medien nicht mehr wegzudenken – und darum geht es im nächsten Kapitel.

Lass uns Freunde bleiben: Social Media

Lass uns Freunde bleiben: Social Media

Websites sind längst keine isolierten Einheiten mehr. Nutzer holst du am besten dort ab, wo sie sich herumtreiben – in sozialen Netzwerken. Was du im Umgang mit Facebook und Co. beachten solltest, zeige ich dir in diesem Kapitel.

Der Nutzer als soziales Wesen

»Facebook wurde nicht als Firma gegründet, sondern mit einer sozialen Mission – die Welt zu einem offeneren und vernetzteren Ort zu machen«, so Facebook-Gründer Mark Zuckerberg über das soziale Netzwerk. Heute sind Social Media aus unserem Leben nicht mehr wegzudenken – fast ein Viertel der Menschheit ist in einem oder mehreren Netzwerken verknüpft.

v Facebook-Seite des Rheinwerk Verlags

Was Ende des letzten Jahrtausends mit *classmates.com* als eine Art Telefonbuch für ehemalige Mitschüler begann, entwickelte sich mit dem Erfolg von Myspace zu einem mächtigen Medieninstrument – aber was genau macht die Faszination von sozialen Netzwerken aus?

»Lasst uns mal über mich reden …«

Fun Fact: Wir sprechen etwa 30–40 % unserer Zeit über uns selbst.

Zunächst einmal geht es natürlich um Selbstdarstellung: Menschen mögen es, über sich selbst zu reden. Wir verbringen etwa 30–40 % unserer Zeit damit, über uns und die Dinge zu sprechen, die wir getan oder erlebt haben. In sozialen Netzwerken verdoppelt sich diese Zahl: Etwa 80 % aller Posts drehen sich um das Thema Selbstdarstellung. Ein dankbares Publikum und unmittelbares Feedback in Form von Likes und Kommentaren ermutigen uns dazu.

Sie werden zu einer sozialen Währung: In Form von Likes kann man werten, wie erfolgreich ein Post oder ein Foto ist – diese Art von Bestätigung stärkt das Gefühl der Anerkennung und der Zusammengehörigkeit.

Aber noch etwas anderes passiert: Menschen fühlen sich ermutigt, auf Posts zu reagieren. Dieses soziologische Phänomen nennt sich *Reziprozität* – das Prinzip der Gegenseitigkeit. Das bekannteste Beispiel dafür ist sicher die Ice Bucket Challenge: Jemand kippt sich einen Kübel Eiswasser über den Kopf und nominiert Freunde, dasselbe zu tun – für einen guten Zweck natürlich. Die positive Aktion erzwingt eine Reaktion – werden mehrere Freunde nominiert, wird daraus eine Kettenreaktion.

Social Media ist Doping

Gefühle stecken an.

Wir lassen uns von Emotionen anstecken. So lässt sich erklären, weshalb wir nach Katastrophen, Tragödien und Terroranschlägen besonders auf Facebook und Twitter Mitgefühl und Anteilnahme zeigen. Wir posten thematisch passende Hashtags, ändern unsere Profilfotos und teilen Fotos und Artikel, die unsere Gefühle widerspiegeln. Das Gleiche gilt natürlich für ausgeprägt positive Emotionen: Die deutsche Nationalmannschaft hat die Fußballweltmeisterschaft gewonnen? Dazu verleihe ich meiner Freude per Beitrag Ausdruck.

Wir wollen dazugehören – und zwar nicht, um uns als Teil einer Gruppe zu begreifen, sondern um uns als Individuen zu definieren. Douglas Atkin hat dieses Kult-Paradox definiert: Wir schließen uns Gruppen an, weil wir uns in unserem aktuellen Umfeld ausgeschlossen fühlen. Das neue Umfeld reagiert positiv auf uns (per Like oder Favourite) und akzeptiert uns als Individuum.

Dopamin und Oxytocin Besonders interessant ist aber, was in unseren Körpern passiert: Bei der Verwendung von sozialen Netzwerken spielen zwei Hormone eine wichtige Rolle: Dopamin und Oxytocin. Dopamin, auch bekannt als das »Glückshormon«, wird als Belohnung ausgeschüttet. Es zeigt uns, dass das, was wir gerade machen, richtig ist und dass wir weitermachen sollen. Das unmittelbare Feedback in sozialen Netzwerke tut genau das: Ich poste ein Foto, innerhalb weniger Minuten bekomme ich eine Bestätigung. Mein Körper schüttet Dopamin aus und schreit: Mehr davon!

Oxytocin wird auch das »Geburtshormon« oder Kuschelhormon genannt. Es verringert den Blutdruck und Cortisolspiegel und wirkt leicht betäubend – kurzum, es versetzt uns in einen Minirausch. Entdeckt wurde Oxytocin im Zusammenhang mit dem Geburtsvorgang; hier ist es dafür verantwortlich, dass werdende Mütter sich besser entspannen können und eine Bindung zum Neugeborenen aufbauen. Neuere Forschungen haben herausgefunden, dass beim Konsum von Facebook und Co. bereits nach 10 Minuten kleine Mengen Oxytocin ausgeschüttet werden.

Machen Social Media süchtig? Soziale Netzwerke machen uns also glücklich und entspannen uns. Machen Social Media süchtig? Absolut. Nicht im selben Maße wie Heroin oder Crack, sondern eher wie Sport, Sex oder Süßigkeiten. Daher ist es absolut verständlich, dass Social Media längst zu einem festen Bestandteil unseres Lebens geworden sind – und das können wir für unsere Verführung nutzen.

Soziale Medien machen glücklich.

Längst nutzen wir unseren Facebook-Feed als primäre Informationsquelle, egal ob für Nachrichten, Events oder freundschaftliche Beziehungen. Als Marke bietet sich hier die Gelegenheit, mit dem Nutzer »befreundet« zu sein, also täglich oder sogar öfter zu interagieren. In diesem Kapitel lernst du, worauf es ankommt, welche Netzwerke die beste Wahl sind und wie du von Nutzerinteraktion profitieren kannst. Du erfährst, wie du zum besten Freund deines Nutzers werden kannst – und selbst die Welt zu einem offeneren und vernetzteren Ort machst.

Soll ich? Die Wahl des richtigen Netzwerks

Bevor du mit deiner Social-Media-Präsenz richtig durchstarten kannst, steht die Wahl der geeignetsten Plattform an. Niemand kann alle Netzwerke bedienen, der Aufwand würde den Nutzen auffressen. Daher ist es wichtig, sich die richtige soziale Plattform herauszupicken. Dabei spielt eine Reihe von Faktoren eine Rolle:

- Welche Art von Medien und Inhalten willst du posten?
- Wie häufig wirst du posten?
- Wie wichtig ist die Nutzerbeteiligung?
- Wo möchtest du die Nutzer abholen – mobil oder im Desktopbrowser?
- Willst du einen lokalen oder einen globalen Markt erreichen?
- Welche demografische Struktur hat deine Nutzergruppe?
- Wie viel Zeit kannst du in die Netzwerkarbeit stecken?
- Wie viele Netzwerke willst du bedienen?
- Kümmerst du dich selbst darum, oder delegierst du es?

Fragen über Fragen. Schauen wir uns zunächst die Möglichkeiten an. Der Einfachheit halber habe ich die Netzwerke in Kategorien unterteilt:

Allround-Netzwerke

Jeder kennt sie, wahrscheinlich hat sogar jeder einen Account hier – über die großen Player wie Facebook, Twitter und Snapchat erreichst du eine mög-

> *Twitter-Account von @POTUS – President of the United States*

lichst breite Nutzergruppe. Generell ist es ratsam, immer eine Präsenz in diesen Allroundern zu haben, das kann eigentlich nicht schaden.

Die Herausforderung hier: Du bist nicht die einzige Marke im Netzwerk. Um nicht im Newsfeed unterzugehen, müssen deine Posts herausstechen und für besonders viel Gesprächsstoff sorgen. Schnell filtern Facebook und Co. vor allem kommerzielle Inhalte heraus; um hier Menschen zu erreichen, musst du deine Posts »boosten« – ein Euphemismus für: bezahlte Werbung schalten.

Liste einiger Allround-Netzwerke:

- Facebook: *www.facebook.com*
- Twitter: *www.twitter.com*
- Myspace: *www.myspace.com*
- Ello: *www.ello.co*
- Diaspora: *diasporafoundation.org*

Fotobasierte Netzwerke

Wenn du fotolastige Inhalte hast, dann lohnt sich ein Blick auf Instagram und Tumblr. Das gilt besonders für Shoppingseiten, aber auch für Fotografen, Schauspieler, Modells, Reiseberichte. In diesen Netzwerken dominiert eine weibliche Zielgruppe – ein gesunder Mix aus Produkt- und Lifestyleinformationen wird hier besonders angenommen.

Eine Sonderstellung nimmt Pinterest ein: Durch das Teilen von Bildern (»repinnen«) verbreiten sich Inhalte hier besonders schnell und finden flugs Einzug in die private Hochzeitsplanung, die Geschenkeliste oder Boards wie »Dinge, die ich mag«.

Liste einiger fotobasierter Netzwerke:

- Flickr: *www.flickr.com*
- 500px: *500px.com*
- Instagram: *www.instagram.com*
- Pinterest: *www.pinterest.com*
- VSCO: *vsco.co*

> *Vor allem Frauen nutzen Pinterest zum Sammeln und Teilen von Ideen und Fotos.*

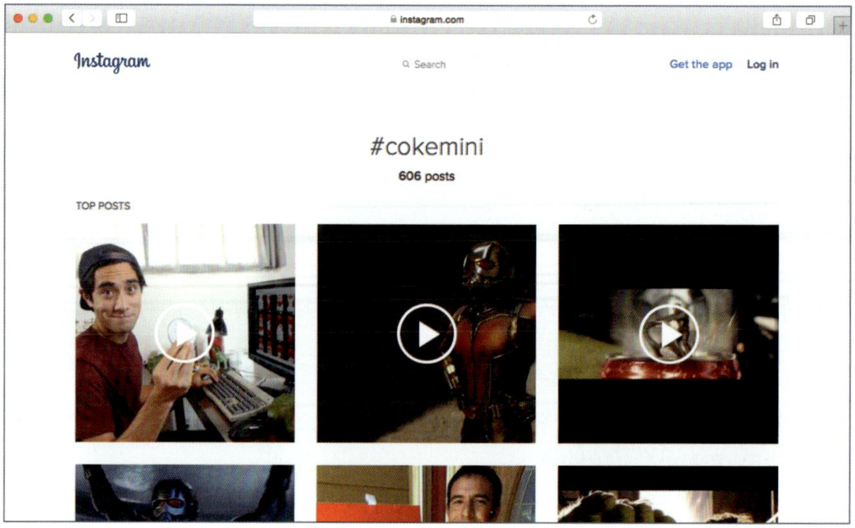

> *Instagram-Profil von Cokemini*

Video und Musik

Für Filmemacher, Musiker, Gamer, Podcaster und Komiker sind die Videoportale YouTube und SoundCloud längst zur Standardcommunity geworden. Nicht nur erreichst du hier ein unterhaltungsfreudiges Publikum, über die Kommentarfunktion gibt es sofort Feedback zu einzelnen Videos.

Eine große Reichweite erzielen Videos und Sounds hier vor allem, weil sie sich in Blogs und anderen Netzwerken einbetten lassen. Die soziale Währung hier sind Subscriber – Menschen, die nur darauf warten, dass es ein neues Video oder einen neuen Remix gibt. Die bleiben dir aber nur dann treu, wenn die Inhalte regelmäßig kommen. Wegen der hohen Bildqualität ist die Plattform Vimeo vor allem bei Kurzfilmern beliebt. Wer keine Zeit hat, jede Woche ein Video zu drehen, schneiden und hochzuladen, der nutzt die Sechs-Sekunden-Videos von Vine.

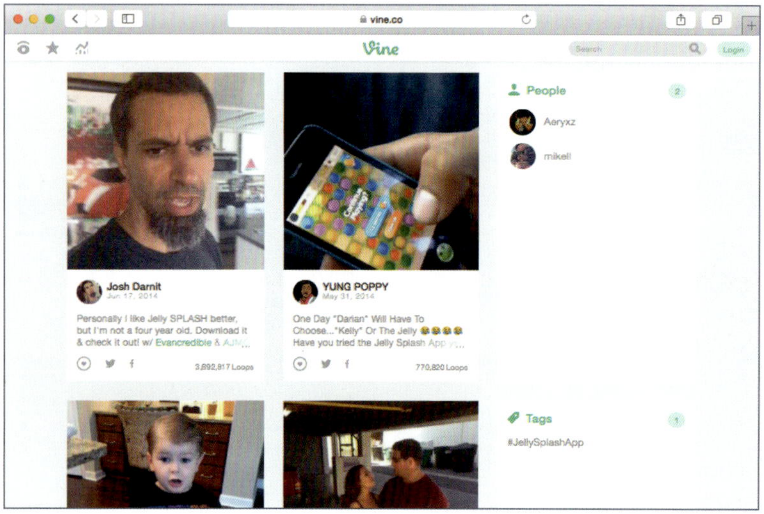

< *Sechs-Sekunden-Videos bei Vine*

Liste einiger Video- und Musiknetzwerke:

- SoundCloud: *www.soundcloud.com*
- YouTube: *www.youtube.com*
- Vimeo: *www.vimeo.com*
- Vine: *www.vine.co*
- Last.fm: *www.lastfm.com*

Business

Dass es in sozialen Netzwerken nicht nur um Fingernägel und Musikvideos geht, beweist die Plattform LinkedIn. Eigentlich als komplexe Kontaktliste für Netzwerker gestartet, werden über den Newsfeed und die Bloggingfunktion heute vor allem businessrelevante Inhalte geteilt.

Das deutschsprachige Pendant zu LinkedIn ist Xing. Wer sich als Experte einen Namen machen will, der hilft anderen auf Quora: Das Frage-Antwort-Portal ist vor allem für Kontakte und zum Ausstellen der eigenen Expertise gut.

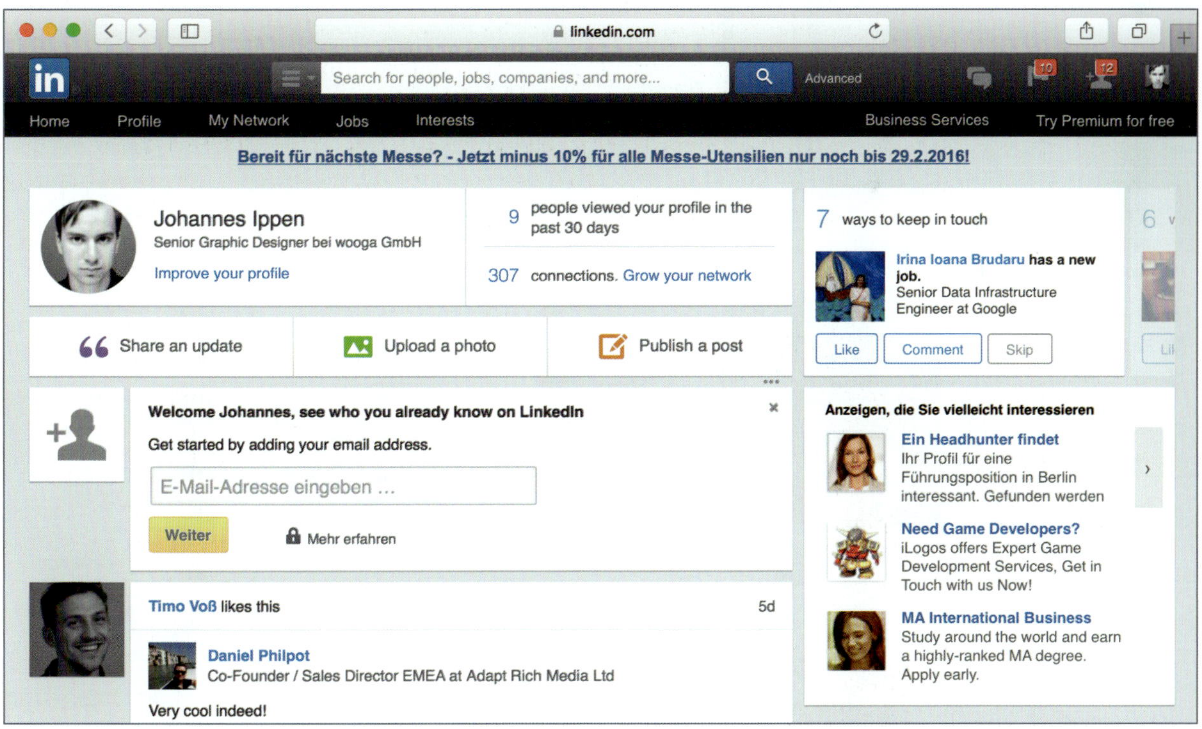

^ *LinkedIn, der Vorreiter der Businessnetzwerke*

Liste einiger Business-Netzwerke:

- About.me: *www.about.me*
- Xing: *www.xing.com*
- LinkedIn: *www.linkedin.com*
- Dribbble: *www.dribbble.com*
- eToro: *www.etoro.com*

Google

Gibt's das eigentlich noch? Google+ konnte sich zwar nicht als Facebook-Killer profilieren, wer aber in den Google-Suchergebnissen mit Foto und richtigen Metadaten gelistet werden möchte, für den führt kein Weg an Google+ vorbei. Dasselbe gilt für YouTube-Profilseiten – auch diese laufen über Google+.

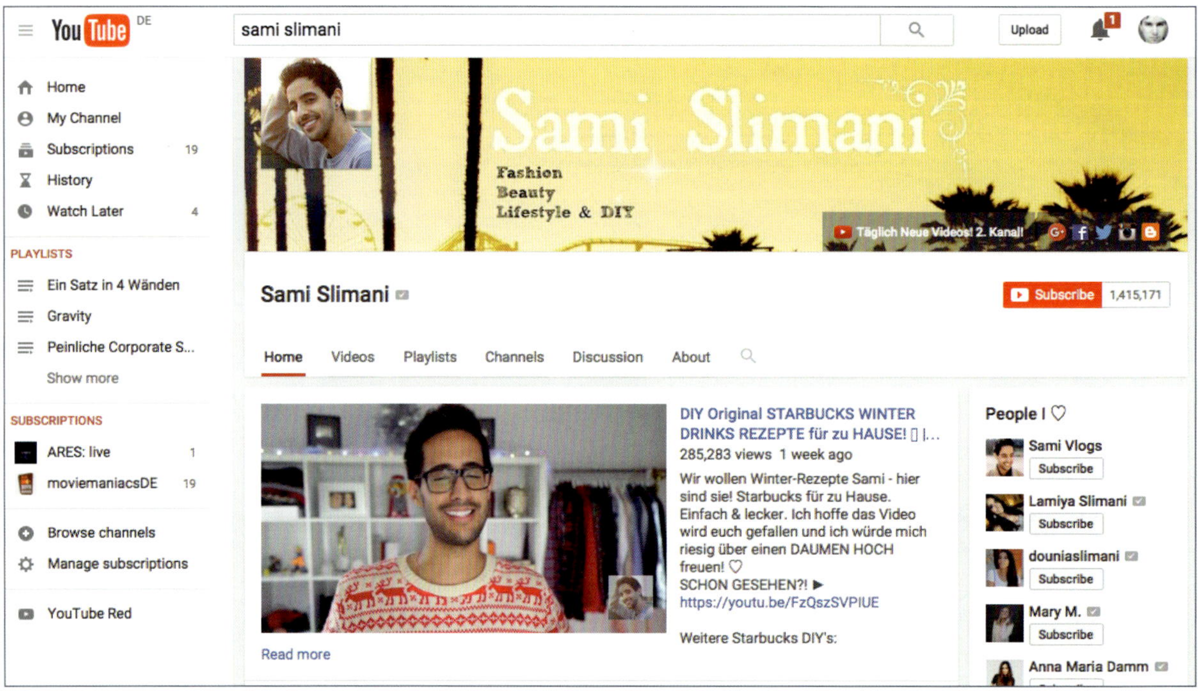

YouTube hat das Posten von Videos für jedermann zugänglich gemacht.

Lokale Netzwerke

Die meisten hier gelisteten Netzwerke sind auf dem deutschsprachigen und englischsprachigen Markt gleichermaßen vertreten. Wer aber vor allem im asiatischen Raum Erfolg haben möchte, der sollte sich die großen Player hier anschauen: Weibo und Badoo in China, VKontakte in Russland, Line in Japan sind für die lokalen Märkte, was für uns Facebook oder WhatsApp sind.

∧ *Line, der beliebteste Messenger Japans*

Liste einiger lokaler Netzwerke:

- Biip (Norwegen): *www.biip.no*
- Cloob (Iran): *www.cloob.com*
- VKontakte (Russland): *hkontakte.ru*
- Renren (China): *www.renren.com*
- Sina Weibo (China): *www.weibo.com*
- Line (Japan): *www.line.me*

Nischennetzwerke

Fast jede Subkultur hat heute ihr eigenes Netzwerk. Vor allem reddit und Hacker News haben sich für ihre große und kritische Community einen Namen gemacht. Wer hier Fuß fassen will, muss gut integriert sein. Einfach so etwas posten und hoffen, dass es ankommt, bringt in den seltensten Fällen etwas. Ebenfalls groß: BoredPanda für Unterhaltungsinhalte, Designer News für UI/UX-Inhalte, Product Hunt für neue Apps und Webservices.

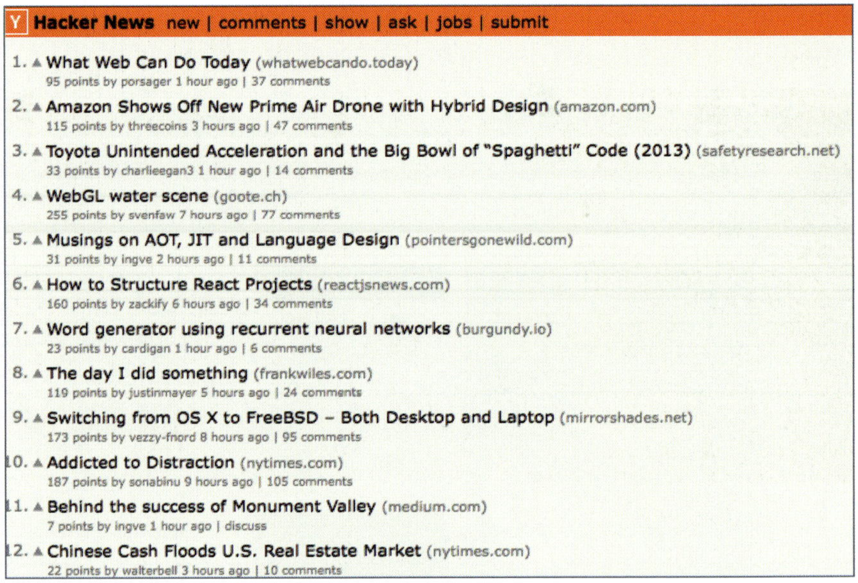

> *Hacker News ist eine Social-News-Website, die sich in erster Linie an Programmierer, Unternehmer und Existenzgründer richtet.*

Nutzerzahlen

Ob sich ein Netzwerk lohnt, entscheidet oft auch die Anzahl der Nutzer – 500 000 Nutzer klingt zwar erstmal nach viel, wenn diese sich aber über verschiedene Interessengruppen und Kontinente verteilen, dann bleibt nicht viel hängen. Die größten Netzwerke liegen mindestens im zweistelligen Millionenbereich (Stand Ende 2015):

- Facebook: 1,28 Milliarden
- Google+: 540 Millionen
- Twitter: 255 Millionen
- Instagram: 200 Millionen
- LinkedIn: 187 Millionen
- Pinterest: 40 Millionen

Welches Netzwerk darf es denn nun sein?

Kombiniere mehrere Netzwerke!

Welches Netzwerk darf es denn nun sein? In den seltensten Fällen reicht es aus, sich ausschließlich auf ein Netzwerk zu konzentrieren. Eine Kombination aus verschiedenen Netzwerken für verschiedene Anwendungsfälle ist meist sinnvoller.

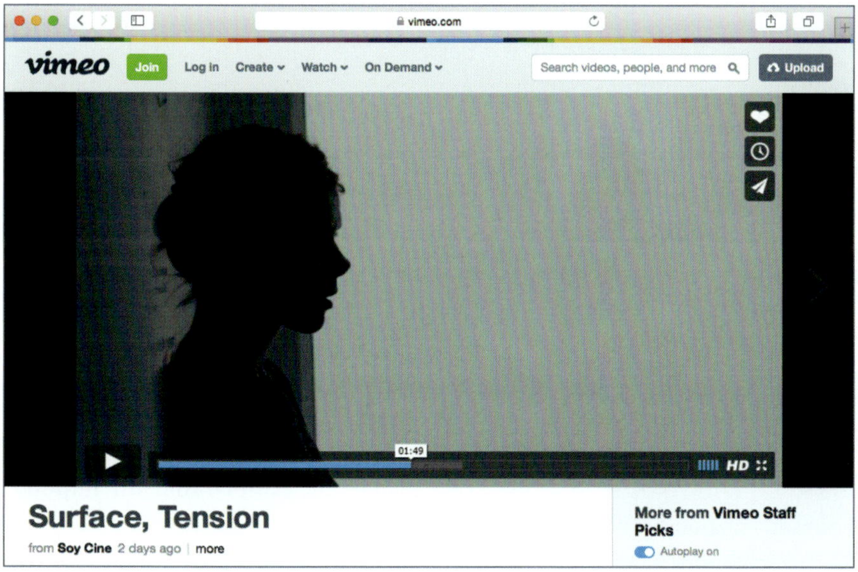

Regisseure und Filmemacher bevorzugen Vimeo.

Künstler und Podcaster ohne SoundCloud-Account? Kaum noch vorstellbar.

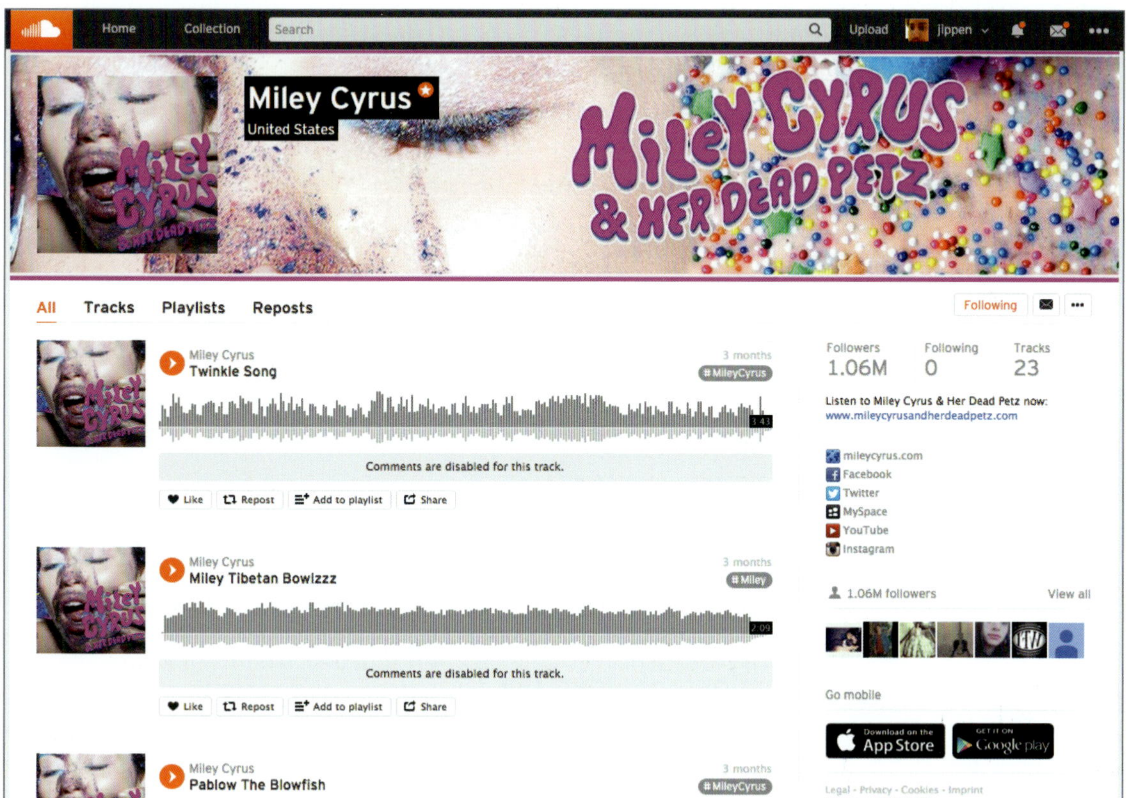

Der heitere Hering

Ein Beispiel: Nehmen wir an, wir betreuen die Website für ein kleines, aber exklusives Restaurant – den »Heiteren Hering«. Jeden Abend wird etwas anderes gekocht, auf den Tisch kommt ausschließlich frisch gefangener Fisch. Der Laden brummt, das Restaurant ist fast ständig ausgebucht. Zwar gibt es eine sehr gute Website und Web-App, aber die soll durch eine Social-Media-Präsenz ergänzt werden.

Jeden Abend schießt unser Chefkoch ein Foto vom aktuellen Menü – zum einen, damit das Servicepersonal weiß, was serviert wird, zum anderen für unseren Instagram-Account.

Auf Twitter wird das aktuelle Menü gepostet und über freie Tische informiert. Die Facebook-Seite enthält wichtige Informationen wie Öffnungszeiten, Lage und Kontaktdaten für die Reservierung, außerdem werden hier die Instagram-Fotos regepostet. Das Gleiche gibt es noch mal auf Yelp und Foursquare, hier können Kunden außerdem Bewertungen hinterlassen.

Unser kleines Restaurant ist also gleich auf fünf verschiedenen Plattformen präsent: Facebook, Twitter, Instagram, Yelp und Foursquare. Jede der Plattformen hat einen leicht anderen Usecase und spricht andere Nutzer an:

- Facebook: generelle Informationen
- Yelp und Foursquare: Kunden
- Instagram: Foodies
- Twitter: spontane Besucher

Integration von Social Media auf der Website von Sketch

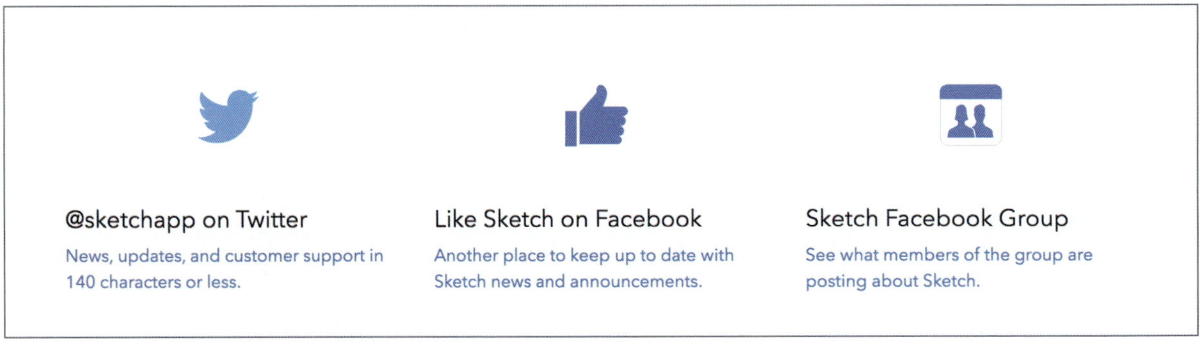

Wie du die Nutzer bei der Stange hältst: frischer Content jeden Tag

Synergie = mehr als die Summe der einzelnen Teile

Trotzdem wäre es Irrsinn, jede dieser Plattformen jeden Tag mit unterschiedlichem Content zu füttern. Wir nutzen hier Synergieeffekte und posten auch Links zu Inhalten, die in anderen Netzwerken zuerst gepostet wurden – sogenannte *Crosspostings*. Das geht am einfachsten über Plug-ins wie Buffer (*buffer.com*). Besser noch: die *Instagram*-App selbst bietet an, jedes Foto gleich auf Facebook und Twitter zu posten, und spart uns damit eine Menge Arbeit.

Du solltest die Netzwerke natürlich nicht willkürlich wählen und immer mal überprüfen, welchen Effekt ein Netzwerk hat. Bekomme ich neue Follower? Gibt es Reaktionen auf Postings? Kann ich neue Kunden gewinnen? Bleibt die Nutzerbeteiligung aus, wird die Social-Media-Arbeit zum Selbstzweck – und dann kannst du das Netzwerk getrost links liegenlassen.

Tools für Crossposting und Social Media:

- *ifttt.com*
- *zapier.com*
- *buffer.com*
- *hootsuite.com*
- *latergram.me*

Graphical Cooking

Für mein Projekt Graphical Cooking pflege ich vier verschiedene Netzwerke: Über Instagram poste ich Fotos von neu ausprobierten Gerichten, ab und zu gibt es einen Einblick in den Schaffensprozess: Skizzen von Rezepten, Fotos aus dem Lager, frische Prototypen aus der Druckerei.

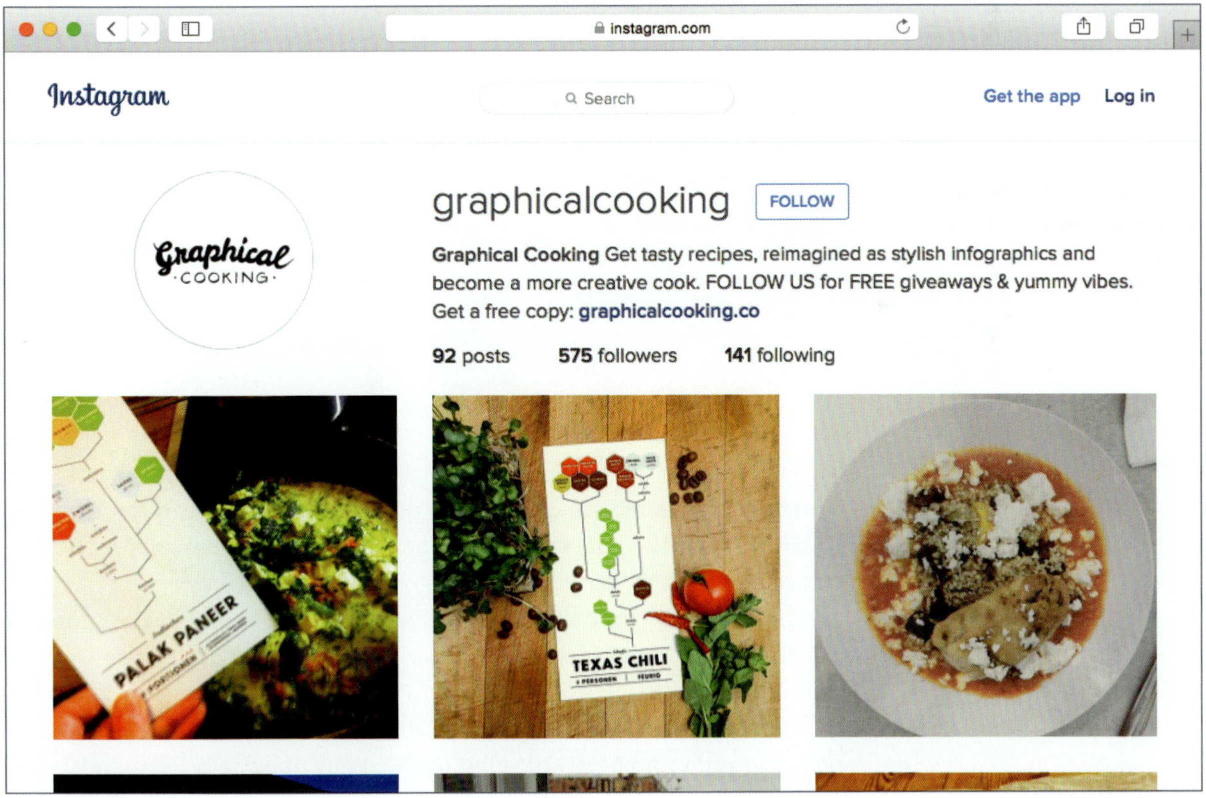

^ *Neue Gerichte gibt es bei Instagram.*

Neue Rezeptinfografiken hingegen poste ich zuerst auf Tumblr – hier kann ich auch verschiedene grafische Stile ausprobieren und bekomme direktes Feedback von der Community.

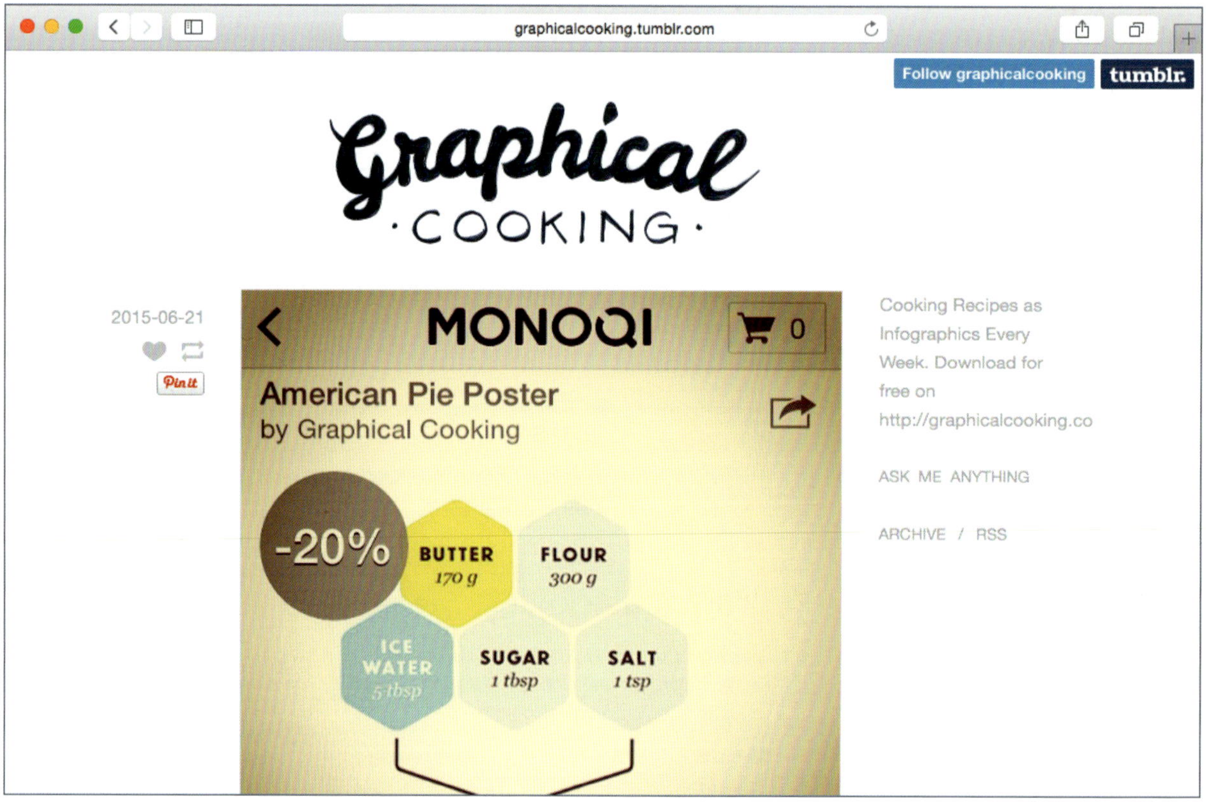

Neue Rezepte zuerst auf Tumblr

Facebook und Twitter werden als quasi Standardnetzwerke einfach per Plug-in gefüttert. Während wir am Anfang noch probiert haben, Nutzer mit exklusiven Inhalten zu ködern, haben wir es aufgrund von mangelnder Beteiligung in den beiden Netzwerken aufgegeben.

Auch das gehört zur Auswahl dazu: Herausfinden, was nicht funktioniert, und sich auf die Netzwerke fokussieren, in denen es gut läuft.

Crossposting ist jedoch nicht ganz unumstritten – der eigentliche Sinn von Social Media, eine Beziehung mit seinen Fans aufzubauen, geht verloren, wenn man im Netzwerk selbst nicht mehr präsent ist. Crossposts haben schnell einen Spam-Charakter. Daher: Präsenz zeigen, nur crossposten, wenn der Post auch im anderen Netzwerk Sinn ergibt.

< *Facebook-Seite von Graphical Cooking*

v *Auf Twitter wird alles aggregiert.*

Social Media rocken – so geht's richtig

»Hey Brain! Was wollen wir denn heute Abend machen?«
»Genau dasselbe wie jeden Abend, Pinky. Wir versuchen, die Weltherrschaft an uns zu reißen.«

Jetzt geht es daran, das geballte Marketingwissen aus den letzten Kapiteln einzusetzen – und eine richtige Strategie für das Social Marketing aufzubauen. Wir nutzen unsere Kenntnisse der Verführung, um all unsere Ziele zu erreichen – aber Moment mal, was sind eigentlich unsere Ziele?

SMARTe Ziele

Eventuell wäre es ganz gut, diese vorher zu definieren, um zu wissen, was wir eigentlich vorhaben. Natürlich, wir versuchen Nutzer auf unsere Website zu bringen – aber warum eigentlich? Und wie viele? Und wann?

Im Projektmanagement spricht man davon, dass Ziele SMART sein müssen: spezifisch, messbar, akzeptiert, realistisch und terminiert. Im Klartext bedeutet das:

- **S**pezifisch: Das Ziel ist klar definiert.
- **M**essbar: Das Ziel lässt sich in Zahlen oder Worte fassen.
- **A**kzeptiert: Das Ziel muss mit eventuellen Mitstreitern abgestimmt sein.
- **R**ealistisch: Sagen wir mal so: Weltherrschaft vielleicht doch eher morgen.
- **T**erminiert: Das Ziel lässt sich innerhalb einer bestimmten Zeitvorgabe erfüllen.

Daily Active Users
Menschen, die jeden Tag auf deine Website kommen

Ein Beispiel: Mit unserer Social-Media-Präsenz wollen wir innerhalb von sechs Monaten 1000 **Daily Active Users** auf unsere Website bringen. Das Ziel ist klar definiert, realistisch, messbar und terminiert – es ist also eine gute Zieldefinition. Besser noch: den gewünschten Effekt als Ziel festzulegen. Websitebesucher sind zwar cool, aber auch kein Selbstzweck. Einmal auf der Site, sollen sie Regenschirme kaufen, Apps installieren oder Blogposts lesen. Daher: Innerhalb von sechs Monaten wollen wir über unsere Social-Media-Präsenz und Website pro Tag 100 Regenschirme verkaufen.

Die Konkurrenz schläft nicht

Dabei darfst du zwei Dinge nicht außer Acht lassen: die Zielgruppe und die Konkurrenz. Die Zielgruppe hast du im Kapitel »Um Kopf und Kragen: Nutzerbindung« schon definiert; in welchen Netzwerken ist sie unterwegs? Gibt es Tendenzen oder No-Gos? In welchen Netzwerken sind die Wettbewerber vertreten?

Bevor du anfängst, einen Plan zu machen, lohnt es sich, erst einmal allen Präsenzen der Konkurrenz zu folgen und sie zu beobachten. Besonders interessant:

- Welche Plattform bedient die Konkurrenz hauptsächlich?
- Wie viele Likes/Follower werden generiert?
- Wie oft wird gepostet?
- Was wird gepostet?
- Wie interagiert die Marke mit der Zielgruppe?
- Gibt es bestimmte Zeiten, zu denen gepostet wird?
- Gibt es bestimmte Netzwerke, die besonders gut laufen?
- Wo sind die Schwächen?
- Wie sind Social Media in die Website und Werbung eingebunden?
- Gibt es in den Netzwerken kostenpflichtige Inhalte?
- Wird Werbung geschaltet?

Diese Checkliste hilft dir dabei, einen Überblick über die Konkurrenz zu bekommen und eventuelle Lücken oder Schwächen zu finden, aber auch, Fehler zu vermeiden. Ist zum Beispiel kein Wettbewerber in der Lage, auf Twitter genug Nutzer zu generieren, dann müssen wir es nicht mit derselben Strategie versuchen. Vernachlässigen die Wettbewerber hingegen ein bestimmtes Netzwerk, gibt es hier Potential für uns.

Haben wir uns Inspiration geholt, wird es Zeit, unsere eigenen Posts zu planen. Dafür müssen wir uns zunächst überlegen, was wir eigentlich posten wollen. Im Kapitel »Um Kopf und Kragen: Nutzerbindung« und Kapitel »Hinreißende Absätze: Marktstrategien« haben wir bereits über Content-Marketing und Planung gesprochen.

Der richtige Post zur richtigen Zeit

Auch beim Posten in sozialen Medien zählt: Regelmäßig ist besser. Egal, wie oft gepostet wird, aktive Accounts werden von den Newsfeed-Algorithmen immer bevorzugt behandelt. Dabei gibt es von Netzwerk zu Netzwerk unterschiedliche Erwartungshaltungen.

Kurze Nachrichten auf Twitter solltest du mehrmals täglich absetzen, Instagram-Fotos und Facebook-Posts mindestens einmal pro Tag, kurze YouTube-Clips darfst du alle paar Tage posten.

Erfolgreiche Kanäle haben dafür feste Zeitpläne: Am Montag kommt das Kommentare-Kommentier-Video, am Mittwoch das neue Musikvideo, am Freitag das dazugehörige Making-of. Aufwendigere Posts wie Kurzfilme lassen sich natürlich nicht so regelmäßig posten, aber über passend getimte Teaser und Trailer ankündigen. Siehe dazu auch den Abschnitt »Der Wochenplan« auf Seite 161.

> *Behind-the-Scenes-Video von AVbyte*

Genauso wichtig wie Frequenz ist die Tageszeit.

Ebenso wichtig wie die Frequenz ist die Tageszeit:

- Während Twitter-Posts eigentlich über den ganzen Tag verteilt gut laufen, gibt es für andere Posts »Social-Media-Stoßzeiten«. Besonders morgens, auf dem Weg zur Arbeit, in Bus und Bahn, sind Menschen zugänglich für kurze Häppchen, interessante Artikel, Bilder.
- Nach dem Mittagessen werden vermehrt Videos geschaut und längere Texte gelesen – in der Regel auf dem Arbeitsrechner.
- Die dritte Stoßzeit ist abends – nach dem Abendessen, meist beim Fernsehen, wird noch mal aufs Smartphone geschaut.

Finde heraus, wann deine Konkurrenz postet, und versuche, Überschneidungen zu vermeiden. Passiert zu viel im Newsfeed der Zielgruppe, filtern die Netzwerke oft überflüssige Posts heraus.

Schaue außerdem, in welcher Zeitzone deine Zielgruppe ist – entsprechend verschieben sich die Stoßzeiten.

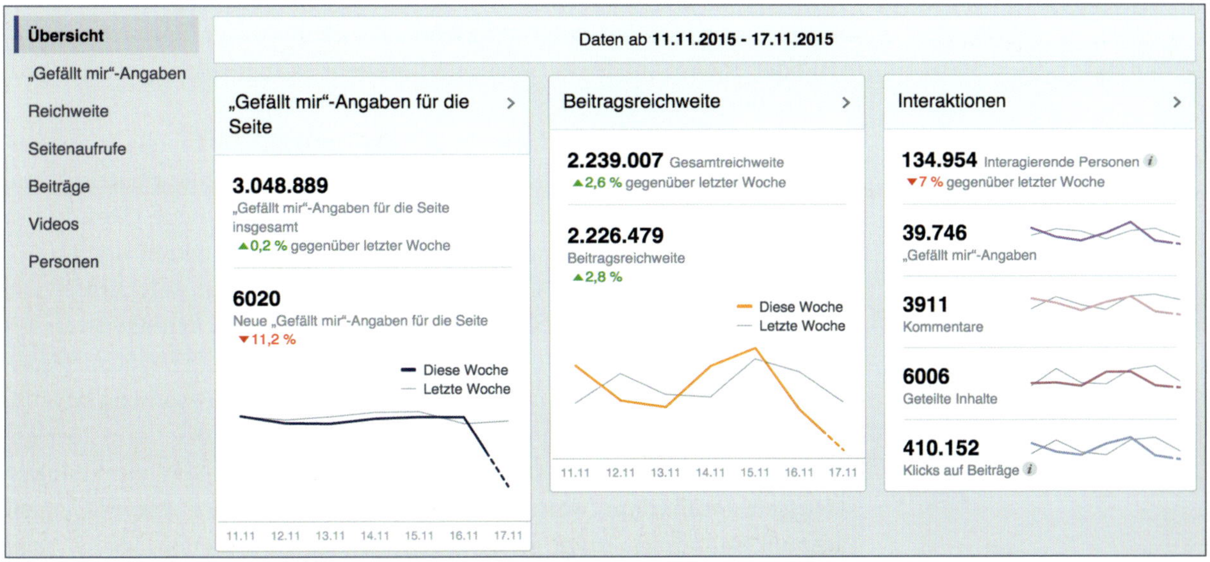

Bei der Planung und dem richtigen Timing helfen Schedulingtools wie *Buffer*. Hier lassen sich Posts vorbereiten und in einem Kalender »auf Vorrat« anlegen. Das Tool postet dann zur vorgegebenen Zeit selbständig – ohne dass du selbst am Rechner sein musst.

Wann erreichst du wie viele Nutzer? Facebook Audiences sagt es dir.

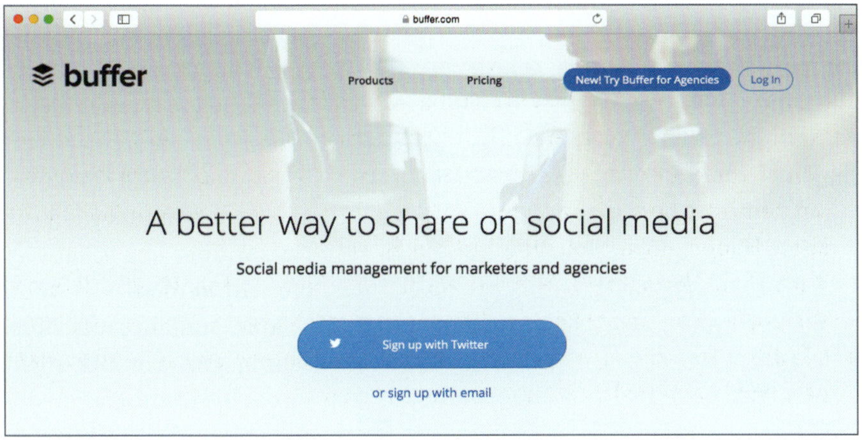

Buffer.com hift beim Planen und Timen von Posts.

Für professionelle Facebook-Seiten-Betreiber hält das soziale Netzwerk das Tool »Audiences« bereit – hier siehst du unter anderem, zu welcher Tageszeit deine Nutzer unterwegs sind.

Erfolg lässt sich messen – Insights und Co.

Ob ein Post einschlägt, zeigt der kleine Like-Zähler unter einem Facebook-Post oder die Anzahl der Retweets. Für uns geht es aber noch eine Stufe professioneller:

Jedes größere Netzwerk bietet heute ein Statistiktool an, das beim Auswerten der Posts hilft. Bei Facebook helfen die Page Insights, die Reichweite der eigenen Seite einzuschätzen. Sie zeigen an, wie viele neue Likes du pro Woche hast und wie oft deine Beiträge kommentiert und geteilt werden. Gut auch: Hier wird nach Beitrag aufgeschlüsselt, wie gut welcher lief, wie oft er geteilt wurde und wie viele Nutzer er insgesamt erreicht hat. So lassen sich Gemeinsamkeiten finden; gehen bestimmte Bilder oder Videos besonders gut? Sind bestimmte Tageszeiten bei der Zielgruppe besonders beliebt?

Bei Facebook Page Insights gibt es gleich noch eine Aufstellung über die Zielgruppe, demografische Daten werden sogar bis aufs Städtelevel aufgeschlüsselt. Außerdem werden potentielle Wettbewerber vorgeschlagen: Facebook nennt das »Im Auge behalten«, die beliebtesten Beiträge der Konkurrenz lassen sich gebündelt anzeigen.

Facebook Audiences

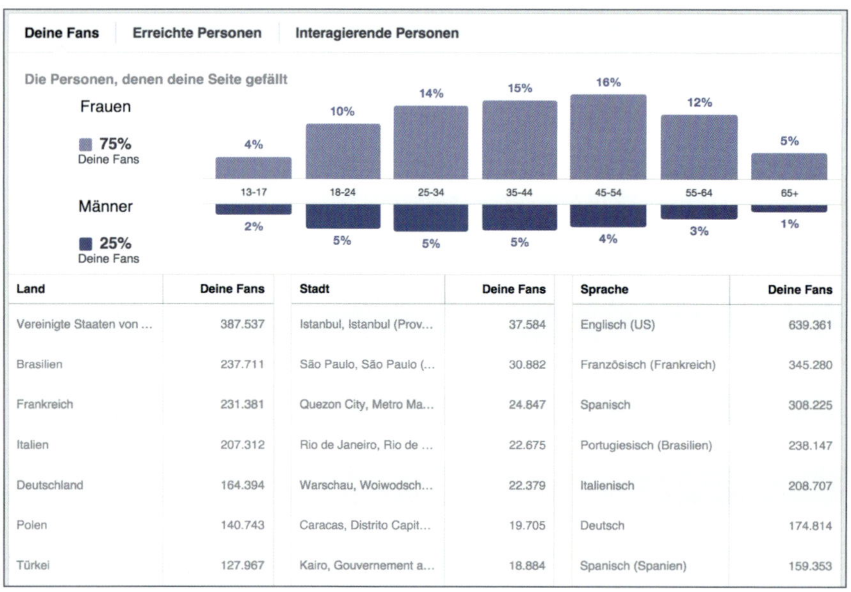

Bei Twitter heißt das Statistiktool »Analytics«: Eine kompakte Übersicht zeigt dir an, welche Tweets im letzten Monat besonders beliebt waren; eine genaue Aufschlüsselung sagt dir, mit welchen Tweets deine Zielgruppe besonders oft interagiert, welche Links geklickt werden und wie viele Nutzer über einen Retweet erreicht werden.

Eine Audienceaufschlüsselung gibt Einblick nicht nur in die Demografie, sondern auch die Interessensgebiete deiner Zielgruppe. Meine Twitter-Follower schauen sich im Fernsehen anscheinend gerne Sportsendungen an, vielleicht sollte ich hierzu etwas schreiben.

Das Beste an Twitter Analytics: Kommende Großereignisse werden hier kompakt aufgelistet – ein Feiertag, der neue James-Bond-Film, ein Fußballfinale ... So kannst du dich optimal vorbereiten und Tweets auf die Ereignisse zuschneiden.

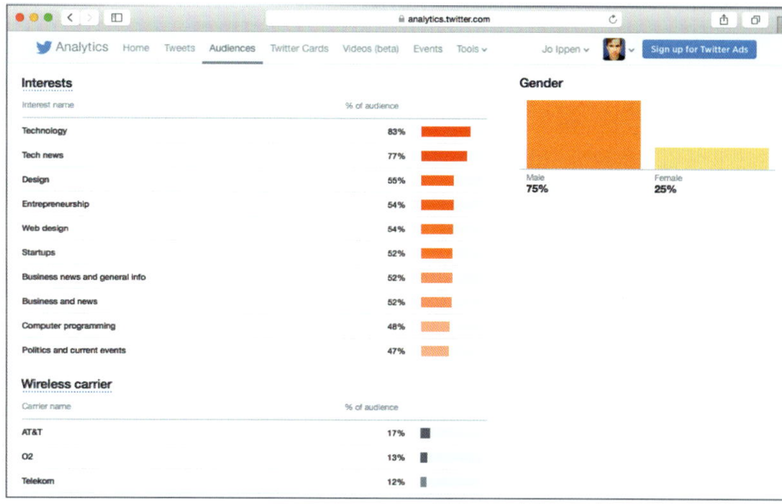

^ *Twitter Analytics*

Du wirst nie glauben, was in diesem Abschnitt steht!

Wie gut gefällt dir dieses Buch? Like, wenn du es magst, kommentiere, wenn du es super findest, und teile, wenn du es noch nicht ganz gelesen hast!

Solche oder ähnliche Beiträge sind uns allen schon mal über den Weg gelaufen. Ähnlich beliebt: »Die 30 niedlichsten Hundebabys« oder »Er wollte nur in Ruhe ein Buch lesen ... du wirst nie glauben, was dann passierte!«. Natürlich geht es bei diesen Überschriften nur darum, möglichst viel Auf-

< *Vorsicht Satire – der »The Onion«-Ableger »Clickhole« spielt mit Clickbait-Techniken (clickhole.com).*

merksamkeit zu erhaschen und viele Klicks zu generieren. Auch vermeintlich nackte Promis, angeblich schockierende Videos und Katzenbilder werden oft verwendet.

Diese Art von Artikel nennt man *Clickbait* – zu Deutsch Klickköder. Überschriften, Vorschaubilder und Artikel sind so aufbereitet, dass möglichst viele Leute klicken und auf die Website gehen.

Mit dem eigentlichen Anliegen der Social-Media-Präsenz hat das meist wenig zu tun, außer du arbeitest für die Tierschutzorganisation PETA – dann sind nackte Promis und Katzenbabys natürlich dein Tagesgeschäft. Beiträge, die nicht relevant sind, sorgen für Frustration beim Nutzer und sind eher kontraproduktiv.

Der eigentliche Haken aber: Sie werden von Facebook und Co. ganz schnell herausgefiltert – die Sozialen Netzwerke sind schließlich auf hochqualitativen Content bedacht und versuchen diese Köder so gut es geht zu eliminieren.

Checkliste: Social-Media-Strategie

Für die richtige Social-Media-Strategie gibt es nicht das eine Patentrezept – es gibt aber fünf goldene Regeln:

- ✔ Viel hilft nicht immer viel. Wenn du deine Nutzer mit übermäßig vielen Beiträgen nervt, wird ganz schnell entfollowt.
- ✔ Werbung wird ignoriert. Was zu sehr nach Werbung wirkt, ist nicht allzu beliebt. Auch hier gilt: Für den Nutzer muss es einen Mehrwert geben.
- ✔ Hol den Nutzer da ab, wo er unterwegs ist. Beziehe aktuelle Ereignisse, Feiertage und Jahreszeiten ein. Bewegt die Nutzer gerade etwas besonders? Passt das zu deinem Produkt?
- ✔ Spreche nur, was man auch versteht. Das gilt sowohl für fremde Sprachen als auch für Themen, von denen du keine Ahnung hast. Ein Post aus dem Google Translator wirkt einfach nur peinlich; besser ist es, einen Muttersprachler zu engagieren.
- ✔ Rede mit deinen Nutzern! Wer auf Posts und Kommentare nicht antwortet, zieht ganz schnell Desinteresse und im schlimmsten Fall den Hass seiner Nutzer auf sich.

Kommentare, Bewertungen und Shitstorms – wie reagieren?

»Kitkat tötet Orang-Utans« – mit dieser zentralen Nachricht provozierte die Umweltorganisation Greenpeace 2010 in sozialen Netzwerken. Begleitet wurde diese Nachricht von Videos, in denen die Schokoriegel als Affenfinger dargestellt werden. Die Logik dahinter: Nestlé verwendet in seinen Produkten Palmöl, für das Regenwald gerodet wird, was den Lebensraum der Menschenaffen zerstört.

^ *»Kitkat tötet Orang-Utans« – die Greenpeace-Kampagne im Überblick*

Dem Lebensmittelkonzern schmeckte diese Kampagne natürlich nicht; er versuchte, die Videos löschen zu lassen und Fanseiten zu schließen. Dies wiederum löste bei den Fans genau das Gegenteil aus – und verhalf der Greenpeace-Kampagne zu mehr Aufmerksamkeit als gewünscht und verbreitete sich noch schneller. Heute sprechen wir bei einem solchen Phänomen von *Shitstorm*: Eine Aktion in sozialen Netzwerken löst massive Nutzerreaktionen aus, die es ohne die Aktion wahrscheinlich nicht gegeben hätte. Die Kacke ist am Dampfen, die Scheiße fliegt uns um die Ohren.

When the Shit hits the Fan

Die Schweizer Agentur Feinheit hat für solche Situationen eine Sturmskala entwickelt. Bei Windstärke 0 gibt es noch keine Reaktionen, bis Windstärke 3 gibt es vereinzelte bis hartnäckige Reaktionen von Einzelpersonen. Kritisch wird es ab Stärke 4: Formiert sich eine Gruppe von Nutzern, die aktiv und kritisch gegen einen Post vorgehen, ist es fast schon zu spät zu reagieren. Der Protest wird in anderen Medien getragen, Blogs und Nachrichtenseiten berichten darüber. Stärke 5: Aus Protest wird eine Kampagne: Systematisch wird gegen den Verursacher gewettert. Der Orkan, Stärke 6, beschreibt einen Schneeballeffekt: Aus Kritikern ist ein wütender Mob geworden, der mit (virtuellen) Fackeln und Mistgabeln durchs Dorf zieht. Der Fall ist zur Schlagzeile geworden.

In solche Situationen können die Besten unter uns geraten – in diesem Fall heißt es: vorbereitet sein. Verfolge regelmäßig und ständig, was in sozialen Netzwerken über dich und deine Marke gesagt wird. Oft reicht eine einfache Suche auf Twitter und Facebook oder ein Bookmark auf ein Hashtag. Profis nutzen Tools wie Sprout (*sprout.com*) oder TweetDeck (*tweetdeck.com*), um verschiedene Netzwerke beziehungsweise Accounts in Echtzeit im Auge zu behalten.

Einen Shitstorm managen

Nehmen wir an, der Worst Case trifft ein: Wir bekommen einen bösen Beitrag, einen gehässigen Kommentar oder eine schlechte Bewertung – was tun?

Erst nachdenken, dann löschen. Oder besser: nicht löschen!

Oberste Regel: Nicht löschen! Auf jeden gelöschten oder blockierten Beitrag kommen gefühlt drei weitere Beiträge, die laut »Zensur!« rufen. Eine Löschung solltest du nur dann in Betracht ziehen, wenn der Beitrag gegen geltendes Recht verstößt, also:

- die Verwendung verfassungswidriger Kennzeichen
- Aufrufe zu Straftaten
- konkrete, greifbare Beleidigungen

Am besten ist es, hier mit einem Anwalt Rücksprache zu halten. Wenn ein solcher Beitrag auftaucht, sollte folgendes Protokoll gelten:

1. Verfasse zeitnah eine kurze Antwort. Ein einfaches »Vielen Dank für deinen Beitrag, wir schauen uns das an« reicht in der Regel aus, um den Autor wissen zu lassen, dass man ihn nicht alleinlässt. Einzige Ausnahme:

Beiträge, die nur angelegt sind, um zu provozieren, solltest du getrost ignorieren. Don't feed the Trolls!

2. Antworte im gleichen Netzwerk. Vor allem: Antworte transparent. Jemand, der einen Kommentar schreibt, sollte keine Direktnachricht bekommen, sondern einen gleichwertigen Kommentar. Vorsicht hier bei Plug-ins, die Tweets direkt zu Facebook posten – so könnte sich eine Diskussion über verschiedene Plattformen entwickeln, was wir vermeiden wollen.
3. Antworte direkt. Schwafele nicht herum, tische keine Halbwahrheiten oder Lügen auf, schiebe es schon gar nicht auf den Praktikanten.
4. Halte Rücksprache mit der Rechtsabteilung. Existiert keine Rechtsabteilung, tut es der Anwalt. Kann der Beitrag oder eine Antwort rechtliche Konsequenzen nach sich ziehen? Das gilt vor allem bei Verbraucherschutzfragen.
5. Reiche eine ehrliche und ausführliche Antwort nach, wenn alle Sachverhalte geklärt sind. Entschuldige dich im Zweifelsfall für eventuell entstandene Unannehmlichkeiten, biete Hilfe an, sei für Rückfragen offen. Diese Antwort sollte nicht zu lange auf sich warten lassen, sonst werden die Nutzer gereizt und posten noch mehr – ein Upgrade auf der Shitstormskala.

Don't feed the Trolls!

That escalated quickly Ein gutes Beispiel für zunächst misslungenes Social-Media-Management ist das Secrets Festival im Berliner Umland. Die eigentlich erfahrenen Veranstalter hatten mit tollen Stockfotos und einem unvergleichlichen Erlebnis geworben; Luxuszelte, ein Badekanal, tolle Dekorationen und Parkplätze in Laufweite sollten Preise von bis zu 750 Euro rechtfertigen.

Aubade-Lektion № 16
Schau ihm mutig ins Gesicht.

Die Realität sah anders aus: Gäste mussten vom Auto bis zum Campingplatz bis zu 2,4 Kilometer laufen, die Dekorationen fielen eher karg aus, Gäste fanden die Duschen und Toiletten nicht, Trinkwasserbehälter waren als Brauchwasser gekennzeichnet. Die Gäste machten ihrem Unmut über Facebook Luft und hofften hier auf Antworten – die leider immer zu spät kamen. Als dann eine Band wegen einer vermeintlich unsicheren Bühne spontan ihren Auftritt absagte, war es vielen Gästen zu viel: Sie reisten ab und organisierten sich auf Facebook in einer Protestgruppe, mit dem Ziel, eine Sammelklage gegen die Veranstalter zu einzureichen.

That escalated quickly – wegen fehlender Toilettenausschilderung gleich das Festival verklagen? Das mag drastisch erscheinen, allerdings spielen hier zwei Faktoren eine wichtige Rolle:

1. Das Festival, ein gemütliches Luxusprodukt, konnte die Erwartungshaltung der Nutzer nicht erfüllen. Wer Zeltplätze für 750 Euro verkauft, der muss Service und Erlebnis bieten.
2. Dazu kam, dass die Antworten viel zu spät und zu sporadisch ausfielen: Bei einem Event, das nur zwei Tage geht, kann man sich beim Social-Media-Management keine Zeit lassen – hier muss sofort gehandelt werden.

Den Karren aus dem Dreck ziehen

Wie man es richtig macht, zeigt das Beispiel Taco Bell: Im Jahr 2013 machte ein Video eines Angestellten die Runde, der in der Restaurantküche Tacos anleckt. Überflüssig zu erwähnen: Die Community lief Sturm!

Die Restaurantkette reagierte zeitnah und gelassen: Der verantwortliche Mitarbeiter wurde identifiziert, es wurde sichergestellt, dass keine angeleckten Tacos verkauft wurden, und innerhalb von 18 Stunden wurde über die Website ein offizielles Statement abgegeben. Die Social-Media-Manager machten sich die Mühe, jeden einzeln Kommentar und Beitrag zu dem Thema mit einem Link und einer freundlichen Klarstellung zu beantworten.

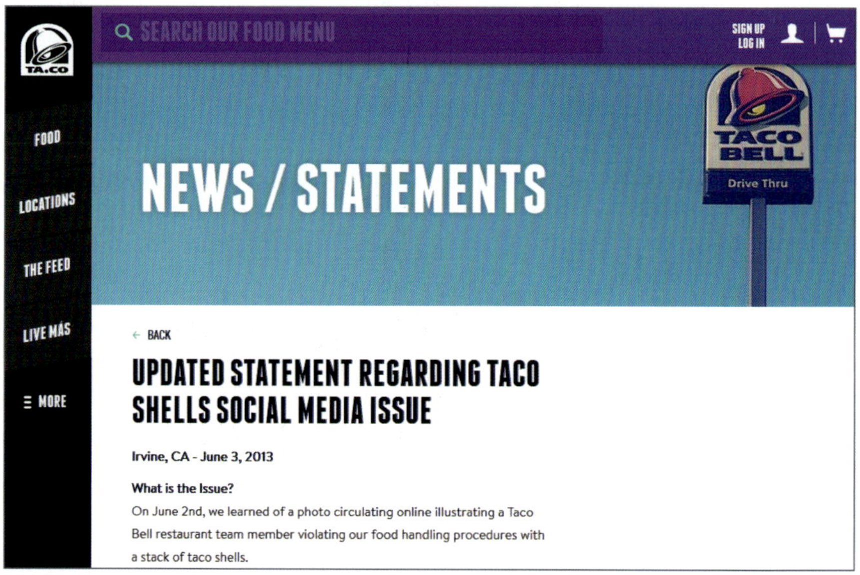

> *Krisenmanagement bei Taco Bell: innerhalb von 18 Stunden eine offizielle Reaktion*

Schmeckt lecker nach Hähnchen Besonders kritisch wird es, wenn Nutzerbeteiligung gefragt ist. Die goldene Regel: Je größer und familienfreundlicher deine Marke ist, desto höher die Wahrscheinlichkeit, dass die beliebtesten Nutzerbeiträge ... sagen wir mal, dir nicht so gut gefallen werden.

Das musste die Traditionsmarke Pril erleben: Die Nutzer waren aufgerufen, ihre eigene Spülmittelflasche für eine limitierte Sonderedition zu gestalten – und über die besten Entwürfe abzustimmen. Ganz vorn mit dabei: der Aufdruck »Schmeckt lecker nach Hähnchen«. Der Henkel-Konzern jedoch erklärte einen gefälligeren Entwurf zum Sieger – und erntete prompt den geballten Unmut der Community.

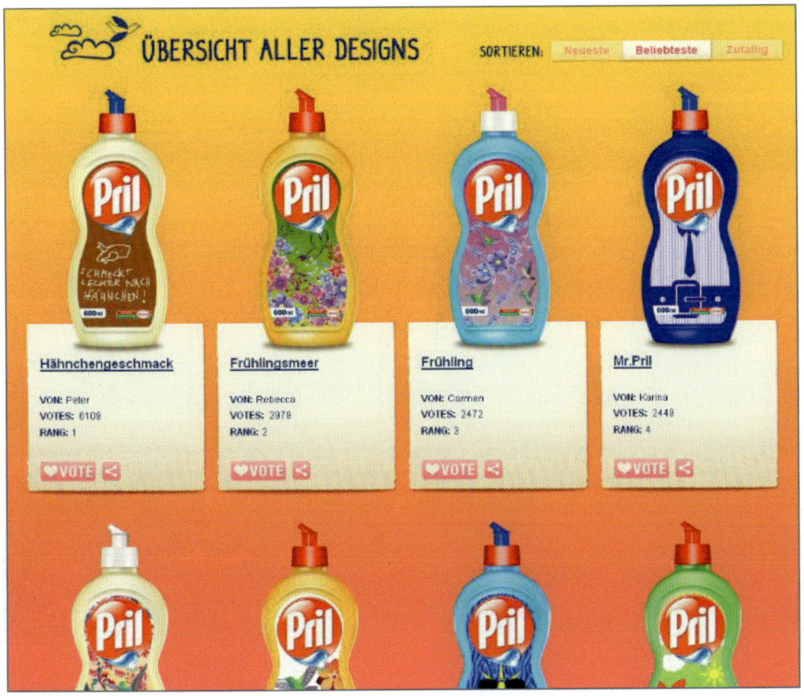

^ *Schmeckt lecker nach Hähnchen – der Gewinner des Pril-Wettbewerbs.*

Die Lösung: Man produzierte 111 Flaschen eines anderen witzigen Entwurfs und verloste sie bei Facebook – Community glücklich.

Hausgemachte Katastrophen und Anfängerfehler

Am besten ist es natürlich, Social-Media-Krisen und Shitstorms von Anfang an zu vermeiden. Hier die häufigsten Ursachen für Ärger in der Community, die du umschiffen solltest:

Gefakte Inhalte Nutzerkommentare und Bewertungen faken ist ein No-Go! Gefälschte Beiträge lassen sich mit ein wenig technischem Know-how sehr schnell identifizieren, früher oder später fliegen sie immer auf. Das gilt natürlich auch für vermeintlich authentische Inhalte auf der eigenen Website.

Ein Reinigungs-Start-up aus den USA wollte mit Testimonials auf der Seite punkten – blöd nur, wenn die amerikanischen Referenzkunden genauso aussehen wie die Deutschen, nur anders heißen. Besonders brisant: Die Fotos waren einfach aus dem Netz geklaut.

^ *»Hey Erica, kennst du eine Charlotte? Ich finde, ihr seht euch voll ähnlich!« (oben die amerikanische, unten die die deutsche Version)*

Geklaute Inhalte Das Urheberrecht und Nutzungsrecht gilt auch in sozialen Netzwerken. Reposts, Retweets und Verlinkungen sind okay, Copy & Paste nicht. Was immer zu Ärger führt, ist das Entfernen von Wasserzeichen und Copyrighthinweisen. Bevor du das Bild vom malerischen Sonnenuntergang postest, recherchiere vorher, ob es genutzt werden darf. Pro-Tipp: Die Bildersuche von Google bietet die Möglichkeit, nach lizenzfreien Inhalten zu suchen.

Unwahre Inhalte Nach den Terroranschlägen in Paris am 13. November 2015 machte schnell ein Foto des vermeintlichen Attentäters die Runde: Ein lachender ISIS-Kämpfer, mit Koran und Sprengstoffgürtel vor dem Badezimmerspiegel. Blöd nur, dass das nicht stimmte: Der vermeintliche Terrorist ist Veerender Jubbal, Journalist aus Kanada, der Koran ein iPad und der Sprengstoffgürtel ziemlich lieblos reingebastelt.

Meine Empfehlung: Recherchiere vor dem Posten suspekter Inhalte kurz, in der Regel bringt eine einfache Rückwärtssuche schon Hinweise auf Fälschungen. Für Klarheit sorgt die Seite *mimikama.at*: Hier werden Fakes und Hetzkampagnen gesammelt.

∧ *Mimikama*

Gekaufte Nutzer Schnell mal 10 000 Fans bekommen? Für wenig Geld in fast jedem Netzwerk möglich. Macht sich total gut in der Seitenstatistik und lässt deine Marke beliebt wirken. Die Nutzer kommen meist aus Klickfarmen in Asien – Fakeaccounts, die den ganzen Tag nichts anderes machen, als für Geld Seiten zu liken.

Klickfarm – nicht verwechseln mit FarmVille

Das Problem: Likeaccounts haben keinerlei Mehrwert, die Nutzer lesen deine Inhalte nicht und sind eher kontraproduktiv: Ein Beitrag, der an viele Fans gepostet wird, aber keine Interaktion bekommt, wird als irrelevant eingestuft – und im Newsfeed seltener angezeigt. Facebook und Co. führen außerdem regelmäßige Säuberungsaktionen durch, bei denen Fakeaccounts millionenfach gelöscht werden – und damit verschwinden dann auch die Likes.

Hashtags Bei den Berliner Verkehrsbetrieben heißt es: »Weil wir dich lieben!« Unter diesem Motto sind Twitter-Nutzer aufgerufen, ihre persönlichen U Bahn-Liebesgeschichten zu posten. Ungünstig, wenn die Nutzer stattdessen über den Hashtag ihrem Unmut über den ewig unpünktlichen Bus M29 und unfreundliche Kontrolleure Ausdruck verleihen.

> *#weilwirdichlieben*

Hashtag-Kampagnen sind ein interessantes Tool, um Meinungen zu bündeln, entwickeln aber schnell eine eigene Dynamik und lassen sich unmöglich kontrollieren. Daher: Rufe nur zur Verwendung von Hashtags auf, wenn du sicher sein kannst, dass deine Nutzer sie nicht zweckentfremden. Und wenn doch – siehe oben!

Übrigens: Unter dem Hashtag **#webfatale** kannst du auf Instagram und Twitter deine ganz persönlichen Web Fatale-Momente teilen – lustige UX- und Interface-Fails inklusive. Die Posts werden auf *webfatale.com* eingeblendet. Ich bin auf die Ergebnisse gespannt!

Erlebnisse mit Social Media – Lernen von Oreo und Co.

Wie gelungenes Social-Media-Marketing aussieht, lernt man am besten durch Beobachten und Mitmachen. Im Folgenden habe ich einige erfolgreiche Beispiele aus den letzten Jahren zusammengestellt, die sich besonders hervorgetan haben und für uns als Inspiration dienen können.

Oreo

Als beim Superbowl 2014 für wenige Minuten der Strom ausfiel und die Übertragung unterbrochen wurde, war man bei Oreo extrem schnell. Innerhalb von Sekunden wurde ein Bild von einem Oreo-Keks auf schwarzem Untergrund getwittert, dazu die Nachricht: »Du kannst auch im Dunkeln tunken.«

Schnelligkeit ist einer der großen Vorteile von sozialen Medien, und bei Oreo weiß man dies auszunutzen. Die zuständige Agentur 360i hat eigens eine Art Newsroom eingerichtet, in dem rund um die Uhr jemand die Social-Media-Präsenz überwacht, um zeitnah auf aktuelle Ereignisse reagieren zu können.

Es gibt so gut wie keinen Feiertag oder Newsaufmacher, den die Keksfirma nicht mit einem Oreo-typischen Bild oder Filmchen kommentiert. Das kostet zwar, hat sich aber gelohnt: 360i betreut heute auch die sozialen Medien traditionsreicher Lebensmittelmarken wie Coca Cola, Ben & Jerry's oder Subway.

> *Der legendäre Superbowl-Post*

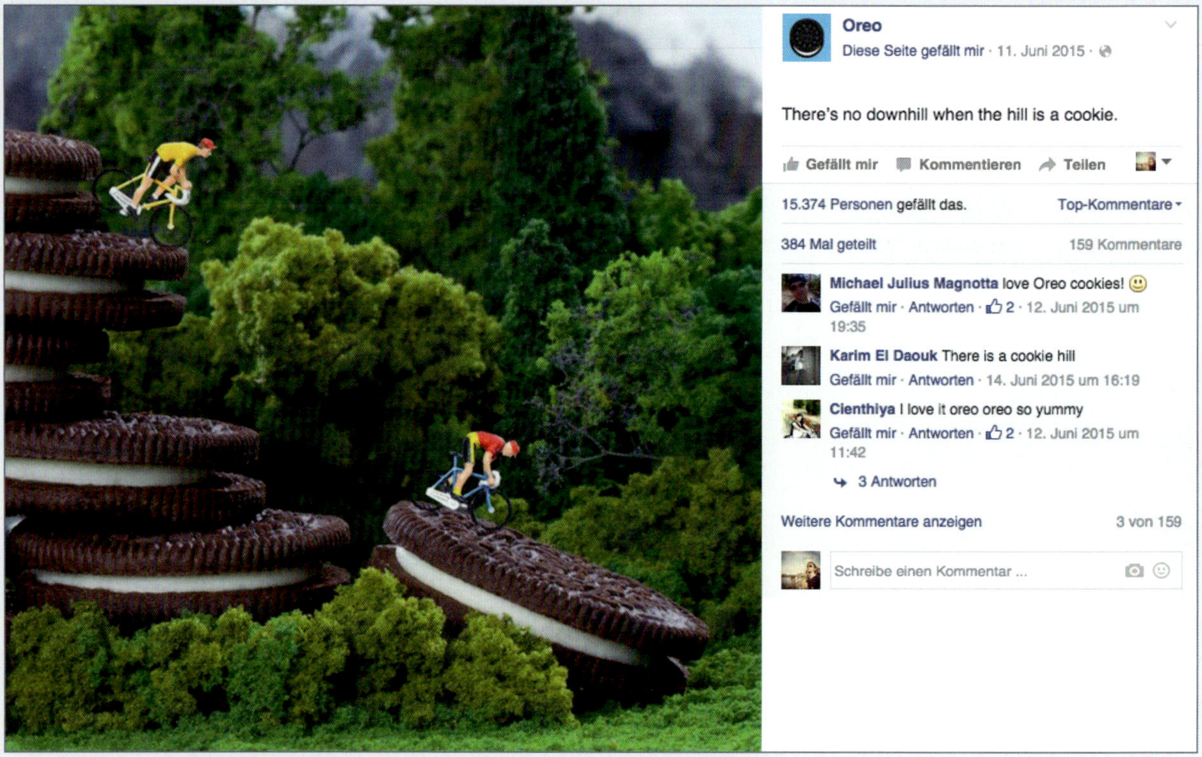

^ *Oreo beherrscht die sozialen Netzwerke meisterhaft.*

JANUAR
1
OREO
Oreo
Diese Seite gefällt mir · 1. Januar 2015 ·
Vorsatz für 2015: Jeden Tag ein OREO.
Gefällt mir Kommentieren Teilen
2320 Personen gefällt das.
Top-Kommentare
12 Mal geteilt
33 Kommentare
Freddy Dölling Fett, alle fett, alle eklig
Gefällt mir · Antworten · 8 · 1. Januar 2015 um 17:57
Rico Apelt Und in 365 Tagen sind wir dann alle geplatzt...
Gefällt mir · Antworten · 8 · 1. Januar 2015 um 17:41
Sydney Molzahn Und am Ende des Jahres sehen wir dann selbst alle so rund aus wie ein Oreo!
Gefällt mir · Antworten · 5 · 2. Januar 2015 um 00:15
Michele Müller Wenn wir jeden Tag ein Oreo essen haben wir irgendwann die schnauze voll davon und keiner kauft sich mehr Oreos
Gefällt mir · Antworten · 3 · 1. Januar 2015 um 22:43
Gentian Hoxha Wenn man unbedingt diabetis haben will dann ist es ein guter vorsatz
Schreibe einen Kommentar ...

Oreo Cookie @Oreo · 20 Oct 2015
All work and all play #Oreo
120
401

Wooga-Spiele

Wooga-Spiele gibt es heute zwar vorrangig auf Smartphones und Tablets, ihren Ursprung hat die Berliner Firma jedoch in der Facebook-App-Plattform. So gibt es heute für jeden Titel mindestens eine Facebook-Seite, oft auch noch einen Instagram- und Twitter-Account dazu. Nutzer werden hier mit aktuellen Informationen und kostenlosen Gimmicks versorgt, die Posts werden größtenteils in bis zu 7 Sprachen übersetzt, um so viele Spieler wie möglich zu erreichen.

Regelmäßige Wettbewerbe und Umfragen sorgen für Nutzerbeteiligung: Da wird ein iPhone für das schönste Halloweenkostüm verlost, das natürlich irgendwie an das Spiel *Jelly Splash* erinnern muss. Die Fotos der Kostüme wiederum werden ebenfalls als Social-Media-Beiträge genutzt.

> *Wooga-Post für Jelly Splash*

< *Twitter-Account von Jelly Splash*

< *Agent Alice wünscht ein schönes Wochenende.*

Wooga Corporate

Schon wieder Wooga? Das Start-up hat zwei Gesichter, oder besser: Zielgruppen.

Zum einen die über 50 Millionen Spieler, die auf Informationen und Updates hoffen, zum anderen Menschen, die sich für die Firma interessieren, also Journalisten und potentielle Bewerber.

Für die Menschen, die wissen wollen, was hinter den Kulissen in der Berliner Backfabrik abgeht, gibt es eine breite Präsenz auf Instagram, Facebook, Twitter, Pinterest und Somewhere – also so gut wie überall. Im Fokus steht die Transparenz, also der ungeschönte Einblick in das Leben und Arbeiten beim Spieleentwickler – aber natürlich auch ein bisschen Spaß und Partyfotos.

Working at Wooga bei Pinterest

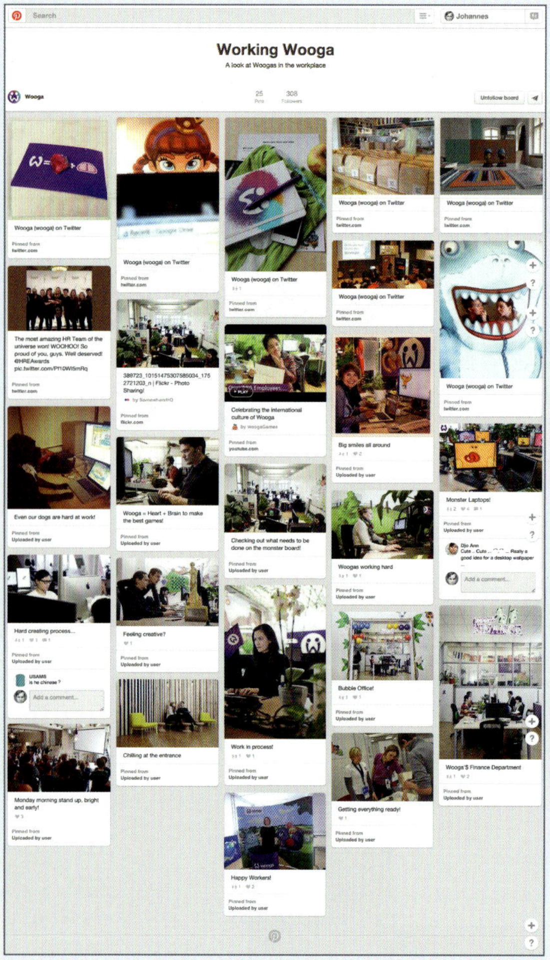

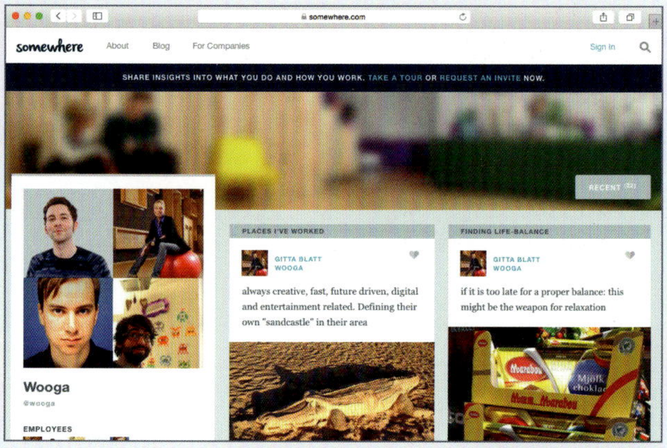

Wooga-Twitter-Account und Wooga-Somewhere-Seite

^ *Instagramposts von Wooga: Neben Fanartikeln werden Office-Hunde und Feiertagsglückwünsche veröffentlicht, um die Community bei Laune zu halten.*

»Die Welt«

»Die Welt« ist zwar eine im eher konservativen Spektrum angesiedelte Tageszeitung, mit ihrer Facebook-Präsenz aber ganz vorne mit dabei.

So gut wie jeder Leserkommentar wird beantwortet, die meisten witzig, ironisch oder frech. Die Kommentare sind meist unterhaltender als die eigentlichen Inhalte. Da werden schon mal die Niederlande im Rahmen der globalen Erwärmung mit dem Kevin-Costner-Film »Waterworld« verglichen – in seriösen Newsmedien eigentlich ein No-Go.

Dabei immer im Vordergrund: die eigene Positionierung als modernes meinungsbildendes Medium, das rassistische Kommentare nicht einfach löscht, aber auch nicht so stehenlässt. Nutzer, die unpassende Beiträge hinterlassen, werden transparent geblockt.

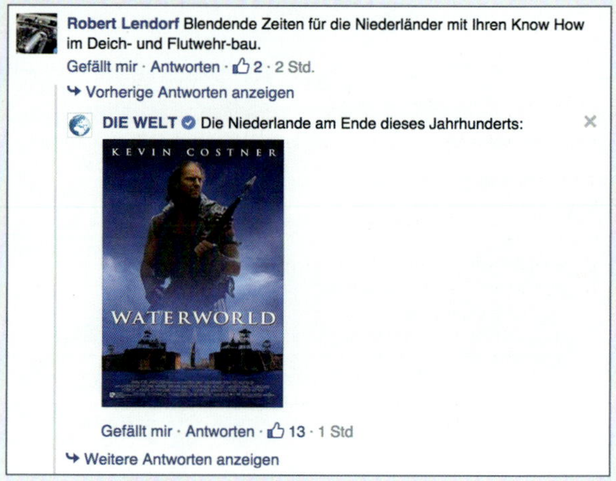

Ihr macht das extra, »Die Welt«, oder?

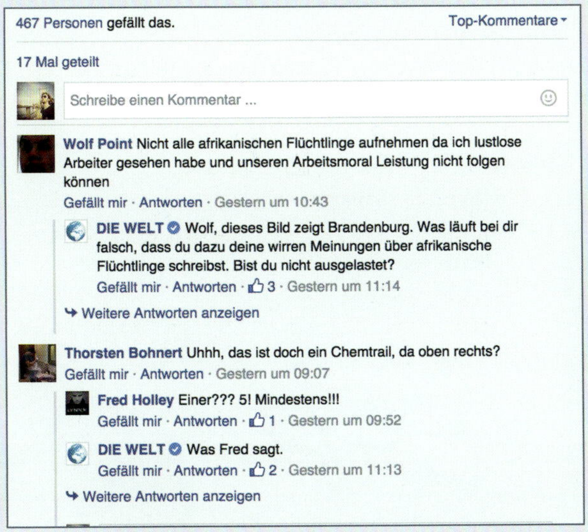

^ *Brandenburger Sonnenuntergänge und Flüchtlinge*

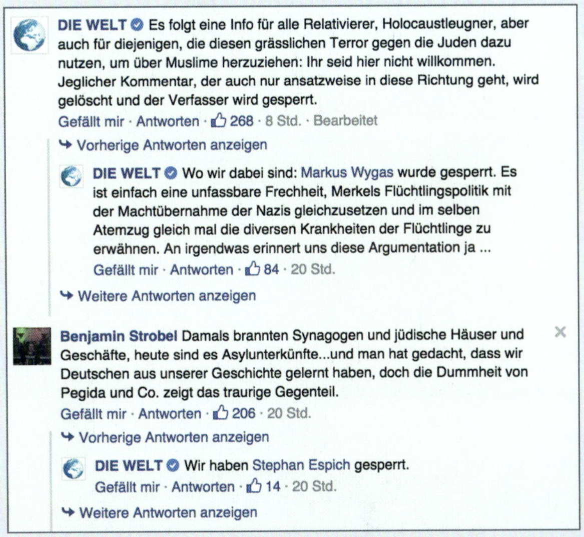

^ *Konsequent und transparent sperrt »Die Welt« Nutzer, die Hasskommentare posten.*

Dove

Für Furore sorgte die Kosmetikmarke mit ihrer »Initiative für wahre Schönheit«. Videos mit normalen Frauen und Photoshop-Zeitraffer treffen genau den Nerv der Zielgruppe und passen zum erklärten Firmenziel, das Selbstwertgefühl seiner Kunden zu stärken.

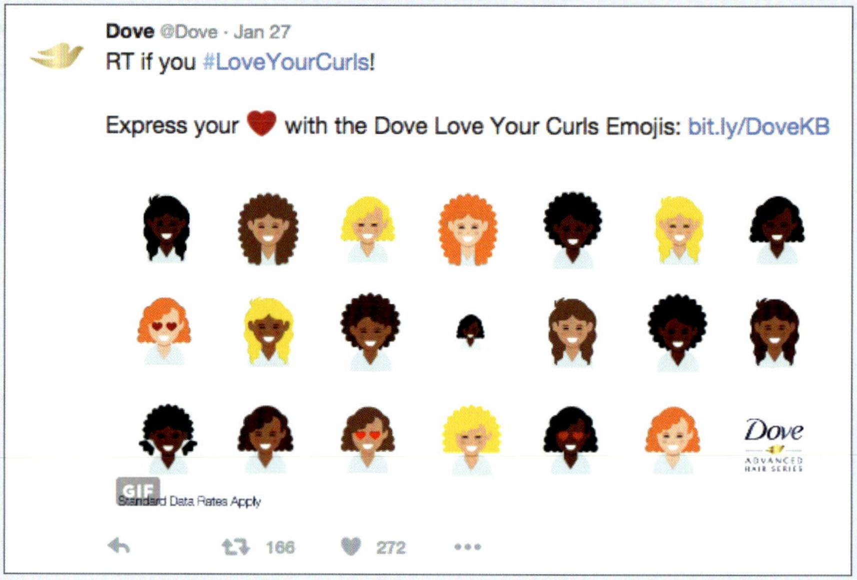

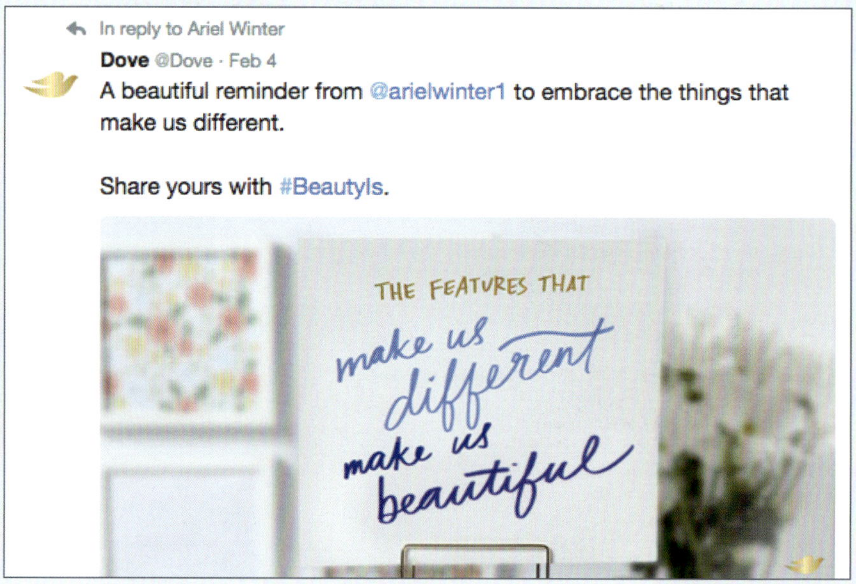

Statt Shampooflaschen werden auf Twitter, Facebook und Pinterest Selbstwertgefühl und Locken zelebriert. – Damit macht Dove alles richtig.

Entsprechend ist die Social-Media-Präsenz nicht eine reine Präsentation der Produkte, sondern vor allem Inspiration: Teilbare Zitate starker und schöner Frauen repräsentieren die Markenwerte auch auf Facebook.

Inspiration von Dove

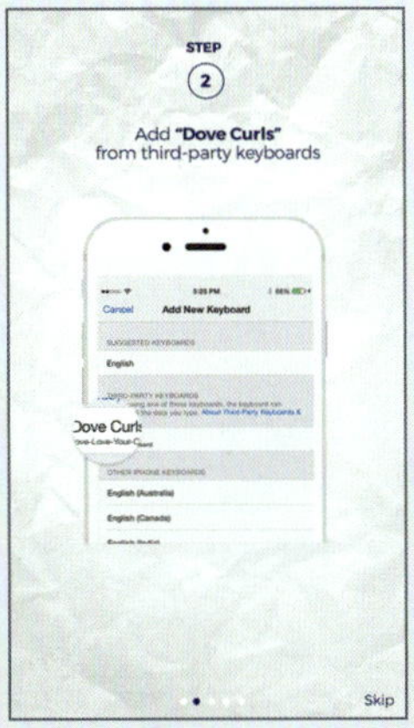

Humans of New York

Was als persönliches Projekt von Brandon Stanton begann, ist mittlerweile eine erfolgreiche Marke mit Blog und Buch. Das Rezept ist einfach: Jeden Tag postet der New Yorker Fotos interessanter Mitmenschen, die er in seiner Heimatstadt trifft. Jedes Foto wird von einer kurzen Geschichte begleitet: mal traurig, mal witzig, mal melancholisch, mal aufmunternd. Dieser Mix an Emotionen und menschlichen Schicksalen funktioniert – über 15 Millionen Menschen »gefällt das«.

^> Humans of New York: Interessante Menschen der Stadt erzählen ihre Geschichte.

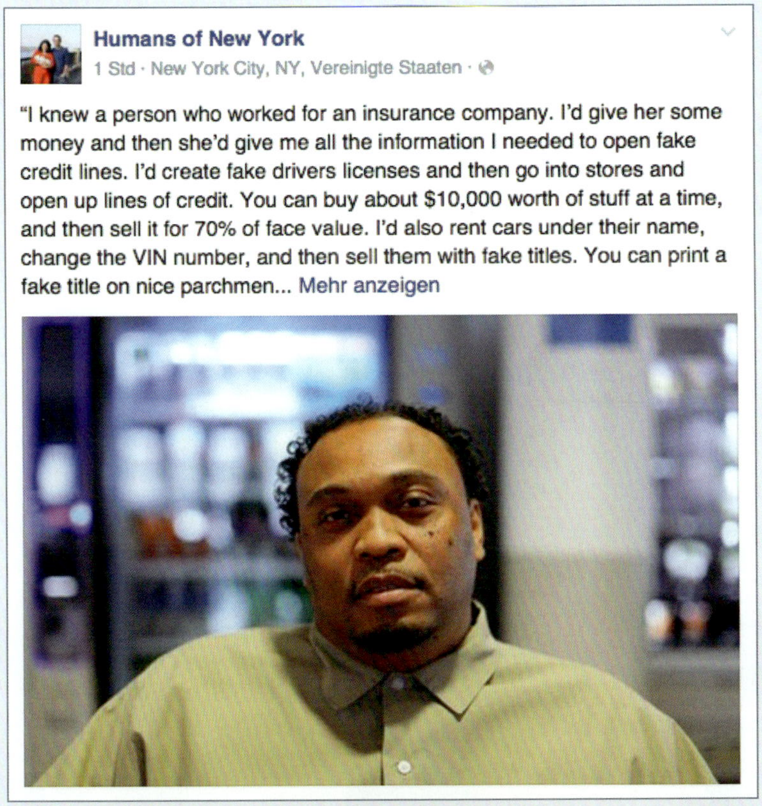

Interessante Schicksale als Social-Media-Posts. – HONY macht normale Menschen zu Berühmtheiten, die ihre Geschichte erzählen dürfen.

Innocent

Über die Tonalität von Innocent-Smoothies habe ich bereits im Kapitel »Hinreißende Absätze: Marktstrategien« geschrieben – auf Instagram und Facebook wird diese richtig ausgelebt.

Kleine Strickmützen für die Saftflaschen sind da noch harmlos, besonders beliebt beim Social-Media-Team: Büromaterialen, die als »DO NOT REMOVE« gelabelt sind, zum Flughafen oder ins Ritz auszuführen. Warum? Die Community liebt diese Streiche: »I'm lovin the adventures of the 4th floor stapler, tell it to visit Belfast lol«, sagt Anne.

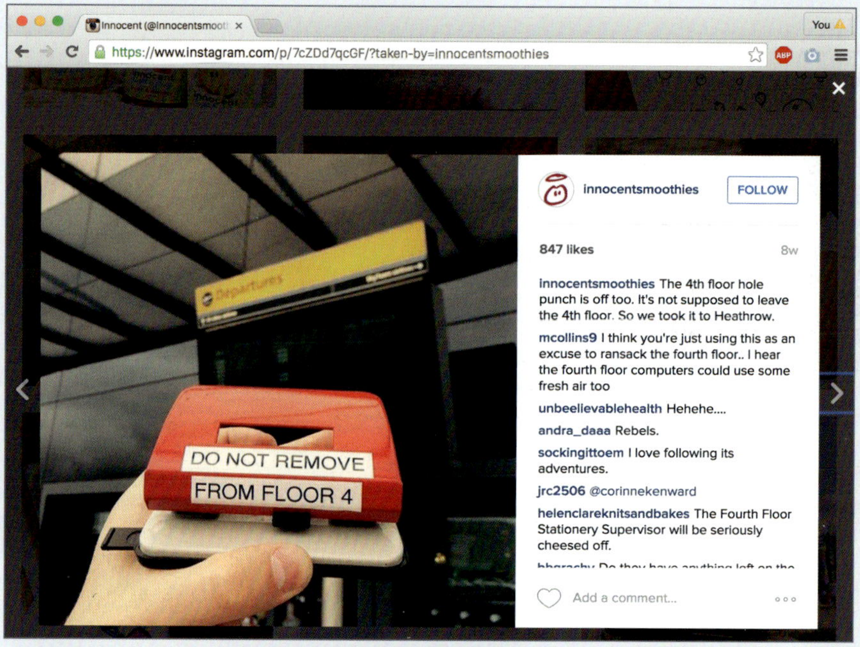

> *Der Locher kommt viel rum.*

<^ Basteln, Blödsinn, bunte Bilder: Innocent Smoothies feiert die Vielfältigkeit und Leichtigkeit seiner Marke angemessen.

Oatly

Der schwedische Hafermilchhersteller Oatly hat sich 30 Jahre lang wie ein normaler Lebensmittelproduzent verhalten, was CEO Toni Petersson irgendwann langweilig wurde.

Also änderte man den Slogan in »Wie Milch, nur für Menschen« und ließ sich daraufhin von der Milchindustrie verklagen. Die Klageschrift wurde online gestellt, begleitet von einer YouTube-Kampagne, die den CEO bei der Probe für vermeintliche Corporate Videos zeigen, auf die er eigentlich keine Lust hat. Die Strategie ging auf: Oatly gilt als ehrliche, umweltbewusste Lifestylemarke, die sich von Nestlé und Co. abhebt.

> *Wow no Cow! Oatly tritt sympathisch und ehrlich auf.*

<^ *Hafermilch für Hipster: CEO Toni wird zum Firmenmaskottchen, aus dem Getreidewasser ein ehrliches und transparentes Lifestyleprodukt.*

Bitte keine Stereotypen: Nutzertests

Bitte keine Stereotypen: Nutzertests

Woher weißt du, ob deine Website tatsächlich gut ist? Auch die schönste Seite muss am Ende mit Zahlen überzeugen können. Um zum gewünschten Ergebnis zu kommen, heißt es ausprobieren – nicht erst, wenn es schon fast zu spät ist, sondern von Anfang an.

Dem Nutzer über die Schulter geschaut

»Hallo, mein Name ist Jo, ich führe heute diesen Test mit dir durch.« Ich setze mich neben die Kandidatin, die bereits in dem kleinen Meetingraum auf uns wartet. Mein Kollege setzt sich auf einen Stuhl schräg hinter sie und holt sein Notizbuch heraus. Das ist kein Bewerbungsgespräch und auch kein Verhör – wir führen einen Nutzertest für ein neues Spiel durch.

Testen am lebenden Objekt

Natürlich testen wir dabei nicht den Nutzer, sondern das Spiel – wir überprüfen es sozusagen am lebenden Objekt. Nutzertests sind ein tolles Mittel, echte Reaktionen von echten Menschen zu bekommen – nicht nur für Spiele, sondern auch für Apps, Onlineshops oder neue Websiteideen.

Echte Reaktionen von echten Menschen

Die Art und Weise, wie diese Tests durchgeführt werden, wurde in den letzten Jahrzehnten perfektioniert. Microsoft und Apple unterhalten Usabilitylabore, in denen die Teilnehmer und ihre Bewegungen minutiös aufgezeichnet werden; mittlerweile lassen sich sogar Pupillenbewegungen und Hirnströme messen. Für die Tests werden häufig komplexe Prototypen programmiert und mit Testdaten gefüttert, damit der Nutzer das Gefühl hat, ein echtes Programm zu bedienen. Keine Sorge, auch mit einem einfacheren Testaufbau lassen sich gute Ergebnisse erzielen. Ein guter Test konzentriert sich auf bestimmte Features innerhalb des gesamten Interface. Du kannst testen, ob und wie eine Funktion verstanden wird. Nicht nur das, auch die Erwartungshaltung der Nutzer wird einbezogen: Ist das Feature an der Stelle das, was die Nutzer erwartet haben? Gibt es Möglichkeiten, das Feature zu benutzen, an die du vielleicht noch nicht gedacht hast?

Verstehen die Nutzer das? Bei dem Spiel *Pocket Island* geht es darum, auf einer Insel Häuser und Bauernhöfe zu errichten und diese mit Wegen miteinander zu verbinden. Eine Testerin interpretierte die Wegefunktion jedoch ein wenig anders – und fing an, alle Häuser mit Wegen zum Inselrand auszustatten. »Damit die Bewohner zum Strand kommen und Wasser holen können« – eine geniale Idee, auf die bis heute noch kein Simulationsspiel gekommen ist, die im Kopf unserer Testerin aber absolut Sinn ergeben hat.

> *Pocket Island – Wege bauen, um Wasser zu holen?*

In erster Linie geht es darum, offene Fragen zu beantworten, die in der Entwicklung zwangsläufig auftauchen und sich nicht so ohne weiteres klären lassen. Funktioniert dieses und jenes Feature? Verstehen die Nutzer das? Sollte die Funktion woanders auftauchen? Ist das Interface zu komplex?

Raus aus der eigenen Gedankenschublade Nutzertests helfen dabei, die eigene Gedankenschublade zu verlassen und sich frische Eindrücke davon zu machen – es gibt nichts Überraschenderes, Frustrierenderes und gleichzeitig Zufriedenstellenderes, als sich anzuschauen, wie ein Nutzer zum ersten Mal eine Website ausprobiert, an der man stundenlang getüftelt hat.

Funktionen, die dir schon in Mark und Bein übergegangen sind, werden zum ersten Mal entdeckt und interpretiert. Das Resultat deiner Arbeit trifft auf ein komplett anderes mentales Modell – und muss sich beweisen.

Die Ergebnisse eines Nutzertests können als Entscheidungshilfe den Design- und Entwicklungsprozess vorantreiben. Welches Feature wird vom Nutzer überhaupt nicht verstanden? Welche Funktion bekommt besonders viel Aufmerksamkeit? Wo ist es verwirrend oder zu komplex?

^ *Paper Prototype für einen Nutzertest*

Nutzertests – besser jetzt als später

Nutzertests solltest du oft und regelmäßig durchführen, idealerweise so früh wie möglich. Je eher du Input von echten Menschen bekommst, desto näher bist du am Nutzer.

Neben konkreten Features und Erwartungshaltungen bekommst du ein Gefühl dafür, ob es überhaupt eine grundlegende Begeisterung für deine Webidee gibt. Nutzer, die sich beim Testen deines Onlineshops wünschen, sie wären bei Amazon, sind ein Indiz dafür, dass deine Idee vielleicht doch nicht so toll war. Nutzer, die hinterher sagen, sie hätten lieber Papier und Stift genommen, statt deine Notiz-App zu verwenden, werden sich diese auch später nicht herunterladen und verwenden. Das kann hart sein, aber besser jetzt als später.

Lieber früher und öfter testen, als überrascht zu werden

Nutzertests sind aber kein Allheilmittel – nicht alles lässt sich so herausfinden:

- Was man nur schwer testen kann, ist der tatsächliche Bedarf an einer App. Selbst wenn der Nutzer wahnsinnig begeistert von deiner Idee ist, heißt das noch lange nicht, dass es da draußen genug andere gibt, die seine Begeisterung teilen. Das gelingt nur über eine fundierte Zielgruppenanalyse.
- Was ebenso wenig funktioniert, ist der Vergleich zum Markt. Im Nutzertest kann ich nur schwer ermitteln, ob eine App wirklich besser ist als ihre Konkurrenz.
- Auch direkte Vergleiche von Funktionen lassen sich nur schwer auswerten – gefällt dir der Button in Rot oder Grün besser? Solche Details lassen sich besser über A/B-Tests abbilden. Nutzertests haben in der Regel keine statistische Signifikanz, sie können höchstens ein Indikator sein. Wenn 5 von 5 Testern den roten Button bevorzugen, dann kann es dennoch da draußen eine Million Menschen geben, die lieber auf einen grünen Button klicken.

Die richtigen Testkandidaten finden

Wie viele Testpersonen du für deinen Nutzertest einlädst, ist von der Entwicklungsphase und der Art des Produkts abhängig. Bereits eine Handvoll Tester können dir einen guten Eindruck vermitteln, mehr Kandidaten geben einen besseren Überblick. Viel wichtiger ist die Auswahl der Probanden: Idealerweise sollten sie aus der Zielgruppe deiner Website kommen.

Beim Spieleentwickler Wooga versuchen wir zum Beispiel, fast ausschließlich Frauen einzuladen, die älter als 25 Jahre sind und wenigstens ein anderes Spiel auf ihrem Smartphone haben.

Dankbare Testkandidaten sind Studenten: immer knapp bei Kasse, haben viel Zeit und machen komische Dinge, wenn man sie darum bittet. Aber im Ernst – in der Marktforschung sind besonders jüngere Probanden in der akademischen Ausbildung eine beliebte Zielgruppe: Schließlich werden sie irgendwann ihr Studium abgeschlossen haben und im Idealfall viel Geld verdienen. In Uni-Foren, -Mailverteilern und WhatsApp-Gruppen von Fakultäten finden sich leicht Kandidaten – wenn du denn Zugang zu solchen Gruppen hast.

Facebook Ansonsten helfen Foren und Facebook-Gruppen oft weiter. Wahrscheinlich gibt es für dein Produkt eine potentielle Interessengruppe, die sich irgendwo im Internet organisiert hat. Versuche, dich dort einzuklin-

> *Facebook-Post, mit dem Nutzertester gesucht werden*

ken, und frage höflich nach, ob jemand dich als Testkandidat unterstützen möchte.

Knifflig wird es, wenn die potentiellen Tester quer im Land verteilt sind. Über Facebook-Werbung hast du die Möglichkeit, Anzeigen zu schalten, die nur in deinem Einzugsgebiet zu sehen sind. Praktischerweise lässt sich hier gleich nach Demographie und Interessen filtern. Je genauer die Beschreibung, desto kleiner wird die Zielgruppe, desto teurer aber auch die Anzeige.

Face to Face Der klassische Weg ist es, Testkandidaten auf der Straße anzusprechen. Das funktioniert in Fußgängerzonen besser als auf Bahnhöfen zur Rush Hour, wenn es sowieso alle eilig haben – und auch nur dann, wenn das Testlabor in Laufweite ist. Einen besseren Ansatz zeige ich dir später noch in diesem Kapitel (Guerilla Testing).

Für die frühen Phasen der Entwicklung reicht es meist aus, die App oder Website Freunden und Familie in die Hand zu drücken. Auch Kollegen, die zufällig in der Nähe sind, geben ein gutes Barometer ab – allerdings sollte Mutti oder die Sekretärin nicht zu oft als Testkandidatin herhalten, denn ganz repräsentativ für die Zielgruppe können auch sie nicht sein.

Aufgaben statt Anweisungen

Die Testkandidaten sind gefunden, jetzt kann der eigentliche Test losgehen – aber wie genau? Zunächst solltest du dir überlegen, was genau du mit deinem Usertest eigentlich erreichen möchtest.

- Entwickelst du ein neues Feature, das du an Nutzern ausprobieren möchtest?
- Geht es um das generelle Verständnis deiner Website?
- Möchtest du eine Navigationsstruktur verifizieren?
- Eventuell ein neues Design?
- Hast du auf einer anderen Seite etwas entdeckt, was du gern mal am Nutzer testen willst?

All das ist möglich – aber die Stoßrichtung sollte vorher klar sein. Nutzertests sollen kein Selbstzweck sein, auch sollten sie niemals »einfach so« veranstaltet werden. Überlege dir vor jedem Test gut, welchen Zweck du verfolgst. Auch klar: Man kann niemals alles auf einmal testen. Geht dein Test weit über die Länge oder den Umfang einer normalen Nutzung hinaus, werden die Testkandidaten ungeduldig, und das Ergebnis wird unbrauchbar.

Dauer Eine gute Länge für einen Usabilitytest liegt bei 20–30 Minuten, auf keinen Fall sollte er länger als eine Stunde gehen. In der frühen Entwicklungsphase, wenn nur einzelne Features getestet werden, reichen meist wenige Minuten mit Kollegen oder Freunden völlig aus. Komplexe Apps oder contentlastige Spiele nehmen selbstverständlich etwas länger in Anspruch – idealerweise wird es den Testern hier aber auch nicht so schnell langweilig. Versuche, nie mehr als 2–3 Aspekte einer Website auf einmal zu testen – und passe entsprechend die Länge an.

Ein Beispiel: Für unseren Onlineshop für Regenschirme testen wir eine neue Startseite mit Videos, Bildern und interaktiven Texten – eine richtig hübsche Landing Page, ähnlich wie im Kapitel »Das Spiel mit den Reizen: User Experience«, beschrieben.

In unserem Test wollen wir herausfinden, ob die Nutzer die generelle Struktur verstehen, die Videos und interaktiven Features nutzen und ob ihnen das generelle Design gefällt. Das ist ganz schön viel für einen Test, lässt sich aber geschickt verbinden. Doch zunächst müssen wir unser Testlabor einrichten.

Testsituation

Halbdurchsichtige Spiegel, Kameras mit Pupillentracking, Herzfrequenz- und Pulsmessung und synchronisierte Bildschirmaufnahmen – moderne Usabilitylabore sind zum Teil besser ausgestattet als die Verhörräume von KGB und CIA zusammen. Das kostet eine ganze Stange Geld und wird von Entscheidungsträgern immer noch als Argument gegen Nutzertests verwendet.

Bei genauerer Betrachtung jedoch stellen sich solche Maßnahmen meist als überflüssig heraus. Wozu genau muss ich eigentlich die Pulsfrequenz des Nutzers beim Betrachten meiner Website wissen? Was verrät mir die Pupillenbewegung ganz genau über mein Interface?

Heatmaps, die dir verraten, wo deine Nutzer genau hinschauen, sind zwar nett anzusehen, laufen aber immer auf dasselbe Ergebnis heraus: Menschen blicken zuerst auf Bilder von anderen Menschen. Ist das Bild groß genug, schauen sie zuerst aufs Gesicht. Ist das Gesicht groß genug, schauen sie zuerst auf die Augen. Ist kein anderer Mensch vorhanden, schauen sie zuerst auf den roten Kreis.

Diese Ur-Instinkte haben uns seit Millionen von Jahren unser Überleben gesichert und sind heute noch tief in unserem Wesen verankert: Das instinktive Erkennen anderer Menschen hilft bei der Unterscheidung zwischen

< *Heatmap auf der Facebook-Site von Lady Gaga*

Freund, Feind und Beute. Die Fixierung auf rote Kreise hilft bereits Neugeborenen, die Brustwarzen ihrer Mutter zu finden – auch im Erwachsenenalter werden wir diese Angewohnheit niemals ganz los.

Es muss nicht immer das Usabilitylabor sein Übertriebene Labormaßnahmen sind nicht nur überflüssig und teuer, sondern oft auch kontraproduktiv: Sie setzen Nutzer zusätzlich unter Leistungsdruck und verfälschen so das Ergebnis. Wer wie bei einem Lügendetektortest verkabelt ist, der neigt eher dazu, alles richtig machen zu wollen, als ein echtes Nutzungserlebnis zu produzieren – das hilft uns natürlich nicht weiter.

Daher gilt: Als Allererstes sollte sich dein Testkandidat wohlfühlen. Wähle eine passende und angenehme Umgebung aus. Wenn du über ein dediziertes Testlabor verfügst, dann gestalte es wohnlich – ein einfacher Meetingraum tut es aber auch. Versteckte Kameras und Mikrofone sind tabu. Wenn du

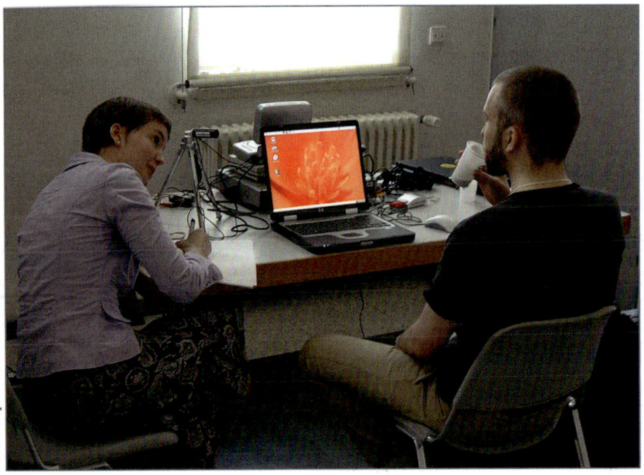

Foto: Raphaël Quinet CC BY-SA 2.0

^ *Usabilitytest – Aufbau mit Kamera und Laptop*

deinen Nutzer unbedingt aufzeichnen musst, dann informiere ihn vorher darüber.

Besser noch als eine Computeraufzeichnung ist ein Testpartner, der dir beim Usabilitytest assistiert. Die Aufgabe des Testpartners ist es, sich beim Test unauffällig im Hintergrund zu halten, zu beobachten und Notizen zu machen. Somit schlägst du gleich zwei Fliegen mit einer Klappe: Ein zweites Paar Augen sieht Dinge, die dir allein vielleicht entgehen, außerdem kannst du dich voll und ganz auf den Testkandidaten konzentrieren – ohne ständig mitschreiben zu müssen.

Los geht's – die Begrüßung und Hygiene

Bevor du mit deinem eigentlichen Test beginnst, begrüße deinen Kandidaten. Stelle dich und deinen Assistenten kurz vor, kläre über eventuelle Aufzeichnungen und Formalitäten auf. Sorge dafür, dass sich dein Testkandidat wohlfühlt, biete ihm oder ihr etwas zu trinken an, vielleicht muss der Kandidat auch noch mal auf die Toilette.

Das A und O: Vertrauen aufbauen

Erinnerst du dich an die Hygienefaktoren aus Kapitel dem »Doppelte Agenda: Nutzer (ver)führen«? Jetzt kannst du sie anwenden. Ein wenig Smalltalk lockert nicht nur die Stimmung, sondern hilft dir dabei, Vertrauen aufzubauen und etwas über deinen Kandidaten herauszufinden.

> *Hallo, herzlich willkommen – schön, dass du Zeit hattest! Hast du gut hergefunden? Super! Mein Name ist Jo, ich führe heute diesen Test mit dir durch. Das hier ist mein Kollege Jamie, er wird uns heute ein bisschen zuschauen, ich hoffe, das ist in Ordnung für dich. Magst du etwas trinken, oder musst noch mal zur Toilette? Okay.*
>
> *Du bist heute zum ersten Mal hier, oder? Super, dann erkläre ich dir, was wir jetzt machen. Du hast ein iPhone, richtig? Android, noch besser! Spielst du denn gerne auf deinem Android? Perfekt! Was für Spiele sind das normalerweise? Toll! Du wirst heute bei uns ein ganz neues Spiel ausprobieren, und wir gucken dir ein bisschen zu ...*

So in etwa sollte ein Nutzertest beginnen. Idealerweise sitzen Kandidat und Tester nebeneinander, der Assistent schräg dahinter. So hat er den Tester und das Testgerät gut im Blick, lenkt den Kandidaten aber nicht allzu sehr ab.

Der eigentliche Testablauf Normalerweise würde die Testperson jetzt ein Gerät mit einem programmierten Prototyp in die Hand gedrückt bekommen, in unserem Fall lassen wir sie mit den Wireframes »interagieren«.

Kopiere oder drucke jeden Screen auf ein einzelnes Blatt Papier. Der Nutzer sollte jeweils nur einen »Bildschirm« sehen, bei Interaktion, also Antippen, wechselst du das Blatt aus. Wenn dir für den Test ein mobiles Gerät zur Verfügung steht, kannst du die Screens mit Post-its übereinander auf das Display kleben und bei Interaktion einfach abziehen. Alternativ kannst du die Screens einfach abfotografieren und mit dem Bildbetrachter durchwechseln.

Gib deiner Testperson eine konkrete Aufgabe, die er mit dem Prototyp der App lösen soll. Versuche, ihn dabei möglichst nicht zu verunsichern, zum Beispiel indem du während des Testablaufs Notizen machst – das ist die Aufgabe des Assistenten.

Bitte die Testperson, zu beschreiben, was er auf dem Bildschirm sieht, was er als Nächstes tun möchte und was eine bestimmte Interaktion seiner Meinung nach bewirkt. Verrate ihm die Lösung nicht sofort, wenn er im Test steckenbleibt, sondern frage lieber nach und lass dir beschreiben, was er erwarten würde.

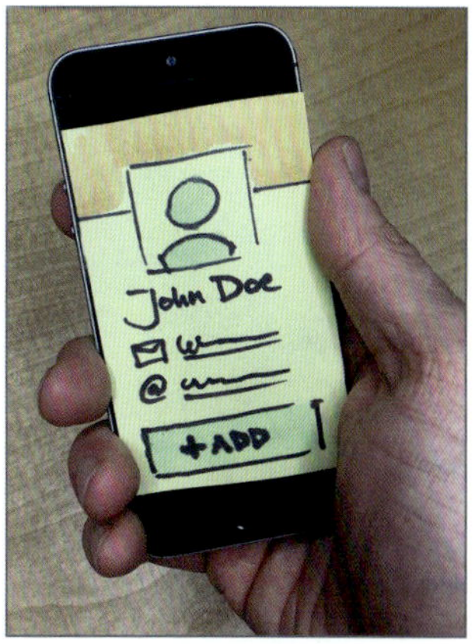

^ *Wireframe auf dem Testgerät*

Checkliste: Usabilitytest

Für Usabilitytests gibt es drei goldene Regeln, die du unbedingt beachten solltest:

- ✓ Gib keine Bedienanweisungen oder Hinweise. Vermeide unbedingt Formulierungen wie »Tippen Sie bitte dort, damit etwas passiert« – gib stattdessen ein Problem vor, das es zu lösen gilt.
- ✓ Nutzer machen keine Fehler. Du testest nicht den Benutzer, sondern das Programm. Läuft etwas schief oder versteht der Nutzer ein Element nicht, so liegt der Fehler nicht bei ihm, sondern in der Benutzeroberfläche. Diese Probleme gilt es herauszufinden und deine Website so zu verbessern, dass sie intuitiv bedient werden kann.
- ✓ Don't listen, observe. Deine Testperson wird im Laufe des Tests Verbesserungsvorschläge machen oder Wünsche äußern. Häufig sind dies Features, die ihm sinnvoll erscheinen, aber tatsächlich gar nicht benötigt werden.

Guerillatests – Ergebnisse mit kleinem Budget

Usertests müssen nicht immer groß geplant und penibel strukturiert werden. Selbst mit kleinem Budget und relativ spontan lassen sich äußerst brauchbare Ergebnisse erzielen. Diese Methodik hat einen passenden Namen: *Guerillamarketing*.

»Guerilla ist der kleine Krieg« sangen DAF, in Bezug auf den damals herrschenden RAF-Terrorismus. Das Wort hat seinen Ursprung im Spanischen Unabhängigkeitskrieg, in dem die unterlegenen Unabhängigkeitskämpfer nicht mehr in geschlossenen Linien auf den Gegner zuschritten, sondern rennend zwischen Bäumen und Hecken die oft schlecht geschützten Flanken angriffen.

Seit den 1980ern ist vor allem Guerillamarketing ein Begriff: Statt Millionenbudgets in Fernsehwerbung und Billboards zu verpulvern, ermöglichen kleine gezielte Maßnahmen eine möglichst große Aufmerksamkeit.

Foto: Wistula CC BY-SA 3.0

> *Guerillamarketing von Sixt – keine Angst, der will nur mieten*

Genau darum geht es beim Guerillatesting: Statt langer Planung, Testercastings und sorgsam programmierter Prototypen werden mit wenigen Tests gezielt Ergebnisse erzielt. Das dient vor allem der Kostenkontrolle, aber auch der zeitlichen Einschränkung: Wer in einem Start-up unter Launchdruck steht, der kann nicht ewig auf Testergebnisse warten.

Aber auch in großen Firmen oder für Freelancer mit großen Kunden eignen sich Guerillatests. Wer schnell und einfach testen kann, muss nicht vorher ein Budget dafür genehmigen lassen oder die Geschäftsleitung von der Notwendigkeit überzeugen. Die Ergebnisse eines Guerillatests können eine super Einstiegsdroge für zukünftige und systematischere Tests sein.

Der Burrito Lunch

User Experience Manager Fitzgerald Steele (*https://fitzgeraldsteele.wordpress.com*) schlägt dafür die »Burrito Lunch«-Methode vor. Nutzertester werden in ein Restaurant zu einem kostenlosen Mittagessen eingeladen, in der Wartezeit wird der Nutzertest durchgeführt.

Diese Methode eignet sich ganz wunderbar, wenn man keine Zeit hatte, um Nutzertester zu akquirieren, aber schnell ein paar frische Ergebnisse braucht. Bewaffnet mit Laptop oder Testsmartphone, Notizblock und Stift in ein Restaurant oder Café gesetzt, kannst du direkt vor Ort deine Tester rekrutieren. Natürlich solltest du beim Restaurantbesitzer vorher um Erlaubnis fragen – nicht überall wird es gern gesehen, wenn die Gäste von der Seite angequatscht werden.

Suche dir einen gemütlichen Tisch, am besten im Eingangsbereich, und beobachte die Kundschaft ein wenig: Wer gestresst aussieht oder gerade auf dem Weg zu einem romantischen Candlelightdinner ist, fällt aus. Besonders einsame Business-Luncher, die während des Essens ohnehin nur auf ihr Smartphone schauen würden, sind ideale Kandidaten. Menschen, die gerade auf jemanden warten, sind oft gewillt, 2–3 Minuten etwas auszuprobieren.

Was, wo, wer und wie? Für alle Guerillatests gilt, vorher die vier großen Ws zu klären – Was, Wo, Wer und Wie:

1. **Was** soll getestet werden?
2. **Wo** soll getestet werden?
3. **Mit wem** soll getestet werden? Und natürlich:
4. **Wie** soll getestet werden?

Was erhoffst du dir von deinem Test? »Einfach mal so« bringt dir keine brauchbaren Ergebnisse. Sinnvoll ist es, sich auf ein Feature oder einen Aspekt deiner Website zu konzentrieren. Am Anfang mag es etwas schwierig erscheinen, das richtige Feature auszuwählen, aber keine Angst: Je öfter du solche Tests durchführst, desto routinierter wirst du.

Wo du die Tests durchführst, hat großen Einfluss auf das Gelingen der Tests. Vielleicht ist dein lokaler Burrito-Laden oder das Café um die Ecke doch nicht der beste Ort – zu laut, zu wenig Platz, undankbares Publikum. Beschränke dich nicht auf diese Orte, vielleicht findest du in deinem Umfeld eine geeignetere Location. Die Unimensa, die Wiese im Park oder die Espressobar im Einkaufszentrum, an der Frauen ihre abgespannten Shoppingbegleiter abstellen, um in Ruhe noch eine Runde zu drehen.

Die Wahl der Location hat einen großen Einfluss auf die potentielle Zielgruppe: Nachmittags im Gemeindezentrum triffst du auf eine ganz andere Generation als vor dem Bubble-Tea-Stand.

> *Coffeeshops eignen sich hervorragend für Guerillatests.*

Mit wem du deine Website oder App testest, wirkt sich selbstverständlich auf den Ausgang deines Tests aus. Versuche nach Möglichkeit, Tester zu finden, die möglichst nah an deiner Zielgruppe sind. Eine Shopping-App für 16-jährige Mädchen an wartenden Ehemännern im Einkaufszentrum auszuprobieren, mag nicht die beste Idee sein – bringt dich vielleicht aber auf neue Ideen oder einen kleinen Shift in der Zielgruppe.

Ebenso entscheidend ist, wie du testest. Beim Guerillatesting geht man nicht davon aus, dass der Nutzer einen tollen, bunten und voll funktionsfähigen Prototyp an die Hand bekommt – hier geht es eher etwas bescheidener zu.

Guerilla Prototypes

Die einfachste Lösung ist der Paper Prototype. Dazu zeichnest du das Interface Design als einfachen Wireframe auf ein Stück Papier. Jeder Wireframe ist in Originalgröße und bildet genau eine Bildschirmseite ab. In der Regel reicht dafür DIN A4 völlig aus, eine Simulation auf 27«-iMac-Pappen ist unnötig.

Alle Elemente sind ordentlich beschriftet, Beispieldaten wie Kontaktlisten oder Vorschautexte ausgeschrieben. Blindtexte wie »Lorem ipsum« oder »Freund 1 – Freund 2 – Freund 3« verwirren eher, als dass sie helfen. Bitte verzichte auch auf unnötige Fußnotentexte, Hinweistexte oder Ähnliches.

Schwierig darzustellen sind in Paper Prototypes Transitions, Animationen oder Bewegtbildinhalte. Auch Fotos und komplexere Illustrationen lassen sich nur mit viel Mühe darstellen. Es hat sich durchgesetzt, an dieser Stelle Platzhalter zu verwenden, etwa ein durchgestrichenes Rechteck oder ein Smiley statt eines Profilbilds.

Ein Screen, eine Aufgabe Beim Test bekommt der Nutzer jetzt immer nur einen Screen auf einmal zu sehen. Zunächst die Startseite: Gib ihm eine Aufgabe, und fordere ihn auf, seinen Finger wie eine Maus zu verwenden. Tippt der Kandidat auf einen Link, öffnet sich nun der nächste Screen – du tauschst den Wireframe durch den nächsten aus. Das machst du so lange, bis der Nutzer ans Ziel kommt oder sich in eine Sackgasse navigiert.

Was aber mit Situationen, die eher als Zwischenzustände gewertet werden können? Ausgeklappte Menüs, Mouse-over-Zustände oder Fotos in Lightboxen?

Für diese Zwischenzustände legst du jeweils einen eigenen Screen an, auch wenn er nicht benötigt wird. Achte darauf, nicht zu viele Situationen zu kreieren und nicht zu detailliert zu werden. Manchmal ist es völlig okay, einfach verbal zu beschreiben, was als Nächstes passiert. »Klickt« der Nutzer zum Beispiel auf den kleinen Hilfebutton am oberen Papierrand, kannst du ihm den Hinweis auch einfach erläutern – das Ergebnis ist dasselbe.

Paper Prototypes funktionieren sowohl für Desktopbrowser als auch für mobile oder Watch-Interfaces. Für die kleineren Prototypen empfiehlt es sich, die Interfaces auf Post-it-Klebezettel zu zeichnen. So kannst du sie, in umgekehrter Reihenfolge, auf ein Smartphone kleben, das der Nutzer in der Hand hält, und somit ein fast richtiges Nutzungsgefühl erzeugen.

Guerillamonitoring

Manchmal ist es sinnvoll, auch beim Guerillatesting mitzufilmen – was ohne professionelles Setup gar nicht so leicht ist.

Eine tolle Lösung kommt von den Machern von MailChimp: Eine preiswerte USB-Webcam mit flexiblem Hals wird mit einem Gummiband und einer Klemme am oberen Bildschirmrand deines Testgeräts befestigt (*https://blog.mailchimp.com/recording-mobile-usability-tests*). Das Ganze sieht ein bisschen aus wie diese komischen Leselampen, die wir als Kinder über dem Bett klemmen hatten – nicht schön, aber tut, was es soll. Die Kamera ist natürlich auf den Bildschirm gerichtet beziehungsweise auf den Post-it-Stapel, der sich darauf befindet.

Solche Kameras gibt es im Internet bereits für unter 10 Euro zu kaufen, die etwas besseren kosten um die 50 Euro. Das Ganze verbunden mit einer kostenlosen Aufnahmesoftware à la QuickTime ermöglicht es dir, nicht nur den Prototyp abzufilmen, sondern auch gleich die Fingerbewegungen deiner Tester.

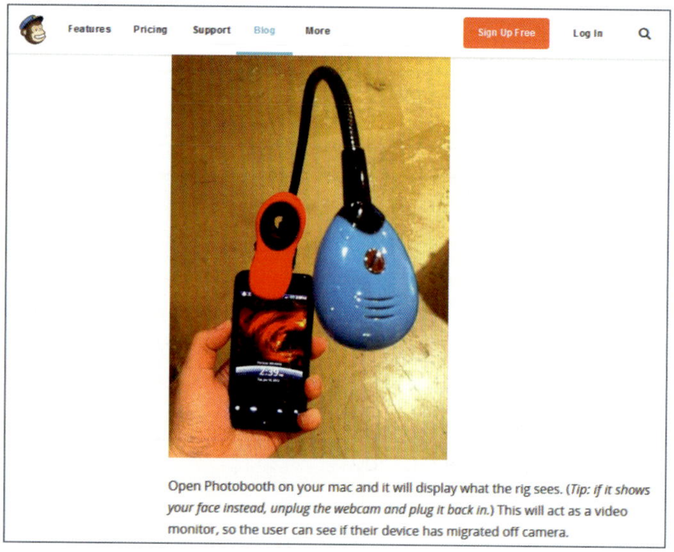

Gute Idee: umfunktionierte Webcam, um Usabilitytests aufzunehmen

Remote Testing

Nicht immer kann man wirklich vor Ort testen oder hat Zeit dafür. In diesem Fall bieten sich Dienstleister an, die solche Tests für dich übernehmen. Bei *usertesting.com* greift man auf eine riesige Datenbank von Testern zurück, die gegen Bezahlung deine Website besuchen und sich dabei filmen lassen.

Das Ganze läuft ab wie ein normaler Nutzertest: Du stellst Aufgaben, die Nutzer führen sie aus und sprechen ihre Gedanken laut aus. Die Videos werden sorgfältig aufbereitet und lassen sich mit Kommentaren versehen und teilen – ein Test kostet $ 49.

Remote Tests sind eine enorme Entlastung, du musst dich nicht um Tester kümmern, dir keine Aufgaben ausdenken und kannst dir den Test so oft anschauen, wie du magst. Auf der anderen Seite hast du auch nicht die Möglichkeit, weitere Fragen zu stellen oder Kommentare und Meinungen abzugreifen. Und: Damit ein Remote Test Erfolg hat, brauchst du zumindest eine rudimentäre Website online. Mit einem Paper Prototype lassen sich Remote Tests nicht durchführen.

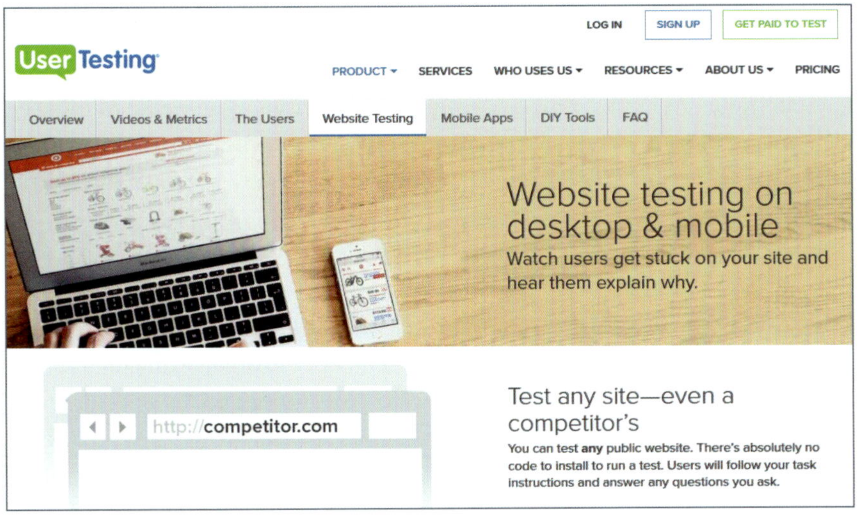

usertesting.com hilft dabei, herauszufinden, wie Besucher deine Seite wirklich benutzen.

The User is Drunk Mein Lieblingstestingservice ist übrigens »The User is Drunk« (*theuserisdrunk.com*): Richard Littauer bot an, sich für $ 250 so richtig die Kante zu geben und anschließend deine Website zu testen.

Die Ergebnisse sind öffentlich einsehbar, unfassbar witzig und sehr aufschlussreich. An den Rand des Alkoholismus getrieben musste Littauer den Service aufgrund der hohen Nachfrage leider einstellen – und bearbeitet heute nur noch ausgewählte Anfragen.

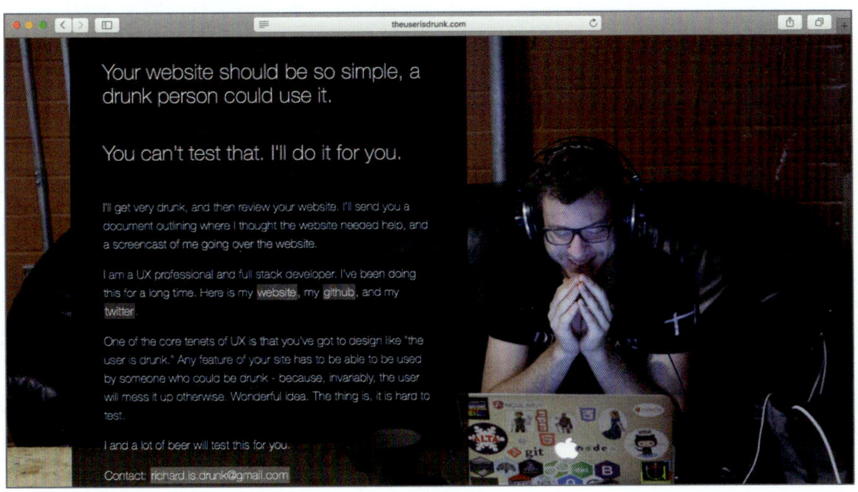

Deine Website ist gut, wenn sie so einfach ist, dass sie von Betrunkenen bedient werden kann: The User is Drunk.

Testen mit Prototypen

Neue Features und Designideen wollen ausprobiert werden. In den seltensten Fällen jedoch wird jede neue Idee sofort ins Liveprodukt implementiert – zu groß ist der Aufwand.

Auch neue Websites ganz am Anfang ihres Entwicklungszyklus müssen sich erst beweisen, bevor sie programmiert werden. Hier kommen Prototypen ins Spiel: technische Vorabversionen des späteren Produkts, die wir für unsere Nutzertests verwenden können.

Paper Prototypes

Über die einfachste Form des Prototyps, den Paper Prototype, hast du in diesem Kapitel bereits im Abschnitt »Guerilla Prototypes« etwas gelernt. Paper Prototypes sollten dich im gesamten Entwicklungsprozess begleiten: Eine kurze Skizze hier, eine neue Interfaceidee da – selbst einen einfachen Eintrag ins Notizbuch kannst du für einen späteren Paper Prototype verwenden.

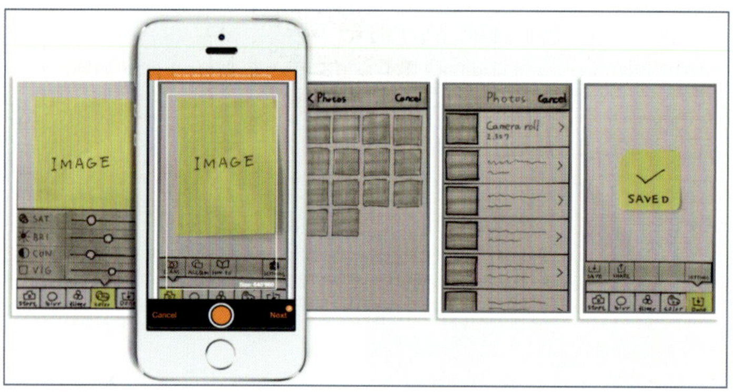

^ *POP-Prototyp*

Tools wie POP (*popapp.in*) machen es dir möglich, aus Paper Prototypes interaktive Clickdummys zu erstellen. Die einzelnen Screens werden mit dem iPhone abfotografiert und per App mit klickbaren Bereichen versehen. Diese können mit Animation miteinander verbunden werden. POP ist zwar hauptsächlich für iPhone-Apps konzipiert, lässt sich aber dank teilbarem Weblink in jedem Browser testen.

Für Paper Prototypes muss man kein Künstler sein – nicht auf die ästhetische Qualität der Wireframes kommt es an, sondern darauf, dass man deren Funktion klar zuordnen kann. Oft ist es besser, ein paar Details wie Farben, Texturen oder Ähnliches wegzulassen, dafür die Hauptelemente zu betonen. Buttonbeschriftungen solltest du auf jeden Fall sauber ausschreiben.

Schablonen können dabei helfen, saubere Wireframes zu erstellen. Für etwa $ 30 gibt es auf *uistencils.com* Zeichenhilfen für Wireframes von Websites und Apps aller größeren Plattformen. Blöcke und Post-its mit vorgedruckten Tablet- und Smartphonebildschirmen helfen dabei, die richtige Größe einzuhalten. Diese Vordrucke gibt es natürlich auch kostenlos im Netz

– unter *http://johannesippen.com/webfatale* stelle ich euch eine Auswahl von verschiedenen PDF-Rahmen als Gratisdownload zur Verfügung.

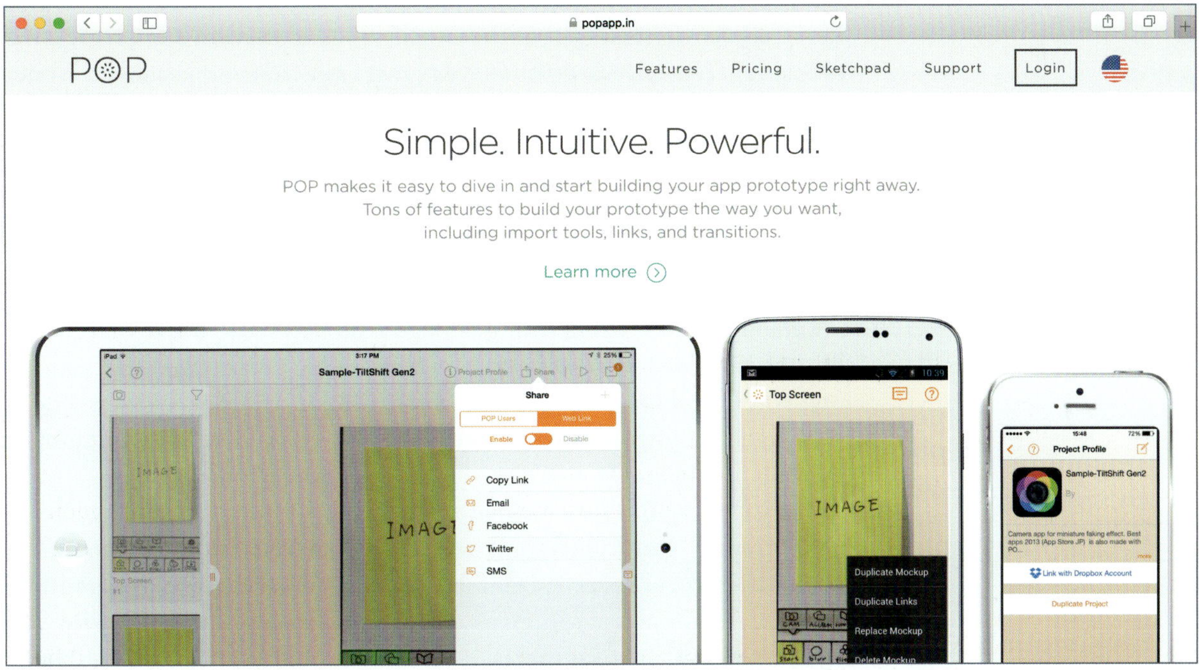

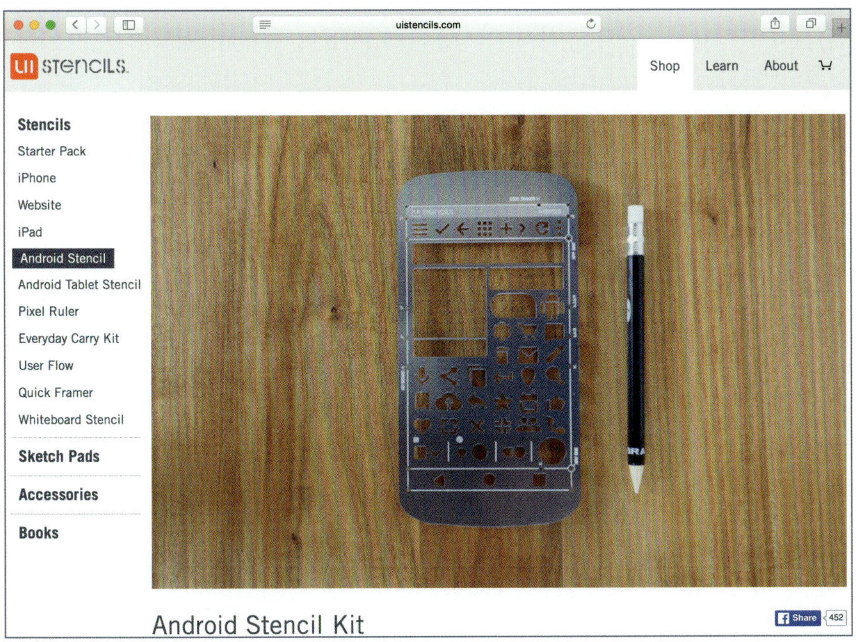

POP auf verschiedenen Geräten

UI Stencils

Clickdummys

Manchmal reicht ein einfacher Paper Prototype nicht mehr; besonders wenn du verschiedene Varianten ein- und desselben Wireframes erstellen musst, sind Wireframing-Tools hilfreich. Neben Klassikern wie Omnigraffle (*omnigroup.com/omnigraffle*) gibt es etwa zwei Dutzend kostenloser oder preiswerter Onlinetools, die unterschiedliche Stärken haben.

Wer keine Lust auf ein neues Werkzeug hat, der kann natürlich auch einfach auf PowerPoint, Keynote, Photoshop oder Illustrator zurückgreifen. Hierbei ist jedoch Vorsicht geboten: Professionelle Designtools verführen dazu, sich allzu schnell in Details zu vertiefen – gerade in der Prototyping-Phase sollte der Fokus auf dem großen Ganzen stehen.

Abhilfe schaffen Wireframing-Vorlagen, die es in unterschiedlicher Ausführung verschiedene Plattformen und Tools gibt. Meist ist dies eine Sammlung von Elementen und Kompositionen, die dem Designer eine schnelle Zusammenstellung von Prototypen erleichtern soll. Eine Übersicht gibt es ebenfalls auf meiner Website.

Adobe Comet Prototypen mit PowerPoint oder Keynote haben einen entscheidenden Vorteil: Aus den einzelnen Screens lassen sich mit Hausmitteln schnell Clickdummys zusammenstellen, die sofort am Nutzer gestestet werden können. Wer es etwas professioneller mag, für den gibt es Adobe Comet, eine Art Photoshop für Clickdummys, ein Grafiktool, das auf die Erstellung von Prototypen ausgerichtet ist – leider jedoch zum Redaktionsschluss dieses Buches noch nicht erhältlich.

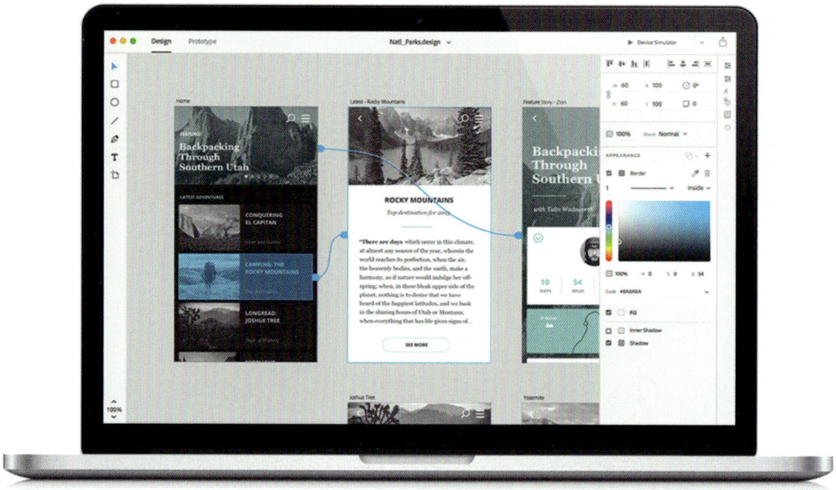

> *Adobe Comet verspricht viel – Erscheinungstermin irgendwann 2016.*

Frankenstein-Prototypen

Eine andere Möglichkeit, schnell an ein Testlayout zu kommen, ist der Frankenstein-Prototyp. Besonders für Landing Pages eignet sich dieser Ansatz: Dabei »borgst« du dir per Screenshot Elemente und Bereiche von Websites, die dir gut gefallen oder die gut für dein eigenes Vorhaben funktionieren können. Mit dem Grafiktool deiner Wahl setzt du sie zu einer neuen Seite zusammen – fertig ist dein Prototyp-Monster.

Dass du dann zwar Inhalte und Fotos von anderen Websites hast, sollte dich an dieser Stelle nicht stören – es geht vornehmlich um die grobe Struktur und einen ersten Eindruck, weniger um das fertige Design – es leeeebt!

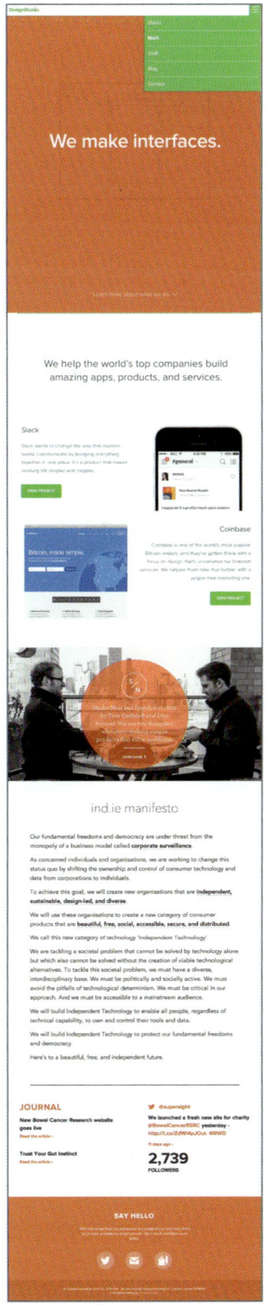

^ Frankenstein-Prototyp, zusammengesetzt aus unterschiedlichen Websiteelementen

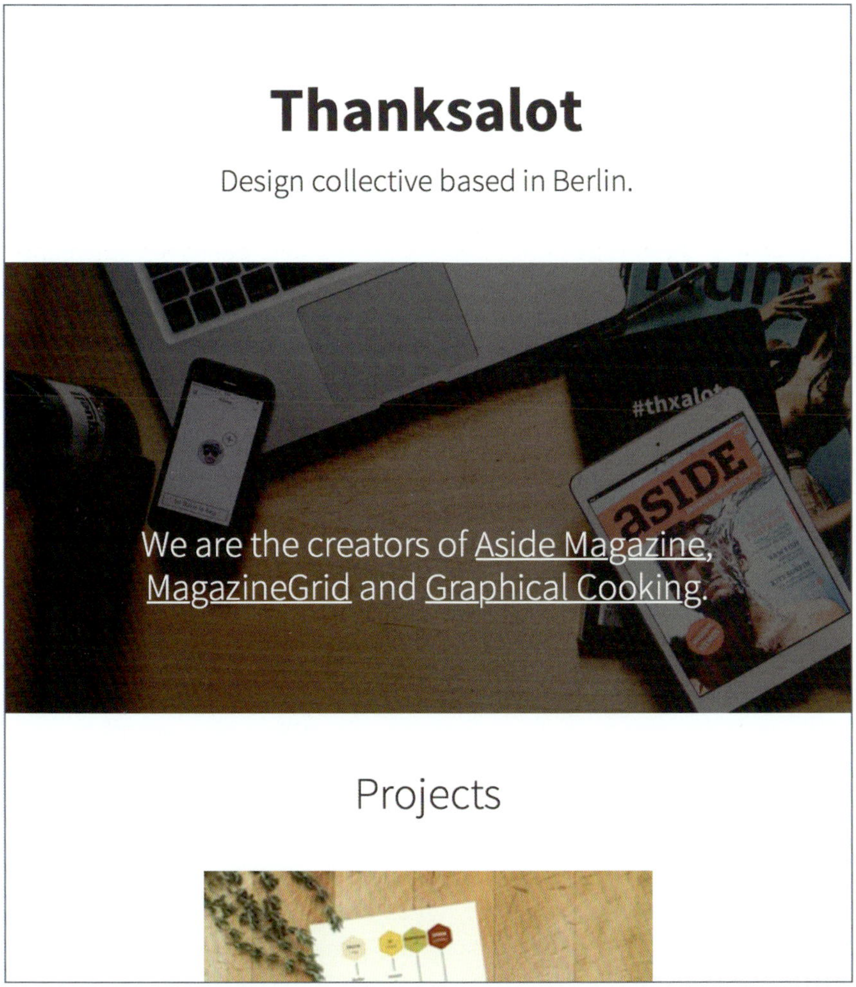

^ ... und das finale Resultat

Code-Prototypen

Auch Clickdummys haben ihre Grenzen – dann führt kein Weg mehr daran vorbei, einen Prototyp zu programmieren. Aus der Website wird eine statische HTML-Seite. Aber auch Apps mit HTML5, CSS3 und Javascript machen sich gut als Prototyp.

Zunächst einmal ist die Entwicklung von Code-Prototypen etwas aufwendiger, die Vorteile werden aber schnell spürbar: Animationen und Mouseover-Zustände werden möglich, der Prototyp lässt sich ohne Probleme auf dem Gerät testen.

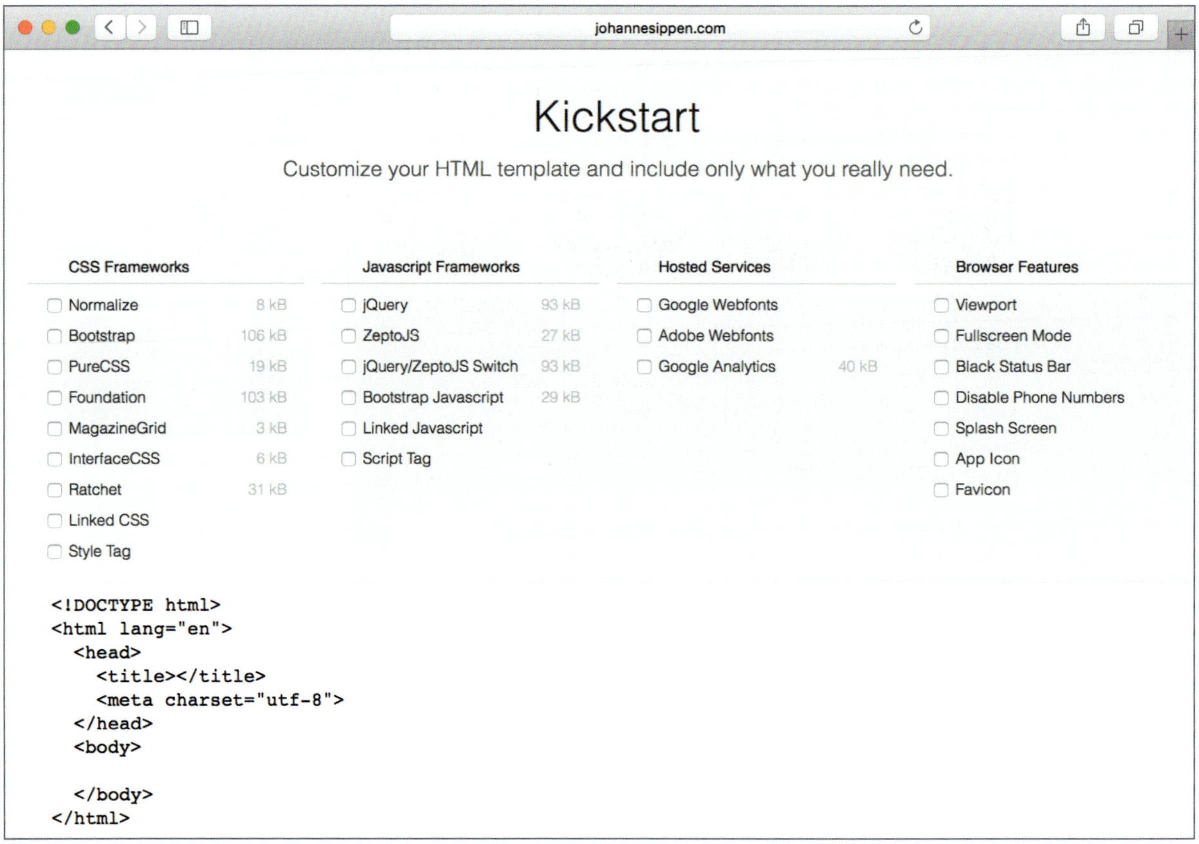

^ *Kickstart hilft beim Erstellen von Code-Prototypen*

Du kannst auch echte Daten oder dynamische Rückgabewerte einbinden. Schluss mit Kontaktlisten voller Max Mustermanns und John Does – über eine API lassen sich beliebig viele Namen mit Fotos laden, die den Prototyp zu einem realistischen Erlebnis werden lassen.

Mit etwas mehr Aufwand kannst du über Facebook Integration die echten Freunde einbinden und so ein möglichst realitätsnahes Nutzungserlebnis erzielen. In der Regel reicht eine statische HTML-Version für den Prototyp – Datenbankanbindung oder Serversprachen sind nicht notwendig.

Frameworks helfen dabei, schnell und einfach einen Prototyp zusammenzustellen. Das bekannteste ist sicherlich Bootstrap (*getbootstrap.com*) – viele vorgefertigte Komponenten und ein responsives Gestaltungsraster ersparen dir viel Arbeit. Wer will, passt das Standardlayout noch mit CSS an oder greift auf ein vorgefertigtes Template zurück.

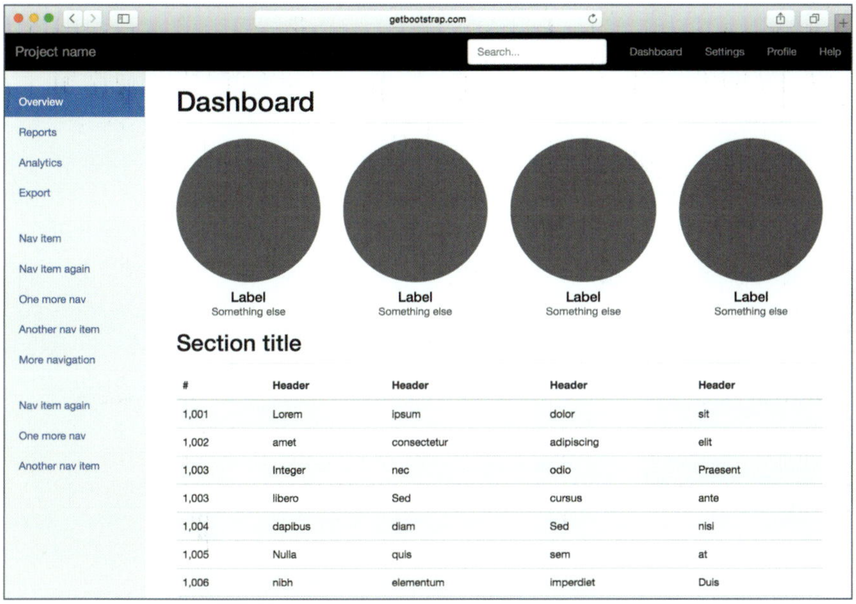

< *Bootstrap-Prototyp*

Was Bootstrap für Websites ist, ist Ratchet (*goratchet.com*) für mobile Apps. Vorgefertigte Codesnippets helfen dabei, in Windeseile App-Ideen testfertig zu bekommen. Einen etwas anderen Ansatz fährt das Foundation Framework: Typische Probleme von responsiven Apps sind in diesem Framework bereits eingebaut, ein Blick lohnt sich.

Unerfahrene Entwickler müssen an dieser Stelle nicht zurückschrecken. Mittlerweile gibt es viele Templates und Codesnippets, auf die man zurückgreifen kann.

Besonders elegant gelöst ist das Startup Kit von Designmodo (*designmodo.com*): In einem Generator klickst du dir deine Website aus populären Standardbausteinen zusammen, per Klick auf »Export« wird die Seite zusammengebaut und muss nur noch mit Inhalt befüllt werden – ideal für

Landing Pages. Mit $ 250 lohnt sich dieses Kit allerdings eher für größere Firmen oder Freelancer, die regelmäßig prototypen.

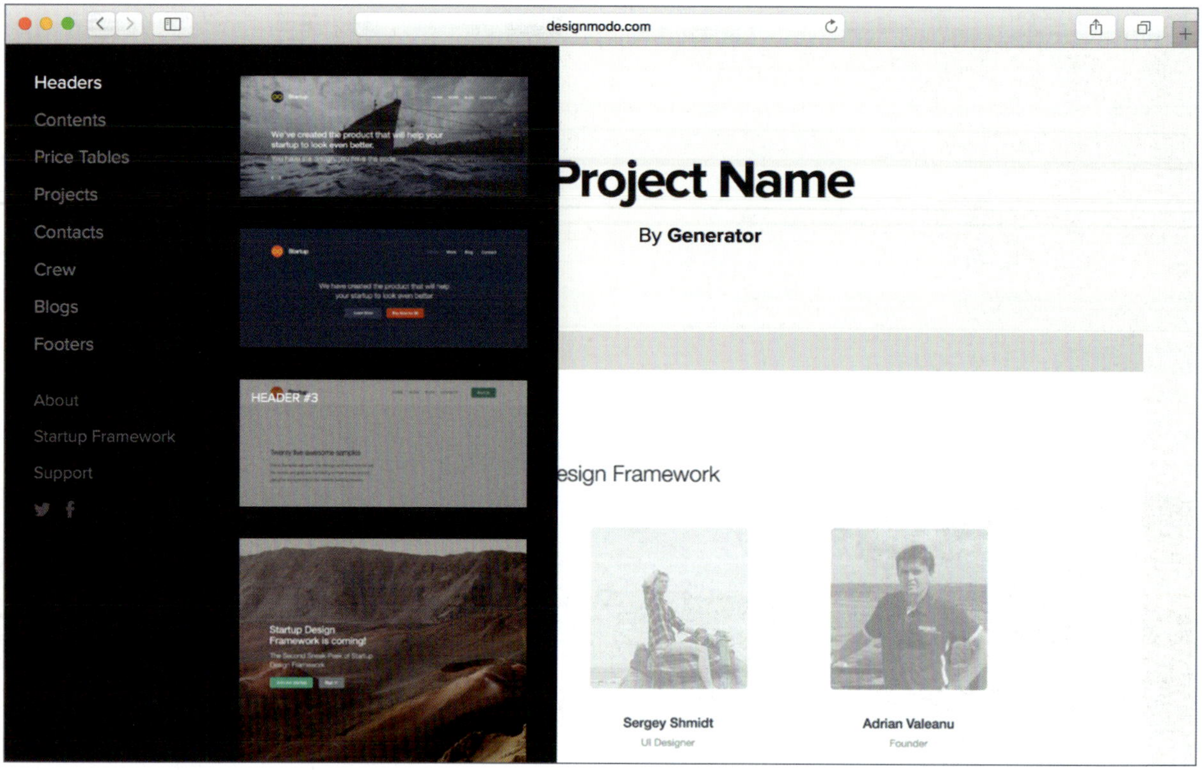

^ *Klick, klick, klick, und die Website steht. Mit dem Startup Kit Generator von Designmodo kein Problem.*

Prototyping per App

WYSIWYG: What you see is what you get

Code-Prototypen ohne Texteditor, quasi als WYSIWYG? Auch das ist kein Problem. Moderne HTML-Editoren wie Webydo, Invision oder Marvel richten sich an Designer, spucken aber richtigen Websitecode aus. Die Prototypen lassen sich auf eigenen Plattformen teilen, kommentieren, erweitern.

- *marvelapp.com*
- *invisionapp.com*
- *webydo.com*

Dafür sind diese Plattformen nicht ganz billig – ab $ 15 im Monat bist du dabei. Die Apps werden dafür aber auch ständig weiterentwickelt, bekommen ständig neue Features. Ich frage mich, wie diese wohl getestet werden?

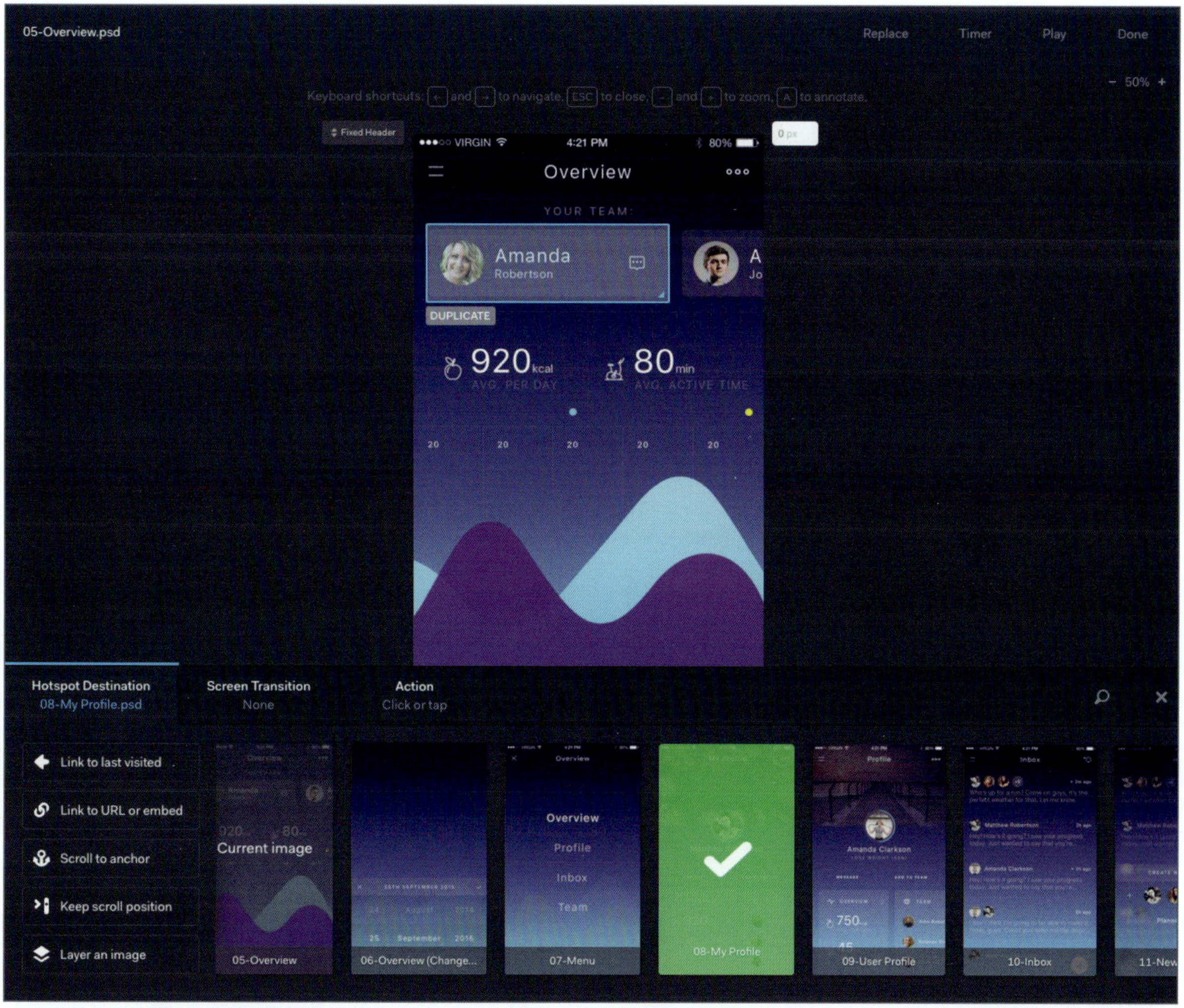

^ *Marvel-App*

Animationslastige Apps lassen sich am besten mit FramerJS (*framerjs.com*) entwickeln – hier gibt es zwar wieder einen Codeeditor auf der linken Seite, dafür wird die Vorschau auf der rechten Seite ständig aktualisiert. So siehst du beim Entwickeln sofort, was du gerade gemacht hast.

Features wie Carousels, Drag & Drop und Parallax-Effekte sind mit wenigen Zeilen Code gemacht, eine Bibliothek mit Codeschnipseln und Beispielen gibt Hilfestellung. Die Javascript-Prototypen werden per Hilfs-App aufs Smartphone oder Tablet geladen und lassen sich so direkt ausprobieren. Das Framer Studio kostet als Downloadversion $ 99.

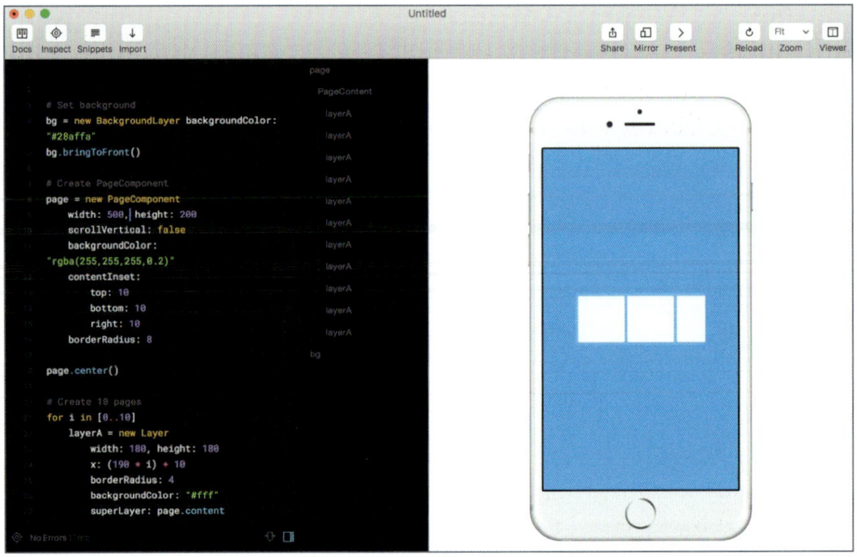

> *Animationslastige Apps lassen sich mit FramerJS entwickeln.*

Wer auf Hardwarefunktionen zugreifen muss, zum Beispiel um eine Kamera-App zu prototypen, der kommt um native Prototypen nicht herum. Hier hilft AppStarter (*appstarter.io*): Mit etwas JavaScript und CSS lassen sich in wenigen Minuten native iPhone-Apps entwickeln, die vollen Systemzugriff haben. Das erfordert zwar ein wenig Programmierung, ist aber wesentlich schneller zu erlernen als Xcode – vor allem dann, wenn du schon ein wenig Webdevelopment-Erfahrung hast.

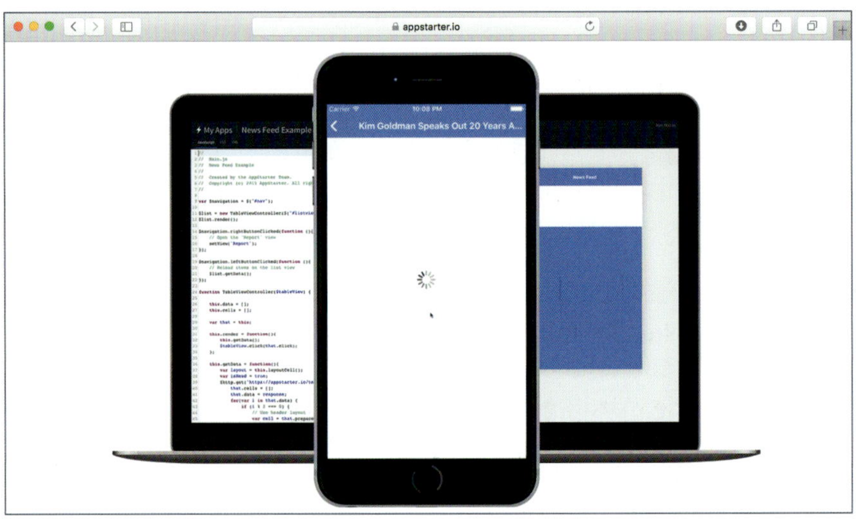

> *Mit AppStarter kannst du native Prototypen erstellen.*

Den richtigen Prototyp zur richtigen Zeit

Bei Prototypen gilt: Der richtige Prototyp zur richtigen Zeit. Wer eine grundlegende Idee für einen Webshop testen will, der braucht natürlich keine native iOS-App. Überlege dir, welche Prämisse dein Prototyp erfüllen soll und was du überhaupt testen willst.

- Geht es um grundlegende Inhalte oder einzelne Features?
- Sind Animationen und Zustände wichtig?
- Spielen echte Daten eine Rolle?
- Website oder App?
- Desktop oder mobil?
- Android oder iOS?

Das Wichtigste von allem: Prototypen sind keine fertigen Produkte. Du musst nicht unbedingt ein Entwicklungsteam einstellen oder eine Softwarearchitektur planen – versuche, schnell zu Ergebnissen zu kommen und diese dann zu iterieren. Wenn es hier oder da klemmt, ist das in Ordnung. Mit der heißen Nadel gestrickt? Völlig okay. Hier und da ein Fehler? Das passt schon. Prototypen sind Wegwerfcode, sie werden nach bestandenem Test von Grund auf neu konzipiert und entwickelt.

Prototypen sind Wegwerfcode: testen und dann neu entwickeln.

Tests richtig auswerten

Mindestens genauso wichtig wie der Test selbst ist seine Auswertung. Zeitnah nach dem Nutzertest setzen sich Testleiter und Assistent zusammen und besprechen ihre Beobachtungen. Je nach Größe des Projekts und Art des Tests können auch Entwickler, Designer und Produktmanager hinzugezogen werden. Sinn der Auswertung ist es, die Beobachtungen abzugleichen und richtig einzuordnen – hierbei können viele Fehler gemacht werden.

Halte Gedanken und Ergebnisse fest

Der häufigste Fehler ist, zwischen Test und Auswertung zu viel Zeit verstreichen zu lassen. Erinnerungen verblassen, Details geraten in Vergessenheit. Hierbei kann eine Videoaufzeichnung hilfreich sein, aber auch die bringt wenig, wenn die Situation nicht vollständig erfasst ist.

Hier sind die Notizen des Assistenten nützlich – während sich der Testleiter auf die Ausführung und den Testkandidaten konzentriert hat, hat der Assistent seine Beobachtungen zu Papier gebracht. Testleiter und Assistent gleichen ihre Eindrücke ab. Manchmal werden scheinbar eindeutige Situationen anders wahrgenommen, hier hilft eine zweite Meinung.

Wie also wird der Test bewertet, und welche Konsequenzen solltest du daraus ziehen? Zunächst einmal ist interessant, was genau getestet wurde. Featuretests sind anders zu deuten als ein genereller Gesamteindruck, kurze Guerillatests anders als längere Sitzungen. Haben Kandidaten in einem Featuretest etwa Probleme mit einem anderen Bereich der Website, so lohnt es sich zwar hinzuschauen, dennoch solltest du eher einen Folgetest in Betracht ziehen. Aus Ergebnissen von Featuretests lassen sich nur schwer generelle Aussagen ableiten.

Relevanz, Frequenz und Häufigkeit

Hat ein Nutzer im Test ein bestimmtes Problem, heißt das noch nicht, dass du sofort alles ändern musst. Erst wenn sich ein Ergebnis wiederholt oder Ähnlichkeiten zwischen den Tests bestehen, kannst du fundierte Schlüsse ziehen. Hierfür entscheidend ist die Anzahl der durchgeführten Tests.

Haben 5 von 7 Testkandidaten Schwierigkeiten damit, einen bestimmten Button zu finden, dann liegt wahrscheinlich ein generelles Problem vor. Haben jedoch 5 von 100 Testkandidaten Schwierigkeiten, dann ist das relativ gesehen ein ziemlich geringer Anteil. Hier entscheidet der relative Anteil.

Tritt ein Problem bei 2 von 3 Nutzern auf, dann ist der relative Anteil zwar recht hoch, die Gesamtanzahl der Tests jedoch zu gering, um eine fundierte Aussage zu treffen. Statistische Signifikanz wird zwar erst bei A/B-Tests relevant, aber auch bei Usabilitytests gilt: Teste lieber mehr und regelmäßig.

Verschiedene Nutzer haben unterschiedliche Probleme Achte dabei auf die Auswahl deiner Testnutzer: Verschiedene Nutzer und Nutzergruppen haben unterschiedliche Probleme. Wer immer nur mit der Freundin oder mit Studenten testet, der bekommt ein sehr einseitiges Bild von seinem Produkt.

Auch unterschiedliche Arten von Prototypen liefern unterschiedliche Ergebnisse. Nutzer, die im Paper Prototype noch abstrahieren konnten, fangen im Clickdummy an, sich über die Farbe oder Schriftgröße zu beschweren. Daher gilt: Teste häufig mit vielen verschiedenen Kandidaten; probiere lieber auch mal ein Zwischenergebnis aus, als auf eine »saubere« Version zu warten.

Zieh die richtigen Lehren

Was machst du nun mit den Erkenntnissen aus Nutzertests, was sind die nächsten Schritte? Generell gibt es fünf verschiedene Ergebnismöglichkeiten und entsprechende Handlungskonsequenzen:

1. **Bugs**. Ein Nutzer ist auf eine Sackgasse gestoßen, ein Link hat nicht funktioniert, ein Bild hat gefehlt, kurz: Etwas hat nicht so funktioniert, wie es sollte. Das trifft zwar eher auf spätere Prototypen oder die Live-Version zu, ist aber eine unfassbar interessante Erkenntnis. Testnutzer verwenden Produkte ganz anders als wir und finden entsprechend kleine Fehlerchen, auf die wir als Entwickler nicht gestoßen wären. Wenn du im Nutzertest einen Bug findest, dann darfst du ihn umgehend fixen. Selbst dann, wenn nur ein Testnutzer auf den Fehler stößt – Fehler bleibt Fehler.
2. **Verständnisprobleme**. Der Nutzer weiß nicht, auf welchen Button er klikken soll, findet einen Begriff in der Navigation nicht, sieht das hellgraue Einkaufswagensymbol auf blassweißem Untergrund nicht. Bei Verständnisproblemen heißt es: nachhaken. Was hat der Nutzer erwartet? Was ist er sonst in einer solchen Situation gewohnt? Wenn sich Verständnisprobleme über verschiedene Nutzer wiederholen, dann lohnt es sich, eine Alternative auszuprobieren.
3. **Allgemeine Schwächen**. Navigationswege sind lang, der Nutzer zirkelt durch die Website, ohne die Aufgabe zu lösen, Frustration macht sich breit. Kommt der Nutzer auch auf Nachfragen und mit kleinen Schubsern nicht zu brauchbaren Ergebnissen, dann musst du die generelle Struktur überdenken. Oft liegt dann ein grundlegendes Problem zugrunde, ein anderer Button oder Menüpunkt wäre eher eine Bastellösung. Versuche, eine alternative Struktur zu erarbeiten, die du in einem Folgetest erprobst.
4. **Generelles Stimmungsbild**. Oft merkt man beim Testen schon: Hat der Nutzer überhaupt Lust, das Produkt zu verwenden? Macht sich Begeisterung bemerkbar, oder hast du den Eindruck, dass er sich durch den Test quält? Das allgemeine Stimmungsbild ist ein guter Indikator dafür, ob der Nutzer dein Produkt im echten Leben benutzen würde. Macht sich Begeisterung bemerkbar oder kommen Nachfragen zur Website, dann bist du auf dem richtigen Weg. Wirkt der Nutzer jedoch gelangweilt oder widerwillig, dann solltest du entweder über Produkt oder Zielgruppe nachdenken.
5. **Neue Ideen und Features**. In so gut wie jedem Nutzertest wird es vorkommen, dass ein Nutzer eine gute Idee oder einen Featurewunsch äußert.

Das ist ein gutes Zeichen, es zeigt Begeisterung und Identifikation mit dem Produkt – und dass der Nutzer es verstanden hat. Aber Vorsicht: Sich von der Begeisterung anstecken zu lassen, könnte gefährlich werden – daher greift wieder die goldene Usabilityregel Nummer 3:

Don't Listen, Observe

»Wenn ich die Menschen gefragt hätte, was sie wollen, hätten sie gesagt: schnellere Pferde.« Schon Henry Ford wusste, dass Innovation nicht der Massenmeinung entspringen kann. Daher ist in der Auswertung deines Nutzertests besondere Vorsicht geboten.

Verlasse dich in erster Linie auf deine Beobachtungen; Nutzerwünsche und Meinungen sind oftmals sehr spezielle oder nicht zu Ende gedachte Gedanken:

- *»Ich hätte an dieser Stelle gerne einen Button, der mir die Daten als Excel 97-Datei exportiert.«*
- *»Können wir nicht hier noch ein Menü mit allen Sonderfunktionen haben?«*
- *»Es wäre toll, wenn ich mir die Farbe selbst aussuchen könnte – oder noch besser, ein eigenes Bild hochladen, das dann auf den Regenschirm gedruckt wird.«*

Aubade-Lektion № 15
Lerne Nein zu sagen.

Was auf den ersten Blick wie sinnvolle Gedanken erscheint, stellt sich oft als oberflächlich oder unbenutzbar heraus. Vergiss nicht: Du bist der Entwickler, es ist immer noch dein Produkt. Du hast dir lange Gedanken gemacht und Für und Wider abgewogen, um das beste Produkt zu erstellen.

Um deine Nutzer nicht vor den Kopf zu stoßen, solltest du ihre Meinung dennoch würdigen. Erstelle dir eine Wunschliste, auf der du Nutzermeinungen und Featurerequests sammelst. Diese könnten eventuell doch noch einmal nützlich sein. Häuft sich eine Anfrage, dann lohnt es sich dennoch, einmal genauer hinzuschauen.

Die Shirt-Shopping-Seite Threadless lässt seit über 10 Jahren ihre Nutzer über neue T-Shirt-Entwürfe entscheiden. Um die richtigen Motive auszuwählen, werden zwei Fragen gestellt:

1. Gefällt dir das Shirt?
2. Würdest du dieses Shirt kaufen?

Nur wenn genug Antworten für beide Fragen zusammenkommen, wird gedruckt.

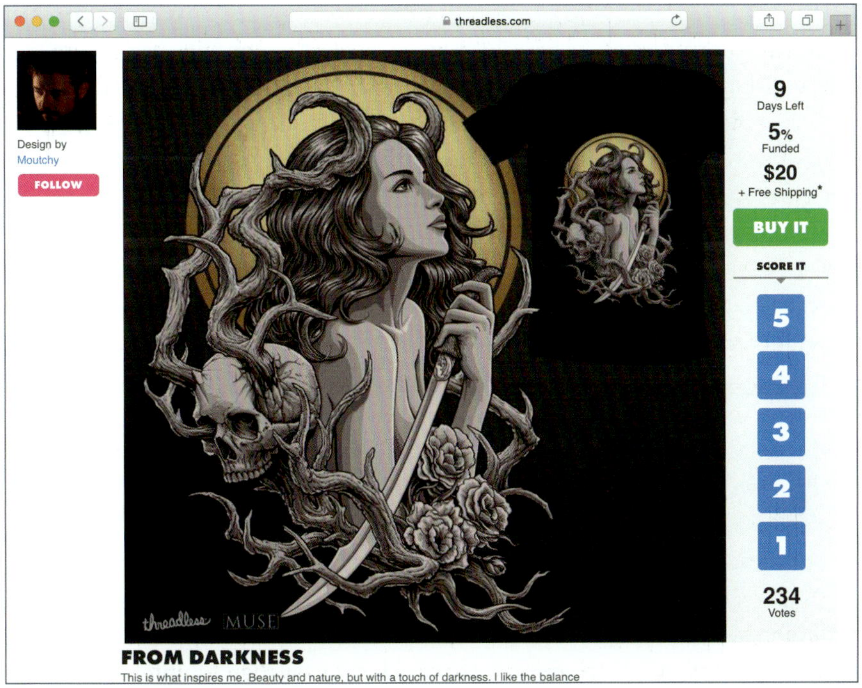

< *Threadless – Buy it & Rate*

Fifty-fifty: Optimieren mit A/B-Tests

»Hast du das neue Facebook-Feature gesehen? Die haben schon wieder etwas geändert!« Was meine Freundin da beschreibt, kann ich beim besten Willen nicht nachvollziehen. Meine Facebook-Seite sieht genauso aus wie immer, oder na ja – zumindest wie gestern. Bei ihr hat sich jedoch etwas getan – größere Bilder, andere Schriftfarben und eine neue Timeline-Anordnung. Wie kommt's?

Solch eine Situation haben wir alle schon einmal erlebt. Der Grund dafür ist höchstwahrscheinlich ein *A/B-Test* oder auch *Splittest*. Dabei bekommt die eine Hälfte der Nutzer eine Variante der Website zu Gesicht, die andere Hälfte eine komplett andere. So können neue Features getestet werden – gibt es einen klaren Gewinner, wird dieser für alle Nutzer freigeschaltet.

Von der Comedy zur Markforschung

Die ersten A/B-Tests wurden von den Marx Brothers in den 1930ern durchgeführt: Die Comedy-Brüder testeten Witze und Timing für ihren ersten Film

^ *Marx Brothers*

»A Night at the Opera« noch vor Drehbeginn an einem Livepublikum. Auf ihrer Tour performten sie immer dieselben, aber leicht abgeänderten Sketche, um herauszufinden, welche Variante das Publikum am lustigsten fand.

Aus heutiger Sicht war das zwar nicht so wahnsinnig wissenschaftlich, damals aber auf jeden Fall eine Innovation, die die moderne Marktforschung in der Entertainmentindustrie begründete.

Heute testen wir vor allem Websites und Features. Ein paar Beispiele:

- Die »New York Times« begann Anfang der 2000er, den ersten tausend Nutzern auf der Website unterschiedliche Überschriften für ein- und denselben Artikel anzuzeigen. Die Überschrift, die am häufigsten geklickt wurde, wurde nach Erreichen der Einblendungen als Gewinner für alle Nutzer angezeigt.
- Das CRM-Tool Highrise zeigt auf seiner Startseite das Foto eines sympathischen Testimonials, je nach Variante »Jocelyn« oder »Michael«. Gesichtsausdruck, Kleidung und Anordnung des Fotos sind ähnlich gehalten – dennoch sorgt Michael für fast 5 % mehr Anmeldungen.

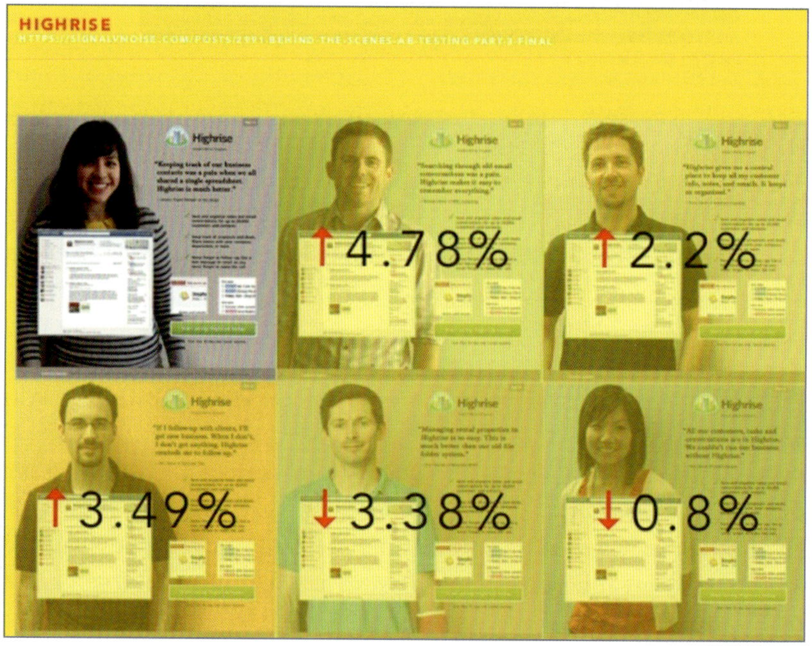

> *Highrise testet verschiedene Testimonials.*

- Auf der Landing Page von Performable begrüßt dich ein großer Button mit der Aufschrift »Get Started Now« – je nachdem, in welcher Testgruppe du bist, ist er rot oder grün. Die rote Variante bewegte 21 % mehr Nutzer dazu, sie zu klicken – und gewann haushoch.

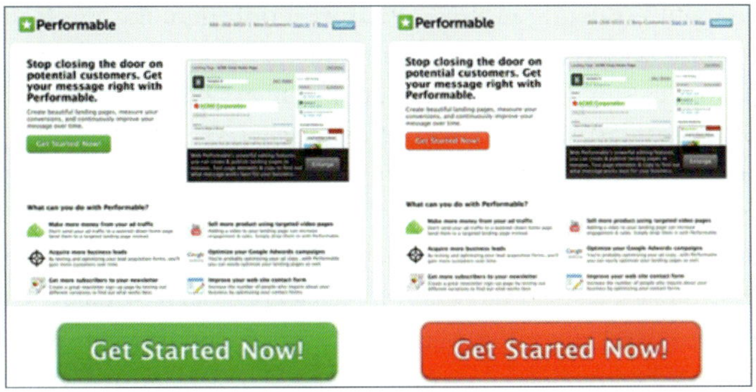

< *A/B-Test bei Performable*

Was kann getestet werden?

In A/B-Tests lassen sich die unterschiedlichsten Aspekte und Features von Websites testen. Das beginnt im Kleinen bei Farben, Bildern und Positionen von Elementen, geht über die Anordnung und Beschriftungen von ganzen Sektionen bis hin zu kompletten Landing-Page-Designs.

Ob du gleich eine komplette Seite oder nur ein einzelnes Element auf den Prüfstand stellen willst, liegt bei dir. In der Regel lohnt es sich, vom Großen ins Kleine zu testen: Angefangen bei Gesamtkompositionen und Ideen hin zu Websitestruktur und schließlich zu winzigen Details. Oftmals überraschen dich Ergebnisse, mit denen du so nicht gerechnet hättest.

Als im April 2010 das Farmingspiel *Monster World* das Licht der Welt erblickte, kamen die meisten Spieler nicht einmal über das Tutorial heraus. Die Aufgabe war: Pflanze einen Colabusch und warte, bis er erntereif ist. Die 5 Minuten Wartezeit waren den meisten Nutzern zu viel – sie sprangen ab. Eine Verkürzung auf 3 Minuten steigerte die Completion-Rate – und war der Beginn der *Monster-World*-Erfolgsstory.

Nach Möglichkeit sollte gleichzeitig nur ein Test ausgeführt werden – andernfalls vermischen sich die Ergebnisse, die Resultate

> *Monster World*

Die meisten A/B-Tests bestehen heute aus mehr als nur zwei Varianten.

lassen sich nicht mehr eindeutig einer Maßnahme zuordnen. Die meisten A/B-Testing Tools sind heute übrigens nicht mehr nur Hälfte-Hälfte-Tests. Kleinere Testgruppen lassen es zu, mehrere Varianten auf einmal zu testen, ohne zu viele Nutzer in den Test mit reinzuziehen. Facebook testet neue Features selten an mehr als 4 % seiner Nutzer.

KPI
Messpunkte über Erfolg oder Misserfolg

Was willst du erreichen? Auch bei A/B-Tests gilt: Überlege dir vorher, was du mit dem Test erreichen willst. Key Performance Indicators (**KPI**s) definieren den Erfolg oder Misserfolg einer Maßnahme. Je nach Seitenkategorie sind verschiedene KPIs sinnvoll:

- Die **Click-Through-Rate**, häufig auch *Klick-Rate* genannt, gibt an, wie viele Nutzer auf einen Button, eine Überschrift oder einen Werbebanner klikken. Sie ist vor allem in der Werbewirtschaft und in Onlineshops ein wichtiger Erfolgsindikator.
- Die **Conversion-Rate**, für Apps auch *Install-Rate* genannt, ist häufig aussagekräftiger als die reine Click-Through-Rate. Sie gibt an, wie viele der Nutzer, die zum Beispiel auf einen Button geklickt haben, sich auch für den Newsletter oder die Probefahrt anmelden.
- Die **Nutzungsdauer** verrät, wie lange der Besucher auf deiner Website bleibt – das ist vor allem für Consumption-Design-Produkte wie Blogs oder Newsseiten interessant: Wer lange auf einer Website bleibt, der schaut auch viel Werbung und gibt eventuell etwas Geld aus.
- Die **Retention-Rate** gibt Auskunft darüber, ob Nutzer wiederkommen – mehr dazu findest du im Kapitel »Um Kopf und Kragen: Nutzerbindung«.

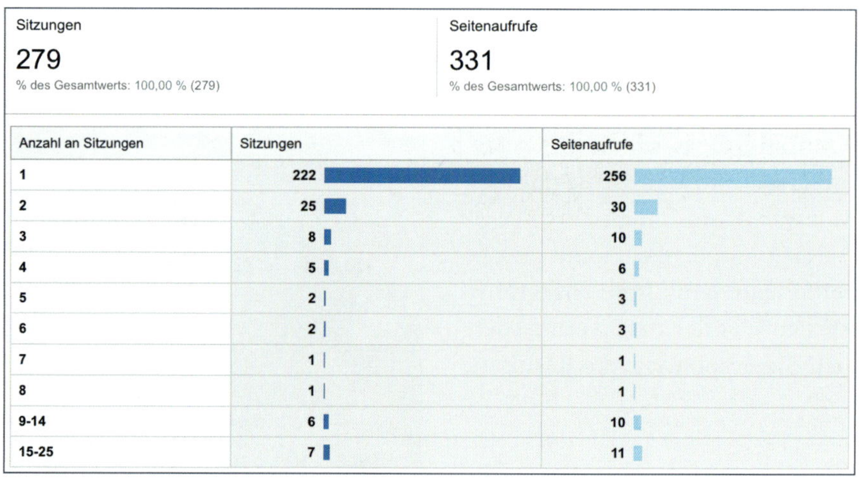

Sitzungen
279
% des Gesamtwerts: 100,00 % (279)

Seitenaufrufe
331
% des Gesamtwerts: 100,00 % (331)

Anzahl an Sitzungen	Sitzungen	Seitenaufrufe
1	222	256
2	25	30
3	8	10
4	5	6
5	2	3
6	2	3
7	1	1
8	1	1
9-14	6	10
15-25	7	11

^ *Retention-Rate in Google Analytics*

Und wie funktioniert das technisch?

Technisch gesehen funktioniert das so: Du erstellst von einer Website zwei oder mehr Varianten. In der Regel natürlich für eine Website, die bereits live ist und ausreichend frequentiert ist, also viele Nutzer hat. Ein Skript entscheidet jetzt per Zufall, welcher Nutzer welche Variante sieht – im Idealfall werden die Nutzer möglichst gleichmäßig auf die Testvarianten verteilt.

Der knifflige Teil: Wenn ein Nutzer einmal eine Variante ausgesteuert bekommen hat, dann soll er für die Dauer des Tests auch dieselbe Version sehen. Ist der Button heute grün, morgen rot und übermorgen wieder, verwirrt das die Nutzer nur. Dank Cookies, IP-Tracking und Local Storage kannst du das ziemlich zuverlässig realisieren und anschließend die entsprechenden KPIs messen und analysieren.

Selbst wenn du technisch bewandert bist und deine Website eine eigene IT-Infrastruktur hat, einen A/B-Test willst du nicht selbst programmieren und verwalten müssen. Zuverlässige Hilfe versprechen Test- und Optimierungsservices, die es mittlerweile zuhauf gibt.

Optimizely Für Einsteiger ist die Plattform *optimizely.com* völlig kostenlos. Du legst einen Account an, gibst die Daten deiner Website ein und bekommst einen kleinen Codeschnipsel, den du in deine Website einbindest. Im Backend von Optimizely kannst du jetzt Tests und verschiedene Varianten anlegen.

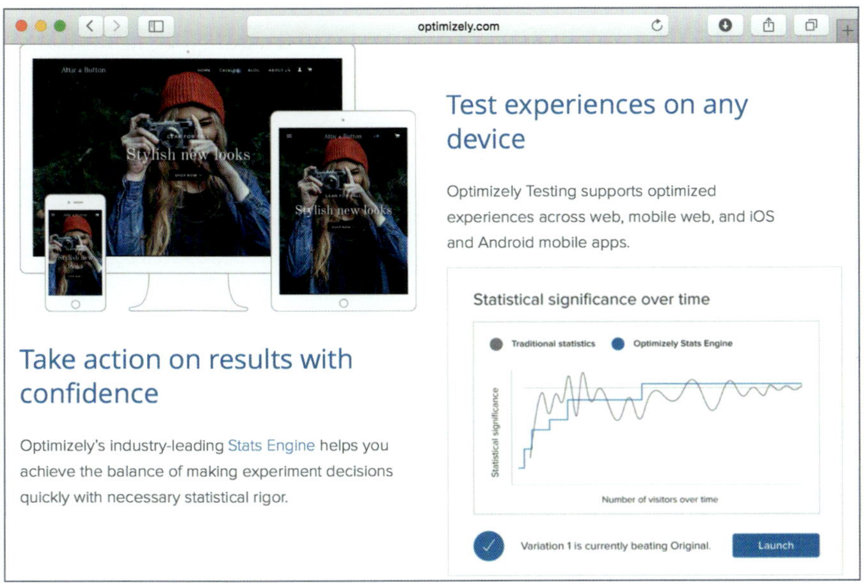

< *Optimizely*

Der Clou: Die Testvarianten werden mit Javascript oder jQuery angelegt, du musst also am eigentlichen Websiteinhalt nichts verändern. Nutzer in der Testgruppe bekommen lediglich eine Variante angezeigt, die mit etwas clientseitigem Skript verändert wurde. Das ist vor allem für kleine Featuretests wie Farben, Überschriften oder Bilder gut.

Google Analytics Auch mit Google Analytics lassen sich Tests anlegen – anders als bei Optimizely aber nicht per Javascript, sondern mit verschiedenen HTML-Seiten pro Testvariante.

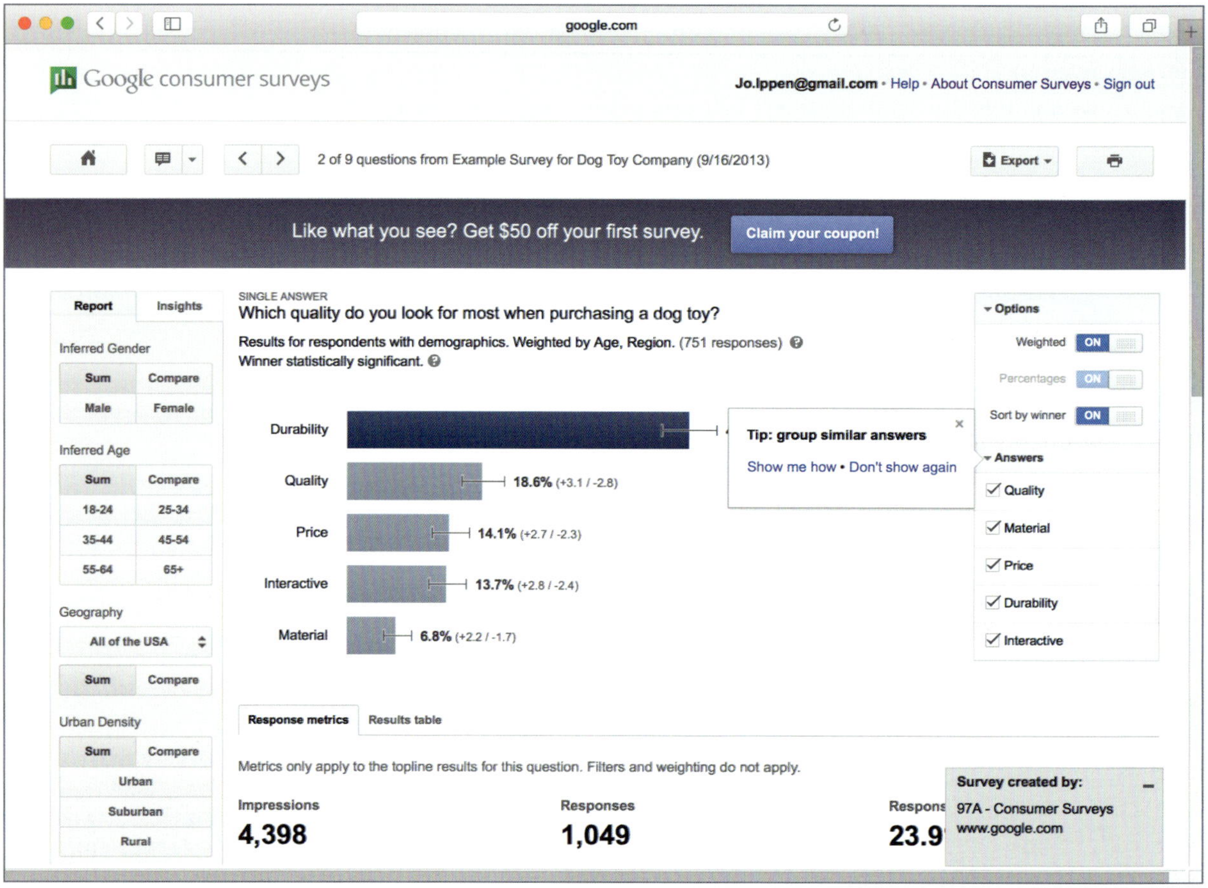

^ *Google Consumer Survey*

Im Testkonfigurator gibst du pro Version eine URL an, das Google-Skript verteilt die Nutzer dann auf die Testvarianten. Gut geeignet für Tests, die die komplette Seite betreffen, oder für Tester, die mit Javascript nicht so bewandert sind. Die Google-Analytics-Tests sind ebenfalls kostenlos.

Experimente in Google Play App-Entwickler nutzen die eingebauten Experimente in Google Play. Hier kannst du für deine App im Android Store wahlweise Beschreibungstext, Icon, Screenshots oder Vorschauvideo austauschen – bis zu vier verschiedene Varianten sind möglich.

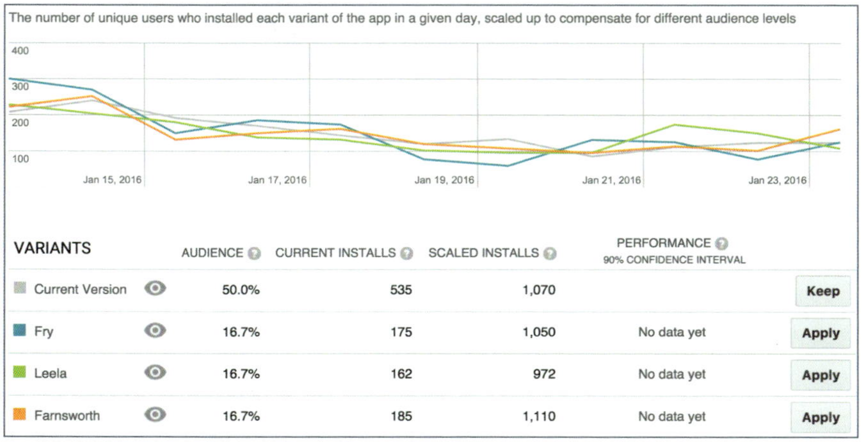

VARIANTS		AUDIENCE	CURRENT INSTALLS	SCALED INSTALLS	PERFORMANCE 90% CONFIDENCE INTERVAL	
Current Version		50.0%	535	1,070		Keep
Fry		16.7%	175	1,050	No data yet	Apply
Leela		16.7%	162	972	No data yet	Apply
Farnsworth		16.7%	185	1,110	No data yet	Apply

< *Google-Play-Icon-Test*

Google übernimmt die Auswertung und schaut auch, wie viele »Current Installs« eine Variante umfasst – also Nutzer, die eine App aus einer Testvariante installieren und anschließend noch nicht deinstalliert haben. Google Play Experiments eignen sich vor allem für Betreiber von Apps, die schon live sind, aber noch optimiert werden sollen.

SplitMetrics und StoreMaven Wer seine App noch nicht im Store hat oder nur auf Apple-Geräten unterwegs ist, der greift zu einem Testservice wie SplitMetrics oder StoreMaven. Hier können verschiedene Beschreibungen, Screenshots oder Symbole hochgeladen werden, der Testservice baut daraus eine augenscheinliche App-Store-Seite.

Schickst du nun, zum Beispiel per Werbebanner, Nutzer auf die Seite, bekommen diese eine Simulation des App Stores angezeigt. Der Testservice ermittelt, wie viele Nutzer sich die Screenshots anschauen, die Beschreibung lesen und auf »Installieren« tippen.

v *SplitMetrics*

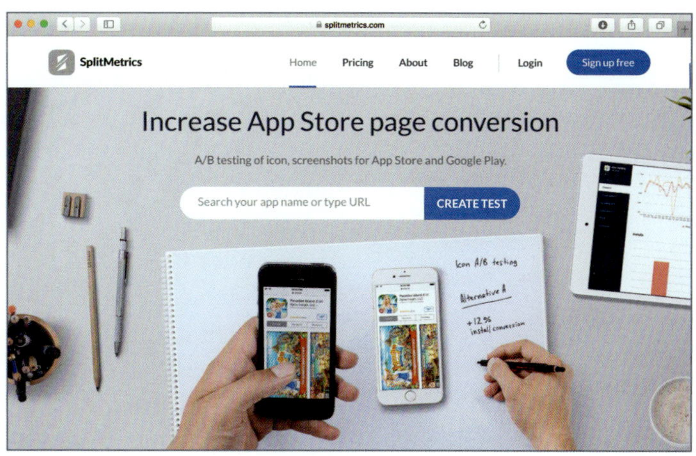

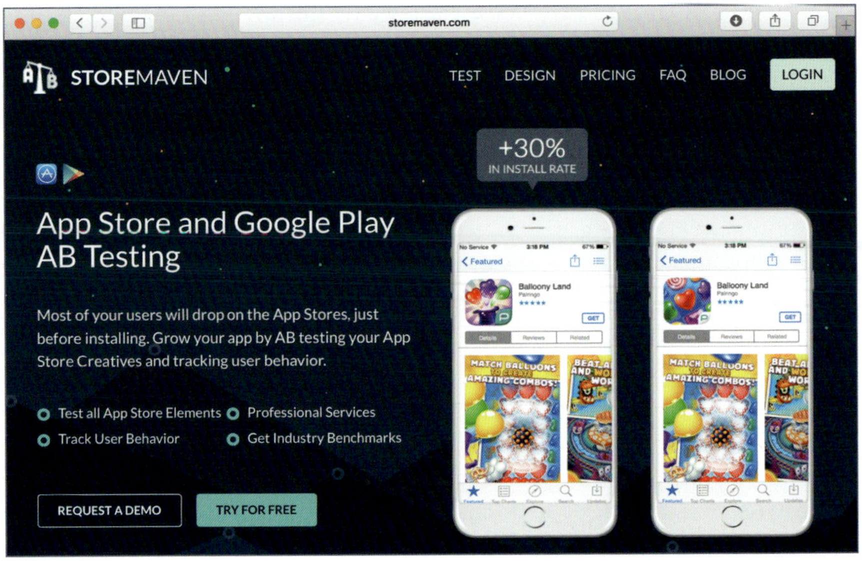

> *StoreMaven bietet App Store und Google Play AB Testing.*

Die Ergebnisse sind sehr genau und aufschlussreich, dafür aber auch nicht ganz billig: Bei App Store Optimization Services zahlst du doppelt, zunächst für das Erstellen der Testvariante und anschließend für die Werbebanner und den daraus resultierenden Traffic.

Ob sich ein solcher Test lohnt, musst du im Einzelfall entscheiden. An der Stelle könnte ein Nutzertest sinnvoller sein, der anschließend durch einen Livetest ergänzt wird.

Was du beachten solltest

Die kritische Masse Damit dein Test aussagekräftig ist, benötigst du ausreichend Nutzer pro Variante – entscheidend ist hier das Signifikanzlevel. Die statistische Signifikanz gibt Auskunft darüber, ob die Unterschiede in den Messergebnissen durch Zufall oder auf Basis ausreichend vieler Nutzer entstanden sind.

Ein Beispiel: Auf deiner Seite befindet sich ein »Jetzt kaufen«-Button, der von etwa 10 % der Nutzer geklickt wird. Das ist gut, könnte aber besser sein. Daher hast du einen Test mit verschiedenen Varianten erstellt, die unterschiedlich gut laufen. Um einen relativen Unterschied von 50 % festzustellen, also 15 % Klick-Rate statt 10 %, bräuchtest du mindestens 390 Nutzer pro Variante. Willst du einen Unterschied von 10 % zu 12 % CTR feststellen, so müssen mindestens 2900 Nutzer pro Variante im Test sein. Je geringer die

Unterschiede, desto mehr Testnutzer. Über die genaue Mathematik musst du dir nicht den Kopf zerbrechen – dafür gibt es den A/B Test Sample Size Calculator von Optimizely:

www.optimizely.com/resources/sample-size-calculator

Der Testzeitraum Läuft dein Test zu lange, wird er ungenau. Nutzer kommen und gehen, das Signifikanzlevel wird nicht erreicht. Je nach angeforderter KPI gibt es unterschiedliche akzeptable Zeiträume. Merkst du, dass nach zu langer Zeit noch keine signifikanten Ergebnisse eintreffen oder die Ergebnisse stark schwanken, so lohnt es sich, die Anzahl der Testvarianten zu verringern oder die Nutzergruppen zu vergrößern.

Ein Test nach dem anderen Wer parallel mehrere Tests laufen lässt, läuft Gefahr, die Ergebnisse zu verfälschen. Hat sich die Conversion-Rate wegen des anderen Buttons oder wegen des Fotos auf der Startseite verändert? Führe Tests lieber nacheinander aus.

Im schlimmsten Fall heben sich Tests gegenseitig auf: Der rote Button hebt die Klick-Rate um 5 %, das Katzenfoto auf der Startseite drückt sie jedoch wieder um denselben Wert – das lässt sich schwer feststellen. Auch äußere Einflüsse spielen eine Rolle: Tests zur Weihnachtszeit lassen sich nicht auf andere Jahreszeiten übertragen, sonntags wird anders gesurft als mittwochs, und wenn gerade ein neues Fallout-Spiel herausgekommen ist, ist sowieso tote Hose.

Wer diese Stolpersteine sicher umgeht, der kann mit A/B-Tests das volle Potential aus seiner Website herauskitzeln.

Tracking: Ich weiß, wohin du klickst

In den Anfangszeiten des Internets waren Besucherzähler en vogue: Eine Bilddatei, die prominent auf der Seite eingebunden wurde und bei jedem Aufruf um eins hochzählte. Auf diese Weise konnte ein Websitebetreiber nachverfolgen, wie viele Besucher seine Seite bisher hatte – und gleichzeitig ein wenig angeben, wenn die Zahl den einstelligen Bereich verlassen hatte.

Heute geben wir uns mit der einfachen Anzahl der Gesamtbesucher nicht mehr zufrieden – längst sammelt jede Website wesentlich mehr Daten über ihre Nutzer und deren Verhalten. Richtig ausgewertet können diese Daten bei der Nutzerverführung extrem hilfreich sein; schauen wir uns einmal an, was alles möglich ist.

Hungriges Mastermind: Google Analytics

Es gibt wenig, was Google Analytics nicht weiß.

Der Quasistandard für Nutzertracking ist Google Analytics. Die Analysesoftware wird über wenige Zeilen Code eingebunden, ist für normal frequentierte Websites kostenlos und gleichzeitig sehr flexibel. Alles, was du brauchst, ist ein Google-Account, und schon kann's losgehen.

Im VERWALTEN-Tab auf *https://analytics.google.com* legst du eine neue Website-Property an, Google fragt ein paar Details wie Websitetitel, URL und Zeitzone ab und liefert dir direkt einen kleinen Javascript-Code, den du in den Fußbereich deiner Website einbinden kannst.

Sobald jetzt Nutzer auf deine Website kommen, wird der Traffic mitgeschrieben. Deine eigenen Besuche kannst du dabei ausblenden lassen, schließlich willst du ja beim Testen nicht deine Daten verfälschen. Google merkt dann, ob du eingeloggt bist, und ignoriert Besuche, die mit deinem Browser getätigt werden.

In der BERICHTE-Ansicht kannst du auf die Besucherdaten zugreifen und diese analysieren. Aber was genau willst du eigentlich wissen? Google Analytics deckt in erster Linie vier große Bereiche ab: Audience, Acquisition, Behaviour und Conversions.

Audience: Wer sind deine Besucher?

Im Menüpunkt ZIELGRUPPE findest du alles über deine aktuellen Besucherzahlen – natürlich aufgeschlüsselt nach Monat, Tag und sogar Uhrzeit. Pageviews oder Impressions sind dabei längst nicht mehr die einzige Nenngröße; aufgeschlüsselt wird nach Seitenabruf, Sitzung und Nutzer.

Ein Nutzer kann mehrere Sitzungen haben, also mehrmals auf deine Seite kommen und dabei mehr als nur eine Unterseite aufrufen. Das ist vor allem interessant für Blogbetreiber: Kommen meine Leser regelmäßig wieder,

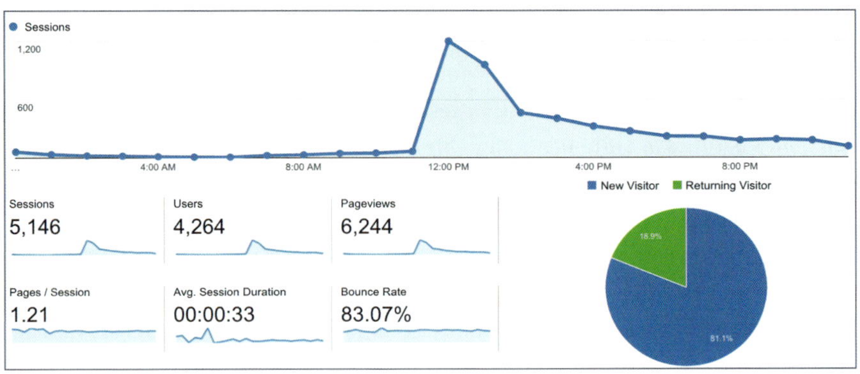

Anzahl der Nutzer nach Tageszeit – gegen Mittag wurde diese Website in einer öffentlichen Pressekonferenz »gelauncht«.

oder sind sie nach dem ersten Mal weg? Die Unterscheidung nennt man *New User* oder *Returning User*.

Nach einiger Zeit sollte die Zahl der Returning User ansteigen, aber die New User nicht überholen – schließlich willst du ja wachsen. In HÄUFIGKEIT UND AKTUALITÄT verstecken sich besonders wertvolle Informationen: Die Anzahl der Tage, die durchschnittlich zwischen zwei Besuchen liegen. Das hilft dir ungemein bei der Contentplanung – brauchst du täglich neue Inhalte, oder reichen 2–3 Updates pro Woche aus?

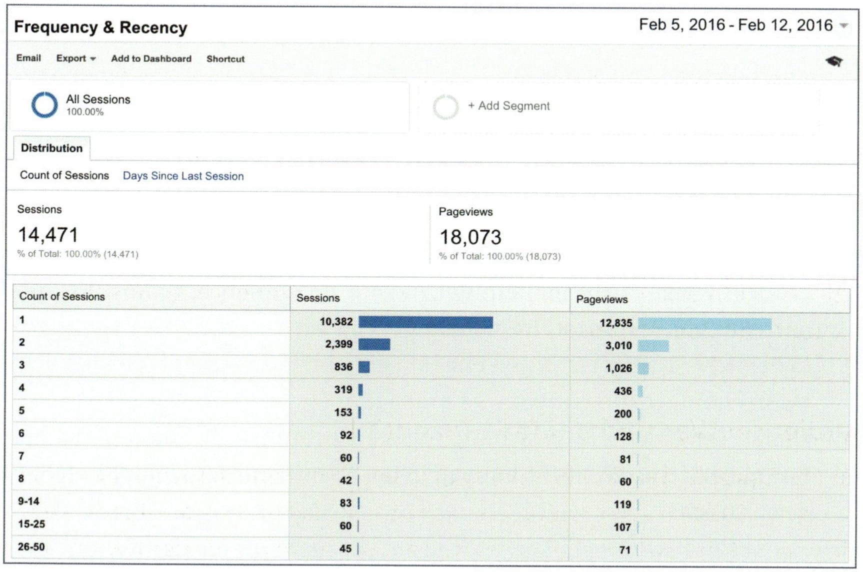

Count of Sessions	Sessions	Pageviews
1	10,382	12,835
2	2,399	3,010
3	836	1,026
4	319	436
5	153	200
6	92	128
7	60	81
8	42	60
9-14	83	119
15-25	60	107
26-50	45	71

Anzahl der Sessions und Frequenz auf Google Analytics

Interessant auch die Sitzungsdauer: Wer nur zehn Sekunden auf der Website bleibt, der überfliegt Artikel höchstens. Diese Angabe hilft dir zum Beispiel dabei, zwischen guten und schlechten Blogartikeln zu unterscheiden.

Unter TECHNOLOGIE und MOBIL erfährst du, wie deine Nutzer unterwegs sind – gibt es bestimmte Geräte, Browser oder Provider, die besonders häufig genutzt werden? Eine Seite mit über 50 % Anteil Mobilnutzer sollte auf jeden Fall responsiv sein und schnell geladen werden.

Die Nutzer, aufgeschlüsselt nach Geräten

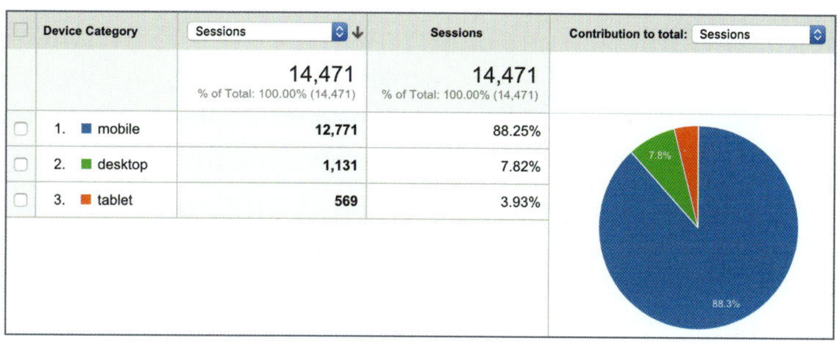

Device Category	Sessions	Sessions
	14,471 % of Total: 100.00% (14,471)	14,471 % of Total: 100.00% (14,471)
1. mobile	12,771	88.25%
2. desktop	1,131	7.82%
3. tablet	569	3.93%

Wenn du die DoubleClick-Campaign-Manager-Integration aktivierst, bekommst du zusätzlich Zugriff auf demographische Informationen und Interessenprofile deiner Zielgruppe

– diese werden dann mit den Werbedaten von Google-Nutzern abgeglichen und geben dir ein besseres Bild über deine Nutzerschaft.

Akquisition: Woher kommen deine Nutzer?

Unter AKQUISITION findest du heraus, wie ein Nutzer überhaupt auf deiner Website gelandet ist. Google Analytics unterscheidet zwischen acht Arten von Traffic:

1. Organic Search: Der Nutzer hat nach deiner Website gegoogelt.
2. Referral: Der Nutzer kommt über eine andere Seite irgendwo im Internet – er hat einen Link geklickt.
3. Social: Der Nutzer kommt über einen Facebook- oder Twitter-Beitrag.
4. E-Mail: Der Nutzer hat auf einen Link in einer E-Mail geklickt.
5. Paid Search: Der Nutzer hat auf eine Anzeige in den Suchergebnissen geklickt.
6. Display: Der Nutzer hat auf einen Werbebanner einer Displaykampagne geklickt – also einen Banner, der nicht aufs Klicken optimiert ist, sondern nur auf bestimmten Seiten angezeigt wird.
7. Other Advertising: Der Nutzer hat auf ein anderes Werbebanner geklickt, wahrscheinlich eine AdWords-Kampagne.
8. Direct: Der Nutzer lässt sich nicht genau zuordnen; höchstwahrscheinlich hat er deine Web-URL einfach in die Adresszeile eingetippt – wie ungewöhnlich!

Experten können noch weitere Kategorien hinzufügen, zum Beispiel für SMS-Marketing oder Besucher von großen Plattformen wie Product Hunt. Uns reichen diese acht Kategorien erst einmal; wir wollen uns die ersten beiden etwas genauer anschauen: Such- und Referral-Traffic.

Referral-Traffic ist beliebt, weil kostenlos.

Referral-Traffic Referral-Traffic ist großartig – er ist kostenlos und daher bei Webvermarktern sehr beliebt. Schließlich heißt das, dass irgendwo im Netz jemand auf deine Website linkt, vielleicht sogar in einem aufschlussreichen Artikel. In VERWEISE siehst du, woher der Traffic kommt. Dabei kann es sein, dass du Traffic von Websites wie *buttons-for-website.info* oder *hosting-tracker.com* bekommst.

Referrer-Spam
Seitenaufrufe über Bots, die auf ihre eigene Seite aufmerksam machen wollen

Ein Blick auf diese Seiten zeigt dir zwar eine Menge Tools für Webmaster, aber keinen Link zu deiner Website – wie ist das möglich? Hierbei handelt es sich um sogenannten **Referrer-Spam**: Bot-Netzwerke rufen über eine URL nicht deine Website, sondern lediglich dein Google-Analytics-Skript auf.

Quelle	Sitzungen	Neue Sitzungen in %	Neue Nutzer	Absprungrate
	155 % des Gesamtwerts: 55,56 % (279)	89,03 % Durchn. für Datenansicht: 79,21 % (12,40 %)	138 % des Gesamtwerts: 62,44 % (221)	93,55 % Durchn. für Datenansicht: 87,10 % (7,41 %)
1. website-analyzer.info	117 (75,48 %)	88,89 %	104 (75,36 %)	98,29 %
2. images.google.de	16 (10,32 %)	87,50 %	14 (10,14 %)	68,75 %
3. top1-seo-service.com	7 (4,52 %)	100,00 %	7 (5,07 %)	100,00 %
4. foodpeopleplaces.com	4 (2,58 %)	100,00 %	4 (2,90 %)	75,00 %
5. brigitte.de	3 (1,94 %)	100,00 %	3 (2,17 %)	100,00 %
6. frytg.com	2 (1,29 %)	100,00 %	2 (1,45 %)	100,00 %

‹ Top-Referrer »website-analyser.info« ist garantiert ein Fake.

Google registriert das als Websitebesuch, die Suchstatistik ist verfälscht. Dies ist eine relativ neue Methode, Betreiber von Websites auf sich aufmerksam zu machen. Keine Sorge, dein Server wurde nicht gehackt – lediglich deine Besucherzahlen wurden etwas frisiert. In der Verwaltungsansicht kannst du diesen Spam ausblenden, indem du über die Filterfunktion die entsprechenden URLs deaktivierst.

Suchtraffic Suchtraffic lässt sich noch weiter aufschlüsseln in die Suchbegriffe und die entsprechenden Landing Pages. Hier kannst du gut nachvollziehen, welche Suchen Erfolg hatten und welche eher nicht.

Dabei kommt es manchmal zu überraschenden Ergebnissen: Alex, der Betreiber des Berliner Fahrradblogs »Goldsprint«, vermerkte eines Tages einen sprunghaften Anstieg von internationalen Besuchern auf seiner eigentlich deutschen Website. Ein Blick in Google Analytics zeigte, dass die Nutzer sich vor allem für bestimmte Artikel interessierten. Ein Blick auf die Titel verriet die Intention der Nutzer: »Black Beauty«, »Single Speed Porn« und »Stadtschlampe«.

Unter SUCHMASCHINENOPTIMIERUNG bekommst du Vorschläge, wie du die Ergebnisse verbessern kannst.

v Ungewöhnliche Produktnamen locken anscheinend ungewöhnliche Besucher hervor: goldsprint.de.

Behaviour: Wie bewegen sich die Nutzer auf deiner Seite?

Zu wissen, woher welche Nutzer kommen, ist zwar schön und gut, aber was sie auf deiner Seite anstellen, das ist besonders interessant. Unter VERHALTEN findest du die Besucher deiner Seite, aufgeschlüsselt nach Seitenbesuchen. So kannst du sehen, welche Seiten besonders häufig geklickt werden, welche eher selten. In der In-Page-Analyse kannst du die Zahlen über deine Webseite legen und siehst sofort, welche Webseitenlinks häufiger geklickt werden, welche seltener.

Der Verhaltensfluss zeigt dir an, wie sich deine Nutzer durch die Website bewegen – hier kannst du eventuelle Sackgassen oder komplizierte Navigationswege identifizieren.

Nutzer ohne Interaktion »bouncen« – wie ein Gummiball.

Wenn ein Nutzer auf eine Website kommt und sie ohne Interaktion wieder verlässt, dann »bounct« er – wie ein Gummiball gegen eine Wand. diese Bounce-Rate oder Ausstiegsrate findest du ebenfalls hier; ist sie besonders hoch, solltest du etwas an deiner Seite ändern.

Zum Beispiel die Ladezeit; in WEBSITEGESCHWINDIGKEIT siehst du, wie lange Nutzer im Schnitt auf deine Seite warten müssen. Die Faustregel besagt, dass du mit jeder Sekunde Ladezeit die Hälfte deiner Nutzer verlierst. In der Regel sind selbst größere Websites dank VDSL und LTE heute kein Problem mehr, doch eventuell gibt es hier dennoch Optimierungspotential.

Conversions: Wenn aus Besuchern Kunden werden

Ein besonders cooles Feature von Google Analytics versteckt sich im CONVERSIONS-Menü: Hier kannst du Goals, zu Deutsch Zielvorhaben, festlegen und analysieren. Beispiel: Du möchtest wissen, wie viele Nutzer sich auf deiner Seite tatsächlich für einen Newsletter anmelden oder an welcher Stelle du Nutzer im Checkoutprozess verlierst.

Im Conversion Funnel, der Trichtervisualisierung, lassen sich alle Schritte nachvollziehen, die ein Nutzer geht. In unserem Shopbeispiel wäre das:

1. Startseite
2. Produktseite
3. Warenkorb
4. Adressdaten eingeben
5. Zahlungsbedingungen akzeptieren
6. Checkout

Im Conversion Funnel siehst du, wie viele Nutzer du in welchem Schritt verlierst, und kannst eventuell nachbessern oder Alternativen testen.

Für Webverführer ist Google Analytics ein extrem mächtiges Werkzeug – vor allem, weil sich die Datenansichten kombinieren und verfeinern lassen. Du möchtest wissen, wie viele mobile Nutzer in Berlin etwas kaufen, wenn ihre Ladezeit geringer als zehn Sekunden ist? Kein Problem!

Google Analytics aggregiert und arbeitet die Nutzerdaten auf, so dass die Erstellung der Ansichten ziemlich schnell geht – das hat allerdings den Nachteil, dass du immer ein paar Stunden warten musst, bis die aktuellsten Nutzungsdaten angezeigt werden.

Anders ist das in der Real-Time-Ansicht: Im Menüpunkt ECHTZEIT kannst du deine Benutzer beobachten, während sie sich auf deiner Website befinden – ein tolles Erlebnis, besonders wenn dein Produkt gerade auf Product Hunt oder TechCrunch gefeatured wurde.

Alternativen zur Datenkrake

Die Verwendung von Google Analytics hat auch ihre Schattenseiten. Neben all den verschiedenen Möglichkeiten, deine Nutzer besser kennenzulernen, teilst du ihre Daten auch mit dem kalifornischen Konzern. Der Quasimonopolist nutzt Besucherdaten unter anderem dazu, ein komplexes Bewegungsbild von Webnutzern zu erstellen – kaum eine Website kommt heute ohne Google Analytics aus, entsprechend kann Google den Nutzer von Seite zu Seite beobachten.

Wer das nicht möchte, für den gibt es viele Alternativen, die teilweise sehr ähnlich sind, teilweise etwas flexibler.

Mixpanel

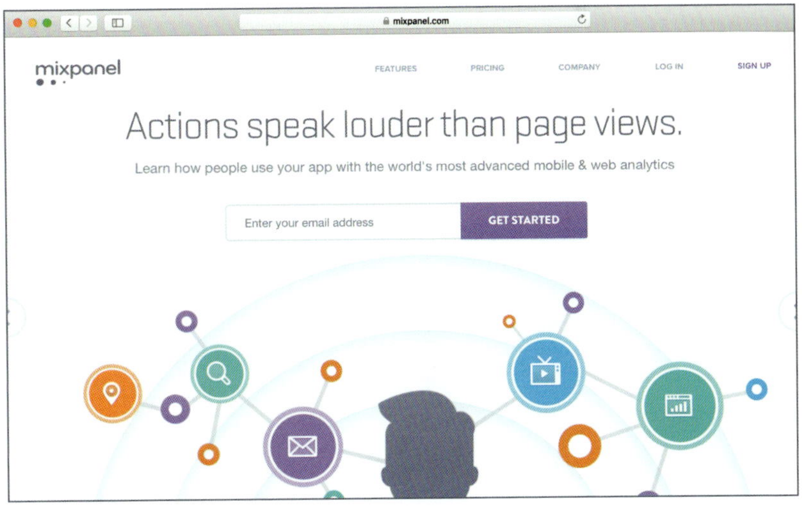

Mixpanel Mixpanel (*mixpanel.com*) ist die Lösung, auf die erfolgreiche Start-ups wie Airbnb und Uber setzen. Statt auf vorgefertigte Ansichten setzt man hier auf Data Points, also Datenknoten, die man sammeln kann. Jede Aktion auf einer Website kann per Javascript abgegriffen und gespeichert werden. Im Mixpanel-Backend werden diese dann zu Statistiken und Conversion Funnels zusammengebaut. Diese Flexibilität hat ihren

Preis: Bis zu 25 000 Datenpunkte sind kostenlos, danach geht es ab $ 150 im Monat los.

Clicky Clicky (*clicky.com*) ist Google Analytics schon sehr ähnlich und richtet sich an Websitebetreiber mit kleinem Budget. Bis zu 3 000 Besucher am Tag gibt's für lau, danach kostest es ab $ 10 pro Monat. Neben Besucherzahlen, Dashboards und dem Üblichen gibt es eine Heatmap-Funktion: Per Websiteoverlay kannst du dir anzeigen lassen, wo deine Besucher klicken.

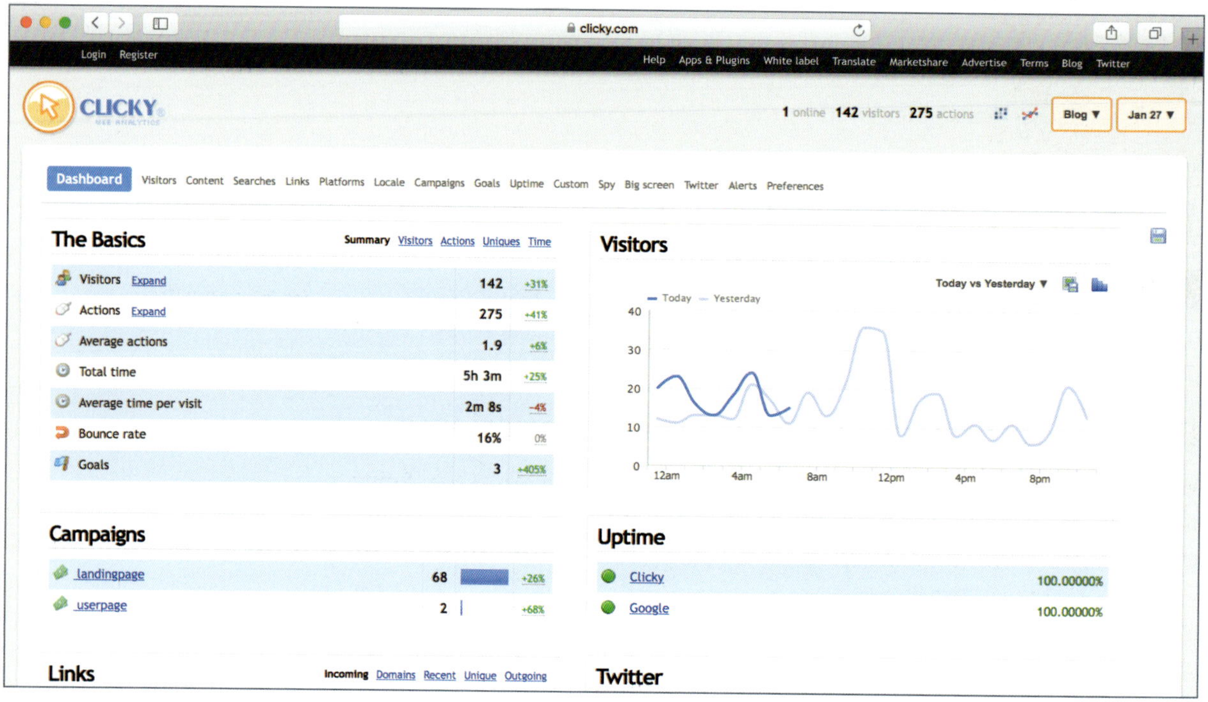

^ *Clicky*

Piwik Piwik (*piwik.org*) ist die Open-Source-Alternative zu Google Analytics. Die Community entwickelt den Dienst ständig weiter, mittlerweile sind die Funktionen so gut, dass Wikimedia und T-Mobile zu Piwik-Nutzern gehören. Piwik ist kostenlos; alles, was du als Betreiber brauchst, ist ein Webspace mit PHP und MySQL-Datenbank – ähnlich wie beim Betreiben einer Wordpress-Seite. Der entscheidende Vorteil: Bei der Verwendung von Piwik verbleiben die Nutzerdaten auf deinem Server und können nicht von Dritten eingesehen werden.

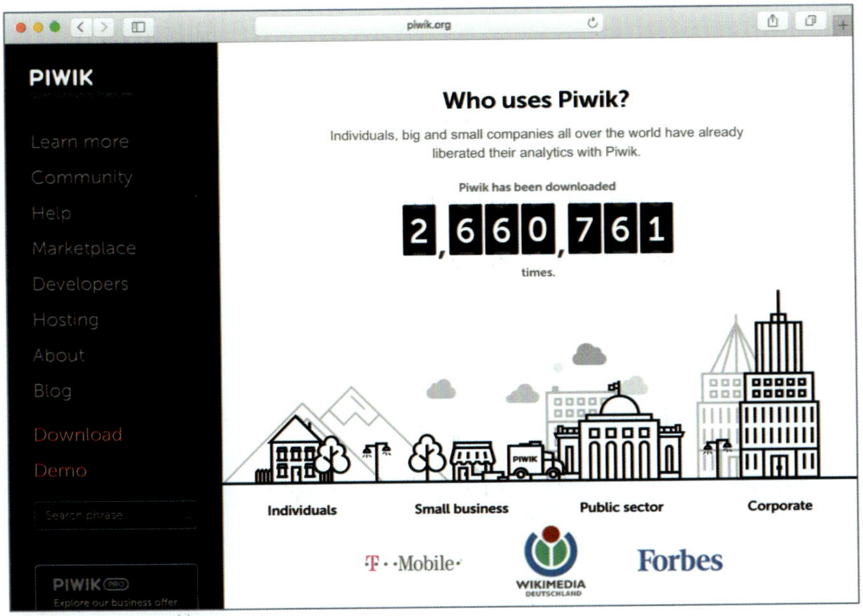

Piwik – die Open-Source-Alternative zu Google Analytics

Big Context: persönliche Erlebnisse generieren

Wer seine Nutzer gut kennt, der kann sich besser auf sie einlassen. Reine Analysetools können zwar keine Zielgruppendefinition oder Personadefinition ersetzen, aber auf jeden Fall ergänzen. Die Zahl der Datenpunkte, die wir über unsere Nutzer sammeln, wächst stetig – Stichwort Big Data. Aber auch die Daten, die Nutzer über sich selbst sammeln und teilen oder für persönliche Zwecke nutzen, werden immer mehr – Fitnesstracker, Gesundheits-Apps, Motivationstrainer. Das »Quantified Self« ist längst kein Selbstzweck mehr, sondern dient zur Selbstoptimierung und Eigenerfahrung.

Ohne Kontext sind Daten blind

Eine Studie von interone aus dem Jahr 2013 beschreibt die Kombination aus Big Data, Open Data und Quantified Self als »Big Context« – der große Kontext. Die Idee dahinter ist einfach: Wir nutzen alle verfügbaren Informationen, um ein möglichst auf die Situation zugeschnittenes Erlebnis zu generieren.

Hyper, Hyper! Beim Foodlieferanten HelloFresh spricht man von *Hyper-Personalisation*: Bisher konnten HelloFresh-Kunden aus einer kuratierten Liste von Rezepten auswählen und sich die Zutaten per Box nach Hause liefern lassen. Zukünftig soll der Kunde auf sich zugeschnittene Rezepte bekommen, basierend auf seinen Vorlieben, Kochkünsten, der Jahreszeit und Lebensmittelallergien.

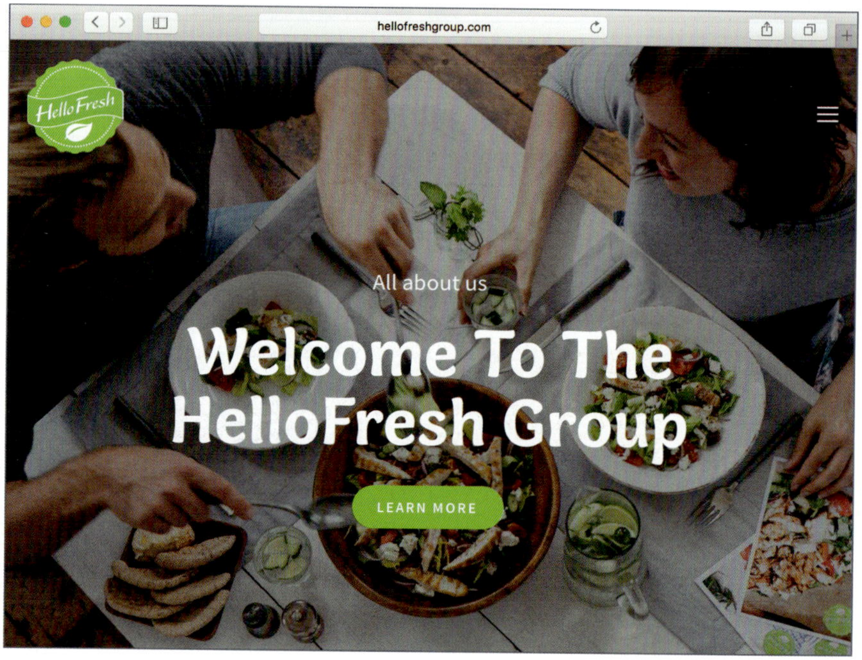

> *HelloFresh*

Ein Modell, das Schule macht – auch deine Website kann personalisiert werden. Die Idee: Je besser die Seite an den Nutzungskontext angepasst ist, desto zufriedenstellender das Nutzungserlebnis. Dazu musst du deine Nutzer nicht auf Facebook stalken oder um lange Umfragen bitten – die meisten Daten hast du bereits zur Hand, du musst sie nur richtig auswerten.

Zeig das richtige Angebot zur richtigen Zeit!

Stell dir vor, du betrittst morgens um 9:00 Uhr ein Restaurant. Welche Karte wird der Kellner dir wohl bringen? Die Weinkarte? Die Cocktailkarte? Wahrscheinlich eher nicht. Du würdest erwarten, um diese Uhrzeit die Frühstückskarte gereicht zu bekommen, statt Chianti gibt es Cappuccino.

Warum also nicht dasselbe auf Websites machen? Wenn der Nutzer zur Mittagszeit deine Restaurantseite ansurft, dann sucht er wahrscheinlich nach der Tageskarte beziehungsweise dem aktuellen Lunchmenü. Ab 16, 17 Uhr dürften eher die Reservierungen für den Abendbetrieb anstehen. Wenn du die aktuellen Angebote zur jeweiligen Tageszeit prominenter herausstellst, nimmst du nicht nur deinem Nutzer viel Arbeit ab, du erhöhst auch die Wahrscheinlichkeit, dass er tatsächlich das findet, wonach er sucht – und somit ein positives Erlebnis generiert. Positive Erlebnisse erzeugen zufriedene Nutzer, zufriedene Nutzer kommen gerne wieder.

Jahreszeit Bleiben wir bei Zeit und Kontext – das beschränkt sich nicht nur auf die aktuelle Uhrzeit, sondern auch die Zeit des Jahres. Dass Shopbetreiber im Winter andere Produkte als im Sommer anbieten, ist ja irgendwie schon Standard – das lässt sich aber auch auf andere Felder ausweiten und bereits bei der Contentplanung bedenken.

Optimizely gibt Nutzern je nach Wetterlage, Jahreszeit und Region unterschiedliche Versionen derselben Shoppingseite aus.

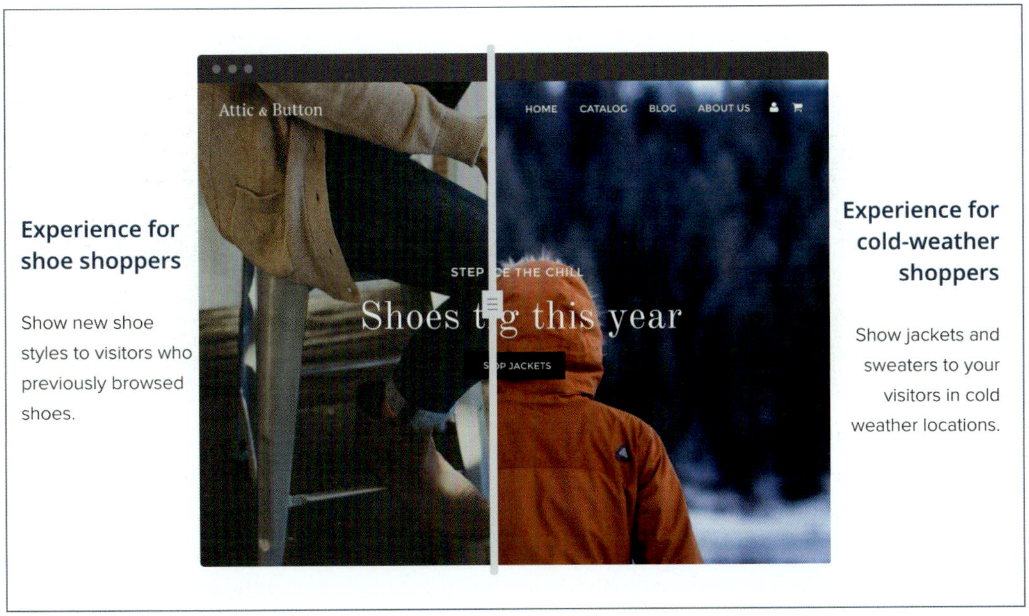

Zeig Inhalte passend zur Umgebung!

Immer noch gibt es Websites, auf denen ich als Nutzer meinen Kontinent und mein Land angeben muss, bevor ich brauchbare Informationen angezeigt bekommen. Dabei lässt sich mittlerweile fast jede IP-Adresse zuverlässig einer Geolocation zuordnen, zumindest einer Region – das solltest du nutzen!

Größere Restaurant- oder Ladenketten können über die IP-Adresse zum Beispiel die nächstgelegene Filiale auswählen und nur Inhalte anbieten, die dort auch angeboten werden.

Der schwedische Bekleidungsriese H&M hat hier einiges an Nachholbedarf: Erst muss ich mein Land aus einer ellenlangen Liste auswählen, dann werden mir auch noch Produkte angezeigt, die es in meiner Filiale gar nicht gibt – zum Beispiel die Kissen- und Kerzen-Sparte H&M Home, die bisher deutschlandweit nur in wenigen Filialen angeboten wird.

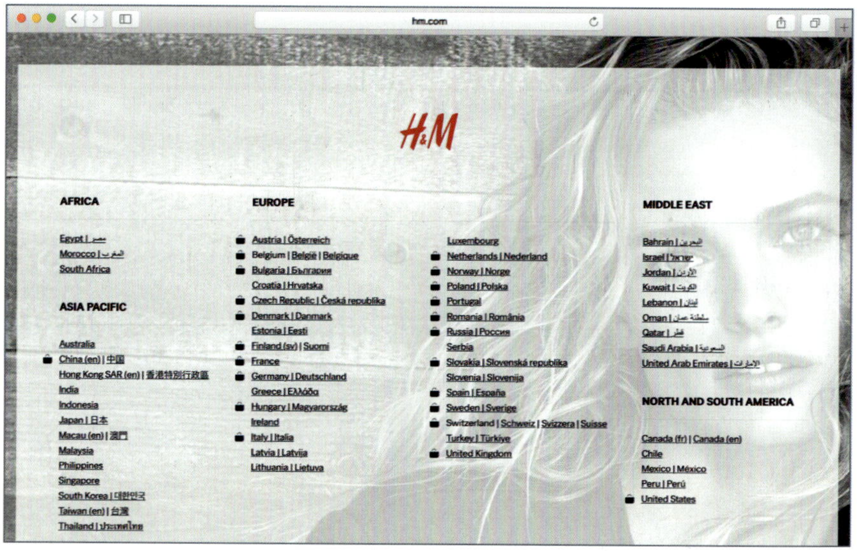

> *Erst das Land wählen, um shoppen zu können? Ungünstig.*

Besser wäre ein direkter Verweis auf das nächste Ladengeschäft, idealerweise mit Öffnungszeiten und Alternativen (online wie offline), falls das Geschäft schon geschlossen ist oder ein gewünschter Artikel nicht vorhanden ist oder nicht geführt wird.

Auch Websites, die nicht zu schwedischen Konzernen gehören, profitieren von diesem Feature. Restaurants können zum Beispiel schauen, ob sich ein Nutzer im Liefergebiet befindet oder ob statt der Lieferkarte ein Routenplaner angezeigt werden soll. Newsseiten können zwischen heimischen Lesern und denen »im Exil« unterscheiden – und bei Bedarf andere Inhalte oder Services anbieten. Reiseveranstalter können die besten Angebote, basierend auf dem nächsten Abflughafen, anbieten.

Bezieh das Wetter ein Ist es draußen nass und regnerisch? Dann kaufen Nutzer erfahrungsgemäß keine Badehosen, sondern Gummistiefel. Auch

Entertainmentplattformen könnten andere Inhalte empfehlen, statt Ibiza-Sommerhit läuft vielleicht besser ein regnerischer Joanna-Newsom-Song.

Zeig plattformrelevante Informationen!

Kommen Nutzer von Desktoprechnern oder Smartphones? Windows oder Mac? iOS oder Android? Basierend auf der Softwareplattform könnten App-Seiten direkt den passenden Download anbieten, Screenshots in entsprechenden Gerätemockups anzeigen. Das eliminiert einen zusätzlichen Klick und vermittelt den Nutzern: Wir verstehen dich!

Vorherige Besuche Nutzern, die bereits eine Session auf deiner Seite hinter sich haben, kannst du andere Inhalte anzeigen als noch beim ersten Besuch. Es gibt weniger zu erklären; vielleicht gibt es im Shop einen Treuebonus? Überrasche deine Nutzer, ohne sie zu verschrecken.

Herkunft Kommen deine Besucher über die Google-Suche, Facebook, Twitter oder per Link? Unterschiedliche Herkunft kannst du mit unterschiedlichen Inhalten verknüpfen. So kannst du Facebook-Nutzer bitten, auch deine

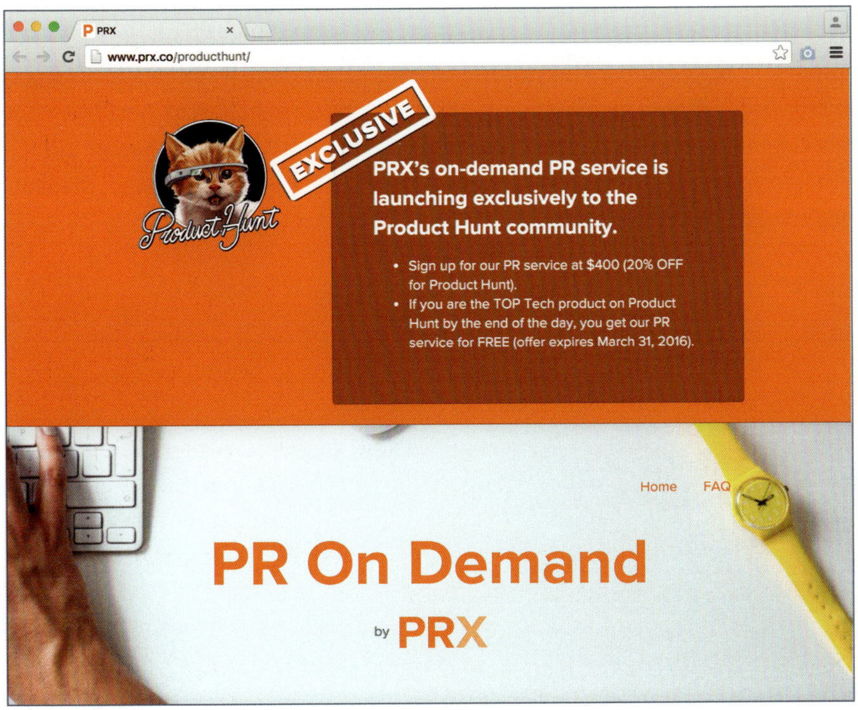

Inhalte, die ausschließlich für Besucher von Product Hunt angezeigt werden

Facebook-Seite zu liken, während Twitter-Nutzer dafür einen prominenten Follow-Link bekommen.

Die Bounce Bar ist ein Plug-in für deine Website, das dir supereinfach leichte Anpassungen basierend auf der Herkunft deiner Nutzer anbietet. Nutzer, die über Product Hunt auf deine Seite kommen, können so einen Spezialrabatt erhalten; das geht natürlich mit jeder anderen Verweisseite genauso.

Für die Personalisierung von Websites gibt es Dienstleister, die dir spezielle Lösungen anbieten:

- Personyze ist einer der Services der ersten Stunde – und stellt auf seiner Website gleich verschiedene Szenarien vor; ist zum Beispiel bekannt, dass dein Nutzer nach Italienreisen gesucht hat, dann ändert sich die Startseite des örtlichen Reisebüros entsprechend: *personyze.com.*
- Auch Optimizely bietet einen Dienst zur Personalisierung an, inklusive Wetterdaten und eingebauten A/B-Tests; auch hier für Anfänger kostenlos, Powernutzer zahlen später mehr: *optimizely.com.*
- Adobe Target ist die Plattform für Nutzer der Adobe Marketing Cloud Services – vor allem interessant für große Firmen, die viele Nutzer verwalten: *adobe-target.com.*

Wie auch beim Retargeting im Kapitel »Hinreißende Absätze: Marktstrategien« gilt: Big Context funktioniert nur dann wirklich, wenn er subtil eingesetzt wird – fühlen sich Nutzer beobachtet, dann schlägt das Resultat eher ins Gegenteil um. Wer seine Nutzer gut kennt, der kann sich besser auf sie einlassen. Wer sich auf seine Nutzer einlässt, hat bessere Chancen, die Nutzer erfolgreich zu verführen.

Fazit

Fazit

Usability, User Experience, Retention, Usertesting und Big Data ... Was für ein wilder Ritt durch das moderne Internet! Und das war erst der Anfang – denn jetzt bist du dran.

Ich hoffe, ich konnte dir anhand vieler Beispiele und verhaltenspsychologischer Exkurse darlegen, wie Nutzer ticken und wie du das beste Erlebnis für sie herausholst. Denn genau darum geht es beim Web Fatale: Dafür zu sorgen, dass Nutzer glücklich sind.

Verführung im Internet bedeutet nicht den »schnellen Aufriss«, sondern eine lange und nachhaltige Beziehung zu etablieren. Generell können wir fünf Grundprinzipien für die Verführung im Web rekapitulieren:

Verstehe deine Nutzer

Bevor du loslegen kannst, solltest du wissen, auf wen du dich einlässt. Lerne deine Zielgruppe kennen, setze dich mit ihr auseinander. Zielgruppenanalysen, Personas, Moodboards, Usabilitytests und Analyticstools helfen dir dabei. Nicht immer ticken deine Nutzer genauso wie du – unterschiedliche mentale Modelle machen die Arbeit interessant, bisweilen aber auch sehr herausfordernd.

Kenne deine Ziele

Wer Nutzer verführen möchte, der muss wissen, wohin. Sei dir am Anfang eines jeden Projekts immer im Klaren darüber, was deine Website oder App eigentlich erreichen soll, und halte daran fest. Kategorien wie Consumption Design, Conversion Design oder Complex Design können dir dabei helfen, die Ziele zu definieren. Usabilitytests sind dabei auch immer eine Selbstjustierung: Welche Aufgabe bekommt der Nutzer, passt das überhaupt mit meinen Zielen zusammen?

Ermögliche einen einfachen Zugang

Wenn deine Nutzer deine Website nicht verstehen oder Schwierigkeiten mit dem Onboarding haben, dann kommen sie nicht weit und werden sich entsprechend schnell abwenden. Usability ist daher das A und O – und wird dennoch leider oft vernachlässigt.

Eine solide Nutzerführung wie beim IKEA-Prinzip hilft dir, den Zugang zum Nutzer zu vereinfachen, ebenso wie es ein gut gemachtes Onboarding tut. Vor allem ist der Zugang aber auf psychologischer Ebene wichtig: Nur wer Erlebnistheorie versteht, kann Nutzungserlebnisse schaffen und steuern – und damit eine echte User Experience kreieren!

Baue Vertrauen auf

Vertraute Strukturen und Schemata erleichtern den Zugang, vor allem lassen sich die Nutzer dann eher auf dein Produkt ein. Regelmäßiger Kontakt über Content-Marketing und kleine Geschenke sorgen für Nutzerbindung und helfen dabei; selbst einfache Maßnahmen wie eine konsistente Tonalität sorgen für einen langsamen und stetigen Vertrauensaufbau. Hier heißt es: Geduld beweisen und mit den Nutzern sprechen und ihnen zuhören. Vor allem aber: Trage niemals eine Aktion auf Kosten der Nutzer aus. Fühlen sich User hinters Licht geführt, offen manipuliert oder verfolgt, zum Beispiel durch zu intensive Retargetingmaßnahmen oder nicht kommunizierte Extrakosten, dann ist das Vertrauen dahin – und jede Verführungsmaßnahme umsonst gewesen.

Probiere verschiedene Dinge aus

Auch wenn ich in diesem Buch viele Beispiele, Regeln und Ideen anbringe – es gibt nicht für jeden Fall die eine perfekte Lösung. Daher gilt: Probiere immer aus, teste alles. Eine gut gepflegte Social-Media-Präsenz hilft dabei, herauszufinden, was Nutzer bewegt und interessiert; hier kannst du mit verschiedenen Inhalten und neuen Ideen experimentieren. A/B-Tests geben Aufschluss darüber, wie bestimmte Aspekte deiner Website performen.

Bleib dran!

Das Web entwickelt sich ständig weiter, eine Website ist niemals »fertig«. Aus diesem Grund biete ich auf der Website *webfatale.com* weitere Informationen, neue Erkenntnisse und Zusatzmaterialen an, die es vielleicht nicht mehr ins Buch geschafft haben oder sich seit Drucklegung geändert haben. Dort findest du auch meine Kontaktdaten; ich freue mich natürlich immer über Feedback, Anregungen und Inspirationen.

Das Web ist ein außergewöhnlicher Ort, an dem uns alle Möglichkeiten offenstehen. Wenn du ein paar grundlegende Dinge beachtest und auf deine Nutzer hörst, dann hast du die Chance.

**»Du könntest nicht gewöhnlich sein,
selbst wenn du es versuchen würdest.«**

Dein Johannes Ippen

Index

H

I

J

K

L

T

U

V

W

X

Y

Z

ISBN 978-3-8362-2885-5

524 Seiten, 29,90 Euro, ISBN 978-3-8362-3683-6

ISBN 978-3-8362-3654-6

ISBN 978-3-8362-3879-3